事件処理のプロになるための

民事弁護ガイドブック 第2版

東京弁護士会法友全期会 民事弁護研究会／編

ぎょうせい

発刊にあたって

　法友全期会は，東京弁護士会内の会派（任意団体）である法友会の会内組織で，弁護士登録15年未満の会員で構成された若手弁護士の会である。

　本書の初版は，平成22年に法友全期会内に設置された民事弁護研究会により執筆・編集作業がなされ，平成23年に発刊へ至った。そのコンセプトは，若手弁護士が担当する機会が多い交通事故事例を題材として，若手弁護士が事件処理に悩んだときの道標を提供したいというものである。

　第2版においても，初版に掲げられたコンセプトに変わりはない。初版出版当時，実務修習の短縮化に伴い実践教育が不足する若手弁護士の増加が問題とされていたが，現在も，その状況に変わりはないからである。

　一方で，初版の出版から8年余りが経過した。この間に民法等の改正，判例・裁判例の展開，交通事故事案を含む民事実務の進展がなされた。いずれかの機会に，こうした事項を織り込みながらも，若手弁護士にとってさらに参考となる書籍となるように大幅に拡充する必要があった。そこで，この度，第2版の出版をするに至った次第である。

　初版の「発刊にあたって」で言及されているとおり，本書が若手弁護士にとって弁護業務の指針となり，今後の弁護士活動において，各位が遺憾なくその力を発揮することが切に願われる。

　初版と同様，第2版の刊行に際しても，多忙の中，多くの会員に執筆，編集作業に尽力していただくとともに，株式会社ぎょうせいのご担当者には多大な配慮をいただいた。ここに改めて感謝申し上げる。

　平成31年1月
　　　東京弁護士会法友全期会　平成30年度代表幹事　　髙田　正雄

編集者・執筆者一覧

編集者（五十音順）

青木　正明	伊藤　　献	岩田　修一	柿原　達哉	川﨑健一郎
川原奈緒子	小峯　健介	髙砂美貴子	高山聡一郎	全　　東周
寺島　英輔	富澤　章司	南原　由記	藤田　紀彦	星野久美子
山崎　岳人				

執筆者（五十音順）

阿久津　透	淺井　健人	石井　城正	稲村　晃伸	井上壮太郎
伊伏　康典	上原　　誠	上町　俊郎	上村　　剛	大植　幸平
亀田　治男	木内　大介	鬼島　佑太	小林　英憲	小松　峻也
近藤　　亮	佐藤　正章	小路　敏宗	新森　　圭	田島　直明
田伏いづみ	玉置　大悟	長谷川伸城	濱田　祥雄	原田　幸範
日原総一郎	廣田　逸平	福士　貴紀	藤﨑　太郎	本多　基記
前原　　香	山口　秀雄	山里　　翔	八幡　優里	依田　竜典

… 凡　例

1　法令名略語

本文中の法令名は，特に言及のない限り原則として正式名称で記したが，（　）内は次に掲げる略語を用いた。

貸金業	貸金業法	民訴	民事訴訟法
自賠	自動車損害賠償法	民訴規則	民事訴訟規則
弁護士職務	弁護士職務基本規程	民調	民事調停法
民執	民事執行法	民保	民事保全法
民執規則	民事執行規則	民保規則	民事保全規則

2　裁判例

裁判例を示す場合，「判決」→「判」，「決定」→「決」と略した。また，裁判所の表示及び裁判例の出典（代表的なもの一つに限った）については，次に掲げる略語を用いた。

ア　裁判所名略語

最	最高裁判所	○○地	○○地方裁判所
○○高	○○高等裁判所	○○支	○○支部

イ　判例集・雑誌等出典略語

民集	最高裁判所民事判例集	判タ	判例タイムズ
判時	判例時報	ジュリ	ジュリスト

目次

第1章　はじめに ———————————————————— 1
1　本書のコンセプト……………………………………………………1
2　本書の記述内容の構成・項目………………………………………4
3　本書の章立て…………………………………………………………5
4　本書を使用する際の留意点…………………………………………7
5　基本事例………………………………………………………………8

第2章　相談・受任 ———————————————————— 13

第1　弁護士としての心構え……………………………………………13
1　弁護士業務とは………………………………………………………13
　(1)　法曹の役割　13
　(2)　弁護士の使命　13
　(3)　民事に関する弁護士の職務　14
2　弁護士に求められる資質……………………………………………14
　(1)　弁護士の職責　14
　(2)　弁護士に求められる基本的な能力　15
　(3)　民事弁護で必要とされる技術　15
　(4)　コミュニケーション能力の重要性と必要な技術　16
3　弁護士業務を遂行するうえでの注意点……………………………17
　(1)　弁護士自治と弁護士倫理　17
　(2)　弁護士職務基本規程　18
　(3)　懲戒制度　19
　(4)　問題事例と注意点　19
4　弁護士業務と情報管理………………………………………………22
　(1)　情報管理の重要性　22

(2)　弁護士情報セキュリティガイドライン　23
　　(3)　情報管理における注意点　23
第2　法律相談 ·· 27
　1　総論：法律相談と弁護士に求められる役割 ·········· 27
　2　各　論 ·· 27
　　(1)　事前準備　28
　　(2)　相談者と相談内容の把握　30
　　(3)　事実関係の把握と法律問題の抽出　31
　　(4)　法律相談における説明及び対応　33
　3　法律相談にあたっての工夫と留意事項 ················· 35
　　(1)　相談者との信頼関係　35
　　(2)　説明の方法　36
　　(3)　困ったことに遭遇したら　36
第3　委任契約 ·· 37
　1　契約締結前 ·· 37
　　(1)　受任しようとしている事件が，弁護士として職務を行い得ない場合に該当しないかどうかの確認　37
　　(2)　身元確認の実施等　40
　　(3)　事件の見通し，処理方針の決定　41
　2　契約締結時 ·· 43
　　(1)　契約締結時の説明　43
　　(2)　委任契約書の作成　44
　　(3)　依頼者の資力に不足がある場合　48
　3　契約終了時 ·· 49
　4　基本事例の場合 ·· 49
第4　資料・証拠の収集 ·· 50
　1　資料・証拠収集の基本 ·· 50
　　(1)　資料・証拠収集の重要性　50
　　(2)　依頼者からの資料・証拠収集　51
　　(3)　資料・証拠の保管　52

(4) 現場・原本確認・当事者からの聴取の重要性　52
　　(5) 資料・証拠の収集と法律構成のフィードバック　54
　　(6) 資料・証拠の収集における弁護士の役割　54
　　(7) 資料・証拠を収集するうえでの注意点　55
　2　資料・証拠の具体的な収集方法 …………………………………… 57
　　(1) 公官庁等からの収集　57
　　(2) 弁護士会照会　59
　　(3) 証拠保全　62
　　(4) 提訴前の当事者照会・証拠収集処分　63
　　(5) 専門家の助力・私的鑑定　64
　　(6) インターネットの活用等　64
　　(7) 第三者による調査　65
　　(8) 立法・判例の動向に注意　65
　3　基本事例の場合 ……………………………………………………… 66
　　(1) 交通事故の発生に関して　66
　　(2) 事故の態様に関して　66
　　(3) 損害に関して　68
　4　他の紛争類型への応用 ……………………………………………… 68

第3章　保　全 ─────────────────── 71

　1　民事保全における心構え …………………………………………… 71
　　(1) 民事保全を申し立てるにあたって　71
　　(2) いかなる場合に，民事保全を行うべきか　71
　　(3) 申立書の記載についての注意点　72
　2　民事保全とは ………………………………………………………… 72
　　(1) 民事保全の種類　72
　　(2) 民事保全の効果　73
　3　保全の申立て ………………………………………………………… 74
　　(1) 申立手続　74

(2)　疎　明　74
　　(3)　審　理　75
　　(4)　担　保　76
　　(5)　決定後の対応　76
　4　交通事故事案における保全手続の利用の際の検討事項…………77
　　(1)　相手方（債務者）が任意保険に加入している場合　77
　　(2)　相手方（債務者）が任意保険に加入していない場合　78
　　(3)　交通事故事案で保全手続を検討する視点　80
　5　基本事例の場合………………………………………………………80

第4章　交渉手続 ─────────────── 83

第1　本人による交渉と代理人弁護士による交渉……………………83
　1　相手方との交渉………………………………………………………83
　2　代理人弁護士による交渉の注意点…………………………………83
　　(1)　代理人交渉の目的　83
　　(2)　代理人交渉における注意点　84
　3　代理人弁護士による交渉に切り替えるタイミング………………87
　　(1)　一般論　87
　　(2)　交通事故案件の場合　89
　4　基本事例の場合………………………………………………………91
　　(1)　交渉手続に弁護士が関与すべきか否かの検討　91
　　(2)　弁護士がどのタイミングで交渉手続に関与すべきかの検討　91
　　(3)　依頼者に対する事件処理方針の説明　92
第2　書面による通知と交渉……………………………………………93
　1　通知の内容と方式……………………………………………………93
　2　通知の内容……………………………………………………………94
　　(1)　受任通知の内容　94
　　(2)　注意点　94
　3　通知の方式……………………………………………………………96

(1) 書面の種類　96
　　(2) 内容証明郵便による通知の目的　96
　　(3) 通知方式の選択について　97
　4　内容証明郵便に関する基礎知識……………………………………98
　　(1) 意　義　98
　　(2) 内容証明郵便の送付方法等　99
　5　内容証明郵便が不到達の場合の考え方………………………………101
　　(1) 判例の考え方　102
　　(2) 実務上の対処方法　103
　6　基本事例の場合………………………………………………………103
　　(1) 受任通知　103
　　(2) 書面のやり取り　104

第3　相手方当事者（又はその代理人）との面談……………………106
　1　面談による交渉の意義………………………………………………106
　2　面談による交渉の基本姿勢―時間，場所，マナー等……………107
　　(1) 相手方代理人弁護士との面談　107
　　(2) 相手方本人との面談　107
　　(3) 弁護士ではない代理人との面談　108
　3　弁護士以外の者と面談する際の注意―弁護士法，弁護士職務基本規程との関係を中心に……………………………………………………108
　　(1) 示談屋　108
　　(2) 司法書士，行政書士　109
　　(3) 親族等　109
　　(4) 弁護士職務基本規程との関係　110
　4　交渉を続けるべきか打ち切るべきかの判断………………………111
　5　交通事故事例の場合…………………………………………………111
　　(1) 面談による交渉の可能性　111
　　(2) 面談による交渉の注意点　112
　6　基本事例の場合………………………………………………………112

第5章　ADR ―――――――――――――――――――――― 115

第1　ADRについて ………………………………………………… 115
1　相談を受けた場合の処理方針（解決策）の提示 ………………… 115
2　ADRとは ………………………………………………………… 115
3　ADRの一般的特徴，裁判との違い ……………………………… 117
4　ADRによる解決を検討する場合 ………………………………… 117

第2　交通事故事件における各ADR ……………………………… 118
1　一般財団法人自賠責保険・共済紛争処理機構 …………………… 118
　(1)　概　要　118
　(2)　紛争処理の対象事案　118
　(3)　紛争処理の方法・手続　119
　(4)　調停結果　119
　(5)　紛争処理機構の選択基準　120
2　公益財団法人日弁連交通事故相談センター ……………………… 120
　(1)　概　要　120
　(2)　相談・示談あっ旋の対象事案　120
　(3)　示談あっ旋の方法・手続　121
　(4)　審査手続　122
　(5)　弁セの選択基準　122
3　公益財団法人交通事故紛争処理センター ………………………… 122
　(1)　概　要　122
　(2)　相談，和解のあっ旋手続及び審査手続の対象事案　123
　(3)　法律相談・和解あっ旋の方法・手続　123
　(4)　審査手続　124
　(5)　紛セの選択基準　124
4　民事調停 ……………………………………………………………… 124
　(1)　概　要　124
　(2)　民事調停の特徴　125
　(3)　調停の進行　125

(4) 調停結果　126
　　(5) 民事調停の選択基準　126
　5　自転車ADRセンター ································ 127
　　(1) 概　要　127
　　(2) 自転車ADRセンターの対象事案　128
　　(3) 自転車ADRセンターの手続　128
　　(4) 自転車ADRセンターの選択基準　128
　6　弁護士会ADR ···································· 129
　　(1) 概　要　129
　　(2) 紛争処理の対象事案　129
　　(3) 紛争処理の方法・手続　129
　　(4) 調停結果　130
　　(5) 紛争処理機構の選択基準　130
　7　医療事件におけるADR ···························· 130
　　(1) 概　要　130
　　(2) 紛争処理の対象事案　131
　　(3) 紛争処理の方法・手続　131
　　(4) 話合いがまとまった際の手続　131
　　(5) 医療ADRを選択する基準　132
　8　基本事例の場合 ································· 132

第6章　第一審訴訟手続 ——————————— 133

第1　訴え提起 ·· 133
　1　訴状の作成 ······································· 133
　　(1) 訴状の作成に際しての一般的な心構え　133
　　(2) 訴状作成に際しての一般的対応　134
　2　訴状の提出 ······································· 141
　　(1) 訴状提出前の点検　141
　　(2) 一般的対応～提出物と注意点　141

3　訴状提出後の裁判所との連絡 …………………………………… 142
　　(1)　訴状の提出時の審査について　142
　　(2)　窓口における通常の提出方法以外の訴状提出方法　143
　　(3)　裁判所との進行の打ち合わせ　144
　　(4)　裁判所との期日の調整　144
　　(5)　訴状の送達について　145
　4　書証の引用 …………………………………………………………… 147
　5　書証の提出 …………………………………………………………… 148
　　(1)　一般的心構え　148
　　(2)　事件処理の特定の場面における一般的な対応　149
　6　基本事例の場合 …………………………………………………… 154
　　(1)　訴状の作成　154
　　(2)　書証の申出　157
　7　他の紛争類型への応用 …………………………………………… 158
　　(1)　訴状の作成　158
　　(2)　書証の申出　159

第2　口頭弁論 ………………………………………………………………… 159
　1　第1回口頭弁論期日 ……………………………………………… 159
　　(1)　口頭弁論の意義　159
　　(2)　口頭弁論における諸原則　161
　　(3)　第1回口頭弁論期日　162
　2　答弁書の作成 ……………………………………………………… 163
　　(1)　一般的な心構え　163
　　(2)　答弁の準備　163
　　(3)　請求の趣旨に対する答弁　164
　　(4)　請求の原因に対する認否（答弁）　165
　　(5)　被告の主張（抗弁等）　166
　　(6)　証拠方法　167
　　(7)　附属書類　167
　3　答弁書の提出 ……………………………………………………… 167

(1) 提出方法　167
　　(2) 提出期限　167
　　(3) 提出の効果　168
　4　基本事例の場合 …………………………………………………… 168
　　(1) 答弁書の作成　168
　　(2) 第1回口頭弁論期日　170
　5　他の紛争類型への応用 ……………………………………………… 170
第3　争点・証拠の整理手続 ………………………………………………… 172
　1　はじめに …………………………………………………………… 172
　　(1) 争点及び証拠の整理手続の中で特に弁論準備手続を取り上げた理由　172
　　(2) 争点及び証拠の整理手続の中で書証，準文書の証拠調べ等を取り上げた理由　172
　2　弁論準備手続とは ………………………………………………… 173
　　(1) 弁論準備手続の制度概要・目的　173
　　(2) 弁論準備手続の内容　173
　　(3) 弁論準備手続の終了　174
　3　弁論準備手続の実際 ……………………………………………… 175
　　(1) 弁論準備手続の開始時期　175
　　(2) 弁論準備手続の弾力的な活用　176
　　(3) 弁論準備手続の活性化～訴訟代理人と裁判官との活発なディスカッション　178
　　(4) 弁論準備手続における争点及び証拠の整理　181
　　(5) 和解の運用　185
　　(6) 弁論準備手続の期日進行と依頼者との信頼関係　186
　4　弁論準備手続において行われる証拠調べ ……………………… 187
　　(1) 書　証　188
　　(2) 準文書　194
　5　弁論準備手続において証拠決定がなされる証拠 ……………… 195
　　(1) 検　証　195

(2)　鑑　定　195
　(3)　調査嘱託　196
6　交通事故訴訟における弁論準備手続の活用 …………………………… 196
　(1)　裁判所の視点　196
　(2)　弁護士の視点　197
　(3)　和解の運用　197
7　基本事例の場合 ………………………………………………………………… 198
　(1)　準備書面の提出　198
　(2)　弁論準備手続期日における争点及び証拠の整理（第1回）　199
　(3)　本訴提起後における立証活動　200
　(4)　弁論準備手続期日における争点及び証拠の整理（第2回以降）　202
　(5)　交通事故訴訟における注意　203
8　他の紛争類型への応用 ……………………………………………………… 204

第4　集中証拠調べ …………………………………………………………… 204

1　はじめに ………………………………………………………………………… 204
2　証人尋問・当事者尋問における心構え ………………………………… 205
3　陳述書について ………………………………………………………………… 206
　(1)　はじめに　206
　(2)　陳述書のメリット〜陳述書の機能の観点から　206
　(3)　陳述書のデメリット　208
　(4)　陳述書の作成における注意事項　210
　(5)　陳述書作成と提出のタイミング　212
4　人証による立証 ………………………………………………………………… 213
　(1)　尋問の事前準備　213
　(2)　尋問における一般的注意事項　218
　(3)　主尋問における尋問技術　220
　(4)　反対尋問　222
　(5)　尋問調書の謄写　223
5　基本事例の場合 ………………………………………………………………… 223
　(1)　陳述書作成について　223

（2）　人証の申出と弁論準備手続の終結　224
　　（3）　証人尋問について　224
　　（4）　当事者尋問について　225
　6　他の紛争類型への応用 …………………………………………… 226
第5　和　解 ……………………………………………………………… 226
　1　訴訟上の和解について ………………………………………………… 226
　　（1）　和解の種類　226
　　（2）　訴訟上の和解の積極的活用　227
　　（3）　訴訟上の和解の有用性　227
　　（4）　依頼者との関係　230
　　（5）　相手方との関係　232
　　（6）　訴訟上の和解の特徴　233
　　（7）　期日運営の方法　235
　　（8）　交渉技術　237
　2　和解調書・和解条項について ………………………………………… 238
　　（1）　和解調書・和解条項作成に関する心構え　238
　　（2）　和解調書全般に関する注意点　239
　　（3）　和解条項に関する注意点　240
　3　基本事例の場合 ………………………………………………………… 250
第6　口頭弁論終結から判決言渡し(1)――最終準備書面 ……………… 253
　1　最終準備書面について ………………………………………………… 253
　　（1）　最終準備書面の意義　253
　　（2）　最終準備書面の目的　253
　　（3）　最終準備書面の提出時期　254
　2　最終準備書面の作成 …………………………………………………… 255
　　（1）　最終準備書面作成のための準備及び注意点　255
　　（2）　最終準備書面における事実認定　256
　　（3）　尋問を踏まえた最終準備書面　257
　3　最終準備書面の構成例 ………………………………………………… 258
　　（1）　最終準備書面の内容　258

(2) 目次の記載　259
　　(3) ストーリーの設定　259
　　(4) 争点を中心とした構成　259
　　(5) 要件事実を中心とした構成　259
　4　基本事例の場合 ··· 260
　　(1) 原告側の最終準備書面　260
　　(2) 被告側の最終準備書面　260
　　(3) 弁論終結　260
　5　他の紛争類型への応用 ··· 260
　　(1) 争点を中心とした構成例　260
　　(2) 要件事実を中心とした構成例　263
　　(3) 時系列を中心とした構成例　265

第7　口頭弁論終結から判決言渡し(2) ································· 266
　1　一般的な心構え ··· 266
　2　口頭弁論終結から判決言渡しまで ·· 267
　　(1) 口頭弁論終結とは　267
　　(2) 口頭弁論終結を迎えるにあたっての心構え　267
　　(3) 弁論終結後の対応　269
　　(4) 判決言渡し前の依頼者との協議　270
　　(5) 判決言渡し期日の対応　271
　3　判決言渡しから強制執行・控訴提起の準備まで ······················ 272
　　(1) 判決書の受領　272
　　(2) 訴訟費用の負担の裁判　273
　　(3) 判決後の依頼者との協議　274
　　(4) 判決結果に応じた対応　274
　　(5) 各種証明書の入手　277
　4　基本事例の場合 ··· 277

第7章　上訴審 ─────────── 281

第1　控訴審 ………………………………………………… 281
1　控訴審の審理 ……………………………………………… 281
2　控訴に向けた準備 ………………………………………… 281
　(1)　控訴審代理人としての心構え　281
　(2)　第一審判決の検討　282
　(3)　依頼者の意思確認　283
　(4)　控訴審から受任する場合　284
3　控訴状の提出等 …………………………………………… 284
　(1)　控訴状の提出　284
　(2)　控訴理由書の提出　285
　(3)　控訴理由書の書き方　286
　(4)　強制執行の執行停止　288
4　基本事例の場合 …………………………………………… 288

第2　上告審 ………………………………………………… 289
1　上　告 ……………………………………………………… 289
2　上告の提起及び上告受理の申立て ……………………… 290
3　上告審の審理 ……………………………………………… 291
4　上告審の裁判及びその後の手続 ………………………… 291
5　基本事例の場合 …………………………………………… 291

第8章　強制執行 ─────────── 293

第1　総　論 ………………………………………………… 293
1　意　義 ……………………………………………………… 293
2　種　類 ……………………………………………………… 293
3　強制執行をするかの判断 ………………………………… 295
4　強制執行の準備 …………………………………………… 295
　(1)　財産調査の必要性　295

(2) 財産調査の方法　296
　5　強制執行の申立て……………………………………………298
　　(1) 債務名義について　298
　　(2) 執行文について　299
　　(3) 執行要件　300
　6　執行妨害への対応……………………………………………303
　　(1) 売却のための保全処分　303
　　(2) 買受けの申出をした差押債権者のための保全処分等　304
　　(3) 地代等の代払の許可　304
第2　各　論…………………………………………………………305
　1　金銭債権に対する強制執行…………………………………305
　　(1) はじめに　305
　　(2) 手続の流れ　305
　　(3) 留意点　308
　2　不動産に対する強制執行……………………………………312
　　(1) はじめに　312
　　(2) 手続の流れ　313
　　(3) 留意点　315
　3　動産に対する強制執行………………………………………316
　　(1) はじめに　316
　　(2) 手続の流れ　317
　　(3) 留意点　318
　4　建物明渡しの強制執行………………………………………319
　　(1) はじめに　319
　　(2) 手続の流れ　319
　　(3) 留意点　320
　5　基本事例の場合………………………………………………321

第 9 章　事件終了後の弁護士業務 ─────── 323

1　事件終了後における弁護士業務の際の心構え ………………… 323
2　事件終了後における一般的な弁護士業務 ……………………… 324
　(1)　処理結果の説明　324
　(2)　書類等の返還　324
　(3)　預かり金, 立替金等の清算　325
　(4)　報酬の請求　325
　(5)　記録の保管　326
　(6)　その他　327
3　基本事例の場合 ………………………………………………… 327
　(1)　甲野太郎に対する報告・説明　327
　(2)　証拠原本等の返還　328
　(3)　預かり金の清算　328
　(4)　報酬金の請求　328
　(5)　記録の保管　329
4　他の紛争類型への応用 ………………………………………… 329

第 10 章　おわりに ─────────────── 331

書式集 ──────────────────── 337

　書式 1　訴訟委任状　337
　書式 2　委任契約書　338
　書式 3　委任状　341
　書式 4　供託委任状　342
　書式 5　23 条照会申出書　343
　書式 6　債権仮差押命令申立書　346
　書式 7　保全執行申立書　348

書式 8　受任通知（催告書）　350
書式 9　回答書　352
書式 10　訴　状　353
書式 11　証拠説明書　357
書式 12　当事者照会書　358
書式 13　答弁書　359
書式 14　ファクシミリ送信書　361
書式 15　経過報告書　362
書式 16　文書送付嘱託申立書　364
書式 17　調査嘱託申立書　365
書式 18　陳述書　367
書式 19　証拠申出書　369
書式 20　尋問事項メモ（主尋問）　371
書式 21　尋問事項メモ（反対尋問）　372
書式 22　和解条項案　373
書式 23　原告最終準備書面（一部抜粋）　374
書式 24　被告最終準備書面（一部抜粋）　378
書式 25　控訴状　382
書式 26　控訴理由書　384
書式 27　控訴答弁書　385
書式 28　財産開示手続申立書　387
書式 29　債権差押命令申立書　389
書式 30　強制執行停止決定の申立書　392
資料 1　依頼者の本人特定事項の確認等に関するチェックリスト（簡易版）　393
資料 2　依頼者の本人特定事項の確認等に関するチェックリスト（詳細版）　395

参考文献一覧…………………………………………………………397
事項別索引……………………………………………………………404

第1章 はじめに

1 本書のコンセプト

（ⅰ）本書は，主に登録1～3年目までの若手弁護士を対象として，若手弁護士がすぐに受任する可能性があり，また，なじみの深い交通事故事例を中心に，その他貸金請求，建築紛争（建築瑕疵等）事件，請負代金請求事件，労働事件，建物明渡請求事件等も適宜挙げながら，依頼者からの相談を受けた段階から，事件として受任し相手方と交渉する段階及び訴訟提起する段階を経て，判決言渡し，強制執行に至るまでのすべてのプロセスを俯瞰していただき，民事弁護の領域における具体的な事件処理の進め方について理解を深めていただくことを目的とした書籍である。

（ⅱ）個人事件を初めて受任した若手弁護士であっても，依頼者からすれば法律事務の専門家・プロフェッショナルであるから，常に依頼者の利益を最大化すべく事件処理を行う法的義務[注1]を負っていることについては，ベテラン弁護士と何ら変わることはない[注2]。しかし，他方で，事件処理の経験自体が浅い若手弁護士は，いわば事件処理のイロハともいうべき確固たる基礎知識に関して不安がある場合もあろう。いくら司法修習を終了しているとはいえ，身に付けるべき法律知識の広汎さ，弁護士業務の幅の広さ，奥の深

（注1）弁護士が依頼者に対して負う法的義務の内容については，弁護士法1条2項に，「弁護士は，……誠実にその職務を行い……」としているが，これに関しては，弁護士の誠実義務の内実が法規範か倫理規範かという議論がある（加藤新太郎著『弁護士役割論〔新版〕』（弘文堂，2000年）353頁）。また，弁護士職務基本規程21条に「弁護士は，良心に従い，依頼者の権利及び正当な利益を実現するように努める。」，同22条1項に「弁護士は，委任の趣旨に関する依頼者の意思を尊重して職務を行うものとする。」と規定されている。また，上記法的義務に関しては，学説上の議論がある。弁護士と依頼者との信認関係（契約当事者の一方が相手方の信頼を受け，その者の利益を念頭に置いて行動し，助言しなければならない関係）の下における受任者の義務は，専ら相手方の利益を図るため信義誠実を尽くして行動すべき忠実義務であるといわれている（同書349頁）。そして，同書は，「弁護士の善管注意義務は，平均的・合理的弁護士の専門的知識・技能を基準とする注意義務であるのに対して，忠実義務は，依頼者の最善の利益のために誠心誠意執務を行うべき義務である」としている。忠実義務の内実については，同書第10章を参照のこと。

さ，依頼者との関係の構築の困難さ等からすれば，司法修習生の間にあらゆる分野に関する基礎知識を習得することは，現実問題としては困難である。

そこで，若手弁護士が事件処理をする際に必要な基礎知識を概説するとともに，事件処理上迷いやすいが，学術書，教科書等の本では弁護士が実際にどのように活動すれば良いか，どのような書面を作成すれば良いか等，あまり書かれていない点を盛り込むことによって，若手弁護士の不安や悩みをできるだけ解消することを心がけて本書を執筆したものである。

(ⅲ) もっとも，個別具体的な事件処理にあたって遭遇すると思われるすべての問題点に関し，読者の方に模範解答を示すことは困難である。あくまで，一般的に若手弁護士が悩むであろう問題点に対し，一例として示し，それをもとに，実際の事件においてどのように対応すれば良いか考えていただく必要はある。どうしてもわからない点については，さらに文献を検討したり，事務所，弁護士会，会派等にいる当該分野に詳しい弁護士に質問したり等する必要はある。ただし，本書は，事件処理にあたって悩みどころとなり得るあらゆる問題点に関して，すぐには文献を探すことができない，他の弁護士に質問するのは躊躇を覚える，ということもあり得るため，複数の対立する見解を示しつつ，それぞれの見解の根拠となる文献を多数紹介することを心がけた。

若手弁護士は，個別具体的な事件処理の過程で様々な疑問点・問題点に直面するが，これらの疑問点・問題点につき，あらゆる文献を調べて研究し，時には諸先輩方の知恵を拝借しながら，徹底的に自分の頭を使って一つ一つクリアしていく作業を経てのみプロフェッショナルとしての成長を成し遂げ

(注2) この記述は，訴訟追行・債権回収・法的助言の供与等を内容とする依頼者との委任契約ないし準委任契約における弁護士の法的義務（善管注意義務）を念頭に置いたものである（加藤新太郎著『弁護士役割論〔新版〕』347頁）。同書は，弁護士と依頼者との間の契約関係の内実を弁護士業務の内容いかんによって分類する小林秀之教授，岡孝教授の見解を紹介している。例えば，小林秀之教授は，「弁護士の活動領域の拡大という現象を前提とすると，①委任ないし準委任のほかに，②書類作成業務を中心とした一定の結果を招来する履行を求める結果債務である業務については，仕事の完成と法的助言との複合という意味で委任と請負の混合契約であるとみるべきであり，③社内弁護士のように依頼者との間に雇用契約がある場合には，雇用契約ないし委任と雇用との混合契約とみるべきである」とする。

ることができる。そのような観点から，本書は，自分の頭で考える姿勢のある弁護士に対し，悩んだときの解決の糸口を提供し，若手弁護士が直面する事件に一定の活動ができ，さらに自分なりに十分な活動ができるようになるきっかけとなることを念頭に置いて執筆したものであり，単なるマニュアル的な書籍にとどまるものではない。

　事件処理のあらゆる場面で悩んだときに本書を参照することで，有益な示唆を得られれば幸いである。

　(iv)　本書では，民事訴訟手続の解説等を必要最小限度にとどめ，若手弁護士が事件処理をするにあたって特に深く悩むと思われる事項（交渉を開始するにあたって書面を内容証明郵便で送付するか普通郵便で送付するか，交渉が決裂したときに訴訟を提起するか民事調停の申立て等を行うか，和解のタイミングをいつと考えるか等）に紙幅を割くこととし，民事事件の基礎的な事件処理の方法を一通りマスターしていただくことに重点を置くことを心がけた。

　(v)　本書は，個人事件を初めて受任する若手弁護士を主たる読者として想定しているが，法科大学院の学生や司法修習生が民事弁護を自習するためのテキストとしても十分活用できるよう，難解な理論の説明等は極力省略するなど，読みやすくするための十分な配慮を行っている。

　また，1年目の勤務弁護士を雇用する経営者弁護士が，勤務弁護士に対する指導の一環として本書を勤務弁護士に与え，具体的な事件処理の中で勤務弁護士が悩んだときに本書から示唆を得るなどの自学自習の癖を付けさせ，勤務弁護士の自立を促すとともに，経営者弁護士の指導の負担を軽減する，といった使用方法も想定している。

　(vi)　本書の読者が既に独立開業した若手弁護士である場合には，当然のことながら，自分自身で事件処理の方針を決定し，決定した方針に従って事件処理を進めていかざるを得ない。また，本書の読者が未だ勤務弁護士である場合でも，経営者弁護士の指示を逐一待つのではなく，自主独立した判断を持って事件処理を行うという気概をもって事件処理を担当しない限り，弁護士としての大きな成長は期待できない。

　したがって，本書の読者が既に独立開業した若手弁護士であれ，勤務弁護士であれ，事件処理の各場面で判断に迷う場面に遭遇した場合には，あらゆ

る心構えや参考書籍が紹介されている本書を活用して，各自文献に当たりながら，悩み抜いてそれぞれの場面を突破していただきたいと考えている。もちろん，悩み抜いた末に，経営者弁護士その他知り合いの先輩弁護士等に適宜相談したり，意見を聴いたりすることは，いうまでもなく必要なことである。

2　本書の記述内容の構成・項目

（ⅰ）本書は，基本的には，若手勤務弁護士が初めて個人事件を受任した場合や弁護士登録後独立開業した若手弁護士が事件を受任した場合を念頭に置いて，事件処理の際の心構え，具体的な事件処理の方法の一例，事件処理の際に問題となり得る点につき，参考文献を豊富に引用しながら幅広く解説したものである。

「若手弁護士が事件処理の過程で疑問点に直面したとき，あらゆる文献を調べて研究しながら徹底的に自分の頭を使って一つ一つクリアしていくことで，弁護士として成長できる」というのが理想であるという観点からは，知識を懇切丁寧に網羅するという書籍よりも，考え方の指針・基本的な発想を中心に解説し，複数の見解があり得る問題点については，問題意識を紹介するにとどめ，その代わりに解決する際に参考となる文献を多数紹介する，というスタンスをとることが教育上有効であると考えた。

（ⅱ）本書の構成・項目については，前述のようなコンセプトに従って，基本的には次のとおり，抽象的な事項の記述から具体的な事項の記述へ流れる形式とした。ただし，次のⅣの内容がさほど多量・複雑にならない場合には，Ⅲに含めて記載することとし，その場合，Ⅳの項目を独立して設けないこととした。

　Ⅰ　事件処理の特定の場面における一般的な弁護士の心構え，基本的な発想，注意点（抽象度が高い）

　Ⅱ　事件処理の特定の場面における一般的な対応，処理の方法（やや具体性がある）

　Ⅲ　基本事例における具体的な処理の方法（Ⅰ，Ⅱを実践するという意味でかなり具体的である）

Ⅳ　他の紛争類型における事件処理の方法（交通事故以外の類型についての記述も盛り込む）

3　本書の章立て

(i)　本書は，依頼者からの相談を受けた段階から交渉，訴訟提起を経て判決言渡し，上訴に至るまでのすべてのプロセスにつき，基本的には時系列に沿って解説を加えている。

　また，依頼者の最終的な権利実現のために本案訴訟提起前に強制執行の対象となる相手方の財産の逸失を防止することを主たる目的とする保全手続を取るべき場合があるが，保全手続については，相談・受任後緊急に行う必要がある場合もあり得ることから，「第2章　相談・受任」の後，「第4章　交渉手続」の前に挿入した。さらに，依頼者の最終的な権利実現のために判決等の債務名義取得後にその内容を国家権力により強制的に実現することを主たる目的とする強制執行手続については，公正証書に基づく強制執行を除き，民事訴訟手続において確定判決又は確定判決と同一の効力を有する債務名義を得た後に行うことから，「第7章　上訴審」の後に挿入した。

　そして，多様な紛争類型（専門家の協力が必要となる紛争類型を含む）や依頼者の希望に柔軟に対応することができ，訴訟手続と相互補完関係に立つ紛争解決手続である ADR（Alternative Dispute Resolution）について，近年，当事者の自己決定権や自律性を発揮できる手続として注目されている[注3]ことから，若手弁護士も最低限の知識を持っておくべきであるとの観点より，訴訟手続と区別された「ADR」として独立の章を設けた。

(ii)　具体的な章立て及びその特徴は，次のとおりである。

|第2章　相談・受任|

　弁護士業務以前の一般常識として必要最低限身に付けているべきマナーを紹介している。また，法律相談時における相談者とのコミュニケーションの技術の一環としてカウンセリングの重要性を説いている。

(注3) 小島武司監修『実践民事弁護の基礎：訴え提起までにすべきこと』（レクシスネクシス・ジャパン，2008年）226頁参照。

第3章 保　全

未経験者にとって手薄になりがちな保全手続について概要を紹介するとともに，留意すべき諸点について触れている。

第4章 交渉手続

相手方の主張や立場にも配慮しつつ，依頼者の意思を最大限に尊重しながらその利益を実現していくような交渉の在り方を説いている。

第5章 ADR

ADRの概要について簡潔に触れるとともに，交通事故事件における各種ADRについて触れている。

第6章 第一審訴訟手続

第1では，訴状作成の際に留意すべき諸点につき，内容面と手続面に分けて解説している。また，書証の早期提出及び証拠説明書提出の重要性についても論じている。

第2では，答弁書作成の際に留意すべき諸点につき，内容面と手続面に分けて解説している。また，認否や被告の主張の記載に際して留意すべき点を解説している。

第3では，弁論準備手続の制度概要や機能に触れたうえ，弁論準備手続を活性化させることにより充実した集中証拠調べを行うために訴訟代理人が持つべき心構えを説いている。

第4では，集中証拠調べという観点から，書証等とは別項目で特に人証調べを取り上げて論じている。また，特段意識せず提出することが多いと思われる陳述書の長所・短所に触れつつ，陳述書のあるべき利用法について述べている。

第5では，裁判上の和解の有用性を述べたうえで，和解協議を行うにあたり留意すべき諸点について論じ，さらに，和解条項の具体的な作成方法にも触れている。

第6では，最終準備書面作成段階での心構えについて論じたうえ，最終準備書面の実践的な作成方法を説明している。

第7では，口頭弁論終結段階での心構えについて論じたうえ，判決言渡し後においても上訴・執行に向けて気を引き締めて対応すべき旨を説いている。

> 第7章　上訴審

　弁護士にできることはあまりないと思われがちな控訴審においても，実際には意を用いるべき諸点が多々存在する旨を説いている。
　また，若手弁護士が受任する機会が少ないと思われる上告審についても，最低限の基礎知識を解説している。

> 第8章　強制執行

　訴訟活動とはステージを異にする執行の領域について制度を概説するとともに，文献で紹介されることの少ない，執行現場で実際に留意すべき諸点について触れている。

> 第9章　事件終了後の弁護士業務

　報酬金の受領，証拠等原本の返還，事件記録の保管等，事件終了後における弁護士業務について説明している。

> 書式集

　具体的な事件処理の際の参考としていただくべく，本文とは別途，弁護士業務を行う際に最低限必要となる書式を豊富に盛り込んでいる。

4　本書を使用する際の留意点

　(i)　是非とも注意していただきたいのは，本書は単なる弁護士業務のマニュアル本ではないということである。本書は，若手弁護士が一定の弁護士活動をすることができるようになることが目的の大前提にあるが，それにとどまらず，経験を積んだ弁護士が若手弁護士に対し弁護士業務のあらゆる場面における心構えを示し，事件処理の過程で様々な問題点に直面したときに自分なりに問題点を解決するためのヒントとなり得る情報を豊富に提供する書籍であって，問題点に対する回答そのものを付与するだけの書籍ではない。
　(ii)　弁護士は，事件処理を担当したときには，常に，「何が原因となってこのような紛争が起こったのだろうか。紛争の本質はどのようなことか。紛争の原因との関係で，どのようにすれば依頼者の意向と利益に適った適正妥当な紛争解決を図ることができるか」を考えていなければならない。このことを常に念頭に置いて，各自が担当する一つ一つの事件において，本書で紹介した種々の問題意識や多数の参考文献を参照しつつ，各場面で発生した問

題点を具体的に解決するための方策を自分の頭で徹底的に考える姿勢を弁護士登録後数年間のうちに是非とも身に付けていただきたい。そのような積極的な姿勢を継続することでこそ，法律事務の専門家としての弁護士の技量が磨かれていくものと確信している。

5 基本事例

(i) 本書は，読者諸氏に具体的なイメージを持っていただくため，事例形式を採用し，本章の末尾（9頁～）に掲載した。基本事例は，登録後間もない若手弁護士でも比較的受任する機会が多いと思われる交通事故事例を中心としつつ，各章ごとに他の事件類型にも適宜触れることとした。

交通事故事案であっても，要件事実論を基礎とした主張立証（攻撃防御）の構造を適切に把握しておかなければならないことは他の紛争類型の事案と異ならない。本書では，事故態様に争いがある場合，あるいは，基礎収入に関する証拠資料が一部欠けている場合に，いかにして主張立証を組み立てていくべきか，ということを念頭に置いて，基本事例を作成している。

(ii) 基本事例では，「低髄液圧症候群」という聴き慣れない病名を挙げている。「低髄液圧症候群」という病名は，従前マスコミ等で取り上げられ，現在では後遺症として認められつつある病名である。

交通事故被害者を診察した医師は，しばしば「低髄液圧症候群」といういかにも重篤そうな病名での診断書を作成する。そして，そのような診断内容の記載を信用し，弁護士に依頼すれば多額の賠償金を取得できると期待して法律事務所を訪れる被害者も多い。

ところが，「低髄液圧症候群」については，かつては医学界において医学的論争が激しく繰り広げられており，同病名につき否定的見解を示す医師の数も極めて多かった。また，実務家の目に触れる裁判例も多くが「低髄液圧症候群」の病名を否定しており，同病名の認定を得るハードルは極めて高かった。現在では，診断・治療ガイドラインが策定され，検査費用について保険請求ができるようになり，今後，後遺障害として等級認定される可能性があるが，実務上はなお事例の積み重ねが必要な症例である。

このような場合，交通事故事案の経験の少ない弁護士が実務書や医学書に

よるリサーチを怠り，医師の診断書や依頼者の話を鵜呑みにして，安易に請求が認められると軽信し訴訟提起すると，訴訟進行の中では後遺障害として認められないということもあり得，訴訟が不利に進み，訴訟の終盤に至って依頼者から「最初の話と違う」とのクレームを受けるなど，トラブルになりかねない。

　低髄液圧症候群等の症例に関して争われた事案の裁判例の検索は，判例集等の文献や判例検索ソフト等で比較的容易になってきていることから，同病名に関する事案の依頼を受けたときには，裁判例・文献によるリサーチを相当程度行い，事件の見通しを適切に依頼者に説明できるよう努力すべきである。場合によっては，経験のある弁護士と共同受任すべきである。

　以上のように，聴き慣れない概念に触れた際のリサーチの重要性や依頼者に対する適切な説明の重要性について心構えを持っていただきたく，「低髄液圧症候群」という聴き慣れない概念を基本事例の中にあえて挿入した。

【基本事例】

事故日時：平成〇年〇月〇日午後〇時〇分頃
事故現場：東京都渋谷区〇〇町1-2先路上
依 頼 者：甲野太郎（58歳）（弁護士費用特約無）
甲野太郎の代理人弁護士：A弁護士
相 手 方：乙川花子（32歳）
乙川花子の代理人弁護士：B弁護士
当 方 車：普通自動二輪車
相 手 車：普通乗用自動車
事故態様：

　片側三車線の道路。甲野車は，第二車線を走行中，第三車線（センターライン側の車線）から進路変更をしてきた乙川車と接触して転倒した。依頼者は頸椎捻挫，左肩打撲等の傷害を負った。

　依頼者甲野の言い分によれば，甲野車は，第二車線を走行していた救急車の後方から直進をしていたが，救急車が相手車の横を通過した後，乙川車が第三車線から進路変更の合図もなく，甲野車の直前に進路変更をしてきた

め，甲野車は避けきれずに乙川車の後方に接触してしまったとのことであった。

治療状況：
　依頼者甲野は，病院へ救急搬送され，その後通院治療を開始したが，相手方乙川が無過失であると言っているため，相手方乙川の保険会社も対応してくれず，治療は自費で行うしかなかった。既に6か月間通院治療を受けたが，症状は回復せず，治療継続中。めまいや吐き気が治まらないため，最近では低髄液圧症候群を疑っている。

就業状況：
　依頼者甲野は，自営で露天商を営んでいるが，事故後は怪我による体調不良のため仕事に復帰できていない。確定申告はしていないが，諸経費控除後の年間利益は500万円程度であるといっている。

依頼者甲野本人による交渉経過：
　依頼者甲野は，事故直後に相手方乙川から聴いた電話番号に後日電話をかけ，治療費の支払等を要求したが，相手方乙川は「自分には交通事故の責任は一切ない。保険会社も治療費を支払わないと言っている」旨述べ，治療費の支払等を拒否した。また，相手方乙川が契約している保険会社（○○保険株式会社）も，相手方乙川の言い分どおり，治療費等の保険金の支払に難色を示した。
　相手方乙川の言い分によれば，乙川車は当初第二車線を走行していたが，同車線後方から救急車が走行してきたため，乙川車は減速のうえで右側に若干避けて（第三車線に完全に入ったわけではない），救急車を通過させ，その後第二車線に戻って走行を再開したところで，甲野車から追突されたとのこと。相手方乙川は，このような理由から，自分は無過失であると言っている。

依頼者甲野の希望：
　このままでは蓄えも底をつくので，相手方乙川に過失を認めてもらい，治療費，休業損害等を支払ってもらいたい。また，いつまで治療を続けるべきか悩んでいる。

訴訟提起後の設定：
　「訴状提出段階では低髄液圧症候群の症状固定はしておらず，後に症状固

定し医師の診断書を入手したので，弁論準備手続段階で請求を拡張した」という設定になっている。

基本事例図解

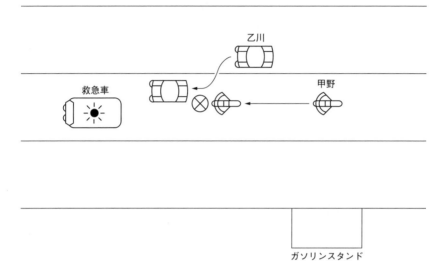

相談・受任　第2章

　弁護士としての心構え

1　弁護士業務とは

(1) 法曹の役割

　法曹は、国民が自律的存在として多様な社会生活関係を積極的に形成・維持し発展させていくために、司法の運営に直接携わるプロフェッションとして法的サービスを提供する役割を負っている。ここで、プロフェッションを紐解くと、"profess"の名詞型であり、「公的な誓約をする者」という意味で、もともと西ヨーロッパにおいて、医師、聖職者、弁護士といった、公共の利益に奉仕することを目的とし、人の悩み、苦しみ、秘密に接し、高度な学識を要する職業を指す言葉であった。上記医師、聖職者、弁護士になぜ公的な誓約が必要かといえば、その職務権限が公衆の信託による特権であり、それゆえに公衆の利益のために職務を遂行する責務を伴っているからであった。現代日本においても、国民各人が、主体的に社会生活関係を形成していくためには、具体的生活状況ないしニーズに即した法的サービスを提供することができる法曹の協力を得ることが不可欠である。国民が健康を保持するうえで医師の存在が不可欠であるように、法曹は、いわば「国民の社会生活上の医師」の役割を果たすべき存在である[注1]。

(2) 弁護士の使命

　弁護士法1条1項に、弁護士の使命として「弁護士は、基本的人権を擁護し、社会正義を実現すること」と規定されている。これはまさに、基本的人権の擁護と社会正義の実現こそが、法曹の一翼を担うプロフェッションとしての弁護士に課せられた本質的な使命であることを明らかにしたものである。そして、弁護士の役割は、法廷の内外を問わず、国民にとって「頼もしい権利の護り手」であるとともに「信頼しうる正義の担い手」として、質の高い

(注1)「司法法制度改革審議会意見書」7頁参照。

法的サービスを提供することにあるといえる。また，同条2項には，「弁護士は，前項の使命に基き，誠実にその職務を行い，社会秩序の維持及び法律制度の改善に努力しなければならない」とある。弁護士は，個々の事案においては，依頼者本人の正当な権利や利益を誠実に擁護するとともに，「公共性の空間」を担う法曹の一員として，国家機関に組み込まれることのない独立自治の観点から司法制度全体の健全な発展に寄与していくことも重要な使命とされている。

(3) 民事に関する弁護士の職務

「弁護士は，当事者その他関係人の依頼又は官公署の委嘱によつて，訴訟事件，非訟事件及び審査請求，再調査の請求，再審査請求等行政庁に対する不服申立事件に関する行為その他一般の法律事務を行うことを職務とする。」（弁護士法3条1項）。本書で対象とする民事弁護とは，弁護士のこのような職務から刑事弁護活動を除いた一切の法律事務を対象としており，その対象領域の全体像を俯瞰してみると，司法研修所編『［7訂］民事弁護の手引』（日本弁護士連合会，2005年）155頁資料2「弁護士活動鳥瞰図」のとおりである。このように，弁護士が職務として行う民事弁護の守備範囲は，社会の複雑化により法的サービスの需要が多様化するにつれ，極めて広範囲に拡大しており，かつ，その職務内容も実に多種多様である。

もっとも，弁護士活動鳥瞰図に整理されているとおり，主要な民事弁護の職務は事前対策型と事後処理型に大別できよう。前者は，未だ紛争となるに至っていない案件及び紛争と関係のない案件についての職務であり，紛争予防のための処置を要する案件及び紛争と無関係の創設的な案件である。後者は，既に紛争となっている案件についての職務であり，具体的な解決を要するいわゆる紛争事件であって，従来弁護士の本務とされているものである。

2　弁護士に求められる資質

(1) 弁護士の職責

弁護士の職責の根本基準として，弁護士法2条に「弁護士は，常に，深い教養の保持と高い品性の陶やに努め，法令及び法律事務に精通しなければならない」とある。弁護士の職務範囲が広範にわたり，その内容が多種多様だ

としても，法曹のプロフェッションとして専門的法律知識を保持しそれを駆使する技術が要求されることに変わりはない。また，弁護士が依頼者の権利利益を擁護し，かつ，諸活動を通じて社会正義を実現する役割を負っていることに鑑みれば，専門的法律知識にとどまることなく社会の様々な知見に触れて教養を保持するとともに，個々の依頼者のみならず法曹の担い手として社会一般からの信頼を得るために高潔な品性を磨き続ける努力も怠ってはならない[注2]。

(2) 弁護士に求められる基本的な能力

　弁護士の活動分野が広範にわたるとしても，弁護士が職務を遂行するうえで基礎となるのは，事後処理として具体的な紛争を解決する能力といえる。事前対策を講じるにしても，紛争が具体的に解決される仕組みに精通し，その解決結果を予測することなしに紛争を予防することはできないからである。そして，紛争解決能力の中で外すことのできない主要な位置を占めるのが訴訟活動といえる。訴訟外の紛争解決手段が充実しても，あるいは交渉による紛争解決を図るにしても，紛争の最終解決機関たる裁判所の判断を予測して解決が図られるのが通例である。このため，裁判所の判断の見通しなしに事件処理を進めたとしても，有効な解決が図られる可能性は低く，いたずらに依頼者の利益を損なう結果を招く危険がある。このため，民事弁護で必要な能力は，基本的には紛争を解決するための法実務能力であり，まずは訴訟活動を見据えた諸技術を身に付ける必要がある。もっとも，諸技術を活用する方向を見失わないために，基本的な法律についての体系的理解，法律が現実にどのように解釈され判例が形成発展するかについての理解が十分であることは当然の前提といえよう。

(3) 民事弁護で必要とされる技術

　民事弁護で必要とされる技術の捉え方は様々あるが，以下のように整理して各項目等を記載してみることとする[注3]。

(注2) 司法研修所編『［7訂］民事弁護の手引』2頁参照。
(注3) 同書6頁参照。

ア　事実を適切に把握する技術
　　事実調査能力
　　法令及び判例の調査・分析能力
　イ　事件の解決について具体的に見通しをつけることができる技術
　　手続法（訴訟法・保全・執行・倒産法等）についての基本的な理解
　　手続法や関連する制度とその具体的な運用についての理解
　ウ　当事者の利益にかなう法律文章作成の技術
　　文章表現能力（説明力・説得力）
　　様々な法律文書（訴状・準備書面・契約書等）の機能や役割の理解
　エ　訴訟における立証技術
　　各種の証拠収集技術
　　訴訟上の尋問技術

(4)　コミュニケーション能力の重要性と必要な技術

　弁護士は、職務を遂行するうえで数多くの関係者と接触する。事件の依頼者に始まり、事件の関係者、相手方当事者、相手方代理人弁護士、裁判所、その他の紛争解決機関と立場や役割又は接触する目的は変われども、これら関係者とコミュニケーションをとって事件を処理することに変わりはない。予防法務の案件といえども、依頼者をはじめとして他に関係者が存在し、それら関係者を含めてコミュニケーションをとって案件を進めていくことに違いはない。弁護士のコミュニケーションが問題となる事例も巷間聞かれることであり、いかなる人物とコミュニケーションをとるにしても、人と人とが意思疎通を図るために求められる態度・言葉使いといったマナーをわきまえて、適切な対応を心がけることに留意するべきである。以下に、コミュニケーション能力に関して必要とされる項目も整理してみることとする。

　オ　依頼者と信頼関係を形成する技術
　　傾聴・共感といった円滑に意思疎通する能力
　　人間の多様性や様々な経験則への理解と洞察
　カ　相手方（代理人弁護士）との交渉技術
　　様々な紛争についての理解と洞察
　　各種の紛争解決の技法の理解と修得

キ　裁判所（紛争解決機関）との交渉技術
　　確かな法律構成に基づいた事実主張と証拠構造を把握する能力
　　適切に争点を形成し事件解決に向けた有意な議論をする能力
　　様々な事件解決手法についての理解と修得
ク　その他関係者と適切に意思疎通を図る技術
　　関係者の位置付けと役割を適確に整理する能力
　　収集すべき情報と事案の関係を意識して対応する能力

3　弁護士業務を遂行するうえでの注意点

(1)　弁護士自治と弁護士倫理

　弁護士法では，弁護士の身分の得喪，規律及び懲戒が弁護士会によって行われることが定められている。つまり，弁護士には業務を遂行するうえで国家機関を通じての監督がなく，高度の自治が保障されている。参考までに，行政庁による監督を受ける他の士業と比較してみると，弁理士は経済産業大臣（弁理士法），公認会計士は内閣総理大臣より委任を受けた金融庁長官（公認会計士法），税理士は財務大臣（税理士法），司法書士は法務局の長（司法書士法），行政書士は都道府県知事（行政書士法）が懲戒権者となっており，行政庁によって懲戒が行われる仕組みとなっている。これに対し，弁護士に対する懲戒は弁護士会が行う（弁護士法 56 条 2 項）。これは，弁護士が基本的人権を擁護し，社会正義を実現することを使命（弁護士法 1 条 1 項）としており，この使命を達成するために時には国家権力とも対峙して職務を遂行する必要があることから，弁護士には行政庁から影響を受けない職務の自由と独立が要請され，高度の自治が保障されている。弁護士自治は，弁護士の利益を擁護するためのものではなく，弁護士の使命に根差して国民から付託されたものである。そうすると，弁護士自治を維持していくためには，その裏打ちとして，弁護士が職務上の倫理を遵守し自らの行動を規律することが不可欠であり，その意味では，弁護士自治と弁護士倫理は表裏一体の関係にある。このような重い責任を考慮すれば，弁護士には，職務に対する誠実さと品位の保持が要求され，その地位にふさわしい自律的行動が要請されているといえよう。もし，仮にこれらの要請に応じることができなければ，弁護士

に対する社会的信用が失われ弁護士自治は危機に瀕することを一人一人の弁護士が自覚しなければならない。

(2) 弁護士職務基本規程

日本弁護士連合会は，平成16年に会規として「弁護士職務基本規程」を制定した。これは，それまで会の規則ではない「宣明」の形で存在していた「旧弁護士倫理」では不十分として，弁護士が社会的使命を十全に果たし，弁護士自治を維持するために，自らが拠って立つべき倫理規範と行為規範をもつ意図のもとに制定された経緯がある。同規程の逐条解説書も日本弁護士連合会より発行されており，現在はその後の改訂を経て平成29年12月に第3版が発行されている。

なお，同規程前文には，

「弁護士は，基本的人権の擁護と社会正義の実現を使命とする。

その使命達成のために，弁護士には職務の自由と独立が要請され，高度の自治が保障されている。

弁護士は，その使命を自覚し，自らの行動を規律する社会的責任を負う。

よって，ここに弁護士の職務に関する倫理と行為規範を明らかにするため，弁護士職務基本規程を制定する」

と，弁護士自治と弁護士倫理の関係及び職務基本規程の制定意義が高らかに宣言されている。そして，同規程においては，以下のとおり，弁護士が職務を遂行するうえで様々な場面での具体的な行動規範を示している。弁護士として世に出て仕事をする前に，おさえておくべきルール集として一度は通読しておくべきである。

　　第一章　基本倫理（第一条―第八条）
　　第二章　一般規律（第九条―第十九条）
　　第三章　依頼者との関係における規律（第二十条―第四十五条）
　　第四章　刑事弁護における規律（第四十六条―第四十九条）
　　第五章　組織内弁護士における規律（第五十条・第五十一条）
　　第六章　事件の相手方との関係における規律（第五十二条―第五十四条）
　　第七章　共同事務所における規律（第五十五条―第六十条）
　　第八章　弁護士法人における規律（第六十一条―第六十九条）

第九章　他の弁護士等との関係における規律（第七十条―第七十三条）
第十章　裁判の関係における規律（第七十四条―第七十七条）
第十一章　弁護士会との関係における規律（第七十八条・第七十九条）
第十二章　官公署との関係における規律（第八十条・第八十一条）
第十三章　解釈適用指針（第八十二条）

(3) 懲戒制度

　弁護士自治を支える懲戒制度として、弁護士法56条には「弁護士及び弁護士法人は、この法律又は所属弁護士会若しくは日本弁護士連合会の会則に違反し、所属弁護士会の秩序又は信用を害し、その他職務の内外を問わずその品位を失うべき非行があつたときは、懲戒を受ける」とある。また、懲戒権者が弁護士会にあることは既に述べたとおりである。そして、「何人も」「懲戒の事由があると思料するとき」「懲戒することを求めることができる」（弁護士法58条1項）とあるため、依頼者、関係者であるか否かを問わず懲戒の請求がなされる可能性があり、その意味では弁護士の言動に違反行為がないか、常に社会に注視されている状態にある。懲戒事由が存在しない不当な懲戒請求がなされることもあり、また、手続として調査・審査・異議申立等の一連の用意がされている制度であるが、まずは職務を遂行するうえで弁護士に求められる規律を遵守することが肝要である。

(4) 問題事例と注意点

　以下に弁護士の職務遂行上問題となる項目とその注意点を整理するので参考にしてもらいたい。なお、弁護士倫理の説明及び各種議論をまとめるだけで優に1冊の本が書ける分量があるため、主要なポイントを整理するに止めざるを得ないが、具体的な問題に直面した場合には、「解説「弁護士職務基本規程」第3版』、『自由と正義』2018年8月号「特集1　弁護士倫理の課題と展望」等の書籍を参照するとともに先輩や同僚の弁護士によく相談して判断してもらいたい。

　ア　利益相反

　弁護士が職務を行い得ない事件として、弁護士法25条、弁護士職務基本規程27条・28条に利益が相反する事件の職務禁止規程がある。依頼者と別の依頼者の利益が相反する類型、弁護士と依頼者の利益が相反する類型の

分類，また，依頼者の同意によって許容される事件等の整理が可能であるが，通底する趣旨は，当事者利益の保護，弁護士の職務の公正の確保，弁護士の品位と信用の確保にある。

具体例として，妻から離婚相談を受け具体的なアドバイスをしていたところ，その夫から夫婦関係調整の調停申立の依頼を受けた場合が挙げられる。これは，弁護士法25条1項，弁護士職務基本規程27条1項に該当し，依頼者と別の依頼者の利益が相反し，かつ，依頼者の同意によっても許容されない事件のため，仮に依頼者である夫が同意しても受任することが禁止されることから，このような事件を受任してはならない。

次に，遺産分割事件の例を挙げたい。遺産分割事件は同一のパイを奪い合うため類型的に各人が利益相反にある構造となっているが，実際にはいくつかのグループに分かれて意見の対立があるものの，グループ内部では意見が一致している場合がある。この場合は，利益相反が顕在化しておらず，いずれの依頼者も同意していれば，グループの複数名を依頼者として受任することは可能である（家庭裁判所の手続においては，上記の点に関して各相続人の「双方代理承諾書」の提出を求められることもある）。もっとも，利益相反が顕在化したときは，すべての依頼者の代理人を辞任するべきとする見解が有力である。このため，受任するにあたっては，依頼者間で利害対立があった際は辞任する可能性があることをあらかじめ説明（弁護士職務32条）しておかなければならないし，実際に利害が対立したときは，依頼者に事情を告げて辞任等の適切な措置を取る必要がある（弁護士職務42条）[注4]。受任するにあたっては，受任してよい事案であるのか，受任するに際し必要な手続はないのか，また，受任した後において利益状況が変化した場合にいかなる行動をとらなければならないか，しっかりと把握・理解しておかなければならない（本章第3「委任契約」参照）。

イ　守秘義務

弁護士の守秘義務は，弁護士法23条，弁護士職務基本規程23条に規定されており，弁護士は職務上知り得た秘密を漏らしてはならない。弁護士と

(注4)「弁護士職務基本規程　第3版」95頁。

して仕事をしていると，疾病，身分，親族関係，財産関係，営業上の機密情報にとどまらず，過去の犯罪行為，性的被害，反倫理的行為といった絶対に他人に知られたくない，まさに墓場に持っていくような話を聞く機会が少なくない。依頼者がこのような重大な秘密を打ち明けるのは，弁護士に秘密の開示が強要されないことが保障され，弁護士は決して秘密を漏らさないとの信頼があるからである。このような守秘義務に関する社会からの信頼があってこそプロフェッションとしての弁護士の職務の基盤が保障されることをしっかりと認識するべきである。

守秘義務の対象について，依頼者の秘密に限定する見解（限定説），依頼者の秘密に限定されない見解（非限定説），及び依頼者に準ずる者の秘密を含む見解（折衷説）の議論がある。離婚事件の相手方の勤務先に，事件に関するメールを送信した事案では，日弁連綱紀委員会は「守秘義務の対象・範囲は，依頼者はもとより第三者の秘密やプライバシーにも及ぶことは当然」として，第三者（事件の相手方）の秘密を漏らしたため弁護士法23条違反に該当すると判断している[注5]。秘密は一度漏れてしまえば，もはや取り返すことは不可能である。弁護士は，日常的に重大な秘密に接していることを忘れずに，くれぐれも個人情報やプライバシーを侵害することのないよう注意が必要である。

ウ　非弁行為・非弁提携

非弁行為とは，弁護士法72条が禁止している，弁護士でない者による報酬目的での法律事務の取扱い行為又は訴訟事件や債務整理事件の周旋行為を指す。つまり，これらの行為は，法定除外事由に該当する弁理士（弁理士法），司法書士（司法書士法），税理士（税理士法），行政書士（行政書士法），債権回収会社（債権管理回収業に関する特別措置法）の一定の行為を除き，弁護士にのみ認められている。これは，弁護士の使命と職責，厳格な資格要件及び職務遂行上必要な規律に服することに由来しており，仮に非弁行為を許せば「当事者その他の関係者の利益を損ね，法律生活の公正かつ円滑な営みを妨げ，ひいては法律秩序を害することになる」[注6]からである。また，当

(注5)「日弁連綱紀委平成23.11.16議決例集14集」155頁。

該非弁行為に違反すると刑事罰の対象となる（2年以下の懲役又は300万円以下の罰金，弁護士法77条3号）。

非弁行為の禁止は，行為主体として弁護士でない者を対象としているが，これと似て非なるものに，行為主体として弁護士を対象とした非弁提携の禁止がある。弁護士法27条，弁護士職務基本規程11条に規律されており，弁護士が，非弁活動を行う無資格者と提携することを禁止した規定である。非弁行為と同じく違反行為は刑事罰の対象となる（2年以下の懲役又は300万円以下の罰金，弁護士法77条1号）。

本条違反の典型例は，弁護士でない者から依頼者あるいは事件を紹介してもらい金銭を支払う，あるいは弁護士でない者が行う法律事務に弁護士の名義を利用させることである。実際の違反例も相当に多く，債務整理や債権回収において，相談窓口を開設するNPO法人から多数の事件の紹介を受け相当額の委託料の支払をしていた，弁護士以外の者が組織的に法律事務を処理しているグループに弁護士の名義を使用させた，事務所の実質的な運営を弁護士以外の組織に委ねて毎月一定額の給与を受領していた事例等が挙げられる。情報通信技術の進展に伴い，インターネット等を利用して依頼者や事件の情報を収集することが容易になり，この情報価値を利用して利益を上げようとする業者によって弁護士が狙われることがある。また，債務整理のように比較的定型的な事務内容が想定され一定の人員を整備して大量処理することで規模のメリットが生じることに着目した業者によって弁護士が目を付けられることもある。経済的に苦境にある弁護士が，甘い蜜に吸い寄せられて間違った道へ進んでしまう構図が透けて見えるが，弁護士は，その使命と職責を常に忘れることなく，くれぐれも道を誤らないようにしなければならない。

4　弁護士業務と情報管理

(1)　情報管理の重要性

弁護士の守秘義務は既に述べているが，弁護士職務基本規程18条には，

（注6）最判昭和46年7月14日刑集25巻5号690頁参照。

これに関連して弁護士の事件記録の保管・廃棄に関して，秘密やプライバシー情報の漏えい防止の注意義務が規定されている。社会的にも個人情報保護法が改正されて，ますます個人情報保護の重要性が増しており，とりわけ弁護士は日常業務において営業の秘密やプライバシー等のセンシティブな情報を取り扱うので，弁護士が情報管理を徹底して情報セキュリティ対策を講じることは極めて重要である。

(2)　弁護士情報セキュリティガイドライン

　日本弁護士連合会では，弁護士の情報管理の重要性に鑑み，弁護士の情報セキュリティ対策の取組を支援することを目的として，平成25年12月19日に弁護士情報セキュリティガイドラインを策定した。同ガイドラインは，情報の生成から消滅までのライフサイクル（受領⇒作成・変更⇒保管⇒発信・交付⇒持出し・複製・廃棄・返還）を主軸としつつ，情報を取り扱う機器（パソコン，FAX，携帯等）や媒体（電磁的記録，紙等）の種別に応じ，それぞれの場合における情報取扱いの注意点をまとめたものである。あくまでガイドラインの位置付けであり，規程や規則ではないため懲戒の直接の基準となるものではない。もっとも，弁護士職務基本規程18条違反の有無を判断する際に，同ガイドラインに則った措置を講じていたか否かは重要なポイントになると想定される。このため，自身の情報セキュリティ対策が同ガイドラインに則っているかしっかりとチェックをして，不十分な点がある場合には必要な対応をして，くれぐれも安易に情報漏えいをすることがないよう気を付けなければならない。

(3)　情報管理における注意点

　以下に，弁護士の情報管理における注意点をいくつか具体的に挙げてみたい。

　ア　公開メーリングリストを通じて情報が漏えいした事例

　一定のグループに所属している複数人に対し一斉に電子メールを送信することができるのがメーリングリスト機能である（以下「ML」という。）。弁護士業界においても委員会，法律研究会，弁護団事件のほか，プライベートを含む有志の団体等での連絡には欠かせない便利な機能である。

　もっとも，平成23年12月に，ある法律事務所で業務連絡に用いていた

MLの設定が誤って「公開」となっていたことから，刑事事件（裁判員裁判対象事件）の事件情報が外部に漏えいするという事件が発生し，広く報道されて大きな問題となった。当該事務所では，事務所内の情報共有の必要性から民間事業者が無償で提供する掲示板サービスを利用し，これにはデータを格納して共有する機能やML機能を備えていたため，これらの機能を利用して事件記録を共有していた。当該掲示板サービスのデフォルトの設定が「公開」であるため，本来はこれを「非公開」に変更する必要があったところ，一部これを失念して刑事事件記録が開示されてしまったケースである。

　弁護士業務を遂行するにあたり，必要な情報を必要な者と共有して活用することは当然に認められるし，ITツールが利用されること自体否定する理由はない。しかし，まず，保管におけるデータ化の問題として，弁護士が取り扱う情報の中でも特に慎重な取扱いが求められる性質の情報については，一旦漏えいすると拡散する危険があるデジタル情報にすること自体を避けるべきであった。デジタル情報にする必要があるにしても，パスワードを設定する等の適宜のアクセス制限を施すべきであった。また，次に，保管における外部サービス利用の点で，業者が提供しているサービスを利用するのが適切であるのかの問題がある。一般的に，MLサービス提供事業者はメールを複数宛先に同報する機能のみならず，メールデータを蓄積しデータベース化する機能を有している。また，本事例においても，サービス規約では，掲示板にアップした情報を複製・公開等する権利がサービス提供企業に留保されていたケースであり，そもそもこれらのサービスを利用して掲示板にアップした時点で守秘義務に違反していることが疑われる事例であった。様々なITツールを利用する有効性は否定しないが，自身が扱う情報の内容と性質を考慮して，かつ，当該ツールの内容を正確に把握して，利用するべきなのか否か，利用する場合にはいかなる利用をするべきなのか，利用する場合に守るべき手順はないのかを意識してくれぐれも重要な事件情報が漏えいすることのないようにしなければならない[注7]。

(注7)『LIBLA』2016年1月号「特集　弁護士の情報セキュリティ」参照。

イ　メール送信における注意点

　メール送信における情報セキュリティ上の最大のリスクは誤送信であろう。情報発信の場面として宛先を確認することは，メールに限らずFAXでも郵便でも共通する注意点である。また，事件情報等を記録したファイルを送信する場合には，パスワードを設定しておくことは必須である。そしてこのパスワードをどのように伝達するべきか悩むことも多いかと思われる。誤送信リスクの観点から，不適切な者がファイルにアクセスできないよう制限をかけることがここでの情報セキュリティの意義なのであるから，メール本文中にパスワードを記載することは論外であるし，実は連続して送信する別メールにてパスワードを記載しても情報セキュリティの措置を講じたとは評価できない。メールとは別のルートでパスワードを伝えてはじめて，適切な情報セキュリティを尽くしたということができる。その意味では，送信相手との間で事前に取り決めておく，又はメールを送信するときに電話等の別ルートで伝達する等の工夫が求められる。

ウ　FAX誤送信

　弁護士業界では未だFAXを使用する機会が多く，FAX誤送信の懲戒事例もあり，また平成25年の日本弁護士連合会の調査によると，475人の回答数のうち90人（18.9％）がFAX誤送信の経験をしている[注8]。繰り返し送信することが予定されている送信先はあらかじめFAX機に番号を登録しておくべきである。また，人が10桁にもわたる番号を押す場合には，押し間違えがあり得ることを前提とした運用として，複数名で番号を確認する，2人目は逆から番号を読み上げて確認するといった運用ルールを策定し，かつ，これを徹底して行うことが情報セキュリティを維持するために有用である。

エ　パソコンウィルス感染

　電子メールに不正プログラムが仕組まれたファイルが添付されており，これを誤って開いた結果，パソコン内部に保管していたデータが盗まれ，あるいは毀損される等の意図しない動作を起こして大きな問題となることは広く

(注8)「第18回弁護士業務改革シンポジウム基調報告書」156頁。

知られていることである。情報の受領の場面での問題であるが、いくつか典型的な対策を挙げておきたい。まず、パソコンに対してセキュリティソフトを導入することは必須であり、また、常に最新のウィルス定義を取得するように設定されている必要があるとともに、期限切れになっていないか注意をしなければならない。次に、個々人の運用上の注意点として、差出人や件名に不自然さを感じた場合、又は発信者のアドレスがフリーメールの場合、違和感があるファイルが添付されている場合は、安易に電子メール又は添付ファイルを開封しないように注意するべきである。仮に感染が疑われる場合には、直ちにLANケーブルを外し、あるいはLANステーションの電源を切るなどして物理的にパソコンを隔離することが必要である。そのうえで、感染したパソコンのウィルスチェックを行い、ウィルスの特定と駆除をする必要がある。駆除できない場合には、最終的にパソコンを出荷時の状態にして初期化することになるが、この場合にはパソコン内部のデータは全て失われるので、普段からバックアップを取っておくといった情報の保管におけるセキュリティ対策を講じておくことが求められる。

オ 移動媒体の紛失

情報を持出しあるいは複製する場面では、USBメモリーやSDカード等の電子媒体を利用し、その利便性ゆえに秘匿性の高い情報を入れていることも多いのではないだろうか。ここでのリスクは小さく持ち運び安いがゆえに紛失の危険があることであり、これらの電子媒体を拾得した人の約半数が中身を見ようとしたという調査結果や、情報漏えいの12%が電子媒体による漏えいであったとの報告もある。ここでは、まず、不必要な情報を入れないことである。弁護士の職務を遂行するうえで、記録閲覧時に写真で保存したり、現場や状況を写真撮影したり、会話等の音声記録を保存することもあるであろう。しかしこれらのデータは早急にパソコンに移し、いつまでも電子媒体内で保管することは避けるべきである。次に、電子媒体に情報を格納せざるを得ない場合でもパスワードによってロックを掛ける、情報を暗号化して保管する等のアクセス制限措置を取るべきである。さらに電子媒体とは異なるが、機能が極めて多様化したスマートフォンにおいても、紛失の危険と重要情報が洩れるリスクは同様である。リスク回避策として弁護士業務に関

係する重要情報は入れない，リスク低減策としてファイルにパスワードを付す，スマートフォン特有の機能としてスマートフォンを第三者に操作されないようスマートフォンをロックしておくといった対策が有用である[注9]。

第2 法律相談

1 総論：法律相談と弁護士に求められる役割

　法律相談とは，相談者が法律問題を解決するために弁護士の専門的な知見に基づく判断や問題解決への対応のあり方についてのアドバイスを求め，これに対し弁護士が事案の内容を整理しつつ法律的な判断をし，執るべき措置や将来的な見通しその他の事項について説明をし，助言をするものである等とされている[注10]。

　そこで，法律相談において弁護士には，相談内容及び相談者の把握，事案の把握，法律問題の抽出，そして対応方法又は解決方法の説明をすることが求められていると考えることができる。

2 各　論

　前記1の記述は法律相談の定義や心構えを述べたものであるが，一方でこれだけでは法律相談をどのように進めていくべきかについて，感覚的にイメージすることは困難であろう。そこで，以下では，その事項の内容をイメージしやすくするために，基本事例をモデルケースとした場合に想定し得る具体的な弁護士と相談者のやり取りを冒頭に挙げたうえ，各小見出しについて概説的な説明をした。

(注9)「4　弁護士業務と情報管理」全体について以下参照。日弁連「弁護士情報セキュリティガイドライン」，『LIBRA』2016年1月号「特集　弁護士の情報セキュリティ」，『自由と正義』2016年10月号～2017年7月号連載「ここが危ない！弁護士業務における情報セキュリティ　第1回～第10回」

(注10) 藤井篤著『弁護士の仕事術Ⅰ（法律相談マニュアル）』（日本加除出版，2013年）5頁参照。

(1) 事前準備

【基本事例】をモデルケースとした相談者との会話の例

　電話を受けた事務局から交通事故についての相談希望の電話が甲野さんという方から掛かってきているとのことで，弁護士は電話を代わることにした。

弁護士Ａ（弁）「お電話代わりました。弁護士のＡと申します。早速ですが，今回のご相談はおおまかにいうとどのような内容でしょうか。」
甲野さん（甲）「交通事故の件で相談がしたいのです。」
　　……
弁「お電話いただいている甲野さんが，交通事故の被害に遭われたのですね。」
甲「はい，そうです。」
弁「甲野さんがご相談にいらっしゃるのですね。」
甲「はい，伺います。」
弁「今回弊所に連絡をいただいたのはどういう経緯によるものですか。弊所をどうやって知ったのですか。」
甲「○×さんに弁護士の知り合いがいないか聞いたところ，Ａ先生を教えてもらったので電話させてもらいました。」
弁「○×さんをご存知なんですね。」
甲「はい，一度仕事をご一緒させてもらったことがあるのです。」
　　……
弁「今回，一番ご相談したいことはどのようなことですか。」
甲「事故以来，自腹で治療を続けているのですが，いつまで治療を行うべきか悩んでいます。また，一部でもいいので治療費を早く相手に払ってもらいたいと思っています。」
　　……
弁「大まかな事情については理解しました。よりよい相談とするために，お越しいただく際に，今回の事故と治療に関係すると考えられる資料は全部持ってきていただけますか。特に交通事故証明書や診断書は必

> ず持ってきてください。あと，事故が起こったときの状況を簡単な図程度で結構なのでメモとして作ってきていただけますと助かります。」
> 甲「わかりました。その他に持って行った方がよい物はありますか。」
> 弁「そうですね，念のため，シャチハタ以外の印鑑も持ってきていただけますか。」

　法律相談を受けるとなった場合には，事前にできる限り準備を行うことが望ましい(注11)。

　通常法律相談は電話等にて予約がなされることが多い。そうだとすれば，その予約の際，可能なかぎり，相談者の属性，事案の概要，相談で相談者が回答を期待している事項をあらかじめ聴き取ることができれば，相談を想定することができ，効率的な法律相談を実現し得る。

　また，相談にあたっては，事実関係の把握のため，また，立証可能性の把握のため，事件に必要な資料を持参してもらうことが必要不可欠である。そのため，大まかな相談内容が把握できたならば，相談に際して必要な資料を持参してもらうよう相談者に伝えておくべきである。

　そして，場合によっては，事案についての時系列に沿って起こった出来事が記載されたメモ等を相談者に作成してもらえるよう伝えておくことも検討すべきである。

　さらに，初めて来所する相談者の場合には，どのような経緯で相談の予約をしようとしたのかについても聞いておくべきである(注12)。例えば，紹介者がいる場合などは，事前に紹介者に聴取りをすること等により相談者のキャラクター等の補足情報を知ることができるからである。

　これらの相談予定者からの法律相談前の聴取りをもとに相談の流れをある程度想定し，事前にできる下調べ（考え得る問題点やその解決方法等）を行い，事前に相談をシミュレーションしておくと法律相談が充実したものとなるだろう。

(注11) 中村真著『若手法律家のための法律相談入門』（学陽書房，2016年）48頁以下参照。
(注12) 同書20頁以下参照。

また，事案の性質上すぐに委任状や契約が必要な場合においては認印を持参してきてもらうようにしたい。

(2) 相談者と相談内容の把握

> 【基本事例】をモデルケースとした相談者との会話の例
> 　甲野さんが本人であると確認した弁護士は，事前に聴いていた内容を思い出しながら相談者に記入してもらった相談カード及び持参してもらった資料に目を通した。
> 弁「それでは，早速お話を伺います。甲野さんが被害に遭った交通事故の件で，加害者に対する治療費等の請求と今後の治療方針が主なご相談内容でしたね。」
> 甲「はい。自己負担での治療がずっと続くのではないかと思うと不安を感じてしまいます。」
> 弁「なるほど，先が見えないと不安ですよね。」
> 甲「まさにそのとおりです。」
> 弁「相談カードを記入していただいているときに，資料を拝見いたしました。気になる点についていくつか質問をしても構わないでしょうか。」
> 甲「はい。何でも聞いてください。」
> 弁「事故が起こったときの状況は，事前に描いてきていただいたこの図のような状況だったということですね。」

　まず，最初に相談者が，事件の当事者であるかどうかを確認することが必要不可欠である。そして，相談者が事件の当事者ではなかった場合には，その理由を確認し，その相談者が本人のために相談を受けるのがやむを得ない事情による場合以外は，必要な限度において対応するようにし，それ以上は，本人が直接に法律相談を受けるように伝えるべきである。また，利益相反に抵触する事件を受任しないようにも留意しなければならない。
　次に，相談内容の把握のために，最小限度の事実関係と相談者の立場等については，なるべく早い段階で把握しておかなければならない。相談の方向

性や解決方法の方向性等の基本となるからである。また，相談者は，その感情や虚栄心のため，意図せずその発言に虚偽が混入しがちである。このような虚偽に影響されないようにする必要がある。そこで，資料と説明が異なるなどの齟齬がある場合には，早い段階で客観的資料との齟齬を指摘し，いずれが正確なのかについて確認することが望ましい。

(3) 事実関係の把握と法律問題の抽出

【基本事例】をモデルケースとした相談者との会話の例

　弁護士は，甲野さんに対し，ポイントとなる事項を聴き取っていく。
弁「事故が起きたときの状況をもう一度説明していただいてもよろしいですか。」
甲「（図を示して）私が，この真ん中の車線を走っているときに，急に相手の車が私の前に飛び出してきたのです。」
弁「その前の状況からお伺いしてもよろしいですか。甲野さんが相手の車に気付いたのは，どの時点ですか。」
　……
弁「相手の車のどこに事故による傷が付いていましたか。」
甲「左後ろのバンパーとフェンダーの部分です。」
　……
弁「そこで，相手と話をしたわけですね。そのときの事故直後の相手の言い分は，どのようなものでしたか。」
甲「やや左に逸れたことはあっても，真ん中の車線をずっと走っていて，そのときに急に後ろから追突されたと言い張っていました。」
　……
弁「救急車が相手の車の左を通過したとき，相手の車はどのくらい右の車線内に逸れていたか覚えていますか。4分の1くらいですか。半分くらいですか，それとも1台まるまる右車線に車線変更をしていましたか。」
甲「完全に右側の車線に車線変更をしていたと思います。」
弁「どうしてそのように思いますか。」

甲「うーん。特に根拠はないですけど，何となくそんなイメージだったというか……。」
弁「その相手の言い分だと，相手の車は，甲野さんの図よりも，もう少し中央車線側を走っていたのかもしれないですね。」
甲「そうかもしれないです。とにかく頭が真っ白になってしまって。」
弁「大変なことが起きたのですから，仕方ないです。ところで，甲野さんのバイクにドライブレコーダーは付いていますか。」
甲「付いていません。」
弁「周辺に事故を目撃した人はいませんでしたか。」
甲「私が知る限りではいないと思います。」
……
弁「最初に診断を受けたのは，○×病院ですね。その際の診断された内容は，この診断書のとおりですね。」
甲「はい。そうです。」
……
弁「最近の治療の状況はどうですか。」
甲「ときどきは治療後に楽になることもあるのですが，めまいや吐き気については断続的に続いています。」

　このように，弁護士は，資料を見ながら，事故発生の時期，事故の概要，当時の状況，物損の概要及び相手方の対応などこれまでのやり取りの概要を聴いた。特に事故態様については，弁護士が聴き取りながら図面に修正を加え，その図面を示すなどして確認をした。

　事実関係を把握する際，特に相談時間が短時間しか取れない場合には，弁護士が主導して聴取りをする必要性が高い。弁護士としての事実関係の把握に必要な事項は，相談者が関心を有し弁護士に伝えたい事項とは異なっていることが多いからである。

　この聴取りは，用意された資料をその都度確認しつつ行うべきであり，また，時系列表や関係者図を作成しながら行うことも検討すべきである[注13]。この場合，弁護士のスタンスもあろうが，ホワイトボードを利用するなどし

て，時系列表や関係者図を相談者に見えるようにして聴取りを実施してもよいだろう。このような聴取りを行うことにより，効率のよい，かつ，相談者の認識と齟齬のない事実関係を把握することができるからである。

このような相談者からの聴取りを行いながら，弁護士は，事実関係を把握し，その把握した事実関係から法律問題を抽出していくことが求められる。法律問題の抽出にあたっては，相手方と争いになっている点の法律上のポイント，その事案において明らかにして紛争を解決していくため必要となる法律上のポイント等を抽出しなければならない。

そのため，相談者からの聴取りの際には，要件事実を意識することを忘れてはいけない。相談者が望む解決につながる法律効果を考え，そのような法律効果を導き出す要件事実の有無について常に意識をしつつ聴取りを行うべきである(注14)。

さらに，意識して抽出した要件事実及び法律上のポイントについては，立証責任の有無，立証するための方法，立証できる可能性についても資料を基に考えつつ聴取りを行うべきである。

なお，この時点においては，事実関係において不確定な点があると考えられることから，複数の構成を検討することを意識するべきである。

(4) **法律相談における説明及び対応**

> 【基本事例】をモデルケースとした相談者との会話の例
> 　弁護士は，ひととおり甲野さんからの聴取りをした結果，事件のポイントは，過失割合と症状固定の有無であると考えた。
> 弁「今回の事故においては，まず過失割合が問題となります。そのためには，事故が起こったときの状況を明確にしていく必要があります。その点に関して，今後，警察の実況見分の内容や刑事事件の記録があれば，それを証拠として使用できる可能性があります。そして，仮にこれらの証拠が甲野さんの主張を裏付けるような有利な証拠となる場

(注13) 中村真著『若手法律家のための法律相談入門』39頁以下参照。
(注14) 原和良著『弁護士研修ノート』(レクシスネクシス・ジャパン，2013年) 20頁以下参照。

合には，相手の過失がより大きくなるという主張が認められる可能性
　　　があります。そのため，このような証拠の収集を支払の交渉と並行し
　　　て進めていくという方針ではいかがでしょうか。」
　甲「そうですね。そうなればよいのですが。」
　弁「今のところ甲野さんは治療により，若干ですが改善の兆しが見える
　　　ということですね。甲野さんも治癒に向けて治療を継続したいとお考
　　　えですよね。それでは，症状固定まで，もう少し治療を継続するとい
　　　う方針で進めた方がよいと思います。」
　甲「わかりました。」

　事実関係及びそこから抽出できる法律問題がある程度明確であり，その限りで明確に判断することができる場合には，弁護士の判断を明確な言葉を使って説明することが大切である。

　その一方で，事実関係が不明確である場合や資料が乏しく主張がどれだけ根拠を持つのか判然としない場合などは，事実関係を明確にする資料がないと判断できないことをなるべく具体的に指摘せざるを得ない。そのような場合においても，弁護士は，限られた範囲において前提を明確にしたうえで判断を提供するようにすべきである。

　加えて，事件処理を進めるにあたって，考慮すべきリスクについても説明をすることを怠ってはならない[注15]。事件処理の方針は，相談者がリスクについても勘案したうえで，その方針を選択することが必要不可欠であるし，また，後の無用のトラブルを回避することもできるからである。

　相談内容によっては，弁護士費用が請求して得られる経済的利益を超えることにより費用倒れとなることも予想される。このような可能性のある場合には，その旨の説明をして，最終的に相談者とトラブルになることを回避する必要がある。また，事案の内容から考えて，相談者の希望するような解決を図ることが到底無理であるとみられる場合や相談者が描く事件像が弁護士の判断と大きく異なる場合には，言いにくい雰囲気だったとしても，そのこ

(注15) 原和良著『弁護士研修ノート』43頁参照。

とを説明しなくてはならない。

　留意すべき対応という点として，事件処理の方針とその見通しについて概ね一致していることを念頭に置いて対応しなければならない。

　また，事案に即した対応が必要であることは当然である。特に，時間的に切迫した事案である場合には，いつまでに何をする必要があるかという点について明確に説明することが肝要である。

　例えば，訴訟が既に係属している場合などには，認否や相手方主張に対する反論を意識した対応が必要である。

　さらに，気をつけるべきなのは，間違った説明などをした場合である。下調べをしていても，間違った判断に基づき間違った説明をしてしまうこともあり得なくはない。このような場合には，できる限り早急に相談者に連絡し訂正した内容の説明を行わなければならない。

3　法律相談にあたっての工夫と留意事項

(1)　相談者との信頼関係

　よく言われていることであるが，相談者との間において信頼関係を構築するためには，傾聴と共感が大事である[注16]。すなわち，弁護士は，可能な限り相談者の話に対し相打ちを打つなどしながら親身に聴くことを心掛け，また，傾聴した内容を理解して共感することにより相談者との距離感を縮め信頼関係を構築していく必要がある。

　なお，相談の途中で時間が足りなくなることは本末転倒である。時間配分を考慮しつつ，時には時間の制限があることを説明したうえで相談を行うなど，その進め方に留意しなければならない。

　また，最近では，簡単に録音ができるスマートフォン等が普及していることから，相談内容が録音されている可能性があることを意識した発言を心掛けるべきである。

　さらに，相談者にとっては，事件の結論が最大の関心事であることが一般的である。そのため，弁護士が見立てを説明する際には，特に相談者の心情

(注16) 原和良著『弁護士研修ノート』15頁参照。

に留意しつつ説明を行う必要がある。

(2) 説明の方法

　説明をするにあたっては，相談者が理解できる説明を求めていることを常に念頭に置いて，その期待に沿うべく説明することが必要である。例えば，難解な法律用語を極力使用しないようにし，使わざるを得ない場合にも当該法律用語の内容をかみ砕いて解説したうえで説明に用いるようにすることなどが必要である。

　相談者は，得てして自己に都合の良い結論や判断を聞きたがる傾向がある。そのため，特に相談者の意に沿わない判断や説明については，相談者が納得できるように念入りに説明することが求められよう。

　相談者の意に沿わない判断を伝えざるを得ないような場合には，相談者の判断と弁護士の判断がどこで異なってくるのかについても説明するべきである。

　相談者が直面している事件は，その視点により見方が大きく変わることが多い。相談者から見た事件は，弁護士から見えている事件と全く異なったものと映っている場合がある。このような場合，単に判断が相違する点のみならず，第三者，特に裁判官の視点から見える事件の見方について説明することが重要である。そのような説明により相談者の理解が得られるだろう[注17]。また，あらかじめ，このような説明をしておくことで，事実としての相談者から見た正義と裁判上の立証責任による結果とのそれぞれが異なる結果をもたらすことを理解してもらうべきだろう。

(3) 困ったことに遭遇したら

　法律相談において弁護士が自分でわからないことに遭遇することは珍しいことではない。特に登録から日が浅い弁護士にとってはわからないことに頻繁に遭遇するということもあるだろう。

　このような場面に遭遇した場合は，不正確な説明を行うべきではないのは当然であるとしても，単にわからないと述べるのではなく，不明確な点についてある程度特定したうえで間違った説明をしてしまうことを避けたいと述

(注17) 原和良著『弁護士研修ノート』25頁参照。

べることにより，相談者から見た弁護士の印象の悪化を回避することができるだろう^(注18)。

また，相談内容が法的解決になじまないケースもある^(注19)。このような場合には，必要以上に深入りをすべきではない。そこで，このような場合には，法律相談では解決できない旨を説明し，可能であれば考え得る事実上の解決方法について提案をするなどにとどめるべきである。

さらに，相談者が感情的になっているケースがある。このような場合，弁護士が理屈を押し通しても前向きな相談が進まないことがある。このような場合には，法律相談には相談者のガス抜きという意義もあると考え，一度聴き役に徹してみることも検討すべきである。

委任契約

1 契約締結前

弁護士が事件処理を行うには，依頼者との間で委任契約を締結する必要がある。この契約の成立により，弁護士には当該事件の処理を行う義務が生じ，また，弁護士報酬を請求する基礎となる法律関係が形成される。

その前提として心得ておくべき事柄については，次のとおりである。

(1) **受任しようとしている事件が，弁護士として職務を行い得ない場合に該当しないかどうかの確認**

　ア　不当な事件の受任

（ⅰ）弁護士は，依頼者の正当な利益を保護するために法律事務を行うのであって，依頼の目的又は事件処理の方法が明らかに不当な事件を受任してはならないとされている（弁護士職務31条）。依頼者の中には，債務を履行しない相手方に憤慨し，困らせたり恥をかかせたりなど，嫌がらせを主な目的として訴訟手続等を行うように求める者もいるので注意が必要である。依頼

(注18) 中村真著『若手法律家のための法律相談入門』126頁以下参照。
(注19) 同書136頁以下参照。

を受ける際には客観証拠を確認しつつ，依頼者の主張を聴取し，不当な事件ではないかを確認する必要がある。

「当該訴訟において提訴者の主張した権利又は法律関係……が事実的，法律的根拠を欠くものであるうえ，提訴者が，そのことを知りながら又は通常人であれば容易にそのことを知りえたといえるのに，あえて訴えを提起したなど，訴えの提起が裁判制度の趣旨目的に照らして著しく相当性を欠くと認められるとき」は，訴訟の提起そのものが相手方に対する違法な行為とされる（最判昭和63年1月26日民集42巻1号1頁）こともある。

また，「訴等の提起が違法であることを知りながら敢えてこれに積極的に関与し，又は相手方に対し特別の害意を持ち本人の違法な訴等の提起に乗じてこれに加担するとか，訴等の提起が違法であることを容易に知り得るのに漫然とこれを看過して訴訟活動に及ぶなど，代理人としての行動がそれ自体として本人の行為とは別箇の不法行為と評価し得る場合」には代理人についても不法行為が成立する（東京高判昭和54年7月16日判時945号51頁）点にも留意が必要である。

それゆえ，受任の際はもちろん，提訴時にも再度，不当な事件でないか，確認する必要があろう。

(ⅱ) ところで，相手方の主張をすべて認めながらも，減額や分割払を求める依頼者もいる。この場合は，弁護士が介入することによって事態が好転することも考えられるので，依頼者の希望する結果にならない可能性があることを説明して納得を得たうえであれば受任して差し支えない。

(ⅲ) その他注意すべきこととしては，受任の前に，犯罪収益の移転行為（マネー・ロンダリング）に関わるものでないかを慎重に検討する必要があり，依頼の目的が犯罪収益の移転に関わるものであると認めるときは，その依頼を受けてはならない（日弁連「依頼者の本人特定事項の確認及び記録保存等に関する規程」6条）。依頼を受けた後に，当該事件がマネー・ロンダリングに関わるものであることが判明した場合には，目的を実現しないように依頼者を説得し，説得に応じない場合は辞任しなければならない（同規程7条）。

イ 利益相反事件の受任

弁護士は，利益相反する事件について職務を行ってはならない（弁護士法

25条・30条の18，弁護士職務27条・28条・57条・63～66条）ことから，利益相反に該当しないか，改めて注意を払う必要がある。そのため，依頼を受ける場合には，まず，依頼者の身元を確認し，自ら及び所属事務所の弁護士との間で利益相反関係にないかを日本弁護士連合会弁護士倫理委員会編著『解説「弁護士職務基本規程」第3版』74～104頁を参照するなどして確認する必要がある。

　もし，依頼の内容が弁護士として職務を行い得ない事件に該当する場合は，速やかに受任できない旨を伝え（弁護士法29条・30条の21，弁護士職務34条），知り合いで協力してくれそうな弁護士や各弁護士会の法律相談センターを紹介するなどして，他の弁護士につなげられるよう誠実に対処すべきである[注20]。

　なお，依頼の内容が弁護士として職務を行い得ない事件に該当するかどうかわからない場合は，他の弁護士に相談したり，日弁連調査室のQ&A（日弁連ホームページ＞会員専用ページ＞書式・マニュアル＞弁護士制度関係＞弁護士法等Q&A（調査室）。ただし，日弁連や単位会の綱紀委員会・懲戒委員会が必ずしも同様の結論に至るとは限らない点に注意）や『自由と正義』に記載されている懲戒事例等を参考にしたりするとよい。

　ウ　その他受任を慎重に検討すべき事件

　依頼内容が明らかに不当である場合や，利益相反事件である場合でない事件であっても，以下の事件の依頼を受けた場合には受任するかどうか慎重に検討すべきである[注21]。

　　(ｱ)　依頼者が不適切な方針をもっているなどして，弁護士が考える処理方針を受け入れない場合
　　(ｲ)　無理筋である場合など，弁護士が代理人として関与しても，事件の

(注20) これは，相手方から一方的に事件の依頼がなされた場合でも同様である。拘置所に勾留されている被告人から書簡で刑事事件の依頼を受けた弁護士が，依頼の求めに回答せず放置した場合には懲戒処分を受ける可能性がある（例えば，控訴審の弁護人を依頼したいとの申出であった場合は，弁護士が回答しなければ，被告人はなすすべもないまま控訴期間を徒過することになってしまう。）。

(注21) 藤井篤著『弁護士の仕事術Ⅱ（事件の受任と処理の基本）』（日本加除出版，2013年）59～66頁参照。

適正な解決に資することができない場合

　こうした事件では，依頼者と弁護士の信頼関係の維持が難しいことが多く，適切な解決に至ることが困難であるばかりか，依頼者と対立関係に陥る危険もあることから，受任するかは慎重に判断したうえ，場合によっては，見通しの説明をしたことなどにつき委任契約書の特約事項欄などに記載しておくとよい。

(2) 身元確認の実施等
　ア　目　的
　　身元確認は，依頼者の特定（家族が相談に来ている場合），意思能力及び行為能力の確認（事件の本人が制限能力者に該当する場合），利益相反の確認に役立つ。また，依頼者から200万円以上の資産を預かり管理する場合など，一定の類型においては，身元確認及び確認事項の記録が義務とされている（日弁連「依頼者の本人特定事項の確認及び記録保存等に関する規程」2条～4条）。対象となる事件類型及び例外事由は多岐にわたることから，詳細は，依頼者の本人特定事項の確認等に関するチェックリスト簡易版（資料1），詳細版（資料2）及びモデル書式（日弁連ホームページ＞会員専用ページ＞書式・マニュアル＞弁護士倫理／顧客情報・預り金等の管理＞依頼者の本人特定事項の確認等に関するチェックリスト（簡易版・詳細版）を参照されたい。

　イ　実施方法，確認内容
　　個人の場合には，運転免許証や旅券等によって氏名，住所，生年月日を確認し，法人の場合には，登記事項証明書等によって法人の名称，本店又は主たる事務所の所在地を確認する（日弁連「依頼者の本人特定事項の確認及び記録保存等に関する規程」2条3項・別表）。依頼者が取引確認時になりすましをしている疑いがある場合など，厳格な顧客管理を行う必要性が特に高いと認められる場合は，通常の確認方法に加え，印鑑登録証明書などにより本人確認を行う必要がある（日弁連「依頼者の本人特定事項の確認及び記録保存等に関する規程」3条・別表）。依頼者の本人特定事項の確認及び記録保存義務は事件類型及び例外事由が多岐にわたることから，厳格な顧客管理を行う必要性が特に高い場合を把握したうえで，それ以外の場合は，確認義務の有無に

かかわらず，通常の本人確認を常に行うという方法も考えられる。

　本人確認義務がない場合であっても，大切なのは，必ず本人と面談のうえで受任することである。

(3)　**事件の見通し，処理方針の決定**（弁護士職務 29 条 1 項）

　法律相談等で聴取した情報を基に，当該事件の見通し及び処理方針につき，改めて相談者と確認し，共通認識を作っておく必要がある。これらの共通認識ができるようになる前に漫然と受任することは慎まなければならない(注 22)。

　　ア　事件の見通し

　依頼者に有利な結果を請け合い，保証することは禁止されていることから（弁護士職務 29 条 2 項），仮に勝訴の見通しであったとしても，例えば「相談内容を前提とすれば，勝訴する可能性が高い。」など，説明の仕方には工夫が必要である(注 23)。

　委任契約締結の時点では法適用の前提となる事実関係が確定しないこと，手続を進める中で新たな事実が判明する場合も往々にしてあることなどから，依頼者には，これまでの法律相談等によって聴取した事実関係を基に導き出した見解にすぎないことを説明しておくべきである。

　また，依頼者にとって有利な証拠，有利な事情だけでなく，不利な証拠，不利な事情も存在すること，これらの証拠及び事情の判断は，最終的には裁判所が行うものであることも説明しておくべきである。

　　イ　処理方針の決定

　さらに，事件の見通しのみならず，解決に行き着くまでの費用及び必要とされる時間についても，事前に説明をしておく必要がある（弁護士職務 29 条 1 項）。通常，事件の解決のために複数の手段が存在するであろうことから，それぞれの解決手段が持つメリット・デメリットを十分に説明し，依頼者が理解・納得のうえで選択できるよう努めなければならない。

(注 22)　司法研修所編『〔7 訂〕民事弁護の手引』31 頁。
(注 23)　日弁連弁護士業務改革委員会編「新規登録弁護士のための民事弁護実務ハンドブック〔改訂版〕」13～15 頁。

(ア) 調査・資料収集

手続選択の前提として，十分な調査，聴取によって事実関係を把握していることが必要である。適切な手続を選択するためにも，これを怠ってはならない。医療問題など，法律相談を重ねても事実関係の把握が十分にできない事案もあるため，先行して調査・資料収集のみを受任し，事実関係が把握できた段階で受任の要否の判断及び手続の選択を行うことも検討すべきである。

(イ) 交　渉

相手方と二，三度やり取りをすればある程度の合意形成が可能になる場合もあり，交渉を選択することによって早期解決を図ることができる場合もある。依頼者と信頼関係を築き，聴取した事実及び書類等の客観的な証拠を基に事件の見通しを立て，訴訟手続を選択する場合のコスト（時間・費用）を考慮しつつ，依頼者と協議することが必要である[注24]。

交渉の結果，合意が成立しても，当事者が合意した内容を履行しない可能性もあるため，事案によっては実効性の確保も考慮すべきである。万が一の場合に備え，執行認諾文言付公正証書の作成や即決和解手続の利用等も検討しておく必要がある。

(ウ) 調　停

調停前置主義が適用される場合を除き，当事者は，訴訟と調停のいずれの手続を利用するかを任意に選択することができる。調停を利用するメリットとして，手続が非公開で行われること，申立てにあたって印紙代を節約できることなどが挙げられる。

どちらを選択するかは事案ごとに検討するしかないが，一般的に，訴訟よりも調停の方が事案に馴染みやすいと思われる事案は，①相手方と人的関係（親戚，友人）がある場合，②相手方が信用のある会社であり，誠実な対応が期待できる場合，③早期に解決する必要のある場合，④証拠が十分でなく勝訴の見込みが低く話し合いによらざるを得ないなど，証拠が十分でないうえで権利主張をせざるを得ない場合等が考えられる[注25]。

(注24) 司法研修所編『〔7訂〕民事弁護の手引』25・26頁。
(注25) 同書26〜28頁。

また，依頼者には，調停の性質，すなわち，第三者たる裁判所の判断を仰ぐ場ではなく，あくまでも当事者の合意の形成を目指すための手続であり，多くの場合なにがしかの譲歩が必要であること及び調停が成立せず訴訟に移行した場合は解決までに一層時間がかかることも説明しておく必要がある。

　　(エ)　訴　訟

　紛争解決のための究極の手段である(注26)。解決までに時間を要することが多い。

　　(オ)　附随的・暫定的処理方針の決定（民事保全手続，調停前の仮の措置，強制執行又は強制執行の停止等）

　受任の段階で民事保全手続，調停前の仮の措置，強制執行又は強制執行の停止等をとることが見込まれる場合は説明をしておくべきである。特に，相手方の任意による履行が期待できない場合は，強制執行及び財産調査について丁寧に説明しておくことが肝要である。

　手続の詳細については本書第8章「強制執行」を参照されたい。

　　(カ)　ADR（裁判外紛争解決手続）

　事実関係に争いがほとんどないような事案や早期解決を図りたい事案，公開手続での解決を望まない事案又は少額の事案であったり親族同士の紛争であったりするなどして訴訟提起まではためらわれるような事案などでは，ADRの利用も考えられる。

　手続の詳細については本書第5章「ADR」を参照されたい。

　　ウ　処理方針・受任範囲が決定できないとき

　前述のとおり，事案によっては，先に調査や証拠の収集等のみを受任し，その結果を踏まえてから，改めて処理方針・受任範囲を決定する場合もある。

2　契約締結時

(1)　契約締結時の説明

　依頼者と相談して決定した処理方針に基づき委任契約を締結する。弁護士報酬，費用等につき，弁護士と依頼者との間でトラブルが後を絶たないこと

（注26）司法研修所編『〔7訂〕民事弁護の手引』25頁。

から，契約締結時に十分な説明を行う必要がある（弁護士職務29条1項，日弁連「弁護士の報酬に関する規程」5条1項）。

(2) **委任契約書の作成**

事件を受任することになったら，まず，委任契約書（書式2参照）を作成しなければならない（弁護士職務30条，日弁連「弁護士の報酬に関する規程」5条2項・4項）。

日弁連のホームページ（日弁連ホームページ＞会員専用ページ＞書式・マニュアル＞事務所経営関係＞弁護士報酬について（会規・書式））では，サンプルとなる契約書のデータ（Word，一太郎）をダウンロードすることができるほか，吉原省三，片岡義広編著『ガイドブック弁護士報酬〔新版〕』（商事法務，2015年），弁護士報酬基準書式研究会編『弁護士報酬基準等書式集〔改訂2版〕』（東京都弁護士協同組合，2015年）などにも契約書の書式が記載されている（ただし，依頼者の本人特定事項の確認及び記録保存等に関する規程に基づく本人確認義務等の義務化前に出版されている点に注意が必要である。）ので，それぞれ参考にするとよい。

契約書には，受任する法律事務の表示及び範囲，弁護士等の報酬の種類，金額，算定方法及び支払時期，委任事務の終了に至るまで委任契約の解除ができる旨並びに委任契約が中途で終了した場合の清算方法を記載しなければならない（日弁連「弁護士の報酬に関する規程」5条4項）。

契約条項の中でも重要なものは以下のとおりである。

ア　事件の表示と受任の範囲

契約書には，当該委任契約において報酬発生の対象となる委任事務の範囲を表記しなければならない（日弁連「弁護士の報酬に関する規程」5条4項）。

依頼者は，当該弁護士に依頼したことをもって，自己の抱えている紛争の最終的な解決に至るまで，すなわち，本件でいうと加害者から損害賠償を得るまでの法律事務を委任したものと考えている場合も少なくない。誤解することのないよう，事前に十分な説明をしておくべきである。

依頼者にとって，審級や手続の違いはわかりにくいため，受任の範囲を定めるにあたっては，訴訟（反訴を含むか，一審に限るのか），保全手続，強制執行手続等，どの段階までが当該受任の範囲に含まれるのかを説明のうえ，

明示しておくべきである。

イ　弁護士報酬の種類，算定方法，支払時期

　弁護士費用は依頼者の最大の関心事であり，弁護士はその計算方法は明確にしておかなければならない（日弁連「弁護士の報酬に関する規程」5条4項）[注27]。

　平成16年までは日弁連及び各単位会の定めた報酬等基準規程（以下「旧規程」という。）[注28]が存在していたものの，現在は，日弁連「弁護士の報酬に関する規程」の下で自由化[注29]され，弁護士費用の具体的な内容は，原則として，個々の弁護士と依頼者との信頼関係にゆだねられている。ただし，債務整理事件については，日弁連「債務整理事件処理の規律を定める規程」により上限額の定めがある点には留意が必要である。

　とはいえ，実際に弁護士費用を定めるとなると判断がつかない場面も多いと思われる。もし，金額を定めるにあたって判断に迷うことがあれば，旧規程や吉原省三，片岡義広編著『ガイドブック弁護士報酬〔新版〕』，インターネット上で開示されている他の弁護士の報酬基準等が参考となる。

　なお，依頼者が獲得した利益と比して弁護士費用が極端に高額である場合は，説明の不十分さとあいまって，「適正かつ妥当」（弁護士職務24条）でないとされるおそれがある点には注意が必要である。

ウ　着手金・報酬金

　着手金とは，受任時に，事件の成功・不成功にかかわらず支払を受けるべき委任事務処理の対価をいう。

（注27）日弁連弁護士業務改革委員会編「新規登録弁護士のための民事弁護実務ハンドブック〔改訂版〕」44頁。なお，弁護士は報酬基準を作成，備え置きをしなければならず（日弁連「弁護士の報酬に関する規程」3条），申出があったときは，報酬見積書の作成・交付に努める（同規程4条）こととされる。

（注28）日弁連の旧規程は，インターネット上の記事のほか，全国弁護士協同組合連合会が発行する「訟廷日誌」や東京弁護士会，第一東京弁護士会，第二東京弁護士会編『弁護士職務便覧　各年度版』（日本加除出版），吉原省三，片岡義広編著『ガイドブック弁護士報酬〔新版〕』298～320頁などに記載されている。

（注29）もちろん弁護士の報酬は経済的利益，事案の難易，時間及び労力その他の事情に照らして適正かつ妥当なものでなければならないことは忘れてはならない（日弁連「弁護士の報酬に関する規程」2条）。

報酬金とは，事件の成功・不成功があるものについて，成功の程度に応じて支払を受ける委任事務処理の対価をいう。

　着手金及び報酬金の計算方法は，一般的に，依頼者の得られる（報酬金の場合は得られた）経済的利益を基準とすることが多いものの，依頼者にとっては，何をもって経済的利益とするかがわかりにくい場合もあるため，十分に説明をしておく必要があり，事案によっては，確認事項として記載しておくことも考えられる。報酬金については，回収時に発生するのか，判決や和解を得たときに発生するのかを明示しておくということも考えられる。

　紛争解決の目標が事件処理中に変化する可能性があるような事案（例えば，離婚事件で当初離婚を目標としていたが途中で復縁に目標が変わる場合や，会社の支配権を巡る争いで解決のシナリオが複数考えられる場合など。）では，報酬は旧規程に基づき協議のうえ定めるとすることや，予想される事務量を前提に着手金を月額報酬とすること，後記のようなタイムチャージとすること等も考えられる[注30]。

　遺産分割事件など，当初予想していた期間を大幅に超える場合には，依頼者との合意に基づき委任契約書を更改することも考えられる。

エ　タイムチャージ（時間制）

　執務時間に応じて弁護士報酬を算定する方法をタイムチャージという。

　タイムチャージとする場合には，委任契約書において，対象となる業務を明確にする必要がある。委任契約書において，対象となる業務に関し，弁護士自らが法律事務を処理するために要する時間であるとし，書面作成，裁判所への出頭（移動時間を含む。），依頼者等との打合せ，相手方との交渉，法律関係調査，事実関係調査（移動時間を含む。）等を列挙するとともに，書面のコピーや郵便物の投函等は含まないと記載するなどして一義的に明記することが望ましい。なお，事務職員に多くの作業をさせることが見込まれる場合は，弁護士報酬とは別の単価を定めておくことも考えられる。

　また，タイムチャージの付け方としては，1分単位（秒単位切り捨て）と

（注30）髙中正彦ほか著『弁護士の経験学：事件処理・事務所運営・人生設計の実践知』（ぎょうせい，2016年）123～124頁。

するものもあれば，6分を1単位とするものなど，様々であり，この点も委任契約書に定めておく必要がある。

タイムチャージのレートは，業務の難易度，弁護士の経験年数，実績，ポジション，事務所のブランド等によって定まることが多い。

タイムチャージの場合，依頼者からすると，弁護士報酬の予想がつきにくい面もあることから，上限を定めることもある。また，トラブルを防止するために，定期的な報告や一定額に達した場合には報告するなどの工夫を行った方がよい。

なお，タイムチャージ制の場合，報酬金は発生しないのが原則となる[注31]。

オ　委任事務処理に要する実費

裁判手続の利用に必要な収入印紙，郵券，保管金，供託金等がこれに当たる。着手金，報酬金とは別個に必要となることは説明しておいた方がよい。

なお，事前にこれらの実費を預かる場合，必ず金融機関に設けた預り金専用の口座で保管することを要する（日弁連「預り金等の取扱いに関する規程」4条参照）。預り金口座には，原則として預り金口座であることを明示する文字を用いなければならず（日弁連「預り金等の取扱いに関する規程」3条2項），所属弁護士会への届出義務がある（日弁連「預り金等の取扱いに関する規程」3条3項・4項）。なお，預り金を保管する可能性が長期にわたりないときは届出義務の対象外とされている（日弁連「預り金等の取扱いに関する規程」3条1項ただし書）。

カ　委任契約の解除権及び中途終了時の清算方法

委任契約には，委任契約が終了するまでは解除できること及び中途解約の場合の弁護士費用の清算方法を定める必要がある。

委任契約が中途で終了した場合には，着手金についても，労力に比べて過大であるときは，清算する必要があることには注意が必要である。

(注31) 日弁連リーガル・アクセス・センター「時間制報酬に関する留意事項」，髙中正彦ほか著『弁護士の経験学：事件処理・事務所運営・人生設計の実践知』124〜125頁，吉原省三，片岡義広編著『ガイドブック弁護士報酬〔新版〕』126〜129頁参照。

キ 事件の中止等

依頼者が支払を怠った場合には、弁護士が当該事件の処理に着手せず、又はその処理を中止することができる旨の規定をあらかじめ設けておくことも有益である。

ク 終了時の清算方法の定め

特約として、報酬が発生したときは預り金と相殺できる旨の規定を設けておくと清算がスムーズである。ただし、規定があっても事前の説明は必要である[注32]。

ケ 本人確認に関する条項

日弁連「依頼者の本人特定事項の確認及び記録保存等に関する規程」に基づく本人確認義務を円滑に履行するため、弁護士が本人確認のための書類の提示または提出を求めた場合には、依頼者には応じる義務があることを規定することが考えられる。

(3) 依頼者の資力に不足がある場合

ア 支払方法

基本的に、着手金は、着手時に一括での支払を求めるのが望ましい。分割払での対応は、弁護士と依頼者が債権者と債務者の関係になることを意味するのでなるべく回避すべきである。

しかし、数万、数十万円、時にはそれ以上となる弁護士費用を一括で支払うことが困難な場合もある。依頼者の事情によっては分割払いや一部後払い等の方法にするなどの対応も必要である。また、ある程度の金額を回収できそうな事案の場合は、着手金を抑えて報酬を多めに定めることで総額のバランスをとる方法もある。法廷等への出廷回数等に応じて費用を請求する方法（回数積算型）もある[注33]。

イ 法テラスによる民事法律扶助制度の利用

弁護士は、法律扶助制度や訴訟救助制度等、資力不足の者にも法的サービスを提供できる制度が存在することを説明し、その権利保護に努めるものと

[注32] 日弁連弁護士業務改革委員会編「新規登録弁護士のための民事弁護実務ハンドブック〔改訂版〕」49頁。
[注33] 同書47頁。

されている（弁護士職務33条）。

具体的な申請方法や書式については，法テラスのホームページを参照されたい。

　　ウ　弁護士保険制度の利用

弁護士保険制度とは，日弁連が複数の保険会社と協定を結び，被害者へ弁護士の紹介を行うとともに，法律相談料や弁護士費用を一定の限度額の範囲で保険金として支払う制度である。

本件のような交通事故の案件では，被害者や被害者の親族が加入している保険によっては，弁護士保険制度を利用できる場合があるので確認する必要がある。

また，近時，交通事故以外に一般民事の法律相談料や弁護士費用，刑事事件の法律相談料などを対象とした弁護士保険も開発されている。保険によって，親族なども対象とされるものもあることから，交通事故以外の事件であっても，保険に加入していないかを確認する必要がある。なお，対象事件は保険によって異なる点には留意が必要である。

3　契約終了時

契約終了時の依頼者への説明，書類の返還，実費の精算，報酬の請求等については本書第9章「事件終了後の弁護士業務」を参照。

4　基本事例の場合

A弁護士は，事件の見通しを述べたうえで，ひとまず乙川花子との交渉を試みて，交渉による解決が困難な場合は訴訟手続に移行する方針を提案したところ，甲野太郎もこの方針に納得した。着手金については，現時点で交渉を基準とした着手金とし，訴訟手続に移行することになったときにはその時点で訴訟を基準とした着手金と交渉を基準とした着手金の差額を請求することで合意した。

そこで，A弁護士は甲野太郎との間で委任契約書（書式2）を交わし，甲野太郎に委任状（書式3）を作成してもらった。

第4　資料・証拠の収集

1　資料・証拠収集の基本

(1)　資料・証拠収集の重要性

(i)　事件を的確に処理するためには，必要な資料・証拠をできる限り多く集めることが重要である。具体的には，依頼者から話を聴き，それに基づいて法律構成を組み立て，要件事実を立証又は反証するために必要となる資料・証拠をできる限り集めるというものである。

資料・証拠を集めた結果，依頼者からさらに話を聴く必要が出てくることもある。時には法律構成を組み立て直すこともある。このような経緯を経て，必要な資料・証拠が手元に集まれば集まるほど，より適切な判断ができるようになり，ひいては的確な事件処理につながるのである。

訴訟に至った場合には，調査を尽くして必要な証拠を集めることは，法的な義務でもある。すなわち「当事者は，主張及び立証を尽くすため，あらかじめ，証人その他の証拠について事実関係を詳細に調査しなければならない」（民訴規則85条）。この点に関連して，私たち弁護士に厳しい目を向ける意見もある[注34]。当事者主義の下，弁護士による充実した主張・立証が求められていること，したがって「事実関係の詳細な調査」が義務付けられていることを，忘れないようにしたい。

(ii)　また，資料・証拠を迅速に収集することも重要である。

事件が訴訟に至った場合には，証拠により要件事実を立証又は反証する必要が生じる。したがって，依頼者に対して事件の見通しを説明するうえで，究極の解決手段として訴訟が妥当であるのか（勝訴の見込みがあるのか），それとも他の解決手段が妥当であるのかを検討するためには，資料・証拠を迅速に収集しなければならないからである。

事件が実際に訴訟に至った場合も，「（争点を整理したうえで集中的に人証を行う）いまの民事訴訟を前提にしますと，最後に隠し玉の書証をポンと出すよりも，早く提出して，その印象ないし心証で一気に勝負をつけることの方

が一般的でもあるし，賢明である」といわれている[注35]。民事訴訟規則も，事実関係の調査は争点整理手続に入る前に終えていることを予定している[注36]。このように，裁判所の心証を早期に得るためには証拠を早期に提出する必要があり，そのためには，資料・証拠の収集を前倒しで行う必要があるのである。

(iii) 以下，具体的な資料・証拠の収集方法については後記「2　資料・証拠の具体的な収集方法」で検討することとし，ここでは資料・証拠収集に当たってのポイント・注意点を取り上げる。

(2) 依頼者からの資料・証拠収集

資料・証拠収集の第一歩は，依頼者から資料を収集することである。

この点に関しては，「依頼者だけに資料の取得・選択をさせない」ことが極めて重要である。

依頼者の中には，自分に不利な資料を弁護士に見せたくないという心情から，依頼者が不利だと判断した資料を持参しない者もいる。また，このよう

(注34)「それから，裁判所の母屋を借りて仕事している弁護士の発想を少しずつでもいいから変えていかないと，日本の司法制度は持たない（原文ママ）だろうと思います。弁護士の中の悪貨を弁護士自体がスクリーニングしていくという仕組みを懲戒手続以外でも作っていくためには，やはり弁護士がもっと自律的に訴訟を運用するという姿勢を持っていかないとだめですよね。裁判所に万事お任せにしていればそれが露見しないで済むわけですから。そういう意味でも，弁護士の質を保つためにも弁護士にはもう少し自律的な訴訟活動をしていただきたいと思っています。」（座談会「民事訴訟法改正10年，そして新たな時代へ」ジュリ1317号40頁〔山本克己発言〕）。

また，矢尾和子判事は，「実際の訴訟では，訴訟代理人においても重要な証拠の存在に気付かないことがあります」「したがって，裁判所としても，適切な事実認定のために，……通常であれば存在するはずの証拠の提出がなければ，事案に応じて積極的に特定の証拠の存否及び提出予定を当事者に確認したり，提出を促す場合もある」と指摘している（矢尾和子「事実認定のための証拠収集—各種の証拠方法とその収集」土屋文昭，林道晴編『ステップアップ民事事実認定』（有斐閣，2010年）121頁）。同論文では，弁護士が重要な証拠を見落とした具体例が挙げられている。

(注35) 加藤新太郎編『民事事実認定と立証活動　第Ⅰ巻』（判例タイムズ社，2009年）25頁における加藤新太郎判事の発言。村田渉判事からも同様の認識が示されている（同書24〜25頁）。

(注36) 民事訴訟規則85条が争点整理手続の規定の直前である「準備書面等」の節に置かれているのは，このような趣旨である（最高裁判所事務総局民事局監修『条解民事訴訟規則』（司法協会，1997年）193頁）。

に意識的に隠す場合でなくても，依頼者が重要ではないと判断して持参しないこともある。

しかし，資料の一般的な重要性（証明力）と，当該事件における重要性は，往々にして食い違う。裁判で証拠になるのは，契約書といった一般的に重要な資料だけではない。打ち合わせのメモやファックスの送り状といった，一般的には重要性が低いと見られている資料が，当該事件においては決定打になることもある。

依頼者は，証拠の宝庫である。依頼者に対しては，事件に関係するすべての資料を持参することの重要性を十分に説明し，その持参を促さなければならない。また，持参した資料を検討し，依頼者がほかにも資料を持っていないか常に意識しておく必要があるし，存在するべき証拠が見当たらない場合には，調査を繰り返し促すべきである[注37]。

(3) 資料・証拠の保管

依頼者から資料・証拠を預かったときは，保管に十分注意する[注38]。場合によっては，預り証を発行するべきである。原本は代わりがないので，特に注意する必要がある。

資料・証拠の返還については，本書第9章「事件終了後の弁護士業務」2(2)参照。

(4) 現場・原本確認・当事者からの聴取の重要性

ア 現場確認

事実関係を正確に把握することは，弁護実務の根本である。したがって，弁護士は，何よりもまず係争物件や現場を実地に見分することが不可欠である[注39]。記録を読んでもわからなかった部分が，現場に行くことで初めて

(注37) 繰り返し調査を指示した結果，証人尋問の直前になって依頼者が決定的な証拠を発見した実例として，小山稔「証拠収集の基礎」現代民事法研究会著『民事訴訟のスキルとマインド』（判例タイムズ社，2010年）116頁参照。この論文は，著者いわく「日常業務の経験の中から思い至った感想と，珍しくもないが思い出す事例のいくつかを紹介」したもので，非常に興味深く，学ぶことが多い。

(注38) 弁護士は，事件に関して依頼者，相手方その他利害関係人から書類その他の物品を預かったときは，善良な管理者の注意をもって保管しなければならない（弁護士職務39条）。

わかることがある。

　現場を見ていなかったことが，弁護過誤になる危険もある。実際にあった具体例として，次の①②がある。①建物明渡請求事件で，賃貸借契約書の「駐車場付き建物」という文言から，借家の敷地に駐車場があるのだと思い，建物だけの明渡しを請求し，勝訴判決を得たが，強制執行の準備のためその段階になって初めて現場に行ったところ，駐車場は借家とは別の場所にある大きな駐車場の一部であった[注40]という事案である。また，②不動産売買の売主の代理人として立ち会った事案で，対象不動産は契約上農地であったが，実際には3分の2が道路で，使用できる部分は3分の1程度であった[注41]というものがある。

　イ　原本確認

　コピー機の普及により，コピーは原本と同じように扱われがちである。しかし，私たち弁護士は，原本を必ず確認すべきである。

　相談時に契約書のコピーを受領したが，当該コピーは実は原本のコピーのコピー（いわゆる孫コピー）であり，原本を後日受領してみると，孫コピーには存在していない書き込みがなされているということがある。個人の依頼者に比較的多いことであるが，メモをする感覚で原本に書き込みが加えられることもあるので，早期に原本を確認するべきである。

　また，原本にはコピーではわからない，コピー機では再現できない情報がある。

　例えば，会計帳簿は，真正なものであれば，黒ずんだり紙がしなるなど，使い込んだ感じになるはずである。会計帳簿は頻繁に開き，書き込むものだからである。依頼者が持参した会計帳簿の原本がきれいであった場合には，真正かどうかを確認・調査する必要がある[注42]。このような文書の雰囲気

(注39) 司法研修所編『〔7訂〕民事弁護の手引』21～22頁。
(注40) なお，この事案では，最終的に借主が任意に駐車場を明け渡したため，事なきを得たという。小山稔「証拠収集の基礎」現代民事法研究会著『民事訴訟のスキルとマインド』119頁参照。
(注41) 他の事情もあわせて懲戒（業務停止1月）の対象となっている。日本弁護士連合会調査室編『弁護士会懲戒事例集　上巻』（日本弁護士連合会，1998年）604頁，飯島澄雄，飯島純子著『弁護士倫理』（レクシスネクシス・ジャパン，2005年）172頁。

等は，コピーからはわからない情報である。

　　ウ　当事者からの聴取
　特に依頼者が法人の場合には，事件に関係した役職員ではなく，法務部や総務部の役職員が担当者となることがある。しかし，事実関係を正確に把握するため，可能な限り，相談段階から，事件に関係した役職員に直接，話を聴くべきである。
　また，個人が依頼者となる場合でも，本人の関係者（親・知人）が本人と供に（時には本人に代わって）法律相談に訪れることもある。この場合も，当事者である本人から直接話を聴くべきであることは当然であるが，依頼内容によっては，（いくら本人が伴った親・知人であったとしても）第三者の前では話しにくい内容もあるため，正確な事実関係の把握のために，本人が話しやすい環境を再度設定することも検討すべきである。

(5)　**資料・証拠の収集と法律構成のフィードバック**
　弁護士は，依頼者から話を聴き，それに基づいて法律構成を組み立て，要件事実を立証又は反証するための証拠を集めることになる。
　この点に関しては，「資料・証拠の収集状況に応じ，法律構成は常に可変的である。」ということが重要である。
　収集した資料・証拠を検討した結果，別の法律構成がより適切であると判明することがある。また，収集した資料・証拠と依頼者の話が食い違い，依頼者の説明が変わることもある。証拠によって要件事実を立証又は反証する必要がある以上，その収集状況に応じ，一つの法律構成に固執せずに複数の法律構成を視野に入れ，柔軟に対応しなければならない。
　そのためには，細部にこだわらないアバウトなブロック・ダイアグラムを作成し，臨機応変に書き換えることが有効である[注43]。

(6)　**資料・証拠の収集における弁護士の役割**
　資料・証拠の収集の過程で，弁護士はどのような役割を担うべきか。

(注42) 加藤新太郎編『民事事実認定と立証活動　第Ⅰ巻』29頁。須藤典明判事が，綺麗な会計帳簿を証拠として採用しなかった実例を紹介している。その他の具体例について，村上正敏「書証（3）─証拠評価が問題となる事例」土屋文昭，林道晴編『ステップアップ民事事実認定』77頁以下を参照。

事件について最もよく知る立場にあるのは、当事者である依頼者本人である。しかし、依頼者は法律については素人であることが多く、そのような場合には、そもそも的確な証拠となるものが何かを認識することができない(注44)。また、依頼者がすべてを正確に記憶していることは稀であるし、客観的に事件を見ることが困難であることも多い（自己に不利な事実を隠すこともある）。

一方、弁護士は、事実認定の専門家であり、かつ、証拠収集の手段についても知悉している。また、弁護士は、依頼者の利益を実現するため、事件を客観的に見ることが期待される立場にある。

したがって、資料・証拠の収集については、弁護士が積極的な役割を担うべきである。

(7) 資料・証拠を収集するうえでの注意点 [注45]

ア　収集方法

資料・証拠の収集は、他人の権利を侵害せず、合法的かつ適切に行う必要がある。当然のことではあるが、熱心に資料・証拠を収集しようとするあまり、一線を越えることは断じて許されない。

懲戒例として、①原告代理人が、被告が共同経営する飲食店内において、被告の承諾を得ないで、店内の造作、被告及び客等を写真撮影した [注46]、②建物収去土地明渡請求訴訟において、被告が占有管理する建物の使用状況を調査するため、原告代理人が、被告に無断で、事務員に指示して被告不在の間に建物に侵入させ写真撮影させた [注47]、③裁判所で開かれた財産分与調停

(注43) 山浦善樹「法律事務所における事件処理と要件事実の実際」河上正二ほか編『要件事実・事実認定論と基礎法学の新たな展開』（青林書院、2009年）126頁。この論文は、山浦弁護士が実際に扱った事例を豊富に扱っており、非常に参考になる。同弁護士による「企業活動における要件事実論の機能と展望」山浦善樹編『企業活動と要件事実（民事要件事実講座第5巻）』（青林書院、2008年）4頁、特に14頁以下も参照。
(注44) 「事実認定のための証拠収集—各種の証拠方法とその収集」土屋文昭、林道晴編『ステップアップ民事事実認定』121頁。
(注45) 小島武司監修『実践民事弁護の基礎：訴え提起までにすべきこと』（レクシスネクシス・ジャパン、2008年）71頁以下参照。
(注46) 『自由と正義』47巻12号186頁（戒告）。
(注47) 『自由と正義』52巻5号194頁（戒告）。

事件に代理人として出頭した際，調停委員会の許可を得ずに，録音することが禁止されている調停室内に録音状態のICレコーダーが入ったカバンを持ち込み，調停の内容を録音しようとした[注48]というものがある。

イ 違法収集証拠の証拠能力

また，民事訴訟においても，違法収集証拠として，一定の場合には証拠能力が否定される。

裁判例[注49]は，「証拠の収集の方法及び態様，違法な証拠収集によって侵害される権利利益の要保護性，当該証拠の訴訟における証拠としての重要性等の諸般の事情を総合考慮し，当該証拠を採用することが訴訟上の信義則（民事訴訟法2条）に反するといえる場合には，例外として，当該違法収集証拠の証拠能力が否定されると解するのが相当である」としたうえで，学校法人内のハラスメント防止委員会における発言内容が秘密録音された録音体の証拠能力を否定した。

秘密録音の録音体は証拠としてよく用いられているが，録音方法等によっては証拠能力が否定される場合があるし，その録音に弁護士が関与していれば弁護士の責任も生じ得る点に留意すべきである。

そのほか，近時，離婚事件における不貞行為の立証等に，メールやSNSでのやり取りが用いられることがあるが，当該資料・証拠が不正アクセス行為によって取得されたものでないかどうかについては注意を払う必要がある[注50]。

ウ 証拠の使用方法

証拠の使用方法に関して，「弁護士は，……虚偽と知りながら証拠を提出してはならない」（弁護士職務75条）。仮に，依頼者が虚偽の証拠を持参し，これを提出するよう依頼したとしても，当然断らなければいけない。

(注48) 『自由と正義』68巻6号126頁（業務停止3月）。
(注49) 東京高判平成28年5月19日ジュリ1496号5頁。
(注50) 当該資料・証拠が不正アクセス行為によって取得された場合には，違法収集証拠として証拠能力が否定される可能性があるだけでなく，不正アクセス行為をした者が3年以下の懲役又は100万円の罰金に処せられる可能性がある（不正アクセス禁止法3条・11条）。

2　資料・証拠の具体的な収集方法

依頼者からの収集方法についてはこれまでに述べたとおりであるので，本項では，第三者そして相手方からの収集方法について述べる。

(1)　公官庁等からの収集

第三者から資料を収集する方法として最も簡便なのが，公官庁等からの収集である。典型的には，法務局から土地・建物の登記事項証明書を取得することが挙げられる。

この方法により入手することができる書類は多岐にわたるので，資料収集に際しては，この方法を活用できないか検討する価値がある。

入手できる書類名，書類の内容，所在，謄写の可否等については，司法研修所編『〔4訂〕民事弁護における立証活動』171頁以下にまとめられている。

以下，戸籍謄本等の請求，情報公開，訴訟記録の閲覧につき，説明を補足する。

ア　戸籍謄本等の請求

戸籍謄本等の請求主体は，原則として本人等一定の者に限定されている（戸籍法10条）。しかし，弁護士は，職務遂行上必要がある場合には，日弁連統一用紙（職務請求書）を使用して請求することができる（職務上請求。同法10条の2第3項～5項）。

一方，職務上請求により取得した戸籍謄本等の私的使用や業者への流用は，懲戒の対象となる[注51]。また，依頼者への交付も，場合によっては懲戒の対象となるので注意が必要である[注52]。

そのほか，職務請求書は，各自治体の個人情報保護条例に基づき，請求に係る者に開示される可能性があるので[注53]，利用目的に留意する。

なお，いわゆるDV等支援措置の対象者については，職務上請求によっても請求が拒否される。この場合において，当該対象者の住所が明らかとな

(注51)『自由と正義』55巻3号139頁（業務停止6月），『自由と正義』55巻4号135頁（業務停止4月）。
(注52)『自由と正義』65巻5号112頁（戒告）。

らなければ訴訟等の申立てを行うことができない旨を各自治体の担当者に説明したうえで，「住所不明」として訴訟等の提起を行い，その際裁判所に上記事情を上申し，送達が奏功したという事例もある[注54]。

イ 情報公開

近年，公文書の情報公開は範囲が拡大しており，その結果，従来は弁護士会照会によらなければ入手できなかった書類（例えば，飲食店の営業許可台帳）が，情報公開制度により入手できることもあるなど，証拠収集方法としての有用性が高まっている。実例については，一例としてインターネットで「公文書開示請求の内容及び処理状況」等のキーワードで検索すると知ることができる。

請求方法は，文書を保管する行政庁（地方自治体等）のホームページに掲載されている。ホームページには，多くの場合，運用状況についても掲載されているので，公開されるかどうか，どれくらい時間がかかるか等の見通しをあらかじめ知ることができる。

また，各自治体の個人情報保護条例に基づいて，自己情報の開示を求めることができる。

活用例として，例えば，医療過誤訴訟において，救急車の搬送記録や，国公立病院であることが条件であるが，カルテ等の診療記録を入手することが可能である。そのほか，要介護認定を受けていた被相続人の生前の判断能力が争点となる訴訟において，要介護認定に関して市区町村が保有する被相続人の調査情報を入手することが可能である。

ウ 訴訟記録の閲覧・謄写[注55]

民事訴訟記録は誰でも閲覧することが可能である（民訴91条1項）。そこで，適切な証拠・資料を収集するため，判例検索を用いて類似事件を調査し，

（注53）開示される可能性のある自治体については，把握している限りの状況を日弁連が以下の会員専用ページで取りまとめているので参考にされたい。https://www.nichibenren.jp/opencms/opencms/shoshiki_manual/shokumujo/shokumujo_seikyu/honnintsuuchi.html

（注54）近時，日弁連会員専用ページにおいて「2018年12月13日付弁護士会宛て通知」が出されたので確認されたい。https://www.nichibenren.jp/opencms/export/sites/default/shoshiki_manual/shokumujo/documentFile/dv_syuuchi2.pdf

当該事件記録を閲覧することで，どのような証拠が提出されたのかを確認することは有用である。

民事裁判記録の場合，係属中の事件については係属部が，確定した事件については第一審裁判所がそれぞれ保管している。判決で終了した事件であれば，確定日の翌年から5年間，証拠等を含む記録の一式を保管するという運用がなされているようである。

一方，家事事件記録，刑事訴訟記録及び少年事件記録については，法令上又は実務上，閲覧が制限されている（家事事件手続法47条・254条，刑事訴訟法53条，刑事確定訴訟記録法4条2項各号，少年法5条の2）。

そして，記録の謄写については，民事訴訟記録，家事事件記録，刑事裁判記録及び少年事件記録のいずれについても制限がある（民訴91条3項，家事事件手続法47条・254条，犯罪被害者等の保護を図るための刑事手続に付随する措置に関する法律3条，少年法5条の2）。よって，必要である場合には，訴え提起の後に文書送付嘱託を申し立てることとなる。なお，文書送付嘱託等の証拠収集手続を講じることなく，交通事故加害者の刑事事件における検察官開示証拠を，当該加害者の代理人が損害賠償請求訴訟において証拠申出した件につき，懲戒となった事例[注56]があるので注意が必要である。

(2) 弁護士会照会

ア 制度の概要

弁護士の申出により所属弁護士会が公務所等に照会する（弁護士法23条の2。このため「23条照会」と呼ばれることもある）。必要書類，手続及び費用等は各弁護士会によって異なるので，自身が所属する弁護士会に確認する[注57]。

イ 長所・短所[注58]

長所としては，相手方に知られずに照会することができる点が挙げられる。

（注55）必要書類等，詳しくは，東京弁護士会法友全期会民事訴訟実務研究会編『証拠収集実務マニュアル〔第3版〕』（ぎょうせい，2017年）43頁以下参照。

（注56）『自由と正義』68巻11号56〜58頁（戒告）。

（注57）東京弁護士会については，東京弁護士会調査室編『弁護士会照会制度〔第5版〕』（商事法務，2016年）参照。照会申出書のひな型，書式例等が豊富に記載されている。最新情報については，随時，東京弁護士会の会員用ホームページに掲載されている。

仮に不利な結果が出たとしても，相手方にはわからないし，証拠として提出する必要もない。この点が，裁判所の関与の下で行われる調査嘱託・送付嘱託と大きく異なる点であり，弁護士会照会の妙味・魅力と考えられている(注59)。

短所としては，第一に，照会手数料等（東京弁護士会の場合，現在，8,344円）が必要となる点が挙げられる。弁護士会照会によらずに収集できる資料・証拠については，これを利用するべきではない。

第二に，照会に対する報告を照会先が行うとは限らない点が挙げられる。照会を受けた公務所等は，正当な理由がない限り報告義務を負うと解されるが(注60)，報告を拒否した場合でも罰則はない。個人情報保護法との関係や，開示対象者から損害賠償を請求される懸念を理由に照会に応じないことも多く，報告拒否は全体の約5％に及ぶといわれている(注61)。

ウ　対　策

第一に，照会を申し出る前に，照会先に問い合わせをして説明することが有用である。

特に中小の企業では，弁護士会照会という制度を知らないことも多い。その場合には制度内容を丁寧に説明することが，照会先からの報告につながる。丁寧に説明した結果，事前の問い合わせの段階で，弁護士会照会を使わずに必要な情報を入手できることもある。

(注58) この点に関し，山浦善樹弁護士，馬橋隆紀弁護士らが非常に興味深いエピソードを披露している座談会として，加藤新太郎編『民事事実認定と立証活動　第Ⅰ巻』231頁以下。

(注59) もっとも，公平・公正の観点から問題があるのではないかという意見もある。同書231頁以下参照。

(注60) 最判平成28年10月18日民集70巻7号1725頁。なお，「報告拒絶が正当であるか否か」は，「各照会事項について，照会を求める側の利益と秘密を守られる側の利益を比較衡量して」判断するべきであるとする岡部喜代子裁判官の補足意見があり，原審の名古屋高判平成27年2月26日判時2256号11頁は，「報告を拒む正当な理由があるか否かについては，照会事項ごとに，これを報告することによって生ずる不利益と報告を拒絶することによって犠牲となる権利を実現する利益との比較衡量により決せられるべきである。」としている。

(注61) 東京弁護士会調査室編『弁護士会照会制度〔第5版〕』7頁。

照会先が個人情報保護法との関係を懸念しているのであれば，弁護士会照会は同法の定める「法令に基づく場合」（個人情報の保護に関する法律16条3項1号・23条1項1号）に該当し，第三者提供禁止の例外に当たることを説明するべきである。

第二に，照会先は法律の専門家ではないことが多いため，照会申出書の作成にあたっては，当該事件において照会を行う必要性及び相当性[注62]を，平易な文章で具体的に記載することが大切である。

第三に，照会先が報告を拒否したり，報告がなされたものの内容が不十分であったりという場合には，対策として，異議申出書に理由を記載するという方法により再照会をすることも考えられる[注63]。

エ　注意点

照会先が報告するかどうかは，あくまでも照会先が判断する事項であることに留意する。照会先と直接連絡をとった場合には，この点を意識して説明する必要がある。照会先が報告した後，開示対象者が照会先に対して損害賠償を請求したときに，照会先が「弁護士が報告しろというから報告した」ということにならないよう配慮する。

また，前述のとおり照会申出書の記載は具体的に行うことが大切だが，不必要なことを詳述し開示対象者のプライバシーを侵害することは許されない。「照会の申出の理由の記載は，真に照会を求める事項との関係では，余事記載の域を超えて，明らかに不必要で，かつ，懲戒請求者（開示対象者）をいたずらに貶めるおそれのあるものである」として，懲戒の対象となった事例がある[注64]。

そのほか，照会により得られた報告内容を，当該照会申出の目的以外に使用することは禁じられている[注65]。特に，予定していた立証等には利用で

(注62) 東京弁護士会照会申出審査基準細則第7条では，照会を求める事項が個人の高度な秘密事項に関わるときは，①当該秘密の性質，法的保護の必要性の程度，②当該個人と係争当事者との関係，③報告を求める事項の争点としての重要性の程度，④他の方法によって容易に同様な情報が得られるか否かを総合的に考慮して照会申出の必要性及び相当性を判断しなければならないとされている。

(注63) もっとも，費用が別途必要となる。

(注64) 『自由と正義』61巻11号116頁（戒告）。

きない報告内容であった場合に，依頼者に報告書をそのまま交付したり，報告内容をそのまま知らせることには慎重でなければならない^(注66)。

オ 活用例
土地・建物の明渡請求訴訟で，占有者を調査するために，ライフライン（電気・ガス等）の契約名義を照会する。

債務名義取得後，預金を差し押さえるために，金融機関に対して債務者の預金口座の有無等を全店照会する^(注67)。

(3) 証拠保全^(注68)

ア 制度の概要
本来の証拠調べの時期を待っていたのでは，取調べが不能又は困難となる特定の証拠方法について，あらかじめ証拠調べをしてその結果を保全しておく手続である（民訴234条以下）。訴え提起の前後を問わず行うことができる^(注69)。

実務では，証拠保全決定をした裁判所が検証の目的物（例えば医療記録）の保管場所（医療記録の場合には医療機関等）に赴いて，当該目的物の検証を実施する方法による証拠調べが9割以上を占めているといわれている^(注70)。

イ 活用例
典型例としては，①証人が重態で，本来の証人尋問を待っていては死亡してしまうおそれがあるときや，②文書の廃棄・改ざんのおそれがあるとき（例えば，医療過誤訴訟におけるカルテ等の診療記録）に用いられる。

(注65) 東京弁護士会照会手続申出規則9条参照。
(注66) 石黒清子「弁護士会照会制度の現状と課題」小林秀之，群馬弁護士会編『証拠収集の現状と民事訴訟の未来』（悠々社，2017年）117頁。
(注67) 預金口座に関する照会に対する報告については，かつては口座名義人の同意を要求する金融機関が大半であったが，近時は大手金融機関を中心として，債務名義に基づく債権差押えのためであれば全店照会に応じる金融機関が増えてきている。
(注68) 森冨義明，東海林保編著『証拠保全の実務〔新版〕』（きんざい，2015年）参照。詳細で，理論的にも実務的にも定評がある。
(注69) ただし，訴えの提起前に証拠保全のための証拠調べが行われたときは，訴状には，その証拠調べを行った裁判所及び証拠保全事件の表示を記載しなければならない（民訴規則54条）。
(注70) 圓道至剛著『企業法務のための民事訴訟の実務解説』（第一法規，2018年）25頁。

(4) 提訴前の当事者照会・証拠収集処分
　ア　制度の概要
　当事者照会は，当事者が，相手方に対し，主張又は立証を準備するために必要な事項について，相当な期間を定めて，書面で回答するよう書面で照会する制度である。当初は訴訟係属中にのみ行うことができたが（民訴163条），民事訴訟法の平成15年改正により，訴え提起前でも行うことが可能になった（民訴132条の2以下）。
　また，同じく平成15年改正により，裁判所は，訴え提起前であっても，一定の場合には，文書の送付嘱託等，証拠の収集に係る一定の処分を行うことができることになった（民訴132条の4以下）。
　イ　活用例
　提訴前の当事者照会・証拠収集処分の制度が設けられて10年以上が経過しているが，実際に活用された例は少ないといわれている。その理由として，不回答に対する制裁がなく回答するかどうかは相手方又は第三者次第となること，これらの手続を利用することそれ自体により手の内を相手方に予想させる結果となりかねないこと，予告通知が必要であり手続が煩雑であることが指摘されている[注71]。
　他方で，これらの制度を上手に活用し，資料・証拠を収集した事例もある。
　例えば，当事者照会を利用して，相手方が所持する比較的中立的でしかも事案の背景を客観的に理解するのに有用な文書・情報を入手できた実例が報告されている[注72]。
　また，訴え提起前の証拠収集処分が認められた事例として，東京地裁では，未払賃金・退職金の支払請求事件で，雇用先に，給与明細・就業規則・給与規程・退職金規程の各証拠を文書送付嘱託で求めた事例があるとのことである[注73]。
　当事者照会や訴え提起前の証拠収集処分には，必要な情報を早期に入手で

（注71）原強「提訴前の当事者照会及び証拠収集処分の現状と将来」小林秀之，群馬弁護士会編『証拠収集の現状と民事訴訟の未来』154頁以下。
（注72）那須公平「証拠収集の技術─相手方当事者からの証拠収集」現代民事法研究会著『民事訴訟のスキルとマインド』110頁。

きる可能性がある点で大きなメリットがある。資料・証拠の収集にあたり，これらの制度を活用できないか検討する価値はある[注74]。

(5) 専門家の助力・私的鑑定

医療・建築等専門的な分野に関わる事件を扱う際には，その分野の専門家（医師，建築士等）の助力を得ることが必要である。

もっとも，適切な専門家を選ぶのは，極めて難しい。というのも，その専門家の能力や，その専門家が専門分野においてどのような評価を受けているかといったことは，専門ではない弁護士にはわかりにくいからである。とりわけ近時は，専門分野の中でさらに専門化が進んでいるため，弁護士が専門家を評価することは，より一層困難になっている。

適切な専門家を見つける方法としては，典型的なものとして，その専門分野の論文を読み脚注等から探っていくという方法がある。また，人的なネットワークも有用である。例えば，その専門分野に関する個人的な知り合いに聴くことが考えられる。また，その専門分野を得意とする弁護士に聴いたり，場合によっては共同受任したりすることも考えられるだろう[注75]。

(6) インターネットの活用等[注76]

インターネットにおける情報量は飛躍的に増大している。責任の所在が不明確であり信用性が低い情報も多々見受けられるが，事案によっては上手に活用することができる。インターネットは，証拠・資料の収集にあたって重要なツールになっているといえる。

(注73) 畠山稔ほか「民事訴訟手続と法廷技術（パネルディスカッション）」日本弁護士連合会編『現代法律実務の諸問題（平成21年度研修版）』（第一法規，2010年）327頁における畠山稔判事発言。

(注74) 当事者照会については，東京弁護士会民事訴訟問題等特別委員会編著『当事者照会の理論と実務』（青林書院，2000年）67頁以下に，紛争類型別の照会例が記載されており，参考になる。

(注75) 小山稔弁護士は，「不得手な分野では専門家の力を借りること，そのために専門家のネットワークを築くことは，弁護士にとって重要なことなのである」と指摘する。小山稔「証拠収集の基礎」現代民事法研究会編『民事訴訟のスキルとマインド』119頁以下では，専門家を上手に活用した三つの具体的事例が紹介されており参考になる。

(注76) 情報収集に有益なサイトを網羅的に紹介するものとして，小島武司監修『実践民事弁護の基礎：訴え提起までにすべきこと』65頁以下参照。

一例として，不動産の評価額に関する公示地価(注77)や路線価(注78)をホームページで知ることができる。また，現地調査に先立って現地の風景を360度のパノラマ写真で見ることができる(注79)。そのほか，相手会社がホームページで本支店を含めた取引先金融機関を掲載している場合がある。

　訴訟において活用されたものとして，貸金に関する事件で，インターネットの検索エンジンで相手方の名前を検索したところ，相手方には貸金業法違反で逮捕されたなどの過去があり，そのことが新聞記事として掲載されていることが判明した。そこで，その新聞の縮刷版を入手し，証拠として提出したいという事例がある(注80)。

　また，相手方が争わない一般的な内容であれば，資料・証拠として活用できる場合がある。例えば，保全事件における債権者面接で，裁判官に対し債務者会社の概要を説明するため，債務者会社に関するインターネット上の情報を提示した事例がある。

　なお，文献の検索方法等については，弁護士会内にある図書室の司書に聴くことも有用である。

(7) 第三者による調査

　信用調査，素行調査等の調査については，興信所等の調査専門機関に依頼することになる。興信所について詳しくは，本書第8章「強制執行」第1－4を参照。

(8) 立法・判例の動向に注意

　とりわけ近時は，立法や判例の展開が活発である。

　例えば，いわゆるプロバイダ責任制限法（特定電気通信役務提供者の損害賠償責任の制限及び発信者情報の開示に関する法律）により発信者情報の開示請求権が認められ（同法4条），インターネットによる名誉毀損に関する事件等で用いられている。

──────────────────────────────

(注77) 国土交通省地価公示・都道府県地価調査（http://www.land.mlit.go.jp/landPrice/AriaServlet?MOD=2&TYP=0）。
(注78) 財産評価基準書（http://www.rosenka.nta.go.jp/）。
(注79) Googleストリートビュー（https://www.google.co.jp/intl/ja/streetview/）。
(注80) 北尾哲郎「民事裁判における証拠収集」現代民事法研究会著『民事訴訟のスキルとマインド』138頁。

また，行政不服審査法が改正され，審理手続における提出書類等について写しの交付請求が可能となった（行政不服審査法 38 条）(注81)。

本書も含め，書籍による紹介にはどうしても限界がある。常に最新の立法・判例の動向に注目することで，最新の資料・証拠収集方法をアップ・デートするようにしてほしい。

3　基本事例の場合 (注82)

基本事例において，依頼者甲野太郎の代理人であるＡ弁護士は，以下のような証拠収集活動を行った。

(1) 交通事故の発生に関して

Ａ弁護士は，まず交番で交通事故証明書の申請書をもらい，依頼者の代理人として，所轄の自動車安全運転センター（具体的には，自動車安全運転センター東京都事務所）に対し，交通事故証明書の発行を申請した。

(2) 事故の態様に関して

本件では，事故態様に関する依頼者の主張と相手方乙川花子の主張が大きく異なっており，相手方は無過失を主張している。そこで，事故態様について，どこまで具体的かつ正確に情報を取得できるかが，大きなポイントとなる。

ア　刑事記録の閲覧・謄写に向けた手続 (注83)

Ａ弁護士は刑事記録を閲覧・謄写したいと考えたが，そのためには，まず，本件について，どのような刑事処分がなされたのかを把握する必要がある。そこで，Ａ弁護士は，交通事故証明書に記載された事故照会番号を基に，担

(注81) 旧法下では，処分庁から提出された書類その他の物件の閲覧のみ可能であった（旧行政不服審査法 33 条 2 項）。
(注82) 東京弁護士会法友全期会民事訴訟実務研究会編『証拠収集実務マニュアル〔第3版〕』144 頁以下参照。
(注83) なお，東京地方検察庁では，被害者及びその代理人による閲覧・謄写申請が認められている。また，刑事事件が係属中である場合，実況見分調書を取得するためには，訴え提起の前後にかかわらず，刑事事件が係属する裁判所に対し犯罪被害者保護法 3 条により申請することになる。さらに，刑事事件が確定している場合，実況見分調書を取得するためには，訴え提起前であれば，刑事訴訟法 53 条（刑事確定訴訟記録法 4 条）に基づき，検察庁に対して閲覧・謄写を申請することになる。

当の警察署に電話をして，送致年月日・送致先・事件番号（検番）を問い合わせた。そして，東京地方検察庁の担当検事に電話をして，刑事処分の内容を問い合わせた。その結果，相手方については不起訴となったことが判明した。

イ 弁護士会照会

仮に起訴という結果であれば，確定刑事記録として閲覧・謄写することができる。しかし，不起訴ということだったので，不起訴記録について弁護士会照会（書式5）を行った。具体的には，A弁護士が所属する東京弁護士会に対し，東京地検への照会を申し出た。後日，東京地検から閲覧・謄写を許可する旨の回答がなされ，A弁護士は検察庁に行き，実況見分調書を閲覧・謄写した[注84]。

ウ 現場の確認・記録化

謄写した実況見分証書を検討したところ，相手車の動き等について十分にわからない点があった。そこで，A弁護士は，事故現場に赴き，現場の状況を確認した。また，実況見分調書とは別に図面を作成し，写真撮影を行い，報告書にまとめた。

エ 目撃者の発見・聴取・記録化

A弁護士が現場に行ったところ，当方車と相手車が接触した地点のすぐ傍に○×ガソリンスタンドがあることが判明した。同店の店員に問い合わせたところ，事故があった日時に同店で丙野次郎がアルバイトとして働いていたことが分かった。そこで，A弁護士は店員に名刺を渡し，丙野次郎に連絡をしてもらうよう依頼した。

後日，A弁護士は，丙野次郎から電話を受け，○×ガソリンスタンドで面会して事故当時の状況を聴取した。丙野次郎は，事故が起きた時，ガソリンスタンドの屋外で働いており，事故を間近で目撃したという。そして，事故態様について，相手車が急に進路変更をしたため，当方車と接触した旨話した。A弁護士は，丙野次郎の話を録音するとともに，録音内容に基づいて備

[注84] 交通事件の不起訴記録に係る実況見分調書の写しの請求については，東京弁護士会調査室編『弁護士会照会制度〔第5版〕』217頁参照。

忘メモを作成した。なお，丙野次郎については，謄写した実況見分調書には記載がなかった。

(3) 損害に関して

ア　治療費

治療費については，病院のレセプト（診療報酬明細書）を取得した。依頼者は通院治療継続中であったため，通院時に依頼者本人が手続を行った。

通院交通費のうち，タクシー代等領収書があるものは，依頼者から入手した。電車代等領収証がないものについては，自宅からの通院経路・交通費，通院日を報告書にまとめ，乗り換え案内ホームページをプリントアウトしたものを添付した。

イ　後遺症損害

A弁護士は，担当医と面接し，意見を聴取した。担当医は，依頼者について，めまいや吐き気が症状としてあることは認めたものの，低髄液圧症候群といえるかは不明であるとの意見だった。担当医に意見書の作成を依頼するかどうか，引き続き検討することとした。

ウ　休業損害

休業損害（逸失利益）を計算する基礎となる被害者の収入については，源泉徴収票又は確定申告書によるのが基本である。しかし，本件において依頼者は，自営業であり，また確定申告をしていなかったため，収入については売上帳その他の方法で立証する必要があった。A弁護士は，依頼者に対し，就業状況がわかる資料はすべて持参するよう指示した。

4　他の紛争類型への応用

他の紛争類型ごとの具体的な証拠収集方法やポイントについては，これらをまとめた書籍が多数公刊されている。紙幅の関係上，本項では以下の書籍を紹介する。

① 　東京弁護士会法友全期会民事訴訟実務研究会編『証拠収集実務マニュアル〔第3版〕』（ぎょうせい，2017年）

② 　群馬弁護士会編『立証の実務：証拠収集とその活用の手引〔改訂版〕』（ぎょうせい，2016年）

③　東京弁護士会民事訴訟問題等特別委員会編『民事訴訟代理人の実務Ⅲ　証拠収集と立証』(青林書院，2012年)
④　第一東京弁護士会新進会編集『証拠・資料収集マニュアル：立証計画と法律事務の手引』(新日本法規出版，2012年)

第3章 保 全

1　民事保全における心構え

(1)　民事保全を申し立てるにあたって

　民事保全を申し立てるにあたって，最も重視されるものは，迅速性である。民事保全の目的が，「権利を保護するため，権利を主張する者に暫定的に一定の権能や地位を認める」ことにある[注1]以上，その申立ては可能な限り迅速に行われなければならない。申立てが1日遅れることで，民事保全の目的となる財産が散逸してしまうこともあり得る。

　しかしながら，上記の迅速性とは，単に早期に申し立てればよいというものではない。審尋の期日を経ない場合，保全命令は，可能な限り一度の書面審査及び裁判官面接で得なければならない。特に，必要な書類を欠いたことを理由として保全命令が発令されないような事態は避けなければならない。なぜなら，不足書面の追完及び再度の裁判官面接には早くとも1週間程度の時間がかかることから，その間に民事保全の目的となる財産が散逸してしまうことがあり得るためである。

　したがって，民事保全を行うにあたり，迅速性を確保するためには，いかなる疎明資料が必要であるかを把握するとともに，民事保全の類型（仮差押えなのか仮処分なのか）及び民事保全の目的に応じた必要書類を十分に把握していなければならない。

　特に，経験の浅い弁護士においては，必要書類等について正確な知識を有していないことが原因で，手続の迅速性が損なわれることも十分に考えられる。そのため，普段から民事保全についての知識を蓄えるとともに，不明点があったらすぐさま確認をする癖を付けておくべきである。

(2)　いかなる場合に，民事保全を行うべきか

　では，依頼者より相談を受けた際に，いかなる場合に民事保全を行うべき

[注1] 司法研修所編『民事弁護教材　改訂　民事保全〔補正版〕』（日本弁護士連合会，2013年）1頁。

か。

　この点については，統一的な基準はなく，最終的には事例ごとに判断せざるを得ない。民事保全の目的となる財産の把握の有無，疎明資料（特に被保全債権について）の有無，担保の提供方法（民保4条1項，民保規則2条。金銭の供託が一般的である。），保全命令が発令された場合の債務者の対応等を総合考慮し，依頼者の資力及び意向を確認のうえ，決定することになろう。

　原則的には，債務者の財産が明らかであり，かつ，疎明資料が十分に揃っている場合において，依頼者の意向に反しないのであれば，保全の申立てを行うべきではないだろうか。もっとも，民事保全を申し立てるにあたっては，担保金の額が問題となることも多い。詳しくは，後記3(4)の担保の項目を参照されたい。

(3)　申立書の記載についての注意点

　保全命令に関する手続について，利害関係を有する者は，裁判所に提出された事件記録を閲覧・謄写することができる（民保5条）。すなわち，民事保全手続においてはある時点までは密行性が確保されているとしても，債務者は後に申立書及び疎明資料を確認することができるのである。

　したがって，民事保全の申立てをする場合においても，後に債務者から保全異議（民保26条）が出される可能性や，本案訴訟の進行を考え，本案訴訟において主張する予定がない事項については，申立書等に記載するべきではなく，裁判官に口頭で伝えるにとどめるべきである。

2　民事保全とは

(1)　民事保全の種類

　民事保全においては，その目的と方法により，①仮差押え（民保20条以下）と仮処分（民保23条以下）が存在する。

　そして，仮処分には，②係争物に関する仮処分（民保23条1項）及び③仮の地位を定める仮処分（民保23条2項）の2種類がある。

　①仮差押えとは，金銭債権を保全する目的で，債務者の責任財産の散逸を防止するための制度である。②係争物に関する仮処分とは，係争物に対する債権者の給付請求権を保全する目的で，当該係争物の処分を制限するための

制度であり，占有移転禁止の仮処分と処分禁止の仮処分がある。③仮の地位を定める仮処分とは，債務者に生じる現在の危険や不安を除去するために，本案判決確定に至るまでの間，暫定的な法律関係を形成し，維持するための制度である。

　民事保全を申し立てる際には，自らがいかなる権利の保全を目的として民事保全を申し立てようとしているのかを考え，適切な保全手続をとらなくてはならない。

(2) 民事保全の効果

　(i) 保全命令が発令されると，仮差押え及び係争物に関する仮処分においては，差押え又は処分の目的とされた財産・権利の移転等が制限される。

　また，仮の地位を定める仮処分においては，暫定的な地位・権利が認められる。かかる効果が発生することによって，債権者は，本案訴訟確定までの間，自らの権利を確保することができる。

　(ii) また，民事保全の実際上の効果として，保全命令により，債務者はその所有財産の処分が制限されることから，保全命令申立ての取下げを条件として，債務者との交渉を行うことが考えられる。特に債務者が会社や個人事業主である場合においては，預金口座の仮差押えによって銀行との取引が停止することは，事業の継続にとって死活問題であることが多い。しかしながら，仮に，任意の交渉がまとまったとしても，保全命令の取下げをする場合には，実際に債務者から金員を受領してからにしなければならない。実際に金員を受領する前に取り下げてしまっては，取下げ後に債務者が財産を隠匿する可能性があるからである。

　なお，保全命令発令後に保全命令申立てを取り下げる場合には，提供した担保を取り戻す必要があることから，必ず債務者から担保取消しの同意書，印鑑証明書及び即時抗告権の放棄書を取得する必要がある。

　(iii) また，仮の地位を求める仮処分では，申立後に裁判官との面接を経た後，原則として双方審尋が行われる（民保23条4項）。かかる審尋の場において和解が成立する可能性があることから，裁判所が関与する早期の和解の場として仮処分を用いることも可能である。もっとも，およそ保全命令が発令される余地がないような事案では，裁判官面接の段階で審尋期日を指定し

てもらえず，申立てが却下される可能性もあることに留意する必要がある。

和解が成立すると審尋調書に合意内容が記載されることになるが，その記載は，確定判決と同一の効力を有すると解されている（民保7条，民訴267条）。

なお，具体的な和解の内容については，本書第6章「第一審訴訟手続」第5の和解の項を参照されたい。

3　保全の申立て

(1)　申立手続

民事保全の申立ては，原則として本案の管轄裁判所又は仮に差し押さえるべき物若しくは係争物の所在地を管轄する地方裁判所に申し立てることになる（民保12条1項）。

申立書等の書式及び添付資料については，東京地裁保全研究会編『書式民事保全の実務〔全訂5版〕』（民事法研究会，2010年）が，具体的な手続等については八木一洋，関述之編『民事保全の実務〔第3版増補版〕』（きんざい，2015年）が詳しい。

実務上も，東京地方裁判所民事9部（保全部）は，両書を前提として運用されており，少なくとも東京地方裁判所において保全手続を行うのであれば両書は必須資料といえる。

なお，東京地裁のように保全部が存在している裁判所であっても，すべての保全事件を保全部に申し立てるわけではないことから（例えば，東京地裁においては，商事事件，労働事件，知的財産事件，家事事件に関する保全については，直接担当部に申立てをする運用がされている。），あらかじめ確認をしておく必要がある。

(2)　疎　明

保全事件においては，その緊急性及び暫定性から，保全すべき権利又は権利関係及び保全の必要性は，証明を要せず，疎明をもって足りるとされている（民保13条2項）。

保全事件においてはその密行性が重要となることから，申立人代理人としては，書面審理及び債権者（代理人）審理のみで保全命令を得ることが重要

となる。そのため，保全事件においては，文書による疎明資料がどの程度準備できるかが極めて重要である。

なお，疎明といっても，一方当事者（債権者）のみが提出する疎明資料により判断をする以上，申立代理人の観点からすると，その疎明の程度は，本案訴訟に比しても決して軽いものではなく，場合によっては消滅時効などある程度予想される抗弁を排斥することまで求められる。

また，事件の類型によっては，定型的に提出を求められる疎明資料が存在する（給与・預貯金等の仮差押えであれば，債務者の自宅（住所地）の登記簿謄本，ブルーマップ，固定資産税評価証明書等）ことから，定型的な疎明資料については，依頼を受けた直後に収集に着手できるようあらかじめ確認をしておく必要がある。

(3) 審　理

保全命令に関する審理は，口頭弁論を経ないで行うことができる（民保3条）ことから，①書面による審理，②当事者の審尋（民保7条，民訴87条2項）及び③任意的口頭弁論を組み合わせて判断がなされる。

民事保全においては，債務者に手続着手が知られると財産の散逸・隠匿を許すおそれがあることから，手続の密行性が重視される。そのため，書面審理及び債権者の審尋（債権者面接）が審理の中心となっている。東京地裁及び大阪地裁においては，全件について債権者面接が行われる運用となっている。

審理の際に行われる債権者面接は，提出した申立書及び疎明資料の説明が中心となるが，書面に記載することができない事由や前記1(3)記載のとおり本案訴訟で主張する予定にない事項については，口頭での説明が必要となる。また，担保額の決定に関しては，代理人の説明によって結果が変わることもままあることから，自らが申し立てている事件の内容を十分に把握したうえで，裁判官に対し，適切に説明をしなければならない。なお，債権者面接の際には，疎明資料の取調べが行われることから，必ず疎明資料の原本を持参する必要がある。

また，保全事件は，審理の場において，申立書等の訂正をする必要がある場合が（特に経験が浅い弁護士の場合は）極めて多いことから，その場におい

て訂正が可能であるように，申立書の押印と同一の職印を必ず持参するべきである。なお，民事保全の申立てに臨むにあたり，モバイルパソコンとポータブルプリンターを持参すれば，各種目録等についても控え室で訂正，出力が可能であり，迅速な修正が可能である。

(4) 担　保

(i) 債権者面接の結果，無事，保全命令開始決定が出されることになった場合には，債権者は，裁判所が定めた額の担保を立てることになる。その方法としては，法務局への供託又は支払保証委託契約（ボンド）の締結となる。

担保金の額については，裁判所の裁量に委ねられており，事案ごとに判断される。一般的には，債務者に発生する可能性のある損害，保全開始決定を出すことの適否，疎明の程度等が考慮要素とされているようである。なお，担保金の一応の目安については，司法研修所編『民事弁護教材　改訂　民事保全〔補正版〕』にも記載があることから，参考にされたい。

(ii) 実務上，疎明の可否に加えて，依頼者に資力がない場合や，また依頼者に資力がある場合においても担保金として納めた金銭については運用ができなくなることから，担保金の金額が非常に重大な問題点となる（特に本訴で敗訴してしまった場合においては，担保金の一部が返還されない可能性もある）。

そのため，担保金の見込額及び返還の可能性については依頼者にあらかじめ伝え，そのリスクについても説明をする必要があろう。

(iii) なお，依頼者に極端に資力がない場合で，かつ，高度に保全の必要性がある場合においては，日本司法支援センター（法テラス）が，株式会社みずほ銀行と提携のうえ，非常に低額な保証料による扶助ボンドの制度を運用していることから，この制度の利用も検討するべきであろう（この点については，民事法律扶助研究会編『民事法律扶助活用マニュアル〔第2版〕』（現代人文社，2017年）に詳しい）。

(5) 決定後の対応

担保提供を証する書面（供託書や支払保証委託契約締結の証明書）と各種の目録を裁判所に提出する。

なお，保全執行として，登記又は登録を嘱託する場合は，登記（登録）権利者・義務者目録の提出や，登録免許税の納付が必要となることから，あら

かじめ確認をしておくべきである。

　この際，民事保全法上，保全執行の期間は，債権者に対して保全命令が送達された日から2週間以内と規定されていることから（民保43条2項），保全執行を行うにあたって期間が経過してしまうような事態は避けなければならない。特に注意を要するものとして，被相続人名義の不動産に仮差押えをするときに，相続人名義の代位登記をするために事前準備として司法書士の手配を行う場合や，動産に対する仮差押えの執行等，執行官とともに保全執行を行う必要性があるときに，執行官を連れて行くことも考えた準備を行う必要がある場合など，保全執行に時間を要する場合には，あらかじめ準備を行っておく必要がある。

　なお，具体的な執行官との打ち合わせの方法等については，本書第8章「強制執行」を参照されたい。

4　交通事故事案における保全手続の利用の際の検討事項

(1)　相手方（債務者）が任意保険に加入している場合

　相手方が任意保険に加入している場合においては，そもそも保全の必要性があるか否かを検討する必要がある。

　仮に，相手方が限度額無制限の任意保険に加入している場合においては，判決・和解等が確定すれば保険会社が相手方に代わり支払をすることから，相手方の財産をあらかじめ確保する必要性は一般的に乏しい。

　もっとも，依頼者が極めて資力に乏しい又は高額の入院費用が必要であるなど，入院費用及び生活費すら確保することができないような事態が生じている場合においては，交通事故による損害賠償請求権を被保全権利とする金員仮払いの仮処分の申立てを検討する必要がある場合もあろう。かかる仮処分においては，被保全権利と保全の必要性について高度の疎明が要求される反面，無担保で保全開始命令が発令されることもあることから，生活費等に困窮している場合には，検討に値する。

　これに対して，相手方が任意保険に加入している場合においても，その限度額に制限がある場合においては，保険会社からの支払のみでは損害の全額を補塡することができない可能性がある。そのような場合には，相手方が任

意保険に加入していてもなお，民事保全の申立てを検討する必要性があろう。

(2) 相手方（債務者）が任意保険に加入していない場合

相手方が任意保険に加入していない場合において，保全の必要性があり，担保金等の準備が可能であるときは，保全の対象を何にするかを検討する必要がある。

保全の対象となる財産は，さまざまなものがある。本件のような交通事故が発生した場合に得られる情報から，比較的保全の対象として調査が容易であるものを検討する。

ア 預金口座

保全の対象として真っ先に考えられるのが銀行等の預金口座であるが，預金口座の仮差押えのためには，第三債務者の送達場所として預金口座が存在する銀行の支店を特定する必要がある。

交通事故が発生した場合には，人身・物損事故を問わず，交通事故証明書が作成され，同証明書は交通事故の当事者であれば取得が可能である。この交通事故証明書の記載事項には，連絡先として電話番号（携帯電話の番号を含む）の記載がなされる。

かかる携帯電話等の番号を基に，電話会社に対し，弁護士法 23 条の 2 に基づく弁護士会照会を利用して電話料金の引き落とし口座の照会をかけると，照会結果として料金の引き落とし口座の回答がなされる。なお，弁護士会照会の具体的な方法については，弁護士会ごとに異なることから，各々の弁護士会に確認されたい（東京弁護士会の場合は，東京弁護士会調査室編『弁護士会照会制度〔第 5 版〕』（商事法務，2016 年）に詳しい説明がある。）。

ただし，従前はかなり容易に引き落とし口座の回答を得ることができたが，近時，開示の要件が厳格になっており，引き落とし口座の開示を求めるためには，保全の必要性について，相当程度の記載が必要になろう。

かかる照会の結果明らかになった預金口座を，仮差押えの対象とすることが考えられる。なお，どの程度の預金額があるかは不明であることから，仮差押えの申立てと同時に，必ず陳述催告の申立てを行わなければならない。

イ 不動産

保全の対象として，調査が容易なものとしては，土地・建物等の不動産が

考えられる。

　交通事故が発生した場合には，交通事故証明書が作成されるが，交通事故証明書には相手方の住所地が記載されている。

　相手方の住所地から直接不動産の地番を確認することはできないことから，ブルーマップを用いて相手方の住所地から地番を確認する。なお，国立国会図書館ではすべてのブルーマップを閲覧することができ，各法務局でも当該法務局の関連する場所のブルーマップを閲覧することができる。東京弁護士会・第二東京弁護士会の共同図書館においても，一部（関東圏）のブルーマップについては閲覧が可能である。

　相手方の住所地の地番が判明したら，かかる地番の土地・建物の登記簿謄本を取得することにより，相手方の不動産所有の有無及び不動産を所有している場合において，当該不動産の担保価値の有無（抵当権設定の有無，被担保債権の額等）を確認することができる。

　　ウ　自動車

　交通事故が発生した場合には，交通事故証明書が作成されるが，かかる交通事故証明書には，交通事故の当事者の車両番号が記載される。

　当該車両番号を基に，相手方の所在地を管轄する陸運支局又は自動車検査登録事務所に対し，弁護士会照会を行うと，相手方車両の現在登録事項等証明書，詳細登録事項等証明書を取得することができる。

　かかる情報を基に，有限会社オートガイドが発行している自動車価格月報であるレッドブック等を用いて自動車の財産的な価値を算出し，自動車の仮差押えを行うか否かを検討する。

　　エ　給　与

　相手方の勤務先が判明している場合には，給与の仮差押えも検討の対象となる。ただし，相手方の勤務先によっては，給与の仮差押えがなされると退職を余儀なくされることもあるので，相手方の勤務先や業種も検討する必要がある。

　　オ　その他

　それ以外にも，判明している相手方の財産があれば，民事保全の対象となるかについて検討する。

なお，いかなる財産が保全の対象となるかは，前掲の『書式民事保全の実務〔全訂5版〕』や『民事保全の実務〔第3版増補版〕上・下』等が参考になろう。

(3) **交通事故事案で保全手続を検討する視点**

交通事故事案の場合，加害者が自動車を運転していた場合は，任意保険または少なくとも自賠責保険に加入していることが多い。また，加害者が自身の保険を利用することを拒否していたとしても，交渉や訴訟の過程で自己の不法行為責任が明らかになってくれば，自身の保険を利用せざるを得ない状況に追い込まれてくる。そこで，交通事故事案で被害者が保全手続の利用を検討せざるを得ないのは，自転車事故の場合で加害者が保険を利用できない場合や自賠責保険に未加入の自動車による事故の場合など，例外的な場合に限られるだろう。

5 基本事例の場合

(ⅰ) まず，A弁護士は，本件のように過失の有無等に争いのある交通事故事案においては解決までに相当程度の期間が必要となると予測し，自動車損害賠償責任保険（通称「自賠責保険」）[注2]の被害者請求をすることを検討した。

本件では，相手方である乙川花子が無過失であると争っていることなどを考慮して，自賠責保険の被害者請求を行わず，本訴提起をした。

(ⅱ) 次に，A弁護士は，甲野太郎から，「事故の際，加害者の乙川花子さんと名刺を交換した」として，打ち合わせの際に名刺を預かったことを思い出し，乙川花子の名刺を見てみたところ，就業先として「株式会社○○」の記載があった。

(注2) 自賠責保険とは，自動車損害賠償保障法によって，自動車及び原動機付自転車を使用する際に加入が義務付けられている損害保険であり，被害者救済を目的としていることから，被害者の重過失による減額のみが認められるといった過失相殺による減額が緩やかであるなどの特徴がある。もっとも，その認容額は必ずしも損害の全額を補填するものではない。しかし，あらかじめ自賠責保険の被害者請求を行うことによって，被害者は本案訴訟の前に一定額の支払を受けることができるほか，本案訴訟にあたり，あらかじめ損害の一部を受領していることから，本案訴訟における訴額が低下するため，訴訟費用の観点からも被害者に有利となるなど，被害者にとって有利な点も多い。

そこで，A弁護士は，本件交通事故による損害賠償請求権を被保全権利として，乙川花子の株式会社〇〇に対する賃金債権の仮差押えの申立て，あるいは，損害賠償金の仮払仮処分の申立てを行うことを検討した。
　もっとも，本件では，未だ甲野太郎の症状が固定していないため，損害額全額の疎明が困難であること，さらに，担保金の額が予測できないことを考慮して，保全手続を行わなかった。

【参考文献】
・瀬木比呂志著『民事保全法〔新訂版〕』（日本評論社，2014年）
・司法研修所編『民事弁護教材　改訂　民事保全〔補正版〕』（日本弁護士連合会，2013年）
・東京地裁保全研究会編『書式民事保全の実務〔全訂5版〕』（民事法研究会，2010年）
・八木一洋，関述之編著『民事保全の実務〔第3版増補版〕上・下』（金融財政事情研究会，2015年）
・『LIBRA』2009年1月号「東京地裁書記官に聞く『保全編』」
・東京弁護士会調査室編『弁護士会照会制度〔第5版〕』（商事法務，2016年）
・民事法律扶助研究会著『民事法律扶助活用マニュアル〔第2版〕』（現代人文社，2017年）
・その他，インターネット等

交渉手続

第1 本人による交渉と代理人弁護士による交渉

1 相手方との交渉

　事案の相談を受け，受任することとなったとしても，直ちに訴訟提起するのではなく，相手方との話し合いによる解決を模索することが一般的であろう。それが交渉である。そして，その交渉も，直ちに代理人弁護士が前面に出るのではなく，当面は依頼者本人による交渉を継続し，弁護士は背後でアドバイスするにとどめ，ある段階から代理人による交渉に切り替えるということもある。

　ここでは，まず，代理人弁護士の交渉の注意点について述べ，次いで，本人による交渉から代理人弁護士による交渉に切り替えるタイミングについて述べることとする。

2 代理人弁護士による交渉の注意点

(1) 代理人交渉の目的

　弁護士が交渉に関与する目的には，①話し合いによる事案の終局的な解決を目指した関与（示談を成立させるための交渉），②訴訟提起等の法的手続の準備として，まずは相手方と話し合いをすることにより相手方の主張や保有する証拠等を確認する作業（情報収集のための交渉）という二つの意味合いがある。

　弁護士が代理人として交渉に関与する場合には，常に示談を成立させるために活動するという①の目的を持ち続けることはいうまでもないが，交渉に着手後，紛争の実態に応じて，裁判所若しくは裁判外紛争解決機関を利用した解決を目指した方が適切との判断に傾く場合もある。この場合における代理人交渉は，①の目的よりもむしろ後に控える法的手続を見据えた情報収集のための交渉という②の目的の意味合いが濃くなる。

　実際の交渉にあたっては，両目的を意識的に区別することは難しく，また

あえて区別する必要もないと思われるが，少なくともこれらの目的意識を持って，事案の終局的解決を目指しつつも（目的①の実践），後の法的手続を見据えた情報収集という観点を忘れずに（目的②の実践）臨機応変に交渉に臨むという姿勢を持つことが大切である[注1]。

(2) 代理人交渉における注意点

　代理人交渉における上記目的を達成できるか否かは，交渉をする弁護士の交渉の仕方いかんにかかっている。交渉術に関する技術論については本稿の目的とするところではないので簡潔に触れる程度にとどめるが，交渉術に関する多くの文献で指摘されるエッセンスを，法的紛争における交渉場面に当てはめれば，一般的に交渉の成否を左右する要素として，①理論構成（法的根拠），②利害得失，③感情論の三つを挙げることができるであろう[注2]。

　この三つの要素の使い分け，バランスの取り方は一概に説明できるものではなく，個々の事案ごとにケースバイケースで対応することが必要である[注3]。この点，紛争当事者の双方が，代理人弁護士を選任した場合には，感情論（要素③）はほぼ問題とならず，双方の認識する事実関係のすり合わせを行った後に，主張の法的根拠（要素①）について共通認識が醸成されることになり，あとは専ら利害得失（要素②）の観点から合理的かつ適切な解決に導かれることが通常である。

　しかし，当事者の一方にのみ代理人弁護士が選任され，紛争当事者との直接交渉が必要となる場合には，感情論（要素③）の部分が，事案の終局的な解決（示談）という交渉目的の達成のための大きな障害となることが多い。

　したがって，弁護士が介入する代理人交渉においては，いかに要素③を排

(注1) 示談交渉における一般論については，次の文献も参考にされたい。司法研修所編『[8訂] 民事弁護の手引』（日本弁護士連合会，2017年）25～26頁。小島武司監修『実践民事弁護の基礎：訴え提起までにすべきこと』（レクシスネクシス・ジャパン，2008年）85～93頁。

(注2) 交渉術に関する技術論については，多くの著作物が存在するが古典的名著として評価の高い次の文献を紹介するので参考にされたい。ロジャー・フィッシャー，ウィリアム・ユーリー，ブルース・パットン著『ハーバード流交渉術［新版］』（ティビーエス・ブリタニカ，1998年）。

(注3) 具体的なケースにおける交渉術のあてはめについては，次の文献が参考になる。須田清編『トラブルとクレームに勝つプロの交渉術』（ソーテック社，2008年）。

除しながら，明確な法的根拠を示すことにより自己の主張の説得性を高めたうえで（要素①），利害得失面での納得を紛争当事者双方に与えられるか（要素②）というアプローチで交渉を進めることになる[注4]。

このような観点から，以下では，専ら紛争当事者を相手方とする代理人交渉における一般的な注意点を列挙する。なお，交通事故案件における書面による交渉及び面談による交渉の具体的な注意点はそれぞれの該当部分で詳述する。

ア　法的根拠を明確にしたうえで自己の主張を強く押し出す

交渉においては，まずもって相手に対して，自分の主張が正当な法的根拠に基づく合理的なものであるということを強く主張することが大切である。主張の根拠を明確に示しながら自己の立場を強く主張することで，相手方に対し，それまでの当事者本人同士の交渉のように理屈の立たない感情論で押し切ることはできないことを十分認識させることができる。また，主張の法的根拠を明確にすることで，単なる感情論ではない共通の議論の土台を提示することができる（要素①及び要素③の観点）。

このように，明確に，かつ強く自己の立場を主張することで，相手方に手強い交渉相手（タフネゴシエーター）であるとの印象を植え付け，共通の議論の土台をこちらが用意したものにすることで，心理面を含めて今後の交渉の主導権を握りやすくなるのである。

(注4) 代理人交渉の具体的技法については，弁護士それぞれが個々のノウハウを有しており，弁護士による交渉術の文献も多数出版されている。交渉における弁護士の思考方法の一端が明らかにされているという意味で参考になるので参考文献としていくつか紹介する。谷原誠著『思いどおりに他人を動かす交渉・説得の技術』（同文舘出版，2005年），荒井裕樹著『プロの論理力！：トップ弁護士に学ぶ，相手を納得させる技術』（祥伝社，2005年），荘司雅彦著『人を動かす交渉術』（平凡社，2007年），荘司雅彦著『3時間で手に入れる最強の交渉力』（ビジネス社，2009年），赤井勝治著『すご腕弁護士が教える論理的交渉術』（ぱる出版，2009年），日本弁護士連合会法科大学院センターローヤリング研究会編『法的交渉の技法と実践』（民事法研究会，2016年），藤井勲，泉薫共著『新示談交渉の技術：交通事故の想定問答110番［2012年改訂版］』（企業開発センター，2012年），藤井篤著『弁護士の仕事術Ⅳ（交渉事件の進め方・和解）』（日本加除出版，2013年）。

イ　相手方の立場を十分に尊重する（代理人の立場を忘れない）

　民事に関する紛争は，当事者の一方に全面的な責任があるという事案は極めて少なく，責任を負うべき当事者にも尊重すべき言い分があることが通常である。

　したがって，前述した交渉目的を達成するためには，この相手方当事者の言い分を十分に聴く姿勢を持つことが大切になる。このような姿勢を持たなければ，紛争当事者が納得する終局的解決を図れるはずもなく，また，相手方から情報を引き出すこともできないからである。

　そのためには，相手方当事者の立場を十分に尊重して言い分をじっくり聴くことにより，冷静に事実関係の把握に努めることが必要である。

　この観点から注意を要するのは，上記で述べた「自己の主張を強く押し出す」ということとのバランスである。依頼者の代理人であるという立場からすれば，依頼者の言い分を強く主張するということは当然のことであるが，それは依頼者の言い分を鵜呑みにして自己の主張に固執するという意味ではなく，また，その感情的主張まで代弁するという意味でもない。

　紛争当事者同士の交渉が難航する大きな要因の一つとして，専ら当事者であるがゆえに感情が先立ち，相手の主張を受け入れることなく冷静な話し合いができないという点が挙げられるが，弁護士が交渉に関与するメリットは，正にこの阻害要因たる感情論を排して，一歩離れた第三者的視点から事案を俯瞰して冷静な交渉を進めることが可能となることにある（要素③の観点）。

　なかには弁護活動に熱心なあまり感情面まで依頼者と同化してしまい，感情論も含めた一方的な主張に終始する弁護士も見受けられるが，それでは代理人であるがゆえの客観的視点を紛争解決に活かせず，弁護士が代理人として介在する意味が乏しくなってしまう。

　したがって，あくまで代理人としての立場を忘れず，相手方の立場を十分に尊重するという姿勢を持つことが必要である。

ウ　客観的公正さを心がける

　示談内容が両当事者の納得する内容（要素②）でなければ，交渉の目的たる終局的解決を導くことは不可能である。そのためには示談内容について，可能な限り両当事者の主張に配慮された客観的公正さが確保されている必要

がある。

　客観的公正さを確保するためには，前述のとおり交渉において相手方の立場を尊重し，冷静かつ誠実に向き合うことで，相手方当事者から「信頼できる交渉相手」として認知してもらう必要があるだろう。また，時には，法的知識に乏しい相手方に客観的立場で法的な示唆を与えたり，後の訴訟手続を見越した利害得失を説明したりするなど，純然たる交渉相手ではなく客観的な仲裁者的立場でアドバイスしている面もあることを示しながら説得を試みることも大切である。

　もっとも，自分の主張がすべて正しいと信じ切っている依頼者も多いことから，弁護士が代理人として客観的公正さを実現する過程において，上記のように相手方当事者への配慮を示すことで逆に自分の依頼者から不信感を持たれるおそれもある。

　そこで，常日頃から，依頼者の客観的立場を十分説明し認識させる，依頼者にとって不利な点があればきちんと理解させておく，交渉過程やその意図について説明を怠らないなど，依頼者との意思疎通を密にして依頼者との信頼関係の維持にも配慮しておく必要がある。

3　代理人弁護士による交渉に切り替えるタイミング

(1)　一般論

　受任した事件の具体的な処理にあたり，相手方当事者との関係において弁護士がどの段階から事件に関与するかを見極めることは，その後の事件処理の成否に影響する非常に大切なことである。

　通常，依頼者が弁護士の元に相談に訪れ，事件を委任するのは，当事者同士の交渉に不安を持っている場合，若しくは相手方当事者が代理人弁護士を選任した場合がほとんどである。

　このように依頼者から委任を受けた段階で，本人による交渉から代理人弁護士による交渉に切り替えるタイミングを検討することになるが，後者の場合（相手方当事者が代理人弁護士を選任している場合）には，相手方当事者に既に代理人弁護士が選任されている以上，切り替えのタイミングを慎重に検討する必要性はあまりない。この場合，通常は，早期に代理人による交渉に

切り替え，双方代理人弁護士が事実関係や法的評価について認識を共通化することにより事案の落とし所を探り，できる限り早期に適切な解決に導くことを考えるべきであろう。

しかし，相手方当事者と交渉する前者の場合には，どの段階で弁護士が交渉に乗り出すかを慎重に検討する必要がある。

それは，弁護士人口が増加しているとはいえ，一般人にとっては，平穏な日常生活を送っている限り，弁護士と関わり合いを持つ機会は極めて限られており，一般的に「弁護士」はなじみのない存在であり，「敷居が高い」と捉えられていることは否定できないからである。すなわち，相手方当事者から見れば弁護士という肩書きそのものに圧力を感じるものであり，交渉のプロというイメージもあるため，必要以上に警戒心を抱かせてしまうことがあるのである。

例えば，紛争当事者の関係性から弁護士を介在させるほどの紛争ではないと相手方が考えていることが容易に想像される場合や紛争の大元が感情論である場合（しかも当事者間で十分な話し合いがなされていない場合等）は，いきなり弁護士が介入すると相手方の感情を害し，その後の態度が頑なになるなど，弁護士が介入することで事態をより複雑にすることがある。時には，当事者同士であれば比較的スムーズに話がまとまった可能性があったのに，弁護士が介入したことによってそれが困難になったり，著しく遅れたりすることもある。

一方で，事案の性質等から，弁護士が介入することで相手方にも代理人弁護士が選任されることが予想される事案で，かつ，弁護士が早期に交渉手続に関与することで裁判所等の紛争解決機関を通さずに適切な解決への道筋を付けられる可能性がある場合には，早期に弁護士が交渉に関与するのが望ましいといえる。また，当事者同士では冷静な話し合いができなかった場合でも，弁護士が介在することにより，相手方の言い分を十分聴き取り，それに配慮することで解決の糸口をつかめることや，交渉での解決が不可能でも後の法的手続を見据えた情報収集ができることなどもある。

したがって，紛争当事者の関係や事案の性質等をよく検討し，かつ，弁護士が介入することによる相手方の心理状態や交渉態度への影響等を考慮しな

がら，弁護士が交渉に関与するタイミングを判断することが重要である。

(2) 交通事故案件の場合

ア 示談交渉開始のタイミング

交通事故案件における示談交渉開始のタイミングについては，事故の内容や損害の程度により多少の違いがある。

物損事故の場合には，基本的には自動車の修理費等の損害額が判明した段階で交渉を始めることになるので，事故発生から比較的早い段階で示談交渉を始めることになる。

一方，人身事故の場合には，治療費，通院交通費，休業損害等の仮払いを求めること等の交渉を早期の段階で行うこともあるが，後遺障害の有無，程度が確定して初めて逸失利益や慰謝料の計算が可能になることから，事故による傷害の治療が終了し完治するか，後遺障害がある場合には，症状固定により傷害の程度が決まり後遺障害等級認定が確定した段階から本格的な交渉を始めることもある。

また，死亡事故の場合には，四十九日の法要が終わった後等，被害者の遺族の精神的ショックが落ち着いた時期が一般的な受任及び示談交渉の開始の目安になるであろう。

イ 代理人弁護士による交渉への切り替え

(i) 弁護士が代理人として示談交渉を開始する前に，事故状況，事故による傷害・後遺障害等の症状，損害額等を証明する資料を準備しておく必要がある。これらは，損害額を計算するうえで必要な客観的根拠となることから，示談交渉において相手方を説得する重要な証拠になるからである。

具体的には，交通事故証明書，診断書（後遺障害診断書），診療報酬明細書，通院費等の領収書，源泉徴収票等，事故の状況（実況見分調書等），事故による後遺障害等の症状，損害額等を証明する各種資料を準備しておくべきである。

(ii) 交通事故案件については，加害者が任意保険に加入している場合には，損害保険会社の担当者が相手方の代理人として示談交渉を行うケースが大半であるが，損害保険会社が対応しきれないケース等では保険会社から加害者の代理人として交渉することを依頼された弁護士等が示談交渉に対応する

ケースもある。

　また，損害保険会社の担当者は弁護士資格を有していなくても年間に相当件数の示談交渉をこなしていることから，交通事故処理の専門的知識や交渉テクニックは，時には経験の少ない若手弁護士を凌ぐことさえあるので，被害者代理人となる弁護士は，十分な準備をしたうえで示談交渉に臨む必要がある。

　このように，保険会社の弁護士や百戦錬磨の担当者を相手に，知識の乏しい依頼者本人が交渉を続けるのは適切でない。しかも，損害保険会社は，被害者本人との交渉においては，正当な賠償額基準の相場である裁判基準を下回る自賠責保険基準や保険会社の基準をベースとした損害額の提示をするが，弁護士が代理人として賠償請求交渉を受任した場合には，裁判基準あるいはそれに近い賠償を提示してくることが多い。

　したがって，事故内容や損害額等にもよるが，一般的には加害者が任意保険に加入している場合は，交渉を開始できる状態になった時点から弁護士が示談交渉に関与すべきといえよう。

　(ⅲ)　一方で，加害者が任意保険に加入していない場合には，人損の一部は自賠責保険の被害者請求により回収することが可能であるが，自賠責基準を超える人損や物損については加害者本人を相手に示談交渉をせざるを得ない。

　したがって，前述したとおり，この場合は事案の性質や加害者の交渉態度への影響等を考慮しながら，弁護士が交渉に関与するタイミングを検討する必要がある。

　しかし，交通事故案件の場合には，事故態様に関する過失割合の考え方，損害賠償額の算定方法等が主な争点となることから，加害者が必要以上に警戒心を抱いて交渉を阻害する可能性や，当事者同士での話し合いに任せた方が，交渉が円滑に進むという可能性はそれほど大きくなく，むしろ，専門的知識を有する弁護士が早期に関与した方が結果的に円滑な紛争解決に資することが多いといえよう。

　また，被害者側が弁護士を関与させることで，加害者も代理人弁護士を選任する可能性があり，専門家同士による示談交渉の環境を整えられる可能性も大いにある。

したがって，交通事故案件の場合には，加害者本人を相手に交渉せざるを得ない場合にも早期に弁護士が示談交渉に関与すべきであろう。

4　基本事例の場合

(1)　交渉手続に弁護士が関与すべきか否かの検討

本件では，甲野太郎は交通事故の原因が乙川花子の過失にあると言い，乙川花子は交通事故につき無過失であると言っており，乙川花子の過失の有無（及び事故態様に関する両者の過失割合）が極めて重要な争点となる。もっとも，甲野太郎本人は，未だ治療中であるばかりか，「過失」という法的概念の内実について専門的知識を有していないことから，A弁護士は，甲野太郎本人に代わって弁護士が示談交渉に関与すべきと判断した。また，本件では，加害者乙川花子は任意保険に加入しているものの事故態様について無過失を主張していることから，A弁護士は，損害保険会社が交渉の窓口になって示談代行を行うことは期待できず，乙川花子と直接交渉することになると予測した。もっとも，A弁護士は，甲野太郎の代理人として介入すれば，乙川花子がその後の対応につき弁護士に相談し，場合によっては代理人弁護士を選任する可能性があるとの見込みの下，双方の弁護士間で交渉手続を行う方が円滑・迅速な話し合いが可能であると判断した。また，仮に，乙川花子が代理人弁護士を選任しなかったとしても，甲野太郎の代理人として資料・証拠を収集することで，同氏に対し正確で適切な情報を提供できると同時に，結果として紛争解決に要する期間を短縮できるというメリットがあると判断した。

そこで，A弁護士は，本件交通事故に関する損害賠償請求交渉手続に甲野太郎の代理人として関与することとした。

(2)　弁護士がどのタイミングで交渉手続に関与すべきかの検討

次に，A弁護士は，交渉手続開始のタイミングを検討した。

この点，現段階では，甲野太郎の傷害の症状が固定しておらず，本件交通事故による損害の内容及び損害額が未確定の状況にある。しかし，①A弁護士は，甲野太郎が被った損害を乙川花子に賠償させるためには，乙川花子に自身の過失の存在を認識させることが前提となることから，無過失であると

の乙川花子の言い分の内容を認識したうえでその言い分に適切に反駁するための準備を一刻も早く開始した方がその後の手続上確実に有利になると判断した。また、②A弁護士は、甲野太郎が事故の影響による体調不良のため仕事に復帰できておらず、蓄えも底を尽きかけていることをも考慮し、症状固定時まで無為に過ごすことは明らかに不適切であると考えた。以上のとおり、A弁護士は、①無過失であるとの乙川花子の言い分に対し適切に反駁して早期に過失を認めさせること、及び②事故のため窮状に陥っている甲野太郎の経済状況を一刻も早く救済するための手段を講じることを目的として、甲野太郎の代理人弁護士として受任通知を送付すべく、これまで収集した証拠（交通事故証明書、実況見分調書、写真撮影報告書、丙野次郎の陳述内容報告書、病院のレセプト、タクシーの領収証等）（以上、前提となる調査の内容については本書第2章「相談・受任」第4－3参照）を確認し整理した。さらに、低髄液圧症候群に罹患している疑いもあったことから、医師の明確な診断を受けるよう甲野太郎に指示した。

　そのうえで、A弁護士は、甲野太郎との委任契約締結後遅滞なく、甲野太郎の代理人として、乙川花子に対し、「同人に過失があることを前提として治療費・休業損害の暫定的な仮払いを求める」旨の受任通知を送付することとした。受任通知の具体的な記載内容については、本章第2－6(1)及び書式8を参照のこと。

　なお、基本事例とは異なるが、加害者が無過失の主張に固執している場合でも、事故態様に鑑み被害者の過失割合が10割でなければ傷害の損害について自賠責の被害者請求を行うことが可能であり、その検討も忘れてはならない。

(3) 依頼者に対する事件処理方針の説明

　A弁護士は、依頼者である甲野太郎との委任契約に従い、以上の検討事項をわかりやすくかみ砕いて甲野太郎に説明したうえ、受任通知を送付することにより乙川花子との交渉手続を開始するとの事件処理方針を丁寧に説明した。

第2 書面による通知と交渉

1 通知の内容と方式

　弁護士が代理人として相手方との交渉を開始する場合，まずは代理人として選任された旨を相手に通知し，以後は自分が交渉の窓口となることを相手方に通知するのが一般的である。これを「受任通知」という。相手の財産に対する仮差押えが先行しているような場合でない限り，相手方はこの受任通知により初めて交渉相手に弁護士がついたことを知ることになるのが通常である。

　そして，依頼者は，この「受任通知」により交渉の最前線から退き，以後は矢面に立たないこととなる。債務整理等の事案においては，弁護士が債権者らに受任通知（これを「介入通知」と呼ぶこともある。）を送付した場合には，以後，正当な理由がない限り，債務者又は保証人への直接の取立行為が禁止され（貸金業21条1項9号），この違反に対して罰則が定められている（貸金業47条の3第3号等）。

　したがって，相手方との交渉を早期に開始するためにも，また，依頼者を精神的負担から解放したり，生活の平穏を確保したりするためにも，代理人として相手方と交渉することになった際は，速やかに受任通知を行う必要がある。

　そして，受任通知以後の交渉も，交渉の過程を形に残すという観点から，電話や面談という口頭ベースでの交渉ではなく，書面によって双方の主張・反論を交わすことを中心に交渉が進むのが一般的であろう。

　ここでは，まず，このように書面により通知や交渉を行う場合，書面の内容にはどのような注意が必要かについて述べ，次いで，通知の方式について述べることとする。

2　通知の内容

(1)　受任通知の内容

　受任通知の場合，最低限盛り込むべき内容は，自分が当該案件の交渉を受任したこと，そして，以後交渉の窓口は自分に一本化されるので，依頼者本人と直接交渉をしてはならないことである。そして，これに加えて，当該案件に関するこちらの事実認識，法的主張，今後の交渉の進め方や具体的解決案等を相手方に示したり，それに対する相手方の意見なり回答なりを求めたりすることもある。

　純粋に事件処理を「受任したこと」のみの通知にするか，それとも，上記のように事件の内容にある程度踏み込んだ通知にするかはケースバイケースであろうが，内容に踏み込む場合は，最初だからといってあまり深く考えずに通知するのは危険である。事実認識にせよ，その根拠（証拠），あるいは，法的主張にせよ，書面で相手方に示した内容は形になって残るのであるから，ここで何をどのように示すかによって，以後の事件処理が大きく左右されることもある。

　したがって，受任通知の段階から，交渉が決裂して訴訟になった後のことも含め，将来的な展開を十分見据えながら通知の内容をまとめる必要がある。

(2)　注意点

ア　内容の正確性等

　受任通知以後の書面であっても，内容の正確性や将来的な一貫性等の観点から慎重に内容を検討すべき点は変わらない。弁護士が代理人として書面を送付する以上，十分に内容を確認し，不注意な誤りがないように注意しなければならないのは当然である。いい加減な内容の書面を送付した場合には，後々それと異なる主張をしたりするなどの失態を演じることにもなりかねないし，相手方の信用を得られず真摯な対応を望めなくなる可能性もある。書面は形に残るものであり，「従前の交渉の経緯」等として訴訟において証拠提出されることも多いので，交渉段階で杜撰な内容の書面を書いていると，不利な証拠として利用されてしまう場合もある。

イ　主張のトーンや表現方法

　交渉が弁護士に委ねられるような案件の場合，当事者の認識や主張に隔たりがあることが多い。また，当事者間の感情的な対立が大きい場合もままある。そのような場合，依頼者の言い分を聴いて書面の内容を構成すると，勢い主張の内容が強硬になったり，言葉上の表現が刺激的なものになったりすることがある。例えば，「被通知人の行為は詐欺罪に該当するものであり，誠実に対応されない場合には，刑事告訴も辞さない」などと記載をする場合である。

　依頼者はそのように「威勢のいい」書面に「溜飲が下がる」思いを抱き，精神的にも救われる面があることは確かであるから，その効用は否定できないし，そのような書面が得てして依頼者に歓迎される傾向があるのも事実である。

　しかし，これの度が過ぎた場合，相手方の感情をこじらせ，まとまったはずの交渉を決裂させてしまったり，場合によっては弁護士の懲戒請求にまで発展したりすることもあり得るので，主張のトーン・勢い，あるいは表現方法をどの程度のものにするかは，事件の内容，相手方との関係性，その後の交渉等を見据えて，慎重に判断すべきである。

　また，例えば，交通事故事件において，加害者の代理人の弁護士が，重傷を負っている被害者に対し，日ごろ用いている「時下ますますご健勝のこととお慶び申し上げます」という書き出しの記載をそのまま用いてしまうなど，こちらのちょっとした不注意が，相手方から見れば著しく不適切な表現につながってしまうこともあることを忘れてはならない。書面の導入部に「お見舞い申し上げます。」等と記載する等を工夫するということもあり得るだろう。

ウ　回答期限の設定

　書面により相手方に一定の請求をしたり，回答を求めたりする場合，「本書面到達後〇〇日以内に，〇〇されたい。万一，期限内に〇〇されない場合には，法的措置をとる」というように，相手方の対応を求める期限を設定することが多い。このような期限には特に法的意味はないが，事実上，相手方の早期の対応を促すことは期待できるので，ある程度の有効性はあろう。

逆に，依頼者が上記のような通知を受け取った場合，「○○日以内に対処する必要があるのではないか」といって相談に来るケースも多いが，そのような場合は，こうした文言には法的効果はないので，焦る必要はなく，慎重に対応すべきであることを説明する必要がある。

もっとも，相手方が訴訟提起等の法的手段を行うこともあるので，依頼者には相手方代理人に対して，弁護士を選任する予定であることや検討に時間を要していることを期限が経過するまでに伝えるのがよいであろう。

エ　送付先の選択

書面の送付先についても慎重な配慮が求められる。例えば，相手方の自宅が不明であるが勤務先は判明しているという場合に，安易に勤務先に書面を送付するのは禁物である。特に，内容証明郵便の方式をとる場合，それ自体が普通郵便とは明らかに体裁が異なるし，ましてや，それが弁護士から法律事務所の封筒で送られてきたとなれば，相手方は，弁護士が絡む事件を抱えていることを勤務先に知られることになり，事実上の不利益を被る可能性がある。そうなれば，無用なトラブルを招く可能性があるし，円滑な交渉を阻害することになりかねない。相手方の住所がわからない場合は，まず相手方に対し電話連絡を行い，受任通知の送付先を聴取することを試みるのが無難だろう。

3　通知の方式

(1)　書面の種類

交渉の相手方に書面を送付する方法としては，内容証明郵便のほか，普通郵便，ファックスによる方法等が考えられる。上記のいずれを選択すべきかを検討する前提として，まず，どのような場合に内容証明郵便による必要があるのか，送付の目的に照らして検討することとする。

(2)　内容証明郵便による通知の目的

ア　証拠化

実務において，書面による通知の方法として，内容証明郵便を利用する機会は極めて多い。利用の目的は種々あるが，その中心となるのは，差出日付，差出人，宛先，通知の内容及びこれが相手方に到達した事実や日付を証拠化

することである。すなわち，内容証明郵便による通知を配達証明付で行っておけば，後日訴訟となった場合に，上記のような点はすべて証拠として提出することができる。そして，これが訴訟前の交渉経過を明らかにするだけでなく，立証責任を果たすことにつながることもあり，実際，訴訟の帰趨を左右することも多い。

　例えば，債権譲渡における第三者に対する対抗要件である「確定日付ある証書による通知」（民法467条2項，民法施行法5条）や，詐欺・強迫による取消の意思表示（民法96条1項），後の時効完成猶予措置を見据えて行う催告（民法153条），契約解除の意思表示（民法545条1項），賃貸借契約の解約申入れ（民法617条・618条，借地借家法27条等）を行う場合等がこれに当たる。建物賃貸借契約の更新拒絶等におけるいわゆる立退料の提示（借地借家法28条）等，一定内容の提案・提示をしたことが権利関係の変動をもたらす要件となる場合もある。

　このような場合には，配達証明付内容証明郵便で遺漏なく通知をすべきことはいうまでもない。また，例えば，時効完成猶予のための通知を怠り，消滅時効が完成してしまったような場合には，弁護士としての責任問題となり，依頼者から懲戒請求をされる可能性もあるので，依頼を受けたらできる限り速やかに，遺漏なく通知を行うべきである。

　イ　その他の目的

　このように，通知の内容等を証拠化する必要がある場合に限らず，相手方に正式な意思の表示であることを示したいときや，こちらの意向を相手方に強く表明したいときにも，内容証明郵便が用いられることがある。

　これは，普通郵便，ファックスや電話よりも，内容証明郵便で通知を行う方が，正式な意思表明との印象を与え，強い意向を持っていることもアピールできるため，実際上相手方に誠実な対応を促す効果があったり，相手が交渉に応じてきたり，時には譲歩に応じてきたりすることもあることに基づく。

(3) 通知方式の選択について

　以上を前提に考えれば，通知の内容や時期等を証拠として残す必要がある場合には，内容証明郵便による通知を選択することに異論はない。

　では，特に証拠化の必要がない場合には，普通郵便，ファックス等も含め

て，いずれの方法により通知を行うべきか。これについては，通知の目的，内容，相手方，タイミング等を総合的に考慮して最も適切な手段を選択するということになろう。例えば，交通事故の案件で，被害者である依頼者本人と加害者側の保険会社との交渉がある程度進んでいて，依頼者が保険会社の提示に疑問を持って相談に来たことから保険会社との交渉を受任したというような場合には，一から加害者本人や保険会社の本社（代表取締役）に内容証明郵便で受任通知を出すというのはあまりに仰々しく，時間や費用の無駄であって，単に担当者にファックスで受任の事実を伝えれば足りるといえよう。また，刑事事件の弁護人として，被害者と示談交渉をするような場合も，内容証明郵便による通知では被害者の被害感情を無用に煽ってしまう可能性がある。このような場合には，普通郵便や電話等で相手方の出方を見ながら交渉した方がスムーズに話がまとまることが多いと思われる。

4　内容証明郵便に関する基礎知識

　これまでに述べたとおり，内容証明郵便は相手方との書面による交渉において大きな役割を果たすものである。そこで，以下では，内容証明郵便の意義や送付方法等の基礎的な事項を説明することとする。

(1)　意　義

　郵便法48条1項は，「内容証明の取扱いにおいては，会社において，当該郵便物の内容である文書の内容を証明する」と規定する（なお，ここでいう「会社」とは，日本郵便株式会社を指す（郵便法2条)。）。すなわち，内容証明郵便は，郵便物の内容である文書について，差出日付，差出人，宛先及び文書の内容を，差出人が作成した謄本によって日本郵便株式会社が証明する制度である。実務においては内容証明郵便に，配達証明（郵便法47条）を併用するのが一般的である。これによって，差出日付，差出人，宛先，文書の内容に加え，当該内容証明郵便が名宛人に配達し，又は交付した事実も証明することが可能となる。

　なお，当然であるが，内容証明はあくまでも差出日付，差出人，宛先，文書の内容及びこれが配達された事実につき，日本郵便株式会社が第三者として証明するものであり，内容の法的な効果の有無等について一切関知しない

のはもちろんのこと，文書内容に関して紛争が生じたとしても日本郵便株式会社が関与するところではない。

(2) 内容証明郵便の送付方法等

ア　付加可能なサービス

内容証明郵便は，一般書留による必要がある。その他に付すことのできるオプションは，速達，引受時刻証明，配達証明，特別送達，本人限定受取，代金引換及び配達日指定に限られる。実務では，配達証明や速達のオプションを付すことが多い。

イ　送付方法

㋐　一般論

弁護士が内容証明郵便を送付する場合には，依頼者である本人の代理人として送付することになる。したがって，依頼者氏名を記載のうえ，「○○代理人弁護士Ａ」として，差出人名を記載することが一般的である。

また，受取人が会社の場合には，代表取締役宛で送付する。受取人は複数でもよい。事案によっては，受取人を複数列挙して送付することにより，受取人間で心理的な負荷が加わり，以後の交渉が円滑に進む場合もあるので，宛先についても戦略的に判断すべきである。

なお，内容証明郵便では，図面，その他の物品等を送付することはできない。このような物品を送付する必要がある場合には，内容証明郵便と並行して，同内容の普通郵便を送付するなど，工夫をする必要がある。

㋑　郵便による場合

同文同形式の文書３通（受取人へ送達する内容文書１通，謄本２通）を郵便窓口に提出する。受付は，集配事業所又は日本郵便株式会社が指定した事業所の窓口に，営業時間中に持ち込む必要がある。なお，訂正を行う場合に備えて，窓口には訂正印を持ち込むのがよいだろう。

謄本の字数・行数は，縦書きの場合，１行20字（記号は，１個を１字とする。以下同じ）以内×１枚26行以内で作成し，横書きで作成するときは，これに加え，１行13字以内×１枚40行以内又は１行26字以内×１枚20行以内で作成する。

日本郵便株式会社は，事業所に提出された内容文書と２通の謄本を対照し

て符合する場合には，内容文書及び謄本の各余白に，差出年月日，その郵便物が内容証明郵便物として差し出されたことなどを記載し，通信日付印を押印する。

また，これらの扱いにつき，郵便認証司の認証が必要である（郵便法48条2項・58条1項）。証明済みの謄本のうち，1通は差出人に交付し，もう1通は事業所で保管する。差出人に交付された証明済み謄本が，証拠として利用する内容証明郵便となる。なお，差出事業所における謄本の保存期間は，差出日から5年である。

なお，当該内容証明郵便の差出人は，保存期間の5年間に限り，差出事業所に当該郵便物の書留郵便物受領証を提示して，謄本の閲覧を請求することができる。

(ウ) **インターネット上で手続を行う場合（電子内容証明郵便）**

電子内容証明サービスとは，現行の内容証明郵便を電子化し，インターネットを通じて24時間受付を行うサービスである。電子内容証明郵便は，窓口に出向く必要がなく，24時間受付可能であるので，利便性が高い。電子内容証明郵便では1枚当たりの文字数が定められていないため，郵便による内容証明郵便の場合よりも送付文書の枚数を減らすことができる。また，印刷，用紙，封筒の調製費用が不要となる。ただし，このサービスは国内のみのサービスであるため，海外への発送には用いることはできない。利用の際には，専用のウェブサイトに登録，ソフトウェアのインストール等の手続が必要である。

日本郵便株式会社は，送信された電子内容証明文書を支店の電子内容証明システムにて受け付け，その後，電子内容証明の証明文，日付印を文書内に挿入し，差出人宛て謄本，受取人宛て原本を自動印刷する。印刷時には，文書が確実にプリントアウトされていることを，再電子化してオリジナル電子文書と突き合わせることにより確認し，自動封入封かんを行い郵便物として発送することになる。

なお，郵便物が非常に多い場合には，電子内容証明郵便を差し出してから受付されるまでに，数時間から1日要する場合もあるので，差出時の受付状況を確認する必要がある（ウェブサイトにおいて，受付までに要する時間を確

認することが可能である。)。時効の完成が迫っている際に，時効完成猶予の手段を執る場合等は，特に気を付ける必要がある。

ウ 料金
(ア) 通常郵便の場合

まず，内容証明郵便も一般の郵便料金（定形郵便物の場合は，25グラムまでは82円等）が必要である。

さらに，特殊扱いである内容証明郵便の料金として1枚の場合には430円，2枚目以降は1枚ごとに，260円増が必要である。

また，内容証明郵便は一般書留にした場合のみに取り扱うこととされているので，別に書留料金430円（原則）が必要になる。

加えて，配達証明を付した場合には，さらに310円（原則）が加算される。

したがって，郵送による方法で，配達証明付内容証明郵便1枚を送付する場合には，1,252円が必要になる。

なお，支払方法は窓口支払である。

(イ) 電子内容証明郵便の場合

電子内容証明郵便については，基本料金として1枚目につき，82円が必要となる。また，特殊扱い料金については，電子郵便料金として，通信文用紙1枚目は15円，2枚目以降1枚ごとに5円（5枚まで）が必要である。加えて，内容証明料金として，本文1枚目が375円，本文2枚目以降1枚ごとに353円，謄本送付料金が，通常送付の場合298円である。その他，書留料金430円，配達証明料金310円等が必要になる。

したがって，電子内容証明郵便により，配達証明付内容証明郵便1枚を送付する場合には，1,510円が必要になる。

なお，支払方法はクレジットカード又は料金後払いによる。

5 内容証明郵便が不到達の場合の考え方

内容証明郵便を送付しても，相手方が受領を拒否したり，不在だったりした場合には，一定期間経過後，内容証明郵便は差出人に還付される。この場合には，どのような対応をすればよいか，判例の考え方を中心に簡単に紹介

しておく。

(1) 判例の考え方

民法 97 条 1 項によれば,「遠隔地に対する意思表示は, その通知が相手方に到達した時からその効力が生ずる」とされる。会社宛の催告書が到達したか否かが問題となった最判昭和 36 年 4 月 20 日民集 15 巻 4 号 774 頁によれば,「到達」とは, 会社の代表取締役ないし同人から受領の権限を付与されていた者の勢力範囲に入り, その了知可能な状態に置かれた場合とされるので, 同居の家族が受領すれば, 現実には本人が了知していなかった場合でも「到達」したことになる。

そこで, 問題になるのは, 被通知者が内容証明郵便の受領を拒否したり, 不在のため通知人に還付されたりした場合 (郵便法 40 条), 内容証明郵便による意思表示は相手方に「到達」したといえるか否かである。

裁判例によれば, 受領拒否のケースでは, 通知人が普通郵便で金銭の支払いを請求する書面を送付し, 被通知人が時折自宅に帰っていたため, その普通郵便による書面を受領していた可能性が高いことや, 被通知人の事務所に送達された内容証明郵便を被通知人の事務員が受領拒絶をしたのは被通知人があらかじめ指示をしていた等の事実関係があったという事案において, 被通知人が請求関係書類が送付されていたことを了知していた可能性が高いとしつつ, 仮にそうでなかったとしても, 通知人が前後 4 回にわたって被通知人側に, 自宅あるいは事務所宛てに催告の趣旨を記載した内容証明郵便ないし普通郵便を送付しているし債権者としてなし得る限りのことをしていること等から, 時効制度の趣旨及び公平の理念に照らして, 被通知人の事務所に内容証明郵便が配達され, その事務員が受領拒絶をした時点をもって, 意思表示は到達したと認定しているものがある (東京地判平成 10 年 12 月 25 日判タ 1067 号 206 頁)。また, 通知人が被通知人に対し, 内容証明郵便をもって催告書を送付したが, 被通知人と同居する母親が同催告書の受領を拒否したという事案において, 通知人が同催告書を郵便局に差し出す前に, 通知人の妻から被通知人の妻に対して口頭で催告の内容が告げられ, 受領の督促が行われたこと, 被通知人は当時, 通知人による督促を免れるために自宅には夜帰るだけであったが, 被通知人の妻とは電話で連絡を取っていたこと, 被

通知人の妻は被通知人の母親から上記催告書の配達時の経過を聞いて知っていたことという事実関係があったことから，同催告書が了知可能な状態におかれたと判断したものもある（大阪高判昭和53年11月7日判タ375号90頁）。もっとも，後者の大阪高裁の裁判例の事案においては，賃貸借契約解除の内容証明郵便が被通知人に受領されなかったが，これについては意思表示の到達を否定されている。

これに対し，不在の場合には，最高裁は，遺留分減殺の意思表示がなされた内容証明郵便が留置期間の経過により差出人に還付されたケースについて，その意思表示は社会通念上受取人の了知可能な状態に置かれ，遅くとも留置期間が満了した時点で受取人に到達したものとしている（最判平成10年6月11日民集52巻4号1034頁）。もっとも，これは，不在の場合が直ちに「到達」とみなされると判断したものではなく，受取人が「不在配達通知書の記載その他の事情から，その内容が遺留分減殺の意思表示又は少なくともこれを含む遺産分割協議の申入れであることを十分に推知することができ，また，受取人に受領の意思があれば，郵便物の受け取り方法を指摘することにより，さしたる労力，困難を伴うことなく当該内容証明郵便を受領できた場合」の下での判断であるから，受取人が不在配達通知書すら受け取っておらず，内容証明郵便の内容について全く推知することができないような場合には，「到達」したとは認められない可能性もあることに注意しなければならない。

(2) **実務上の対処方法**

不到達の場合は，もう一度内容証明郵便を送るとともに，同内容の普通郵便も発送し，内容証明郵便にその旨記載したことにより，少なくとも普通郵便は到達している可能性が高いことを示すこともできるであろう。二度目の内容証明も返送された場合，その事実をもって，相手方が意図的に受領拒否していることも明らかにできると考えられる。

6　基本事例の場合

(1) **受任通知**

基本事例において，甲野太郎の代理人であるA弁護士は，乙川花子に過失を認めさせ，かつ，治療費・休業損害等を支払ってもらうよう，交渉を開始

することを検討している。

　この点，A弁護士は，最初のコンタクトの方法として受任通知を送付することにより，乙川花子に対し損害賠償請求を行う旨の甲野太郎の意思を表明すると同時に，以後，損害賠償に向けた交渉手続をA弁護士が代理人として行う旨を通知すべきであると考えた。さらに，本件では，乙川花子が過失を否定し，乙川花子が契約している保険会社も保険金の支払に難色を示しているため，A弁護士は，本件交通事故に関する紛争は後日訴訟に発展する可能性が高いと予想し，前述した「証拠化」の観点から，受任通知を内容証明郵便にて送付すべきと考え，その旨甲野太郎に説明して了承を得た。

　そして，A弁護士は，後日訴訟提起に至った場合に主張が安易に変遷してしまうことのないよう，これまで収集した証拠（前提となる調査の内容については第2章「相談・受任」第4－3参照）を入念にチェックしたうえ，甲野太郎との面談を再度行って，より詳細に事実関係を聴取した。そして，A弁護士は，これらの資料に基づき，「通知書」（書式8）を作成し，その中で，①甲野太郎の代理人として交渉手続を受任したこと，②事故の具体的な状況等に照らせば乙川花子に過失があること，③損害賠償を求める費目・損害賠償金額を明記した。その際，前記のとおり，後日訴訟に至った場合をも想定し，事実関係，過失の内容，法律構成，損害内容や金額等を十分吟味したうえで，できる限り正確かつ具体的な内容を記載するよう心がけた（なお，低髄液圧症候群については，診断書の入手が間に合わなかったため，後遺障害逸失利益等を記載することは一旦断念し，今後の重要な立証事項の一つとして記録にメモした。）。

　その後，A弁護士は，作成した「通知書」案を甲野太郎宛に送付し，甲野太郎本人に「通知書」案の内容を確認・検討してもらったうえで，最終的な甲野太郎の了解を得てから，完成した「通知書」を，交通事故証明書に記載されている乙川花子の住所宛に内容証明郵便にて送付した。

(2) 書面のやり取り

　(i) その後，乙川花子の元に，甲野太郎代理人A弁護士から送付された「通知書」が配達され，乙川花子はこれを受領した。「通知書」の内容を確認した乙川花子は，甲野太郎から損害賠償請求を受けていることを知って驚き，

慌てて知り合いのつてを辿ってB弁護士の事務所に駆けつけた。

　B弁護士は、乙川花子が持参した「通知書」を確認したうえ、乙川花子の言い分を詳細に聴取し、今後の対応を検討することとした。具体的には、B弁護士は、①「通知書」に対する回答書を送付するか否か、②回答書を送付するとして、B弁護士が代理人として送付するか、③回答書を送付する方式は、内容証明郵便とするか、普通郵便とするか、あるいはファクシミリとするか等を検討した。

　(ii)　B弁護士は、被害者側の弁護士が事実関係を入念に調査したうえで乙川花子の過失を具体的に指摘しつつ損害賠償請求を行ったことを考慮し、「通知書」を放置して何の回答もせずにいれば、甲野太郎側が訴訟外の交渉では事案の進展がないと考え、民事訴訟を提起される可能性もあると考えたことから、乙川花子に対し、「通知書」に対する回答書を甲野太郎代理人A弁護士宛に送付する必要がある旨アドバイスした。

　また、B弁護士は、乙川花子の言い分によれば「過失」という高度な法的概念が争点となることから、被害者側が弁護士を代理人に選任した以上、法的知識・情報の点で被害者側と対等に戦うためには、乙川花子も弁護士を代理人に選任したうえで交渉手続を進める必要がある旨アドバイスした。その結果、乙川花子は本件交通事故紛争に関する交渉手続をB弁護士に委任した。

　(iii)　その後、B弁護士は、「回答書」（書式9）を作成し、その中で、①乙川花子の代理人として交渉手続を受任したこと、②調査等の結果、乙川花子には明らかに過失がないことが判明したことを明記した。

　さらに、B弁護士は、作成した「回答書」案を乙川花子宛に送付し、乙川花子に「回答書」案の内容を確認・検討してもらったうえで、最終的な乙川花子の了解を得てから、「通知書」記載の10日の期限内に(注5)、完成した「回答書」をA弁護士宛に内容証明郵便にて送付した。

(注5) 弁護士による受任通知中の「〇〇日以内に金〇円を下記口座に振り込んでお支払いください」との記載には法的拘束力はないから、受任通知を受領した当事者には、受任通知記載の期限内に回答をする法的義務はない。もっとも、受任通知を受領した当事者の代理人として行うべき事情聴取や調査が間に合わず、記載された期限内に回答書を送付できない場合は、相手方の代理人として受任した旨の電話連絡を取り急ぎ行い、その後速やかに回答書を作成して送付する、といったことを実務上行うこともある。

(ⅳ) 以上のように，被害者側と加害者側から一通り各自の主張が明らかにされた後，A弁護士は，回答書に対する甲野太郎側からの反論書面をB弁護士宛に送付した[注6]。あわせて，A弁護士は，電話や面談等による交渉も適宜行うことも検討した。

第3 相手方当事者（又はその代理人）との面談

1 面談による交渉の意義

前記第2においては，書面による相手方又はその代理人との交渉について述べたが，いうまでもなく，相手方との交渉は書面のやりとりによりなされるだけではなく，相手方又はその代理人と直接面談するという方法でなされることも多い。

面談による交渉の意義として考えられるのは，第一に，書面による交渉では伝えにくい内容を伝えられるという点がある。例えば，図表や写真，あるいは多種多様な資料等を見せながら交渉をする必要があるような場合には，面談による交渉を活用するのが望ましいといえよう。

第二に，書面による交渉の意義が「形に残し，証拠化する」という点にあったこと（本章第2－3(2)ア参照）の裏返しとして，「形に残さず，証拠化されない交渉」をすることが，面談による交渉の意義となることがある。すなわち，例えば，建物の借主が賃貸借契約の解約申入れを受けた場合，実際上は立退料を取得して移転するということも条件次第では可能であり，解決の選択肢として検討していたとしても，書面による回答では「形に残る」ため，その点を表現しづらく，「正当事由はない。解約は無効だ」と言い放つしかないということが多い。そのような場合，面談による交渉であれば，賃

[注6] 弁護士同士が交渉段階で書面のやりとりを複数回ずつ行うか否かは，各弁護士により判断が異なるところである。請求を行う当事者の要求内容と請求を受けた当事者の回答内容との乖離があまりに大きいときは，書面のやりとりをそれ以上行わず，直ちに訴訟を提起する場合もあれば，情報収集等のためさらに面談等の交渉を行う場合もあり，ケースバイケースの判断が必要となる。

貸人側も賃借人側も，ざっくばらんに本音を伝え合い，早期に妥当な解決策を見いだすことができるかもしれない。また，交通事故の事案でも，代理人が事案を分析した結果，双方の過失割合や損害の内容，金額等に照らし，時間や労力，費用をかけて交渉あるいは法的手続で双方の主張を戦わせるのは適切でなく，互いに譲歩して早期に和解するのが妥当と考えられるような場合には，早い段階で面談の機会を設け，「本音ベース」で妥協点を探る努力をするのが得策であろう。

そして，面談による交渉を行う時期はまさにケースバイケースであり，書面による交渉をある程度重ねた結果，双方の主張の距離が縮まり，面談による交渉の素地ができるということもあれば，上記のとおり，書面による交渉など経るまでもなく，早い段階で面談の機会を設けるのが望ましい事案もある。

2 面談による交渉の基本姿勢──時間，場所，マナー等

(1) 相手方代理人弁護士との面談

弁護士同士が業務として面談して交渉する以上，常識に照らして妥当な時間，場所を選択し，面談の約束を交わす際も実際に面談する際も，最低限のマナーは守るべきである。通常は，どちらかの事務所に相手が行くのではなく，どちらかが所属する弁護士会の会議室で面談することになろう。

(2) 相手方本人との面談

弁護士同士の交渉であれば，主張の法的根拠や利害得失という面に割り切った交渉が淡々となされることが多いが（本章第1－2(2)参照），相手が相手方本人となると，そうもいかないことが多々ある。相手方の口から語られるのは，専ら事案の背景やそれをめぐる感情的な要素ばかりで，事案の具体的な解決のための糸口となる情報がなかなか語られないということも往々にしてある。

そのような場合に，代理人として適切に対処し，交渉を円滑に進めるには，あらかじめそのような展開になることも予想して，事案の背景事情も十分把握しておくことが必要であるし，また，現場では，依頼者の主張を押し出すことにのみ意を注ぐのではなく，相手方の主張や感情面にもある程度配慮す

る必要がある。この点については，本章第1の上記箇所を参照されたい。

(3) 弁護士ではない代理人との面談

時に，弁護士ではない者が，相手方の代理人として面談による交渉の場に登場してくる場合がある。このような場合は，代理人弁護士との交渉，相手方本人との直接交渉の場合にはない注意が必要である。これについては，次に述べる弁護士職務基本規程に関する記述に譲ることとし，ここでは，一点だけ，代理人として登場した者がいわゆる「反社会的勢力」と目される者であった場合の注意点について述べる。

まず，交渉の相手が暴力団員等の反社会的勢力であることが事前に判明した場合，その者が面談による交渉を申し入れてきてもこれに応じないのが大原則である。なぜなら，そのような者は，理屈の通らない主張，法的に理由のない主張を突き付けることを目論んでいるのが通常だからである。どうしてもそのような者と面談せざるを得ない状況となった場合は，面談の時間や場所等に十分気を付ける必要がある。すなわち，場所は弁護士会の面談室が望ましく，時間は通常の執務時間が望ましい。間違っても，相手方の事務所で夜間に面談するというようなことは避けなければならない。また，できる限り複数の弁護士で対応するべきである。なぜなら，相手方はほぼ確実に複数で対応してくるからである。

実際の交渉においては，上記のとおり，相手は法的な主張からかけ離れた主張をしたり，徒に道義的観点にのみ訴えたりしてくることが多いので，これに翻弄されることなく，淡々と法的観点からの主張を展開すべきである。交渉の内容の録音も検討すべきであり，場合によっては，あらかじめ警察に相談し，連携を図ることも必要である。また，面談の前後を問わず，弁護士会の民事介入暴力救済センターに支援を要請することも検討すべきである。

3　弁護士以外の者と面談する際の注意―弁護士法，弁護士職務基本規程との関係を中心に

(1) 示談屋

いわゆる示談屋が交渉を求めてくることがある。この場合，弁護士以外の者が報酬を得る目的で法律事務を処理することは弁護士法72条に違反する

ため，そのような場合に該当するか否かを確認し，該当すると判断したときは，交渉を拒否すべきである。該当するとはいえない場合でも，相手方本人の委任状の提出を要求し，本人の正式な委任を受けているかどうかを確認すべきである。場合によっては，相手方本人にその点を直接確認する必要がある。

(2) **司法書士，行政書士**

　司法書士に関しては，簡裁訴訟代理関係業務を行うのに必要な能力を有すると法務大臣が認定した者（認定司法書士）については，簡易裁判所において，裁判の目的の価額が140万円以内の事件について代理人となる権限がある（司法書士法3条1項6号・同条2項）。これに伴い，目的額が140万円以内の事件については，裁判外の示談交渉等をすることもできるとされている（司法書士法3条1項7号・同条2項）。

　したがって，相手方の代理をしているのが司法書士の場合，当該事件の目的額や，その司法書士が認定司法書士であるかを確認する必要があり，もしその司法書士に交渉権限がないことが明らかになった場合には，その旨通告したうえで，その司法書士と交渉をしてはならない（認定司法書士が裁判外の和解について代理できる範囲を示したものとして最判平成28年6月27日民集70巻5号1306頁がある。）。

　他方，行政書士に関しては，法律事務を行うことはできないとされている（紛争性のない法律事務であれば行うことができるという見解もあるが，日弁連は紛争性の有無を問わず行うことはできないとしている。）。そのため，相手方の代理をしているのが行政書士の場合には，交渉を行ってはならない。

(3) **親族等**

　示談交渉において，本人の親族等が交渉にあたることがある。本人が未成年者であるため法定代理人である両親が交渉にあたるような場合は問題ないが，相手方に代理権があることが明らかでない場合は，いかなる権限に基づいて交渉にあたるのかを明確にするため，委任状の提示を要求する必要がある。

　もっとも，当事者本人よりも親族等が事件について強い感情を有していることから，本人を差し置いて前面に出てくるということもある。そのような

場合は，そもそもそういう者と面談して交渉することが事件の解決にとって適切ではない可能性がある。したがって，そのような場合には，まずは「その者と面談して交渉すべきかどうか」を慎重に検討し，そうでなければ委任状の提示等要求せず，本人と交渉する必要があると伝え，その者を前面から退かせる努力をすべきであろう。反対に，本人が感情的になってしまっているため，親族と交渉した方が話がまとまりやすいと考えられるような場合には，当該親族に委任状の提示を求め，面談すればよい。

(4) **弁護士職務基本規程との関係**

このほか，相手方本人と直接面談して交渉する場合の注意点として，弁護士職務基本規程の問題がある。具体的には次のような点である。

ア　直接交渉の禁止

相手方に法令上の資格を有する代理人が選任されたときは，正当な理由なく，その代理人の承諾を得ないで直接相手方と交渉してはならない（弁護士職務52条）。この規程との関係でよく問題となるのは，相手方代理人の事情により長期にわたり連絡が取れないような場合，相手方本人に連絡してよいかどうかである。相手方代理人が業務を行うことが禁止された場合，度重なる連絡にもかかわらず相手方代理人が回答をしてこないような場合等は，「正当な理由」があるとされることがあろう[注7]。

イ　相手方からの利益供与

弁護士は，受任している事件に関し，相手方から利益の供与若しくは供応を受け，又はこれを要求し，若しくは約束をしてはならない（弁護士職務53条）。相手方本人はこのようなルールの存在を知っているとは限らないため，交渉相手の弁護士といえども敬意を表する意味で，何らかの謝礼をしようとすることは往々にしてあり得る。上記規程にいう「利益」には，報酬や謝礼の性質を有するものはもちろん，弁護士が裁判外の和解のために出張するに要した日当，旅費等の実費弁償の性質を有するものも含まれることに注意しなければならない[注8]。この規程の趣旨を徹底するため，弁護士職務基本規

(注7) 日本弁護士連合会弁護士倫理委員会編「解説　弁護士職務基本規程」155頁。
(注8) 同書156頁。

程は，弁護士が相手方に対し利益の供与若しくは供応をすること，又はそれらを申し込むことをも禁止している（弁護士職務54条）[注9]。

ウ 相手方からの直接交渉

受任通知を出したにもかかわらず，あるいは，既に代理人として交渉しているにもかかわらず，相手方本人が自分の依頼者と直接接触しようとしてくる場合がある。弁護士としては，依頼者に対して，そのような場合には対応しなくてよい旨伝えておくとともに，相手方本人に対し，そのような行為をしないよう通告しておく必要がある。それでもそれが止まない場合は，接触禁止の仮処分等の法的措置も検討すべきである。

4 交渉を続けるべきか打ち切るべきかの判断

書面による交渉，面談による交渉を続けても，交渉により事件が解決に向かうとは限らない。また，仮に交渉により和解が成立しそうになったとしても，常にその段階で和解を成立させるべきとは限らず，場合によっては，法的手続に一旦移行させたうえで解決を図るべきケースもある。

交渉を成立させるべきか，それを打ち切って法的手続に移行すべきか，その判断基準は一概にはいえない。突き詰めていえば，いずれが依頼者にとって有利なのかをよく考えるということに尽きるであろう。

5 交通事故事例の場合

(1) 面談による交渉の可能性

交通事故事例においては，通常，交渉当初から保険会社が加害者側の代理人として対応することが多く，相手方と直接交渉をする場面は比較的少ない。

しかし，基本事例のように相手方が無過失を主張していて保険会社が対応しない場合には，相手方と直接交渉をすることになる。そして，相手方も弁護士を選任する可能性が高いので，弁護士との交渉の中で，一度面談して交渉しようという展開になることは大いにあり得る。

(注9) 日本弁護士連合会弁護士倫理委員会編「解説　弁護士職務基本規程」157頁。

(2) **面談による交渉の注意点**

　その際の注意点は，これまでに述べてきた一般論と大きく異なることはないが，交通事故事例の特徴としては，他の事例以上に，事故状況等について事前に多くの情報を入手し，分析したうえで臨むべきだということであろう。依頼者から事情をよく聴き，交通事故証明書，刑事記録等を取り寄せるのはもとより，現地調査や目撃者への確認等も可能な限り行ったうえで面談すべきであろう。

　また，交通事故事例の場合，過失や損害の内容，その算定根拠等の点で専門的な判断，複雑な判断を要求されることも多いので，相手方本人や親族等と交渉する場合は，前記のとおり，相手の法的知識が不足していることなどに配慮すべきこともあろう。

6　基本事例の場合

　(i)　基本事例においては，前記第2のとおり，乙川花子もB弁護士を代理人として選任したことから，B弁護士と面談することを検討した。

　(ii)　甲野太郎本人からの事情聴取の結果，及び，当方の通知書に対する乙川花子代理人のB弁護士からの回答によれば，乙川花子は無過失を主張しており，事故態様及び過失の有無に争いがあるとのことであった。そこで，A弁護士は，B弁護士との交渉にあたって，事前に収集したできる限り客観性の高い情報に基づき，過失判断に関する慎重な分析をしておく必要があると考えた。

　その後，A弁護士は，甲野太郎の言い分の正当性について説得的に説明すべく，B弁護士に対し面談を申し入れ，B弁護士の了承を得たことから，弁護士会館4階の東京弁護士会面談室を予約したうえで面談室にてB弁護士と面談した。その際，A弁護士は，実況見分調書，写真撮影報告書及び丙野次郎の陳述内容報告書（以上，乙川花子の過失に関する資料），並びに，売上帳（休業損害に関する資料）等の資料を持参し，適宜B弁護士にこれらの資料を示しつつ説明を行った。さらに，A弁護士は，損害論についても言及し，今後新たに本件交通事故による後遺症が発生した場合には，診断書等の客観的な根拠を示しつつ請求金額を拡張させる旨述べた。

(ⅲ) 以上のとおり，A弁護士は，甲野太郎の言い分の正当性につきB弁護士及び乙川花子を説得すべく，甲野太郎から入念に事情を聴取し，綿密な資料収集をも行うなど入念な準備をしたうえで，乙川花子宛に内容証明郵便を送付し，かつ，乙川花子代理人のB弁護士とも面談交渉を行って乙川花子の言い分を聴取するなど，双方の言い分に妥協点を見出し，何とか折り合いを付けるべく努力を重ねてきた。

ところが，B弁護士及び乙川花子は，断固として自己の過失を認めず，また，甲野太郎の休業損害についても基礎収入を争う姿勢を全く崩さなかったことから，両者は，交渉手続の中で，双方の間に妥当な解決点を見出すことができなかった。

そこで，A弁護士は，これ以上当事者のみによる話し合いでの解決を模索しても時間と労力を浪費するだけであると判断し，甲野太郎にその旨説明したうえで同人の了承を得て，交渉を決裂させて打ち切り，訴訟等の法的手続への移行を検討することとした。

【参考文献】
・東京弁護士会法友全期会民事訴訟実務研究会編『証拠収集実務マニュアル［第3版］』（ぎょうせい，2017年）

ADR 第5章

 ADR について

1 相談を受けた場合の処理方針（解決策）の提示

（i）弁護士は，相談者から事実関係を聴取し，検討のうえ法的判断を形成し，紛争解決手段を選択・提案することになる。

そこにおいて考慮される要素としては，事実関係及びこれに対する法的判断はもちろんであるが，相談者の希望や相手方との関係等（費用面の問題，早期解決を希望している，あるいは公開での手続を望まないなど，当事者双方の関係（親族，友人等）から訴訟によって解決することまではためらわれるといった事情等）を考慮に入れるべき場合もある。

（ii）そして，紛争解決手段としては，裁判所等の紛争処理機関を利用した解決，特に訴訟により判決を取得すれば判決効のメリットを享受できることから，弁護士としては，訴訟を選択する場合が少なくない。

他方で，前述のような諸事情を考慮のうえ，訴訟提起より直接相手方との交渉を行うのが適切な場合も考えられるし，あるいは，紛争処理機関を利用する場合でも，訴訟ではなく裁判外紛争解決手続（ADR）を選択する場合も考えられる。そこで，この章では，ADR の概要を簡単に説明しつつ，交通事故事件における ADR について説明していくことにする。

2 ADR とは

（i）ADR とは，Alternative Dispute Resolution の略語であり，一般に「裁判外紛争解決手続」と訳される（「裁判外紛争解決手続の利用の促進に関する法律」（以下「ADR 法」という。）参照）。ADR 法では，ADR を「訴訟手続によらずに民事上の紛争の解決をしようとする紛争の当事者のため，公正な第三者が関与して，その解決を図る手続」（ADR 法 1 条括弧書）と規定する[注1]。

（ii）ADR とされるものには，調停・和解あっ旋があり，これに仲裁を含

める考えもあるが，仲裁は，判断が拘束的であるなど他の二つと異なる特色を有することから，近時は ADR とは別の手続と考える解釈が一般的ともいわれている(注2)。

ADR の種類としては，①地方裁判所，簡易裁判所，家庭裁判所が行っている民事調停，家事調停や，②建設工事紛争審査会，公害等調整委員会，労働委員会，紛争調整委員会，国民生活センター，原子力損害賠償紛争解決センター等の行政機関ないし独立行政法人が行っているもの，③全国銀行協会や，生命保険協会，日本貸金業界，弁護士会，司法書士会，行政書士会等の民間団体が行っているものがある。

(ⅲ) 交通事故事件における ADR (注3)

交通事故事件を扱う ADR として，以下の①一般財団法人自賠責保険・共済紛争処理機構，②公益財団法人日弁連交通事故相談センター，③公益財団法人交通事故紛争処理センター，④簡易裁判所の民事調停（民調 33 条の 2），⑤自転車 ADR センター，⑥弁護士会 ADR があり，それぞれに特徴，手続が異なっている。各機関の手続の詳細については後述する。

(注 1) 山本和彦，山田文著『ADR 仲裁法〔第 2 版〕』（日本評論社，2015 年）6 頁。
(注 2) 日本弁護士連合会 ADR センター編『紛争解決手段としての ADR』（弘文堂，2010 年）2 頁。調停・和解あっ旋と仲裁の違いは，仲裁が拘束的なもの（仲裁合意があると裁判に訴えることができない）で申立てに対し応答義務があるのに対し，調停・和解あっ旋は，非拘束的で任意的な手続というところにある（同書 75 頁）。また，仲裁判断には確定判決と同一の効力があるという特徴もある。
(注 3)【参考】他の ADR について
その他の ADR としては，以下のものがある。
① 裁判所が設置する司法型 ADR（民事調停法上の調停，家事審判法上の調停，労働審判法上の調停等）
② 行政機関が設置する行政型 ADR（わが国には非常に多く，国民生活センター，建設工事紛争審査会等がある）
③ 上記①②以外の民間型 ADR には，業界型と独立型がある。業界型として PL センター等があり，独立型には各地の弁護士会が紛争解決センター，示談あっせんセンター等の名称で設置するもの（平成 29 年 10 月現在で 34 の単位会が 37 か所でこれらを運営している）がある。また，弁護士会が設置・運営に関与するが，業界団体や関係行政機関と提携したり委託を受けたりする接合・混合型もあり，本書で後述する交通事故紛争処理センター等，調停を除く交通事故における ADR はこの形態に含まれる。

3 ADRの一般的特徴，裁判との違い

（i）ADRの一般的特徴として，①利用者の自主性を活かした解決，②プライバシーや営業秘密を保持した非公開での解決，③簡易・迅速で廉価な解決，④多様な分野の専門家の知見を活かしたきめ細かな解決，⑤法律上の権利義務の存否にとどまらない実情に沿った解決が可能であるということが挙げられる[注4]。また，それは同時に裁判との相違点ということもできる。

（ii）なお，ADRにおいて注意しなければならないのは時効完成猶予・更新で，一般の民間のADRにおける調停・和解あっ旋の申立てには時効完成猶予の効力が認められない[注5]。しかし，前記ADR法によって認証を受けたADR[注6]については，一定の場合に時効完成猶予の効力があるとされる（ADR法25条。ADR手続終了の通知を受けてから1か月以内に訴え提起したときには，時効完成猶予に関しては，ADRでの請求時に訴え提起があったものとみなされる。）。また，仲裁申立てには時効完成猶予の効力があるとされ（仲裁法29条2項），民事調停にも民法151条によって時効完成猶予の効力が認められる（なお民調19条参照）。

4 ADRによる解決を検討する場合

弁護士が受任し，紛争解決手段としてADRの選択を検討する場合としては，例えば事実関係には争いがほとんどないような事案や，早期解決を図りたい事案であるとか，少額の事案で訴訟提起まではためらわれるという場合

（注4）山本和彦，山田文著『ADR仲裁法〔第2版〕』12頁。
（注5）認証を受けていないADRにおける請求に裁判外の催告（民法153条）としての効力を認めることが可能な場合はあるかもしれないが，これに望みをかけるというのは，実務家としてはリスクのある選択ではないかと思われる（日本弁護士連合会ADRセンター編『紛争解決手段としてのADR』79頁）。なお，下級審の裁判例であるが，交通事故相談センターへの示談あっせん申立ては，調整を求めるものであって加害者への権利行使の意思として明確とまではいえないとして，当該申立ての催告としての効力を否定したものがある（横浜地判平成21年12月17日自保ジャーナル1820号93頁）。
（注6）ADR法の認証紛争解決事業者は，平成30年8月28日現在152機関である（かいけつサポートHP：http://www.moj.go.jp/KANBOU/ADR/jigyousya/ninsyou-index.html）。

等が考えられるであろう。また，相談者が公開手続での解決を望まないケースや，紛争当事者が親族同士であるなど特別な関係にあるために訴訟提起することがためらわれるようなケースも考えられる。他方，例えば金額が少額の争い等，弁護士費用との兼ね合いで相談者が弁護士へ依頼するのを躊躇しているような場合，ADR の特徴を説明し，本人で手続することを前提に ADR を勧めてみるというのも，法律相談において提示する解決策の一つとしてあり得るのではないだろうか^(注7)。

もっとも，事実認定，法解釈につき双方の主張に重大な差異があるとか，争点が複雑であるような事案は，ADR による解決には適さない場合が多いであろう。

交通事故事件における各 ADR

1　一般財団法人自賠責保険・共済紛争処理機構

(1)　概　要

一般財団法人自賠責保険・共済紛争処理機構（以下「紛争処理機構」という。）は，平成 14 年の自賠法改正によって，被害者の保護の充実を目的として設立され，自賠法に基づく国から指定を受けた指定紛争処理機関であり，自賠責保険・共済の支払による紛争について公平な調停を図っている^(注8)。

(2)　紛争処理の対象事案

紛争処理機構への紛争処理の申請が可能な事案は，①自賠責保険・共済が

(注7)【参考】弁護士費用特約について

弁護士費用の問題に関連して，自動車保険の「弁護士費用特約」について留意する必要がある。多くの自動車保険には，この特約が付加されており，その内容は，加害者との交渉等において弁護士に委任した場合にかかった弁護士報酬，訴訟・調停等の費用，法律相談料が保険金として支払われるというものである。条件，支払額等は保険会社によって異なるが，1 回の事故につき，被保険者 1 名当たり 300 万円を上限とするものが多いようである。特約の条件を満たしたケースであれば，保険による弁護士費用の填補が可能になる（ただし，約款所定の計算方法により算定された金額が支払われるので，全額填補されない場合もある。）ので，相談時には，保険の有無，弁護士費用特約の有無について確認することが必要であろう。

支払（不払）の通知をした事案，すなわち，自賠法3条による免責・対象外，重過失減額，休業損害・逸失利益，後遺障害等級認定等に関する決定通知があったものと，②任意保険・共済からの事前認定に対して自賠責保険・共済が同様の判断を示した事案である。

　これに対し，自賠責保険・共済は，人身事故に係る損害賠償責任保険（共済）であるから，物損事故は対象とならない。

(3) 紛争処理の方法・手続

　紛争処理機構への紛争処理の申請は，所定の申請書に必要事項を記入し，必要書類を添付して，送付する。紛争処理の申請・審査には出席の必要がなく，原則として費用がかからない(注9)。

　また，申請を受理しない場合として，民事調停，民事訴訟に係属中の場合，あるいは他の相談機関，紛争処理機関において審理中で中断・中止・終結の手続をとっていない場合等がある。

　紛争処理機構における「調停」は，あくまで書面審査であり，また自賠責保険・共済の決定について，法律や自賠責の支払基準に照らし，その判断が妥当か否か適正に審査することであることから，面談による当事者の事情聴取や話し合いの場はない。すなわち，紛争処理機構では，申請者から提出された資料のほか，自賠責保険・共済が判断の根拠とした資料，また，そのほか必要に応じて紛争処理機構が収集した資料や独自の調査結果等を基に，紛争処理委員が合議制により審査する。

　紛争処理委員に就任している者は，交通事故に関して専門的な知識を有し，国から認可を受け選任された公正・中立な立場の弁護士，医師，学識経験者である。

(4) 調停結果

　調停結果については，申請者，保険会社・共済組合等に通知される。調停

(注8) 本部，大阪支部の合計で，平成29年度申請件数は1032件であり，そのうち受理された件数は，931件である。平成29年度において審査された950件のうち，審査により変更されたものは，後遺障害では50件，有無責等では28件となっている。有無責等とは，免責・対象外，重過失減額，因果関係等である。

(注9) 申請書については，http://www.jibai-adr.or.jp/enterprise_04.html よりダウンロードが可能である。

結果について納得できない場合には，紛争処理機構に対し再度の申請をすることはできないが，訴訟による解決を求めることはできる。これに対し，保険会社・共済組合は，自賠責普通保険約款・自賠責共済規定等の定めにより調停結果を遵守することとなっていることから，事実上，調停結果に拘束される。

(5) 紛争処理機構の選択基準

後遺障害等級認定等に納得がいかず，自賠責保険・共済の支払に不満がある場合，訴訟提起前に，紛争処理機構に紛争処理の申請を行っておくとよい。

また，紛争処理機構の調停結果は自賠責保険・共済における最終的な判断とされていることから，紛争処理機構に紛争処理の申請を行う前に，自賠責保険等に対する異議申立てを先行しておくべきである。

2 公益財団法人日弁連交通事故相談センター

(1) 概　要

公益財団法人日弁連交通事故相談センター（以下「弁セ」という。）は，被害者救済のために日弁連によって設立され，平成30年7月現在，全国157か所で交通事故相談を，40か所では示談あっ旋及び審査を，弁護士が無料で行っている(注10)(注11)。

(2) 相談・示談あっ旋の対象事案

相談が可能な事案は，自賠責保険又は自賠責共済に加入することを義務付けられている車両（自賠2条1項）による国内での「自動車・二輪車」事故の民事の損害賠償関係の問題についてである。刑事処分や行政処分の相談はできない。被害者側でも加害者側でも相談は可能であり，相談者の居住地も問われない。

示談あっ旋が可能な事案は，自賠責保険又は自賠責共済に加入することを義務付けられている車両（自賠2条1項）による国内での「自動車」事故事

(注10) 相談所，示談あっ旋・審査業務を行っている支部については http://www.n-tacc.or.jp/list/area02.html#tokyo を参照のこと。

(注11) 全国における，平成29年度相談件数は3万7731件であり，平成29年度示談あっ旋新規受理件数は979件であり，平成29年度示談あっ旋成立率は82.25％である。

案に限られる。人損事故，人損を伴う物損事故についてはすべて可能であるのに対し，物損のみの事故については，損害賠償者が一般社団法人日本損害保険協会加盟保険会社による物損について示談代行付きの任意保険又は9共済(注12)に加入しているときのみ可能である。

(3) 示談あっ旋の方法・手続

　弁セでは，弁護士が申立代理人となっている事案以外は，事前に，弁セの相談担当弁護士による面接相談を受け，示談あっ旋に適する事案かを同弁護士が判断したうえ，適すると判断された場合に示談あっ旋の申込手続をすることができる。既に当事者が弁護士を代理人に選任している場合には，弁セの面接相談を経ることなく，当該弁護士を通して示談あっ旋を申し込むことができるが，この場合には当該弁護士において示談あっ旋に適する案件か等についての一定の要件を満たしているかを確認する必要がある。示談あっ旋に適する事案とはあくまで目安であるが，治療が終了し又は症状固定していて，後遺障害の有無や等級認定に争いがなく，過失割合に決定的な争いがない場合で，既に相手方から具体的な金額の提示がなされている事案である。また，既に調停や訴訟に係属している事案や他の機関にあっ旋を申し出ている場合等一定の場合には，示談あっ旋は利用できない。

　示談あっ旋の申出がなされると，通常，申出から3～4週間後に第1回のあっ旋期日が指定される。続行期日は2～3週程度で入り，原則として期日は3回を目途にしている。

　示談あっ旋手続では，弁セの示談あっ旋担当の弁護士が双方の当事者から事情を聴取し，証拠資料等の提出を求めるなどしたうえで，判例，交通事故損害額算定基準（「青本」「赤い本」等）を参考に，あっ旋案を双方に提案し，それを当事者が次回期日までに検討するといった流れとなる。

　合意成立の見込みがない場合には，示談あっ旋は不調となる。

(注12) 平成30年7月現在，示談あっ旋及び審査可能な共済としては，①全労済の「マイカー共済」，②教職員共済生協の「自動車共済」，③JAの「自動車共済」，④自治協会・町村生協の「自動車共済」，⑤都市生協の「自動車共済」，⑥市有物件共済会の「自動車共済」，⑦自治労共済生協の「自動車共済」，⑧交協連の「自動車共済」，⑨全自共の「自動車共済」，全自共と日火連の「自動車総合共済MAP（共同元受）」がある。

(4) 審査手続

　示談あっ旋が不調に終わったときでも，9共済が加害者側の代行をしている事案については，被害者から弁セによる「審査」の手続を利用することができる（なお，加害者側（被共済者）も被害者の同意がある場合には審査の手続を利用することが可能である。）。審査の結果，審査委員会が審査意見を示し，被害者がこれに同意したときは，9共済は，審査意見を尊重することとなっていることから，事実上，審査意見に拘束される。

(5) 弁セの選択基準

　まず，当事者が示談による解決を希望している場合が挙げられる。また，賠償金額が少額な場合，あえて弁護士に依頼しないで，無料で法律相談から示談あっ旋まで受けられる。そして，弁護士が受任する場合でも交渉を短期間で行って解決することが可能である。さらに，9共済が加害者側を代行している場合には，9共済に事実上の拘束力がある審査手続を利用できる。

3　公益財団法人交通事故紛争処理センター

(1) 概　要

　公益財団法人交通事故紛争処理センター（以下「紛セ」という。）は，交通事故の紛争の適正な処理と公共の福祉を目的に，前身である交通事故裁定委員会が昭和49年に発足されて以降，全国的にその組織を広げ，平成30年9月現在，本部と七つの支部及び三つの相談室で全国に合計11か所の拠点をもって活動している(注13)(注14)。

　紛セでは，上記の目的を達成するために自動車事故に伴う損害賠償の紛争に関する法律相談，和解のあっ旋及び審査を無償で行っている(注15)。

(注13) 沿革については，http://www.jcstad.or.jp/about/enkaku/ を参照のこと。
(注14) センターの所在地については http://www.jcstad.or.jp/map/ を参照のこと。
(注15) 平成29年度，相談件数は全体で1万9620件であり，新規に申込みを受けた件数は7225件であった。また，審査を含め，和解が成立した件数は6304件である。あっ旋による終結割合は78.8%である。

(2) **相談，和解のあっ旋手続及び審査手続**（以下「利用手続」という。）**の対象事案**
（i）利用手続の対象事案は，自動車事故に伴う損害賠償の紛争に関する事案であるが，次の場合等は，利用対象事案とはならない。
① 自転車と歩行者，自転車と自転車の事故による損害賠償に関する紛争
② 搭乗者傷害保険や人身傷害補償保険等，自分が契約している保険会社，共済組合との保険金，共済金の支払に関する紛争
③ 自賠責保険（共済）後遺障害の等級認定等に関する紛争
④ 求償に係る紛争（保険会社等間，医療機関，社会保険等との間の求償）
（ii）また，次の場合で紛争の相手方が紛セで解決することについて同意がない場合は，利用手続を行わない。
① 相手方が自動車保険（共済）契約をしていない場合
② 相手方が契約している自動車保険（共済）の約款に被害者の直接請求権の規定がない場合
③ 加害者が契約している任意自動車共済が，JA共済連，全労済，交協連，全自共及び日火連以外である場合[注16]

(3) **法律相談・和解あっ旋の方法・手続**
あっ旋手続は，中立，公正に選任された嘱託弁護士（以下「相談担当弁護士」という。）が担当する。紛セでは，電話による事前予約が必要で，初回期日は通常相談担当弁護士が申立人のみから事情を聴取する。予約は，損害賠償額を算定できる状態にあることが必要で，例えば人身損害賠償については原則として，治療終了後，後遺障害等級認定後である必要がある。
申立人が，和解あっ旋を相談担当弁護士に要請し，かつ，相談担当弁護士が和解あっ旋を必要と判断した場合には，紛セから相手方に来所を要請し，当事者の出席を得て，和解あっ旋の手続に入る。第2回以降の期日には相手方も出席し，通常3回目から4回目の期日で相談担当弁護士が和解のためのあっ旋案を提示する。あっ旋案の作成は，裁判例，紛セでの裁定例等を参考に作成される。相談予約受付から初回期日までは通常1～2か月，その後は

（注16）紛セの業務については，http://www.jcstad.or.jp/guidance/ を参照のこと。

約1か月間隔で期日が設定される。

なお，物損のみの事案，申立人が弁護士等に委任している場合は，早期解決のため，原則として初回期日から，和解あっ旋の手続を行っている。そのため，申立人側から相手方へ初回期日の連絡及び出席の依頼を行わなければならない。

(4) 審査手続

あっ旋案を当事者のどちらかが承諾せず，不調となった場合は，紛セから不調の通知が届いてから14日以内に限り，申立人は審査を申し立てることができる。ただし，相手方が申し立てるためには申立人の同意が必要である。審査手続は，中立，公正な立場の学識経験者及び弁護士の中から専任された紛セの審査会が担当する。審査会では，相談担当弁護士や申立人及び相手方から個別の事案の説明やそれぞれの主張を聴取し，裁定を行う。申立人は，裁定の告知を受けてから14日以内に，裁定に対し，同意又は不同意を紛セに回答しなければならない。

損害賠償請求権者である申立人は，原則として裁定に拘束されないが，紛セとの協定等がある相手方の保険会社又は共済組合（以下「保険会社等」という。）は裁定を尊重することとなっていることから，事実上，裁定に拘束される。

(5) 紛セの選択基準

まず，当事者が裁判所外での解決，早期解決を希望している場合が挙げられる。また，審査会の裁定を尊重するとの協定を結んでいる保険会社等を相手とする場合には，保険会社等に対して事実上の拘束力のある審査手続を利用できる。

ただし，事故と怪我との相当因果関係が明らかではなく，高度な医学的判断が必要になる場合など，訴訟で解決を図ることが適切な事案については紛セの手続が終了するため，用いることができない。

4　民事調停

(1) 概　要

民事調停とは，民事の紛争に関して裁判所が当事者の間に入り，話し合い

による紛争の解決を図る手続である^(注17)。

なお、「自動車の運行によって人の生命や身体が害された場合における損害賠償の紛争に関する調停事件」は交通調停事件とされているが、一般の民事調停事件との違いは管轄裁判所が被害者の住所・居所を管轄する簡易裁判所にも拡張されている点のみである（民調33条の2）。

(2) 民事調停の特徴

所定の様式の調停申立書があり、必要事項を記入し、申立手数料として請求額に応じて一定の印紙を貼るとともに、相手方呼出用の切手を予納する^(注18)。

民事調停は原則として調停委員2名と裁判官1名で構成される調停委員会により行われる。調停委員は弁護士や専門的知識経験を有する者又は社会生活の上で豊富な知識経験を有する者で人格見識の高い者で、裁判所から任命された者がなる^(注19)。

調停は非公開なので、当事者としても十分に意見を述べることができる。また、民事調停は原則として簡易裁判所に申し立てることになるが、請求金額には制限は設けられていない。この点は、簡易裁判所での訴訟の訴額が140万円以下とされていることと混同しないよう留意すべきである。また民事調停の手数料は訴訟提起の半額かそれよりも低い金額とされている（民事訴訟費用等に関する法律3条1項・別表第1の14）。

(3) 調停の進行

調停の当日の進行としては、東京以外の簡易裁判所では当事者双方に交互に調停室に入ってもらい、調停委員2名がそれぞれの言い分を聞きながら進行させ、裁判官は、常時立ち合いはせず、調停の成立や不成立の時点のみ立ち会うといった運用がなされているところも多いようである。

(注17) 平成29年度の民事調停の東京簡易裁判所による新受件数は5099件（速報値）であり、平成27年の新受件数は5447件、平成28年の新受件数は5609件である（近藤壽邦「民事調停のすすめ」『LIBRA』2018年7月号3頁）。

(注18) 申立手数料や郵券の金額がわからないときは、裁判所のホームページを参照するか、裁判所書記官に問い合わせて確認することもできる。

(注19) 東京簡易裁判所の民事調停委員の構成はその53％が弁護士である（平成30年2月1日現在）（近藤壽邦「民事調停のすすめ」3頁）。

もっとも，東京簡易裁判所での民事調停では，調停委員2名のみならず，裁判官もほとんどの事件で調停に立ち合い，当事者双方の言い分を聞きながら，裁判官と調停委員とが中間評議を行うなどしながら進行がなされている。東京簡易裁判所では，裁判官及び調停委員が双方の言い分やその根拠資料等を確認しながら，紛争解決のための合意に向けて双方の調整，説得を行っていきながら進行がなされることとなる[注20]。

　1回の調停でまとまらないときは，数回繰り返し，徐々に争点が絞られてきて，調停委員の案で両者が妥協すれば調停成立となる。

　東京簡易裁判所による平成29年度の民事調停事件は，調停不成立，調停取下げ，その他も含めると，全体の66％が3か月以内に終局しているとされ，進行のスピードは訴訟によるそれと比べると相当程度早いといえる。なお，平成29年度の東京簡易裁判所での民事調停の調停成立率（速報値）は31％である[注21]。

(4) 調停結果

　調停が成立すると，裁判上の和解と同じ効力があり（民調16条），相手方が調停の内容を履行しない場合には，申立人は強制執行をすることができる。

(5) 民事調停の選択基準

　以下のような場合に民事調停の選択が考えられるであろう。

① 民事調停は裁判官や調停委員が関与するものの，民事訴訟のような立証責任という概念はないため，提示できる証拠が民事訴訟で求められる証明の程度に達していないと思われる場合に民事調停を申し立てることが有効な場合がある。

② 民事訴訟を提起した場合に比して，早期の解決ができる場合があるため，比較的争点が絞られている場合には紛争を長引かせることなく終結できる場合がある。

③ 東京簡易裁判所による民事調停の場合には，労働関係，宅地建物関係，交通事故関係，医療関係等のいわゆる専門的調停事件については，社労

(注20) 近藤壽邦「民事調停のすすめ」3頁。
(注21) 同書3頁。

士，建築士，不動産鑑定士，アジャスター，医師等の専門家調停委員が調停委員に就いて進められており^(注22)，こうした専門家の知識を活用したい場合に民事調停の選択が考えられる。
④　民事訴訟と異なり，手続が非公開であることから，公開の場で行うことを望まない相手方等の場合には話し合いがスムーズに進む可能性がある。
⑤　民法151条により時効中断効が認められており，時効が近づいている場合に有効である^(注23)。ただし，調停不成立の場合や，相手方が不出頭の場合には1か月以内に訴えを提起しないと時効中断効が生じない（民法151条）ことには注意すべきである。
⑥　通常想定される被害者からの申立てのケースとは若干異なるが，被害者が過大と思われる請求をして折り合いが困難な場合，加害者の側から「相当な損害賠償額の調停を求める」といった穏やかな表現での申立てをして，被害者の感情を逆撫でせずに穏当に話し合いを進めたいという姿勢を見せることで，被害者に話し合いのテーブルについてもらうという利用方法も考えられる。
⑦　いわゆる民事調停法17条決定があり，当事者双方が，裁判所が調停案を出してくれればそれに従うという意思を有している場合に有効である。

5　自転車ADRセンター

(1)　概　要

自転車ADRセンターは，わが国における自転車事故に関する紛争を解決し，かつ，予防すること，わが国における自転車に関する法制度の整備・発展に寄与することを目的として平成25年2月に設置された。活動拠点は，現在，東京都品川区のみである^{(注24)(注25)}。しかしながら，紛セでは自転車

(注22) 同書3頁。
(注23) 認証を受けていないADR機関によるADR手続では時効中断効は認められない。ただし，裁判外の催告としての効力が認められるか否かについては，本章（注5）を参照のこと。

事故を対象としておらず，自転車事故に特化したADRであるため，今後，利用者は増加する可能性が考えられる。

(2) **自転車ADRセンターの対象事案**

自転車ADRが対象とする事案は，①自転車と歩行者との間の事故，②自転車と自転車との間の事故，③自転車による器物の損壊である。ただし，自転車の構造上の欠陥を理由とする自転車製造業者又は販売業者に対する損害賠償責任に関する紛争については対象としていない。

(3) **自転車ADRセンターの手続**

事前に電話による受付を行い，申立ての手続の説明，事故の概要について聴取するために，センターでの無料面談を行う。その後，申立人が申立てを行い，申立書が受理された後，相手方へ連絡がなされる。また，申立手数料は5000円（税別）である。

自転車ADRセンター長は，同センターの調停委員・仲裁人候補者名簿に登録された者の中から，3名の調停委員を選任し，うち1名を調停委員長に指名する。調停委員・仲裁人候補者は，弁護士及び自転車関係団体からの推薦に基づき，センター会議の議決によって指名する。調停委員のうち，少なくとも1名は弁護士が務めることとなる。

中立・公正な立場の調停委員3名は，申立人及び相手方から事情を聴取し，双方が納得できる内容での和解を目指すこととなる。また，調停手続においては，両当事者の意見を聴いて，専門家に依頼して鑑定を行うことがある。

調停員から提示された調停案は，拘束力がないため，承諾するか当事者の自由であることから，双方の納得できる内容になるよう期日を重ねる必要がある。和解が成立した場合には，経済的利益の額に応じて，和解成立手数料を自転車ADRセンターに納付する[注26]。

(4) **自転車ADRセンターの選択基準**

自転車事故について，専門的知見を有する者が調停員となるため，他の手

(注24) 自転車ADRセンターの概要については，http://www.bpaj.or.jp/adr/center を参照のこと。
(注25) 平成29年度の受付件数は17件であり，そのうち調停手続が開始されたのは4件である。また，同年度の和解成立件数は3件である。

段よりも自転車事故に関して，公平・適正な解決を期待することができる。

6 弁護士会ADR

(1) 概　要

平成30年現在，全国に52ある弁護士会のうち34弁護士会に37の紛争解決センターが存在している。各センターは，各弁護士会がそれぞれ別途に運営しており，「仲裁センター」「あっせん・仲裁センター」「示談あっせんセンター」「紛争解決センター」「民事紛争処理センター」「法律相談センター」「ADRセンター」等と呼ばれている。

いずれもADR法に基づく法務大臣の認証を受けており，また，仲裁合意があれば仲裁法に基づく仲裁判断を行うこともできる。

(2) 紛争処理の対象事案

申立対象事件に制限はなく，いずれの紛争でも申立てが可能である。紛争類型別では，平成28年度に全国で受理された1093件の申立てのうち，「不法行為を巡る紛争」が最も多く360件，うち医療事故が185件，交通事故案件は34件であった[注27]。

弁護士会によっては，医療，金融，労働，災害などの専門的な分野ごとにセンターが設けられているところもある。

(3) 紛争処理の方法・手続

申立ては，申立書（弁護士会のウェブサイトでダウンロードが可能）[注28]に必要事項を記載の上，各弁護士会の窓口に持参し，申立て費用を納付する。申

(注26) 和解成立手数料は，和解成立過程で負担する当事者又は当事者の負担割合を決めるものであり，①経済的利益が100万円までの部分について，10万円までごとに3000円，②経済的利益が100万円を超え500万円までの部分について20万円までごとに3000円，③経済的利益が500万円を超え1000万円までの部分について50万円までごとに6000円，④経済的利益について1000万円を超え10億円までの部分について100万円までごとに9000円となる。

(注27) 「仲裁ADR統計年報（全国版）」2016年度（平成28年度）版
https://www.nichibenren.or.jp/library/ja/legal_aid/consultation/data/statistical_yearbook2016.pdf

(注28) 東京弁護士会の場合，https://www.toben.or.jp/bengoshi/adr/way.html でダウンロードできる。

立て時に費用を納付する関係で，原則として郵送ではなく窓口での受付が必要となる。申立て費用は，センターごとに異なるが，概ね1万円～2万円程度である。

また，期日ごとに5000円～1万円程度の費用が必要となるセンターもある。

名簿に登録された弁護士があっせん人となるが，事案によっては，建築士，不動産鑑定士，税理士，医師等の専門家も関与することがある。

平均審理回数は約3回で，平均審理期間は約120日である。

当事者が合意に達した場合，和解合意書を作成し，当事者及びあっせん人が署名する。なお，成立手数料として，紛争額ないし解決額に応じた手数料が発生する（東京弁護士会の場合，解決額が125万円未満であれば，その8％）。

(4) **調停結果**

当事者による和解合意は，私的な契約にとどまり，債務名義としての強制力はない。もっとも，当事者が申立てを行えば，仲裁決定ないし仲裁判断として債務名義とすることも可能である。

(5) **紛争処理機構の選択基準**

当事者の話し合いによる解決を行うことができるため，法的に請求権を構成しにくい事件，立証が困難な事件，感情的な対立を避けたい事件等で，短期間に解決したい事件に向いているといえる。

7 医療事件におけるADR

(1) **概　要**

医療事件を専門的に扱うADRは全国12弁護士会に置かれている[注29]。医師会を中心に運営されているもの（茨城県）や，県内の医師，法学者，法律実務家を中心に設立されたNPOにより運営されているもの（千葉県）[注30]もある。

(注29) 日本弁護士連合会ウェブサイト「医療ADR」
　（https://www.nichibenren.or.jp/activity/resolution/adr/medical_adr.html）
(注30) 医療紛争相談センター（http://chibaadr.server-shared.com/index.html）

(2) 紛争処理の対象事案

　医療機関・医療従事者と患者及びその家族間の民事上の紛争全般である。金銭請求を求める形式で申立てがなされることが多いが，必須とはされていない[注31]。

(3) 紛争処理の方法・手続

　ADRへの紛争処理の申立ては，ADRに対する申立書の提出により行われる。申立てにあたっては，多くのADRで，申立手数料の納付が必要とされている。申立前に，弁護士あるいは医療従事者に対する相談を義務づけているADRもある。

　手続の流れについては，裁判所における民事調停と同様と考えてよい。ただし，多くのADRで，1回の期日毎に期日手数料を，話合いがまとまった際には成立手数料を納付しなければならないとされている。このように，期日毎さらには話合いがまとまった際に手数料納付が必要とされている点は，民事調停と異なる。

　あっせん人について，患者側・医療機関側の各立場で代理人経験を有する弁護士が担当するADRが多い。全事案に医師の関与が予定されているのは，茨城県及び千葉県に設置されているADRに限られる。

　各ADRの詳細について，平成24年のものであるが，厚生労働省が実施した医療ADR機関に対するアンケート調査結果が参考になる[注32]。

(4) 話合いがまとまった際の手続

　話合いがまとまったときには，和解契約書を作成し，申立人・相手方・あっせん人が調印する。裁判所の手続で作成される調停調書・和解調書と異なり，和解契約書はそのままでは強制執行力のある債務名義にならない。しかし，ほぼ全ての医療機関及び医療従事者は賠償責任保険に加入しており，少なくとも金銭支払について，和解契約書の内容が履行されないことは稀で

(注31) 東京弁護士会ウェブサイト「医療ADRよくある質問－患者・ご家族からの質問」（https://www.toben.or.jp/bengoshi/adr/qa/patients.html） Q 60 に対する回答

(注32) https://www.mhlw.go.jp/stf/shingi/2r9852000002knj9-att/2r9852000002knnu.pdf

ある。

(5) 医療ADRを選択する基準

　専門知識を有するあっせん人の関与により柔軟な解決を図れるという点が，医療ADRの最も大きなメリットであると思われる。柔軟な解決が図れるという点では裁判所における民事調停も共通するが，係属する裁判所によっては，調停委員が医療知識を有しないこともある。

　なお，申立前の交渉段階で医療機関側が医療行為に関する過失を否定しているなど，見解の対立が激しいケースは，訴訟提起を検討するべきであると思われる。この種の事案では，医療機関側がADRに出席せず，そこで手続終了となってしまうことも多い。

8　基本事例の場合

　本件は，そもそも過失について争いがあり，相手方は無過失を主張しているうえに事故態様に関する認識の相違も大きい事例である。このように争点の対立が大きいため，A弁護士は，本件について，交通調停，あるいは交通事故紛争処理センター等のADRによる解決には適さないものと考えた。

　なお，本件は，甲野太郎の症状が固定せず，自賠責保険の請求が行われていないため，自賠責保険・共済紛争処理機構の対象事案に該当しない場合である。

　以上より，本件においてA弁護士は，ADRによる解決を選択しないこととした。

第6章 第一審訴訟手続

 訴え提起

1 訴状の作成

(1) 訴状の作成に際しての一般的な心構え

(i) 訴状は，その提出によって訴訟が開始され，その記載を基に，当事者間の攻撃防御が行われる重要な書面である。

したがって，訴状作成においては，裁判所の行う記録作成や送達に支障のないように正確な記載を心がけるとともに，裁判所及び被告が紛争の要点を的確に理解でき，審理が迅速かつ円滑に進行されることを念頭に置いて，起案を行わなくてはならない[注1]。

(ii) 裁判所からすれば，訴訟の序盤は，「事案の全体像がつかめていない段階」であるから，「今後の審理の見通しを立てるために，まず双方が主張しようとしているストーリーがどういうものか，どこが主な争点になりそうか，今後の主張・立証としておおむねどういうことが予定されているのかといった点を知りたい」と考えている[注2]。

訴状は，裁判所に事件全体のイメージを伝える最初の書面である。代理人としては，積極的に事実主張をし，裁判所が事件の全体像をつかむことができるようにすべきである。

相当程度複雑な事案，あるいは，交渉経過から被告が原告の主張を争うことが確実であると予想される事案では，紛争の要点に関する裁判官の理解に資するように，適宜，予想される争点や関連事実の記載も行うべきである。

(iii) 当事者の訴訟物の選択や主張構成等に問題があるため，裁判所が争点

(注1) 裁判官の立場から，一般的な主張のあり方や準備書面作成のあり方の要点を簡潔にまとめたものとして，瀬木比呂志著『民事訴訟実務入門』（判例タイムズ社，2010年）75頁がある。
(注2) 相羽洋一ほか「民事訴訟プラクティス　争点整理で7割決まる!?」判タ1405号5・12頁〔福田発言部分〕。

整理のために釈明権を行使する必要がある場合として，「訴状等の記載から訴訟物自体明らかでない」場合，「複数の訴訟物がある場合に，訴訟物相互の関係や訴訟物との請求金額との対応が明らかでない」場合，「当事者主張の事実関係を前提としても訴訟物の選択や法律構成に問題があると思われる」場合といったケースが挙げられている^(注3)。

このようなケースでは，訴訟物を整理するためだけに複数回の期日を消費し，その分実質的な審理が先送りになってしまう。

訴訟物の選択は当事者の権能であるからこそ，訴状を作成する代理人は，訴訟物は何か，複数の訴訟物がある場合その関係はどのようなものか，訴訟物とよって書きの内容は一致しているか，といった点を注意すべきであり，早期に争点が整理され円滑に審理が進むよう工夫すべきである。

(ⅳ) 訴状については，裁判官は訴状を読んでとりあえずの心証をとるともいわれることがある^{(注4)(注5)}。

事案や担当裁判官の考え方にもよるであろうが，それだけ訴状の記載が大切であるという意味で，この指摘は重要である。

原告代理人となる弁護士は，訴状の印象が裁判所に与える影響が大きいことをよく認識したうえで訴状を作成すべきである。

(2) 訴状作成に際しての一般的対応

ア 訴状の記載事項についての一般的注意点

訴状には，標題，訴状作成の年月日，訴訟代理人の資格及び氏名，提出先裁判所名（管轄），当事者の表示，送達場所，事件の表示，訴訟物の価額，貼用印紙額，請求の趣旨，請求の原因，証拠方法・附属書類の記載が必要であるので，脱漏がないように注意が必要である^{(注6)(注7)}。

(注3) 大阪地方裁判所計画審理検討分科会「争点整理の現状と課題（続編）—大阪発　より充実した審理を目指して—」判タ1437号22頁，23頁以下）。
(注4) 京野哲也著『クロスレファレンス民事実務講義［第2版］』（ぎょうせい，2015年）136頁。
(注5) 岡口基一，中村真著『裁判官！当職そこが知りたかったのです。：民事訴訟がはかどる本』（学陽書房，2017年）19頁。
(注6) これらについては司法研修所編『［8訂］民事弁護の手引』（日本弁護士連合会，2017年）54頁以下に詳しい。

訴状の書式については，日弁連のホームページ（ホーム＞法律相談のご案内＞役立つ書式など https://www.nichibenren.or.jp/contact/information.html）や各裁判所，単位弁護士会のホームページから取得できる。書式をまとめた書籍も数多く出版されている(注8)。

イ　訴状の記載事項についての具体的注意点

(ア)　目録の作成

訴状作成においては，読みやすさを重視して，訴状末尾に別紙として当事者目録，物件目録，債権目録等を記載することがある（書式10参照）。これらの目録は，判決書，和解調書等にそのまま引用されることが多い。また，通常訴訟ではないが，保全申立ての際に提出する目録に誤りがあると，訂正等により保全命令の発令が遅延する事態にもなりかねないので，正確な記載を心がける必要がある(注9)。

(イ)　当事者の記載

自然人が当事者の場合，氏名に用いられる漢字が常用漢字ではない場合がある。後々当事者の同一性が問題とならないよう，住民票や戸籍の記載氏名と一致しているか確認する必要がある。パソコンで変換されない特殊な字の場合には，手書きにするか，又はパソコンの外字エディタ等の機能を用いて字を作成することがある。

また，法人が当事者の場合，カタカナやアルファベットの大文字と小文字の区別を間違えることがあるので，登記上の法人名を正確に記載する必要がある。

法人の場合，登記事項証明書記載の住所地には，ビル名や階数の記載が記

(注7) 裁判所によっては，窓口やホームページで記載事項や添付書類に関するチェックシート等を配布，交付しているところもある。

(注8) 書式に関する書籍として，大島明著『書式民事訴訟の実務：訴え提起から訴訟終了までの書式と理論〔全訂10版〕』（民事法研究会，2017年）や，岡口基一著『民事訴訟マニュアル：書式のポイントと実務　上・下〔第2版〕』（ぎょうせい，2015年）等がある。

(注9) なお，目録の作成に際しては，佐藤裕義編著『裁判上の各種目録記載例集：当事者目録，物件目録，請求債権目録，差押・仮差押債権目録等』（新日本法規出版，2010年）等の書式集が参考になる。

載されていないことが多い。その場合には，送達を容易にするため，ビル名等を付したうえで送達するよう求める，送達に関する上申書を，訴状とともに提出するのがよい。

なお，当事者に訴訟能力がない場合は，当該当事者の記載とともに，法定代理人も当事者欄に記載することが必要である(注10)。

```
(例)   被           告        乙  川  花  子
       上記法定代理人親権者父    乙  川  太  郎
       上記法定代理人親権者母    乙  川  月  子
```

(ウ) 訴訟物の価額

訴訟物の価額の算定については，毎年度発行されている東京弁護士会，第一東京弁護士会，第二東京弁護士会編『弁護士職務便覧』(日本加除出版) や，小川英明，宗宮英俊，佐藤裕義共編『事例からみる訴額算定の手引〔3訂版〕』(新日本法規出版，2015年)，裁判所書記官研修所編『訴額算定に関する書記官事務の研究』(法曹会，1992年) に詳しく記載されている。

なお，訴訟物の価額算定につき，複雑な計算を要する場合は，書記官の訴額確認の一助とするため，訴額算定計算書 (書式は定められていないので形式は任意である。) を訴状に事実上添付する代理人もいる。自らの訴額計算の検算のためにも有用であろう。

(エ) 請求の趣旨

請求の趣旨は，原告が訴状においていかなる裁判を求めているかを示す，訴状の必要的記載事項である (民訴133条2項2号)。請求の趣旨は，判決主文の記載に対応するので，将来の強制執行の際に必要な執行力を得られるよう，その記載には細心の注意が必要である(注11)。

(注10) 委任状にも，法定代理人の肩書付きの署名押印が必要となる。
(注11) なお，請求の趣旨の記載に関する確認事項として，「登記関係の請求の趣旨については適法な (裁判実務及び登記手続の実務において許容される) ものとなっているか」を挙げる文献として，瀬木比呂志著『民事訴訟実務入門』(判例タイムズ社，2010年) 21頁。登記関係の訴訟を提起するにあたっては，場合により，登記手続の細かい実務処理を法務局に確認する必要がある。

請求の趣旨の記載方法等については，岡口基一著『要件事実マニュアル1～5〔第5版〕』（ぎょうせい，2016～2017年）や，塚原朋一編著『事例と解説民事裁判の主文』（新日本法規出版，2006年）や佐野総合編『主文例からみた請求の趣旨記載例集』（日本加除出版，2017年）が参考となる。また，裁判例を検索して，判決主文を参考にすることも有用である。

訴訟費用の負担は裁判所が職権判断する事項であるが（民訴67条），通常は訴状の請求の趣旨欄にこれを記載する。

また，仮執行宣言が訴状に記載されていないと，裁判所は通常これを判断しないので，脱漏がないように注意が必要である。一方，登記手続請求のように，仮執行宣言を付けられないものもあるので，注意が必要である。

(オ) **請求の原因**

a **一般的注意点**

請求の原因は請求の特定及び攻撃防御方法であり，訴状の中で最も重要な必要的記載事項であるといってよい（民訴133条2項2号）。

「請求の原因」欄を記載する場合には，本訴に至る詳細な経緯まで含めて漫然と記載するのではなく，できる限り，請求原因の主要事実（要件事実），間接事実，補助事実に分けて，わかりやすく記載すべきである（民訴規則53条2項）。「できる限り」と限定を付した理由は，①相当程度複雑な事案では訴訟提起の段階で主要事実と重要な間接事実の区別が明確になっていない場合もあること，②かえってこれらの事実を分断して記載することによって，時系列が前後したり，密接に関連する複数の事実がばらばらに記載されることによって事実相互の連関が不明確になったりして，原告が事案に関する主張を裁判官にアピールする一つの書面としては極めてわかりにくくなることなどによる。

また，「請求の原因」欄の主張事実のうち，主要事実（要件事実）及び重要な間接事実に関しては，立証の対象となる事実ごとに書証を引用して記載すべきである[注12][注13]。

(注12) 瀬木比呂志著『民事訴訟実務入門』19・20頁。

b　具体的注意点

(i)　摘示すべき要件事実や請求原因の記載例については，司法研修所「[10訂] 民事判決起案の手引　別冊事実摘示記載例集」(法曹会，2006年) や岡口基一著『要件事実マニュアル1～5 [第5版]』が参考となる。

依頼者との関係で，主張立証とは直接関係のない経緯や依頼者の心情を記載せざるを得ない場合もあると思われる。そのような場合であっても，そのような経緯や心情は要件事実と項目を分けて記載するなど工夫すべきである。

訴状を作成する際には，自身が被告代理人としてその訴状を受け取った際に，明確な認否ができるか，争点を把握できるかといった視点を持つことも有用である。

(ii)　過失等の規範的要件について，単に「過失がある」とだけ記載する書面を目にすることがある。規範的要件については，何を主要事実とするのか考え方が分かれているが[注14][注15]，いずれの考え方によるとしても具体的な事実主張が必要である。

依頼者から具体的な事実を聴取し，それを具体的かつコンパクトに記載するよう心がけなければならない。

c　交通事故事件における請求原因

交通事故事件における損害賠償請求の請求原因は，自動車損害賠償保障法（以下「自賠法」という。）3条と民法709条以下の不法行為法が典型である。

(注13) 事実と書証の対応関係をわかりやすく伝えるため，検察官が公判前整理手続で提出する証明予定事実記載書のような形式で，書面を縦に2分割し，左側を「事実主張」欄，右側を「証拠摘示欄」として作成する代理人もいる。石本恵「民事訴訟の争点整理手続の充実に向けた取組について―新人弁護士でもできる書面上の工夫―」判タ1435号63頁以下。

(注14) 司法研修所では，「規範的評価自体は，具体的事実が当該規範的要件に当てはまるという法的判断であって主要事実ではなく，これを根拠付ける具体的事実（評価根拠事実）が主要事実であるとする考え方（主要事実説）」を採用している（司法研修所編『新問題研究要件事実』(法曹会，2011年)）。

(注15) 司法研修所の整理と異なり，規範的要件を，不法行為の過失のようにその要件に該当する事実が多様である多様型，表見代理の正当な理由のように複数の事実を総合評価する複合型に分けて整理するものもある。この整理の内容や，司法研修所の見解との対比については，岡口基一著『要件事実マニュアル1 [第5版]』（ぎょうせい，2016年）44頁以下でまとめられている。

自賠法3条による請求は，物的損害には及ばないものの，加害者の過失が要件事実ではないというメリットがある。
　自賠法3条の要件事実は，①被告の運行供用者性（運行供用者の地位を基礎付ける事実），②当該自動車の運行による原告の利益の侵害，③損害の発生及び数額，④②と③の因果関係である。
　民法709条による損害賠償請求の抽象的要件事実は，①原告の被侵害利益の存在，②①に対する被告の加害行為，③②に対する被告の故意又は過失，④損害の発生と数額，⑤②と④の因果関係である。
　なお，交通事故訴訟におけるモデル訴状は，日弁連交通事故相談センター東京支部が毎年作成している『民事交通事故訴訟　損害賠償額算定基準』（以下「赤い本」という。）に掲載されており，これが参考になる。
　㈎　予想される抗弁に関する主張・再抗弁に関する主張
　　a　一般的注意点
　訴訟提起前に被告との交渉があり，争点が明白な場合には，必要に応じて，予想される積極否認に当たる事実，抗弁の先行自白，再抗弁等を訴状の段階で明らかにすることが，裁判所の事案の把握のために有用である[注16]。
　ただし，自らの主張の脆弱な部分をあらかじめ裁判所に印象付けることになっては意味がないので，裁判所に対する説得的な記載が必要である。
　　b　交通事故事件における具体的注意点
　交通事故事件では，訴状において，抗弁（典型例は過失相殺の過失割合）について言及する例がある。
　その理由としては，以下のようなものが考えられる。
①　争点が明白であるので，両当事者の主張内容を裁判所に早期に把握し心証形成してもらいたい場合
②　請求金額が多額になり，かつ，一定の過失相殺や素因減額がなされることが明白であるので，印紙代節約の観点から，あえて原告の考える過失割合で過失相殺や素因減額をした後の金額を請求金額とする場合

(注16) 司法研修所編『[8訂] 民事弁護の手引』114頁。

(キ) その他関連事実の記載

　訴状に請求原因事実を記載しただけでは，紛争の要点が判然としないことがある。そのため，関連事実を訴状に記載することが有用である場合も多い。関連事実の記載は，できるだけ要件事実と明確に区別して記載することは当然である。

(ク) 一部請求の注意点

　損害額が算定しにくい，あるいは全部請求では訴額が大きすぎて印紙代が多額になるなどの理由により，試験的に，損害の一部のみを対象とする訴訟（以下「一部請求訴訟」という。）を提起することがある。

　一部請求訴訟の訴状中において，一部請求である旨の明示した場合，訴えの提起による時効の中断（改正民法施行後は時効完成猶予，この項では以下同じ）の効力はその一部の範囲内にしか生じず（最判昭和34年2月20日民集13巻2号209頁），その一部請求訴訟の判決の既判力は残部に及ばない（最判昭和37年8月10日民集16巻8号1720頁）。

　上記のとおり，明示的一部請求は残部について裁判上の請求に準じるものとして確定的な時効中断効は生じないが，裁判上の催告としての暫定的な時効中断効は有する（最判平成25年6月6日民集67巻5号1208頁）。

　一方，一個の債権の一部についてのみ判決を求める趣旨が明示されていないときは，訴え提起による消滅時効中断の効力は，上記債権の同一性の範囲内でその全部に及ぶ（最判昭和45年7月24日民集24巻7号1177頁）。

　一部請求訴訟を提起する場合には，債権残部の消滅時効の管理や既判力の及ぶ範囲に留意するべきである[注17]。

（注17）民法724条後段の除斥期間経過前に明示的一部請求をし，除斥期間経過後に残部について請求の拡張をした事案で，除斥期間による請求権の消滅を妨げるためには裁判上の権利行使をする必要があり，不法行為時から20年経過後に拡張された残部請求部分は除斥期間経過により時効消滅したとするものとして，札幌高判平成30年3月15日判時2374号34頁がある。一方で，大阪高判平成13年4月27日判時1761号3頁は，除斥期間による請求権の消滅を妨げるためには，相手方の責任を問う意思を裁判外で明確に告げることで足り，裁判上の権利行使までは必要ないとしている。この点については，まだ最高裁の判断はされておらず，高裁での判断が分かれている状態にある。

(ケ) 目 次

　事案によっては，訴状の枚数が数十枚となってしまうこともある。そのような場合には，目次を作成することで，どこにどのような主張が記載されているかを裁判官にわかりやすく伝えることができる。

2　訴状の提出

(1)　訴状提出前の点検

　裁判所の民事事件受付係では，訴状提出の際のチェックポイントを箇条書きにしたリストを配布していることがある。このリストを事務所に備え置き，常に訴状提出前の最終チェックを行うことが，形式面での過誤の防止に有用である。

　また，毎年度発行されている東京弁護士会，第一東京弁護士会，第二東京弁護士会編『弁護士職務便覧』では，訴状の形式面を含め，法律事務処理における，裁判所から代理人弁護士への要望事項がまとまって掲載されている。また，第二東京弁護士会編『法律事務職員ハンドブック〔5訂版〕』（ぎょうせい，2009年）等にも法律事務処理上の要点が記載されており，参考になる。これらを参照しつつ，チェックを行うことが有用である。

(2)　一般的対応〜提出物と注意点

　訴え提起は，訴状を作成し，訴状の正本1通及び被告の人数分の訴状副本と，書証の写し，添付書類，印紙，郵券をともに管轄裁判所の事件受付係に提出することによって行う。

ア　訴状副本
被告の人数分を提出する。

イ　書証の写し
裁判所用＋被告の人数分を提出する。

ウ　添付書類

　訴状の提出に際しては，訴訟類型に応じて，以下のような添付書類を提出する[注18]。なお，裁判所書記官は，訴状の「附属書類」欄で，訴状に添付された文書の内訳を確認している。

　① 訴訟委任状（全訴訟類型共通）

②　全部事項証明書，代表者事項証明書等の代表者の資格証明書（当事者が法人の場合），例えば当事者がマンションの管理組合（権利能力なき社団）の場合，管理規約と理事選任の議事録等
③　固定資産税課税台帳登録証明書（不動産訴訟で訴額と貼用印紙額の算定を行う。）
④　戸籍謄本（原告が未成年者であるなど訴訟能力がない場合の法定代理人の資格証明のため）

エ　収入印紙・切手

訴訟物の価額に応じて，収入印紙を訴状に貼付する。

また，訴状等の送達用に，郵券（郵便切手）も訴状とともに提出する[注19]が，必要な郵券の総額及び券種については，各裁判所によって異なる。書籍[注20]や各裁判所のホームページでも確認可能であるが，各裁判所の担当係に直接確認するのが最も確実で正確であろう。また，裁判所内の郵便局で，郵券のセットが販売されている場合がある。

3　訴状提出後の裁判所との連絡

(1)　訴状の提出時の審査について

裁判所の事件受付係へ訴状を提出すると，その場で形式的な訴状の審査が行われ，事件番号が付き，係属部への振り分けがなされる。事件受付後，裁判所は，事件番号に基づいて各事件を管理する。

なお，事件受付係では，訴状の誤記や添付書類の不足があった場合には，訂正を依頼され，その場で職印を押印して訂正に応じることになる（そのため，訴状を提出する際には，必ず職印を持参するとよい。）。なお，その場で訂正できない場合や補正に応じるかどうかの判断に迷い，訂正に応じない場合でも，よほど記載内容に問題がある場合でない限り訴状の受付を拒否されるこ

（注18）詳しくは，民事訴訟・非訟手続研究会編『事例式民事訴訟・非訟添付書類』（新日本法規出版，2001年）等の附属書類の解説書が参考になる。
（注19）なお，一部の裁判所では，郵券の納付ではなく，郵便料の現金又は振込みによる納付を認めている。
（注20）これらについては，東京弁護士会，第一東京弁護士会，第二東京弁護士会編『弁護士職務便覧』が詳しい。

とはなく，立件（事件番号を付けること）されたうえで，事件が係属する担当部に引き継がれることになる。

　その後，係属部の裁判官が再度訴状を審査し，訂正事項等があれば，裁判官の指示を受けた担当書記官が，下記(3)の期日調整の連絡とともに，原告代理人へ連絡を行う（ただし，訴状の訂正が完了するまで期日調整を行わない場合もある。）。訂正が遅れると，被告への送達が遅れることになり，第1回口頭弁論期日を変更せざるを得なくなることもあるため，速やかに対応すべきである。

　なお，訴状に訂正がある場合，訂正個所が少なければ，代理人の訂正印による訂正が可能であるが，訂正個所が多数ある場合（望ましいことではないが），印紙を貼った訴状1頁目以外の頁については，差替えの持参による訂正が可能である（担当書記官と訂正印による訂正か，差し替えるかを相談するとよい。）。ただし，裁判所によっては，訴状2頁目以降の差し替えでなく，訴状訂正申立書の提出を求められることもある。

(2)　窓口における通常の提出方法以外の訴状提出方法

　上記は裁判所の事件受付係の窓口で訴状を提出する方法について説明したが，これ以外にも，次の提出方法がある。

　ア　郵送による方法

　封筒やレターパック等に「訴状在中」と朱書したうえで，裁判所の民事事件係宛に訴状を郵送する方法がある。

　送付する際には，必ず送付状を付けるとともに，送付状に記載されたものと，印紙代や郵券などが違うことなどがないよう注意が必要である。

　また，郵送の場合には，配達状況次第では裁判所に届くまでに数日間を要する場合があるため，時効期間が迫っている場合，控訴や上告などの上訴期間がある場合などで，遠方の裁判所に送付する場合には，十分な余裕をもって送付すべきであろう。また，郵送する場合には，レターパックまたは書留・簡易書留等で送付する方がよい。

　イ　夜間受付への提出

　時効や，控訴期限が迫っている場合など，当日付で受付される必要がある場合には，裁判所の夜間受付に提出する方法がある。

東京地方裁判所では，厚生労働省庁舎側の道路から東京地裁と弁護士会館の間にある門扉を通って，「夜間受付」と書かれた蛍光灯を目印に直進し，階段を下りて，東京地裁の地下1階にある「夜間受付」に提出することになる。

　夜間受付の窓口では，訴状の中身はチェックせず，添付資料や印紙や郵券が添付されているかどうかを確認するだけで，補正は，後日，係属した担当部において行うことになる。

(3) 裁判所との進行の打ち合わせ

　(i) 裁判長からの授権を受けた裁判所書記官は，最初にすべき口頭弁論期日前に，当事者から，訴訟の進行に関する意見その他訴訟の進行について参考とすべき事項を聴取することができる（民訴規則61条）。

　そのため，訴状を提出すると事件受付係窓口又は係属部から「訴訟進行に関する照会書」が交付され，期日前に概略をファックスで回答する運用になっている裁判所もある。

　(ii) 例えば，東京地方裁判所における「訴訟進行に関する照会書」の照会事項は，チェックリスト式で，①郵便による送達の可能性，②被告の就業場所が判明しているか，③被告の期日への出頭可能性，④被告との事前交渉の有無，⑤被告との間の関連事件係属の有無，⑥事実に関する争いがあるか，⑦原告の和解希望の有無等である。このほか，事案によっては参考になる事項（代理人の有無，調停を経ていたものについては，その簡単な経緯等）を記載することもある。

　「訴訟進行に関する照会書」は，第1回口頭弁論期日の指定や事件の振り分けの参考になるため，原告代理人はできるだけ早期に回答することが望ましい。

　(iii) また，下記(3)の裁判所との期日の調整の際に，担当書記官から口頭で，上記①ないし⑦の事項を照会される場合もある。

(4) 裁判所との期日の調整

　担当書記官から原告代理人に，第1回口頭弁論期日の期日調整の連絡が入る。担当書記官が，原告代理人と期日の調整を行った後，呼出状に当該期日を記載（裁判長による期日指定。民訴139条）し，これを訴状等とともに被告

に送達する（民訴98条・138条）。原告代理人は，裁判所に期日請書を提出する。

(5) 訴状の送達について^(注21)

訴状記載の被告の住所に訴状の送達が試みられたが，送達不能に終わった場合は，原告代理人はいかにすべきか。以下のような方策が考えられる。

ア　再送達

被告の現在の住所，居所，営業所又は事務所が判明した場合や，特定の時間（早朝，夜間，休日）しか在宅しないことが判明した場合は，再送達（夜間，休日送達）の申請をなすことが考えられる^(注22)。

その際は申請書正本1通を裁判所（係属部）に提出すればよく，印紙の貼付も不要である。

交通事故事件においては，基本書証として交通事故証明書を取得して提出することが通常であるため，その当事者欄を見れば，被告の住所や電話番号を知ることができる。

しかし，事故から長期間経過するなどの事情により，被告が交通事故証明書記載の住所とは異なる場所を住所や居所としていることもあり得ないことではない。その場合は，交通事故証明書記載の住所や電話番号を手掛かりとして，住民票や戸籍の附票等を取り寄せる，電話番号から電話料金請求書送付先を弁護士会照会するなどして現在の住所・居所が判明する場合もある^(注23)。

イ　就業先送達

被告の住所が判然としないが，就業先は判明している場合には，就業先への送達の申請を行う。

申請書正本1通を裁判所（係属部）に提出すればよく，印紙の貼付も不要

(注21) 送達については裁判所職員総合研修所監修『民事実務講義案Ⅱ〔5訂版〕』（司法協会，2017年）1頁以下が参考になる。

(注22) 訴状提出時に上記の事態が判明している場合は，訴状提出と同時に申請することも可能である。

(注23) 東京弁護士会調査室編『弁護士会照会制度〔第5版〕』（商事法務，2016年）153頁以下，佐藤三郎，加藤文人，京野垂日編著『弁護士会照会ハンドブック』（きんざい，2018年）120頁以下。

である。

ウ 付郵便送達（民訴107条1項1号）

被告が住所や居所に住んでいるけれども，被告が不在であったり，受領拒否をして送達できなかった場合で，被告の就業場所が判明しないなどの事情があった場合は，書留郵便等に付する送達（付郵便送達）の上申をし，特別送達ではなく書留等による送達を試みる。

付郵便送達は，送達の原則である交付送達（民訴101条）の例外となる発信主義をとっているので，これを行えば，書留郵便物の発送時に送達の効力が生じる（民訴107条3項）。

申請書正本1通を裁判所（係属部）に提出すればよく，印紙の貼付も不要である。付郵便送達の申請を行うに際しては，被告の住民票又は戸籍謄本・戸籍の附票とともに，被告の住所，就業先の調査報告書が必要である。

付郵便は，被告が実際に郵便物を受領しなくても手続が進んでしまうため，被告の権利保護の要請から，付郵便を実施するためには，裁判所に対して，①被告が付郵便をするその住所地に確実に居住していること，②受送達者の就業場所が不明であることの二つの要件を満たしていることの説得的な所在調査報告書を提出する必要がある。

なお，就業場所に宛てて付郵便送達をすることはできないため，住所等が不明のため，調査の結果判明した就業場所に送達したところ，不在又は受領拒絶のために送達ができなかった場合には公示送達によるほかない（民訴110条1項2号）。

エ 公示送達（民訴110条）

被告の住所居所が不明である場合は，公示送達の申立てを行う。

申請書正本1通を裁判所（係属部）に提出すればよく，印紙の貼付も不要である。

その際には，被告の最後の住所や居所の場所に存在しないこと，就業場所がないこと又は就業場所が不明であることを疎明しなくてはならない。疎明資料としては，被告の住民票又は戸籍の附票，所在調査報告書等を提出する。

所在調査報告書には，現地調査の結果を，写真等を付して記載する。調査地の現状（応答がないか，表札が出ているか，水道ガス電気のメーターが回って

いるか，郵便受けに郵便物がたまっていないか）や近隣の住民からの聴取結果等を調査する。なお，近時オートロック式マンションの普及やプライバシーに対する権利意識の高まりにより，現地調査を行っても，表札やメーターを確認できないことが多い。このような場合でも，マンション管理会社（集合住宅の入口付近に連絡先等の記載があることがある）に，当該住所地に被告が居住しているか，居住していない場合は転居先を知っているか等を弁護士会照会にて照会すれば，回答が得られる場合もある（回答が得られない場合はそれ自体も調査報告に盛り込めばよい）。

公示送達は事実上被告に防御の機会がないままに判決が確定する可能性が高い手続であるので，裁判所に対して説得的な所在調査報告をする必要がある。

〔所在調査報告書の記載事項〕
① いつ，だれが，どこを調査したのか
② 水道・ガス・電気等の使用状況
③ 洗濯物の有無
④ 室内灯の点灯の有無
⑤ 表札，新聞，郵便物の状況
⑥ 管理人や近隣からの聴き取り
⑦ 就業場所に関する調査結果

4 書証の引用

訴状には，請求の趣旨及び諸求の原因（請求を特定するのに必要な事実をいう）を記載するほか，請求を理由付ける事実を具体的に記載し，かつ，立証を要する事由ごとに，当該事実に関連する事実で重要なもの及び証拠を記載しなければならない（民訴規則53条1項）。

「立証を要する事由ごと」に証拠の記載を要求する規則の趣旨に照らせば，当該証拠と訴状に記載した請求原因事実との対応関係が明確にわかるようにすべきであることから，通常，訴状中の表題（見出し）や文章末尾の箇所に，

「(甲第○号証)」と号証番号を記載したり,「(甲第○号証　○○)」と号証番号とともに証拠方法の表題を記載したりすることが多い。

　証拠と主張の対応関係を明確にすべきという要請は,訴状に限ったことではなく,答弁書あるいは準備書面においても同様に要求されている事柄であるが(民訴規則79条4項・80条1項),答弁書や準備書面においては,訴状ほどは,証拠の記載が徹底されていないように思われる。

　もっとも,代理人としては,立証が足りている部分がどこか,不足している部分がどこかを常に的確に把握しておくためにも,主張と証拠の対応関係には常に気を配るべきである。また,こちらの主張が証拠に基づくものであることを裁判官に理解してもらうために,客観的な証拠の裏づけがあるものについては,逐一引用するようにしたい。

　なお,書証の引用という問題は,後述する証拠説明書の機能とも密接に関連する。

5　書証の提出

(1)　一般的心構え

　民事訴訟法の定める証拠方法のうちでも,書証(ここでは証拠調べの対象となっている文書自体の意味で用いている。)は,特に重要である。なぜなら,文字によって作成者の思想,判断,認識,感情等が客観的に表現されているため,人証等に比べてより真実に近く,かつ,その余の証拠方法に比して比較的容易に収集・提出が可能であることから,極めて有効な証拠方法であると考えられているからである。

　また,集中証拠調べ(民訴182条)は,争点及び証拠の整理手続の中で確認された主要事実レベル及び重要な間接事実レベルでの争点について,人証調べを集中的に実施するものであるが,これは,争点及び証拠の整理手続において書証の取調べ(民訴170条2項)がなされることを前提としている。このように,書証は争点整理においても大きな役割を果たすのである[注24]。

(注24)　争点整理手続における書証の重要な機能については,現代民事法研究会著『民事訴訟のスキルとマインド』(判例タイムズ社,2010年)183頁以下に詳述されている。

代理人としては，事前に収集した資料の中から，立証命題が何か，何が最良証拠か，依頼者に不利な証拠ではないか等を的確に判断して証拠を提出しなければならないが，とりわけ書証の取捨選択については，その重要性に照らし，詳細な検討と慎重な判断が必要とされる。

(2) 事件処理の特定の場面における一般的な対応
　ア　書証提出の時期
　民事訴訟規則では，訴状には，立証を要する事由につき，証拠となるべき文書の写しで重要なものを添付しなければならないと規定されている（民訴規則55条2項）。したがって，訴訟提起の段階では，重要な文書を提出しなければならない。

　訴訟提起段階でどの書証をどこまで提出するか，また，その後の訴訟経過においてどの書証をどのタイミングで提出するかということは，ケースバイケースで判断しなければならない問題ではある。ただ，現行民事訴訟法が迅速な訴訟進行を図ることを目的としていることからすると，基本的には，書証は早期に提出することが望ましい[注25]。特に，重要な書証は，上述したとおり，争点整理において果たす役割も大きいものであるから，早期に提出することが要請される。

　また，重要な書証であるにもかかわらず，これを後れて提出することは，相手方に「偽造ではないか」といった不必要な疑念を抱かせるとともに，裁判官の心証をも悪くしてしまうおそれがある[注26]。

　他方で，相手方の訴訟態度や訴訟の進行具合によっては，例えば，証人尋問の際に弾劾証拠として使う目的であえて証拠を温存しておく，という戦術をとることもある。

　こうした場合には，時機に後れた攻撃防御方法として却下されないかとい

(注25) 東京弁護士会法友会新民事訴訟法実務研究部会編『実践新民事訴訟法：民事弁護の在り方とその対応』（ぎょうせい，1998年）18頁以下。
(注26) 具体的には，「かなり審理が進んだ段階で重要な処分証書や領収書等決定的な書証を提出するのは，偽造の疑いを抱かせることにもなり（相手方は必ずそのような主張をする。相手方からみればそのようにみえるのは当然のことであろう），避けるべきであろう」とされている（瀬木比呂志著『民事訴訟実務・制度要論』（日本評論社，2015年）191頁）。

う点にも注意しなければならない。却下とまで行かなくとも，上述したように，証拠の提出が遅いということ自体が裁判官の心証を悪くするということもある点にも配慮が必要であろう。ケースバイケースだが，裁判官に打ち合わせを申し出て，あらかじめ，証拠の提出をあえて遅らせる趣旨を説明し理解を得ておく，ということもあり得るであろう。

イ 提出の方法

書証を提出する際には，その書証の写しを作成し，あらかじめ裁判所には正本を，相手方には副本を提出する。書証の提出方法についての詳細は後述する（本章第3－4(1)エ参照）。

効果的な書証の提出方法として，次のような点が指摘されている[注27]。

(ア) 必要にして十分なものに絞ること

書証は，必要にして十分なものに絞って提出するということが指摘されている。

争点は何か，立証命題は何か，最良証拠は何か，依頼者に不利な証拠ではないか等といった考慮を慎重に行わず，書証を不必要に多く出し過ぎてしまうと，知らず知らずのうちに相手方に反論の余地を与えてしまっていたり，自ら提出した書証との間で相互に証拠価値を減殺してしまっていたりという結果を招くこともある。証拠の数は，「通常の訴訟では，多くとも20ないし30号証くらいまで，複雑な事件，損害関係の細かな立証が多い事件，経理関係の書証を多数提出する事件，文献を多数提出する事件などでも，うまく枝番号を活用すれば50ないし60号証くらいまでには収まるのではないだろうか」と指摘されている点は，参考になる[注28]。

(イ) 必ず証拠説明書を提出すること

裁判官は，弁護士が考えている以上に証拠説明書を重視している。証拠説明書については，後に詳述する。

(ウ) 一見して立証趣旨が明確でないものや全体を読むのに時間がかかるものについては，書証の写しの重要部分にマーカー（蛍光ペン）で

(注27) 瀬木比呂志「民事訴訟実務と制度の焦点」判タ1183号48頁以下。
(注28) 同号49頁以下。

線を引いておくこと
　この作業をしておくと，裁判所に当該書証の立証趣旨を理解させることが容易となる。
　　(エ)　文献等の証拠提出方法
　文献等を書証として提出する場合には，当該文献の表紙，該当ページ，奥付を写しとして提出するのが一般的である。また，コンメンタール等の一般的に参照される法律文献や判例タイムズ，判例時報といった裁判例については，証拠として提出すると大部になる場合には，証拠ではなく資料として提出する場合もある。
　　ウ　証拠説明書
　文書を提出して書証の申出をするときは，当該申出をするときまでに，文書の記載から明らかな場合を除き，文書の標目，作成者及び立証趣旨を明らかにした「証拠説明書」を提出しなければならない，とされている（民訴規則137条1項）。
　　(ア)　証拠説明書について
　書証の重要性が高いことは前述したとおりであるが，ある一時点における事実の立証において証拠価値が高い書証も，それだけでは，一定期間の事実の流れを立証することは通常困難である。証拠説明書は，点の立証となりがちな書証をつないで線の立証にする役割を担っている(注29)。
　証拠説明書は，規則上，「文書の記載から明らかな場合」を除き，原則として提出する義務がある。例外となる「文書の記載から明らかな場合」の意義については，単に「立証上の重要性に応じて詳細な証拠説明とするか簡潔な証拠説明に止めるかの違いを設けてよいとの意味に解しておくのが妥当」であるとの意見もあるほどであり(注30)，例外は狭く解釈される傾向にある。
　東京地裁のアンケートでも，平成8年の民事訴訟法改正後間もない頃には，証拠説明書が提出される割合は，合議事件で「8割以上」，単独事件で「大

（注29）「書証だけでは点の立証となりがちなところ，これらをつないで線の立証にする役割を担うのが証拠説明書，陳述書，人証等である」といわれている（門口正人編集代表『民事証拠法大系　第4巻（各論Ⅱ）』（青林書院，2003年）68頁以下）。
（注30）同書72頁。

体6割から7割ぐらい」であったが^(注31)，改正後10年を契機として実施された平成19年の「民事訴訟の運用に関するアンケート」においては，「必ず提出を求めている」という部が，実に94％にも上っている^(注32)。期日において，証拠説明書の提出を待って提出扱いとする（証拠説明書の提出がなければ提出扱いとしない）との裁判所の方針に遭遇した者も少なくないであろう。代理人としては，およそ書証の申出においては必ず証拠説明書を提出すると考えておいた方がよい。

(イ) 証拠説明書の意義

証拠説明書の意義については，平成8年の民事訴訟法改正によりこれが制度化されて以来，弁護士も，証拠説明書を基本的に適宜提出してきてはいるが，単に裁判官から指示されるから出しているというにすぎない者から，証拠説明書に積極的な意義を見出して作成・提出している者まで，様々であろうと思われる。

これに対し，裁判所は証拠説明書の意義をかなり重視しており^(注33)，「準備書面に準じる程度の重要性を有している」「出すなと言われても出すほうがよいくらい」とまで言われ，判決書を書く際には証拠説明書と照らし合わせながら書証の立証趣旨を確認し，簡潔なメモを取って起案に臨む裁判官も少なくないようである^(注34)。

代理人弁護士としては，改めて証拠説明書の意義を見直し，準備書面同様，その作成に意を用いるべきである。

証拠説明書の具体的な機能としては，書証の理解を容易にする（提出文書の理解容易機能），期日の事前に書証の内容を吟味・検討できる（提出文書の事前検討機能），証拠説明書の作成を通して真に必要な証拠のみを厳選できる（提出文書の厳選機能），期日に提出する書証の目次となる（提出文書の目次機

(注31) 東京地方裁判所，東京三弁護士会「新民事訴訟法・規則の運用に関する懇談会(4)」判時1665号9頁。
(注32) 東京地方裁判所プラクティス委員会第三小委員会「民事訴訟の運用に関するアンケート結果(2)」判タ1269号58頁以下。
(注33) 岡山弁護士会民事委員会編著『Q&A証拠説明書・陳述書の実務』（ぎょうせい，2014年）8頁以下。
(注34) 瀬木比呂志「民事訴訟実務と制度の焦点」判タ1183号49頁以下。

能），立証趣旨によって当該証拠の証拠価値を明らかにする（提出文書の証拠力引出機能），争点及び証拠の整理に役立つ（争点及び証拠の整理機能），提出文書で立証できている事実を省いて集中証拠調べを行うことができる（集中証拠調べ充実機能），書記官が作成する書証目録の「標目等」欄において証拠説明書を引用できる（書記官事務軽減機能）といった機能があるといわれている[注35]。

(ウ) **証拠説明書の提出**

証拠説明書の提出は，規則上，「当該申出をする時までに」提出すべきこととされていることに照らしても，できる限り早くすることが望ましい。訴状に証拠説明書を添付していない場合には，事案によっては，担当部の書記官から，訴状の補正等を求められた際に，あわせて証拠説明書も出してもらいたいとの依頼がなされることもある。調書判決事案の場合は，「当面は証拠説明書までは不要であろう」が，争いある事案については，訴状の作成と「同時に作成して提出しておくことが望ましい」と述べられている[注36]。訴状と同時に作成した場合，訴状の「証拠方法」の欄には，単に「証拠説明書のとおり」とする例も見受けられる。

また，訴訟係属後に追加で証拠を提出することもあるが，証拠の申出と証拠説明書は同時にされるべきであるから，たとえ一期日で書証を一点しか提出しない場合でも，証拠説明書は提出すべきであるし，実際，そのような運用となっている。

(エ) **書　式**

証拠説明書の書式は，日弁連のホームページにも掲載されている（https：//www.nichibenren.or.jp/contact/information.html）。

(オ) **書き方**

証拠説明書の書き方について定まったものがあるわけではないが，注意を払うべき点は少なくない[注37]。

証拠説明書の記載事項のうち，実質的に，最も配慮を要するのが立証趣旨

(注35) 岡山弁護士会民事委員会編著『Q&A 証拠説明書・陳述書の実務』10頁以下。
(注36) さいたま地方裁判所書記官・岡えりな，柏木扶美「証拠説明書について」判タ1239号65頁。

第1　訴え提起

欄の記載である。当該証拠によっていかなる事実を証明したいのかを要件事実レベルに限らず，間接事実レベルの事実まで，ある程度具体的に記載することが望ましい[注38]。立証趣旨の記載があまりに簡潔すぎては証拠説明書を提出する意味に乏しいが，逆に準備書面のように長文にわたる場合もかえって読みにくく，簡にして要を得た記載が必要である。

実務上も，通常その証拠から感得できる範囲（証拠の射程距離ともいえようか）で記載するにとどめている記載もあれば，その範囲を超えて，自らの主張まで記載しているとしか見られないような記載に出くわすことがある。

準備書面と証拠説明書（立証趣旨の記載）とは，相互に補完する関係にあるといえる。主張から証拠を見るのが準備書面，その逆で，証拠から主張を照らすのが証拠説明書（立証趣旨の記載）である。代理人としては，準備書面においてしっかりと証拠を引用しつつ（証拠説明書の重要性を理解していない代理人ほど，準備書面において証拠を引用していない），また，立証趣旨の記載においては書証のポイント（見方）を指摘しながら，裁判官に対し，説得的な主張をしていくことが大切である。

また，形式的なことであるが，証拠説明書(2)などと番号を振る方が，書面の整理上便宜である。

6 基本事例の場合

(1) 訴状の作成

A弁護士は，次の各項目に留意しながら，訴状を作成した（書式10）。

ア 当事者

読みやすさを重視して，末尾に別紙として当事者目録を添付した。もっとも，本件の当事者は原告と被告が1名ずつであるから，わざわざ別紙として当事者目録を作成するまでもないとの考え方もあり得る。

(注37) 号証番号，文書の標目といった個々の記載事項における形式的な注意点については，岡えりな，柏木扶美「証拠説明書について」判タ1239号65頁や，岡山弁護士会民事委員会編著『Q&A証拠説明書・陳述書の実務』が詳しいので，参照されたい。

(注38) 岡山弁護士会民事委員会編著『Q&A証拠説明書・陳述書の実務』36頁以下，岡えりな，柏木扶美「証拠説明書について」判タ1239号67頁。

イ　訴訟物

本件では，物損と人損につきそれぞれ損害賠償請求を行うところ，物損については民法709条による損害賠償請求権を訴訟物と考えた。他方で，人損については，証明責任を考慮したうえで，自賠法3条による損害賠償請求権を訴訟物と考えた。

ウ　訴訟物の価額

損害金元金の合計額を訴訟物の価額として記載した。

エ　請求の趣旨

被告に対する損害賠償金元金と，これに対する交通事故の日（不法行為日）から支払済みまで年5パーセントの割合による遅延損害金の支払を求め[注39]，訴訟費用は被告の負担とし，さらに，仮執行宣言を求めた。

オ　請求の原因

上記の請求原因事実を念頭に，具体的には以下のように請求原因事実を記載した。また，上記イで検討した訴訟物を「よって書き」に反映させた。

①　事故の発生（日時，場所，加害者，加害車両の種類及び車両番号，被害者，事故態様）
②　責任原因（過失の評価根拠事実）
③　治療の経過
④　損害の詳細（物損，治療関係費，通院交通費，休業損害，通院慰謝料，弁護士費用）

カ　抗弁への反論・再抗弁，その他関連事実の記載

㋐　予想される被告の主張に対する反論を行うか否かの検討

乙川花子は，本件訴訟提起前の交渉段階において，本件交通事故の原因は専ら甲野太郎の過失にあり，乙川花子には一切過失がない旨主張しており，「被告の過失の有無」が争点となることは訴訟提起の段階から明白である。

(注39) 2020年4月1日に施行される予定の改正民法では，法定利率は年3パーセントとされ，その後3年ごとに法定利率の見直しが行われる変動利率制が導入されることになるが（改正民法404条），金銭債務の遅延損害金について個別の事案においては，債務者が遅滞の責任を負った最初の時点における法定利率が適用される（改正民法419条1項）。基本事例では，事故日時が「平成○年」であり，改正民法施行前の法定利率が適用されるため，旧民法404条に従い，年5パーセントの遅延損害金を請求している。

そこで、A弁護士は、訴状作成の段階で実況見分調書を分析したうえ、次のとおり、乙川花子の主張に対する反論をあらかじめ考えた。

> ①実況見分調書記載の救急車（第二車線の右寄りを進行していた）と乙川花子車両の位置関係並びに救急車及び乙川花子車両の横幅の長さからすれば、乙川花子が救急車を避けるためには、最低限○メートル右方に移動しなければならないが、そうすると、乙川花子車両は一旦完全に第三車線に進路変更しているはずである。したがって、乙川花子車両は車線変更せずに当初から一貫して第二車線を走行していた旨の同人の主張は、事実とは全く異なる。
>
> また、②一旦第三車線に進路変更した乙川花子車両が合図もせずに再度第二車線に戻ってきたものであるから、甲野太郎には前方注視義務違反の過失はない。甲野太郎の車両は時速○メートルで進行しており、速度遵守義務違反の過失もない。

ただし、訴状の段階でここまで詳細な反論を記載すると却って事案の内容が複雑でわかりにくくなることは否めない。そもそも、訴状における甲野太郎の主張事実（乙川花子の過失の評価根拠事実）に対し、乙川花子が答弁書でいかなる事実を主張するかもあらかじめ明確ではないし、訴訟提起の動機として保険会社による保険金不払の事実も記載していることから、乙川花子が無過失を主張している旨を裁判所は容易に予測できるであろうこと等を考慮して、訴状の段階では、予想される被告の主張に対する反論までは記載しなかった。

(イ) 将来における請求拡張予定の記載

また、基本事例では、症状固定前に訴訟提起を行っているため、A弁護士は、将来において請求の拡張（後遺障害慰謝料及び後遺障害逸失利益の請求並びに訴訟提起後の治療費等の請求）をする可能性が極めて高いと判断した。

そこで、A弁護士は、裁判所が将来の訴訟進行に関する予測を立てることを可能にすべく、「原告は、未だめまいや吐き気に苛まれ、なお治療を継続中である。追って、請求拡張予定である」と記載した（書式10）。

(ウ)　訴訟提起の動機の記載

　さらに，本事例では，乙川花子が無過失を主張しているばかりか，同人が契約している保険会社も，保険金による治療費等の填補に難色を示しているなど，乙川花子の主張に歩調を合わせているものと思われる。

　そこで，A弁護士は，甲野太郎の損害が保険金によって填補されなかったうえ，乙川花子との事前交渉において無過失を主張され一切の支払を拒否されたために，やむを得ず訴訟を提起したという事情を裁判官に把握してもらい，裁判所による事案の把握の一助とすべく，保険会社との事前のやり取りの内容を簡潔に記載した。

(2)　書証の申出

　A弁護士は，甲第1号証から甲第10号証までを提出して書証の申出を行うこととし，訴状の「請求の原因」の欄には，請求原因事実及びその他の関連事実の記載とともに各証拠を付記した。

　A弁護士は，交通事故訴訟における最も基本的な書証である，交通事故証明書（事故の発生日時，場所，当事者〔住所・生年月日の記載を含む〕，車両番号，自賠責保険の保険会社，事故類型等が記載されたもの）を甲第1号証とし，立証趣旨を本件事故発生の事実として証拠説明書に記載した。同様に，交通事故訴訟における基本的書証である実況見分調書（事故現場及びその周辺の状況，各車両の移動経路，事故が起きた地点等が記載されている）を甲第2号証とし，立証趣旨を本件事故の態様と考えた。立証趣旨の欄には，「本件事故の態様」とのみ抽象的に記載するのではなく，当該書証と原告の主張との結び付きを裁判官に容易に把握してもらえるよう，交通事故の態様に関する具体的な事実を記載した。

　A弁護士は，上記以外にも，訴状記載の損害の項目及び本件交通事故と各損害との因果関係につき，診断書（甲第3号証），診療報酬明細書（甲第4号証），病院の領収書（甲第5号証），車両修理の領収証（甲第6号証），通院交通費に関する報告書（甲第7号証），タクシーの領収証（甲第8号証），売上帳（甲第9号証），内容証明郵便及びその配達証明書（甲第10号証の1，2）の各書証の申出を行い，それぞれにつき立証趣旨を具体的に明示しつつ証拠説明書に記載した（書式11）。

7 他の紛争類型への応用

(1) 訴状の作成

(i) 他の紛争類型においても，要件事実の脱漏がないように，十分注意しなくてはならないことは当然である。

加除式の民事訴訟手続研究会編『最新民事訴状・答弁書モデル文例集〔改訂版〕』（新日本法規出版）には，様々な紛争類型における訴状のモデル文例が掲載されている。このほか，事件類型ごとにモデル訴状や主張立証の整理に関する考え方を示した書籍や判例タイムズ等法律雑誌の論文等は多数あるので，各自参照されたい[注40]。

(ii) 紛争の実態を理解するために，一定の業界慣習や前提知識が必要となる事案においては，それを裁判官にわかりやすく伝える必要がある。例えば，システム開発をめぐる紛争であれば，どのような工程で開発が進んでいくのかといったことや，そのシステム自体を理解するための前提知識がどのようなものなのかといったことを，正確にかつわかりやすく説明する必要がある。

弁護士自身がその専門領域や業界の知識を有している場合や，依頼者との打合せで十分な理解をした場合には，自身の知識や理解を前提としたうえで，その部分の説明を省略して訴状を作成してしまいがちである。そうすると，その点の整理に期日を費やすことになるうえ，場合によっては不正確な争点整理がされるおそれもある。

代理人としては，訴訟が正確な理解に基づき進行するよう訴状作成段階から工夫すべきである。

(注40) 東京地方裁判所プラクティス委員会第三委員会「遺留分減殺請求訴訟における遺留分算定について　計算シートによるモデル訴状の提案」判タ1345号34頁，東京地方裁判所民事部プラクティス委員会第二小委員会「遺言無効確認請求事件を巡る諸問題」判タ1380号4頁，東京地方裁判所医療訴訟対策検討委員会「医療訴訟の審理運営指針（改訂版）」判タ1389号5頁，名古屋地方裁判所民事プラクティス検討委員会第2分科会「請負報酬請求事件における追加工事変更工事に関する実務上の諸問題」判タ1412号87頁，佐々木宗啓ほか編著『類型別労働関係訴訟の実務』（青林書院，2017年），清水陽平，神田知宏，中澤佑一共著『ケース・スタディ　ネット権利侵害対応の実務：発信者情報開示請求と削除請求』（新日本法規出版，2017年）。

(2) 書証の申出

ア 基本的な書証

境界確定訴訟，所有権確認訴訟，遺言無効確認訴訟，遺留分減殺訴訟，名誉毀損訴訟，金融関係取引訴訟等のケースにおいては，通常提出されるべき基本書証が存在するので，訴訟類型に応じて，基本的書証を漏れなく提出するようにすべきである。

イ その他

また，東京地裁においては，医療訴訟の場合，甲Ａ号証（カルテ等診療経過に関する書証），甲Ｂ号証（医療文献等），甲Ｃ号証（損害関係の書証）等と分類して提出する運用がとられている（東京地方裁判所医療訴訟対策検討委員会「医療訴訟の審理運営指針（改訂版）」判タ1389号5頁）。このように，事件類型毎に特別な運用をしている裁判所もあるので，注意されたい。

上記のほか，当事者が複数の場合，例えば三面訴訟等の場合にそれぞれ号証番号を，甲号証，乙号証，丙号証などとすることがある。多くの場合，第1回口頭弁論期日において裁判官から指示があるから，それに従えば足りると思われる。

第2 口頭弁論

1 第1回口頭弁論期日

(1) 口頭弁論の意義

口頭弁論とは，「受訴裁判所の面前で当事者双方の関与の下に口頭で弁論および証拠調べを行って裁判資料を収集しそれに基づき裁判をする審理手続ないし審理方式を指す」(注41)。

裁判所は，訴えが提起された場合，訴訟物たる権利関係の存否の判断を行って紛争を公権的に解決する義務を負い，当事者は，かかる権利関係の判断のために必要な事実（原告の請求原因事実，被告の抗弁事実等の主要事実，及び，これらの主要事実に関連する間接事実等）の主張を行う。裁判所は，当事者が主張した事実のうち，自白の拘束力（民訴179条）を前提として，裁判

所の判断の対象となるべき争いのある事実を確定する。当事者は，争いのあることが確定した事実について，その責任と権能において収集した証拠につき証拠申出を行い（弁論主義第 3 テーゼ。本章第 3 － 3(3)参照），裁判所は，これらについて証拠調べを行って，訴訟物たる権利関係の判断に必要な事実につき心証を形成し（自由心証主義。民訴 247 条），終局的判断に至る。

　このような審理の過程は，訴訟物・請求の当否に関する判断資料の提出（攻撃防御）の機会を両当事者に認め，双方の対立構造の下に裁判所が適切な訴訟指揮を行うことによって終局的判断に至るまでの判断資料を得る手続を意味し，処分権主義・弁論主義等に象徴される当事者主義を基調としつつ，手続進行については公平中立な第三者たる裁判所が主宰する職権進行主義の建前がとられている。そこでは，公平かつ適正迅速な裁判を実現すべく，当事者権保障の下，訴訟主体としての地位を付与された当事者と，国家により公権的判断の権能を付与された裁判所の作業分担・協同作業が要請される(注42)。

　上記のような当事者主義・当事者権保障の見地から，①最も厳格な判断形式である判決で裁判をすべき場合は，裁判所において必ず口頭弁論が開かれなければならず（必要的口頭弁論。民訴 87 条 1 項），②口頭弁論に顕れた事実主張及び証拠のみが裁判資料として判決の基礎となる。

(注 41)　裁判所職員総合研修所監修『民事訴訟法講義案〔三訂版〕』（司法協会，2016 年）96 頁は，口頭弁論を，「訴訟手続中において，当事者が主張立証・攻撃防御を尽くし，証拠調べを経ることによって，裁判所が争点に関して心証を形成して最終判断に至るまでの訴訟審理の時間的・場所的空間」と定義する。なお，口頭弁論は，期日における当事者あるいは裁判所の訴訟行為の意味でも用いられる（上田徹一郎著『民事訴訟法〔第 7 版〕』（法学書院，2011 年）245 頁）。その中でも，①当事者による本案の申立て・攻撃防御方法の提出，裁判所による訴訟指揮・証拠調べ・判決言渡しをすべて含むものを意味する場合（最広義：民訴 152 条・160 条 1 項等），②最広義の口頭弁論から判決の言渡しを除いたものを意味する場合（広義：民訴 158 条・251 条等），③広義の口頭弁論から証拠調べを除いたものを意味する場合（狭義：民訴 87 条・150 条・155 条等）等がある（裁判所職員総合研修所監修『民事訴訟法講義案〔三訂版〕』97 頁）。

(注 42)　裁判所職員総合研修所監修『民事訴訟法講義案〔三訂版〕』95～96 頁，伊藤眞著『民事訴訟法〔第 5 版〕』（有斐閣，2016 年）233 頁，藤田広美著『解析民事訴訟〔第 2 版〕』（東京大学出版会，2013 年）257～258 頁。

(2) 口頭弁論における諸原則[注43]

上記のような，弁論及び証拠調べの手続を規律する審理方式は，以下に述べる諸原則に基礎を置く。弁護士としては，口頭弁論の意義及びこれら口頭弁論の諸原則を十分に理解したうえで，活発に攻撃防御方法の提出活動を行い，また，異議権・責問権を適切に行使するなど，裁判所に対し積極的に職権発動を促すなどの方法を用いて，裁判所との協同作業分担によって依頼者の利益を最大化するような訴訟活動を実現すべきである。

ア 公開主義

訴訟の審理及び裁判を国民一般の傍聴し得る状態で行うべきことをいう。裁判の公開原則は，憲法上の要請であり（憲法82条1項），その趣旨は，裁判を一般国民の監視の下に置き，審理の適正・公正を制度として保障することにより，裁判に対する国民の信頼を確保することにある。

イ 双方審尋主義

当事者権保障の趣旨から，事実や証拠を含む攻撃防御方法の提出について，対立当事者双方に平等に機会を与えるべきとする審理原則をいう。武器対等の原則，当事者対等の原則ともいい，適正な裁判を受ける権利（憲法32条）の訴訟法上の発現である。

判決手続における口頭弁論は，対立当事者を同一期日に呼び出して攻撃防御を尽くさせるという双方審尋主義を最も徹底した形態である。

ウ 口頭主義（⇔書面主義）

審理における当事者及び裁判所の訴訟行為，殊に弁論及び証拠調べを口頭によって行わせる原則をいい，口頭で陳述されたもののみが，訴訟資料となる。直接主義と結合することで，当事者が口頭で陳述した事実を裁判所が直接把握し，新鮮な心証形成を可能にする。また，公開主義と結合することで，弁論を活性化する。

エ 直接主義（⇔間接主義）

事実認定のための弁論の聴取及び証拠調べを，判決をする受訴裁判所の裁

(注43) 裁判所職員総合研修所監修『民事訴訟法講義案〔三訂版〕』97～100頁，上田徹一郎著『民事訴訟法〔第7版〕』246～252頁，藤田広美著『解析民事訴訟〔第2版〕』257～259頁，伊藤眞著『民事訴訟法〔第5版〕』262～274頁。

判官自身が行う原則をいう（民訴249条1項）。口頭主義と結合することで，裁判官自身の五感の作用に基づき事実認定を行うことが可能となり，弁論内容の理解・真相の解明に多大な寄与をなす。

(3) 第1回口頭弁論期日

ア　事件の振り分け

裁判官は，事前に提出された訴状及び答弁書（及び各書面に対応して提出された書証）を熟読したうえ，第1回口頭弁論期日に臨み，そこで必要な求釈明等を駆使して必要な情報を収集しながら，原告が提示する訴訟物，請求原因事実及びこれに関する重要な間接事実の確認，並びに，被告の応訴態度を確認し，その後の審理計画を立てる（調書判決となりそうであるか，争いのある事案だから争点整理を進めるか，付調停にするか等）(注44)。

したがって，被告代理人となった弁護士は，答弁書において，訴状記載の事実に対する正確な認否を行ったうえ，原告の主張事実を否認する理由や抗弁事実を証拠を付記しつつ具体的に記載し，第1回口頭弁論期日における，当事者及び裁判官による活発な議論により適切な今後の審理計画がなされるよう，可能な限り努力すべきである。

イ　陳述擬制（民訴158条）

もっとも，被告となった依頼者が答弁書提出期限間際になってようやく法律事務所に駆け込み，弁護士がその事件を受任した場合には，被告代理人弁護士は，提出期限との関係で，請求の趣旨に対する答弁及び簡潔な認否のみを記載した答弁書を提出せざるを得ないときがある。また，指定された第1回口頭弁論期日に既に予定が入っていれば，被告代理人は答弁書を提出しただけで期日に出頭できないときもある。

この場合，被告代理人が提出した答弁書の内容は陳述したものとみなされる（民訴158条）ので，原告（代理人）への事情聴取のうえ，被告代理人不在の下で今後の事件の進行がある程度決まってしまうことがある（事件を弁

(注44) 司法研修所編『民事訴訟のプラクティスに関する研究』（法曹会，1989年）64〜72頁。旧民事訴訟法下のプラクティスに関する書籍であるが，第1回口頭弁論期日における事件の振り分けに関しては，現行民事訴訟法下におけるそれと本質的には何ら変わりない。

論準備手続に付するか等）。

　被告代理人が受任後間もない場合，被告代理人としてはやむを得ず請求の趣旨に対する答弁のみを記載し，請求原因事実については追って認否するとのみ記載した答弁書を出さざるを得ない場合もあろう。訴訟事件の適正・迅速な解決のため，第1回口頭弁論期日において，最低限被告の主張の概要が把握できる程度の答弁書を提出しておきたい(注45)。

2　答弁書の作成（書式13参照）

(1)　一般的な心構え

　(i)　答弁書は，被告の作成する準備書面で，訴状に基づく原告の請求の趣旨に対する被告の答弁等を記載した最初の書面である。被告から訴訟委任を受けた弁護士は，訴状に記載されている原告の主張事実について，被告の主張や証拠関係を詳細に聴取し，調査をしたうえで答弁書を作成する。

　(ii)　答弁書の形式については，準備書面と概ね異ならないが，訴訟代理人の表示は，氏名だけでなく，郵便番号，電話番号，ファックス番号も記載する（民訴規則80条3項・53条4項）。通常は，住所（送達場所），事務所名もあわせて記載する。

　(iii)　その他の答弁書の記載内容については，民事訴訟規則79条及び80条を十分に理解・把握することに尽きる。請求の趣旨に対する答弁，請求の原因に対する認否以外の記載について，「できる限り」抗弁事実（要件事実），間接事実，補助事実に分けてわかりやすく記載すべきである（民訴規則79条2項・80条1項）ことは，訴状の場合と同様である。

　また，抗弁事実（要件事実）及び重要な間接事実に関して，立証の対象となる事実ごとに書証を引用して記載すべきであることも，訴状の場合と同様である（民訴規則80条1項）。

(2)　答弁の準備

　答弁書を作成する前に，訴状が管轄や当事者適格等の訴訟要件を具備しているかを検討する（訴訟要件を欠く場合には，本案の答弁をする前に本案前の答

(注45)　したがって，認否漏れのないよう，十分に注意する必要がある。

弁をする必要がある。なお，訴訟要件の詳細については司法研修所編『〔7訂〕民事弁護の手引』（日本弁護士連合会，2005年）99～100頁参照）。

また，答弁書を作成するにあたっては，原告が提示した訴訟物が何か，請求原因である要件事実や抗弁となる事実は何か等を検討することはもちろんのこと，事件の背景の聴取等を通じて，争点や事件のスジを把握することが重要である。

(3) 請求の趣旨に対する答弁
ア　本案前の答弁
管轄違いによる移送の申立てや，訴訟要件を欠く場合に「本件訴えを却下する」判決を求める旨の答弁は，本案の答弁とは区別し，通常は，請求の趣旨に対する答弁に先立ち別項で記載する（なお，訴訟要件に関しては，原則として裁判所の職権調査事項であるから，その発動を促す意味を有するにとどまる）。

管轄違いの抗弁を提出しないで本案につき弁論等すると，原則として応訴管轄が生じるので注意が必要である（民訴12条）。

イ　移送の申立て
なお，受訴裁判所に管轄がある場合でも，簡易裁判所が管轄を有する事件であるが，複雑で地方裁判所に移送した方が適当かつ被告に有利な場合や，遠隔地での裁判所での訴訟活動が被告に不利な場合など，移送の申立てを検討すべき場合もある（民訴17条・18条参照）。これらの場合は，別途移送申立書を起案して詳細に理由を論じることも視野に入れるべきである。

ウ　本案の答弁
原告の請求が理由のないときは，「原告の請求を棄却する」との判決を求める。原告が同一の被告に対して数個の請求を併合した場合は，「原告の請求をいずれも棄却する」との判決を求めるのが正確である。

原告の請求をそのまま正当とするときは，請求の認諾をする。この場合，その旨が調書に記載され，これにより訴訟は終了する（民訴266条・267条）。

エ　付随的申立て
請求の趣旨欄の記載に応じて，「訴訟費用は原告の負担とする」旨の申立てを行うのが慣例である（裁判所の職権発動を促す意味を有するにとどまる。

民訴67条参照）。

また、仮執行宣言が申し立てられた場合には「仮執行免脱宣言」の申立ても検討する（裁判所は申立てにより、又は職権で担保を供して仮執行を免れることができる旨を宣言することができる。民訴259条3項）。

(4) 請求の原因に対する認否（答弁）

ア 意 義

原告が主張する要件事実や重要な間接事実について、被告がどの点を争い、どの点を認めるのかを明らかにすることである。

したがって、原告の主張が訴状で明確になっていない場合には、釈明を求め、これが明らかとなってから答弁すべきである。

イ 認否の態様

(ア) 認める

被告が原告の主張する主要事実を認めると自白となり、証拠を要しないのみならず、裁判所はこれに反する認定が許されなくなる（民訴179条）。

ひとたび自白すると、その撤回は、相手方の同意又は自白が真実に反し、かつ、錯誤に基づいてなされたものであることを証明した場合でなければ許されない。

なお、当事者が口頭弁論において相手方の主張した事実を争うことを明らかにしない場合には、その事実は自白したものとみなされる（民訴159条1項）(注46)。

(イ) 否認する

否認とは、相手方の主張事実が真実ではない、又は存在しないという事実上の陳述である。被告が否認した事実については、原告が証明しなければならない。

(ウ) 不 知

不知の陳述は、相手方の主張事実を争ったものと推定される（民訴159条2項）。推定とは、否認の効果を認めることが不合理な場合を除いては、否認として取り扱うという意味である(注47)。

(注46) したがって、認否漏れのないよう、十分に注意する必要がある。

㈏　争う

　請求の原因の記載の中に法律上の主張が入っていることがあるが（書式10の「請求の原因」2項・6項参照），被告としてこれを認めない場合には「争う」と答弁する。

⑸　被告の主張（抗弁等）

　答弁書の内容には，「請求の趣旨に対する答弁」及び「請求の原因に対する認否」にとどまらず，抗弁，積極否認等，原告の請求を妨げるための事実上の主張及び法律上の主張が含まれる（民訴規則80条1項前段参照）。簡単な内容であれば，認否に付随する形式で記述することもあるが（例：「○○○○の事実は否認する。事実は○○○○である」），まとまった分量の内容になるときは別の項を設けて記載した方がわかりやすい。

　答弁書は最初に提出される準備書面であるから，証拠の検討や事実関係の綿密な調査から得られた間接事実を取捨選択したうえ，裁判官に主要な争点に関する予測を得させ，また，訴訟指揮や事件処理の方針の見込みを得させることができる程度に（いわゆる「裁判官による事件の振り分け」が可能な程度に）被告の主張を展開すべきである。

　しかしながら，被告にとって有利な事実であったとしても，立証面の準備が整っていないような場合には，提出の可否及び時期について慎重な配慮を要し，答弁書における主張は留保して，後に提出する準備書面中における記載を検討すべき場合もあるので，「場当たり的」な対応は避けるべきである。

　また，原告が提示する訴訟物や原告が主張する請求原因事実が不明瞭な場合には，答弁書で詳細な認否・反論を行うよりも，訴状の記載における不明瞭な点に関する裁判官の訴訟指揮を経て，議論の対象となる点につき三者でコンセンサスを得たうえで詳細な認否・反論をした方がよい場合もある[注48]。

(注47) 相手方が主張するある事実につき「不知」と陳述した場合，その事実を争ったものと推定される（民訴159条2項）が，争ったものとみなされる訳ではない。「不知」の理由が不明確・不合理である場合等は，「不知」との陳述にもかかわらず，弁論の全趣旨により「争いがない」と認定されることがあり得るので，十分な注意が必要である。
(注48) 瀬木比呂志著『民事訴訟実務入門』（判例タイムズ社，2010年）25頁。

(6) 証拠方法

　答弁書には，立証を要する事由につき，重要な書証の写しを添付しなければならない（民訴規則80条2項）。

　そこで，本文末尾に「証拠方法」欄を設け，「乙第○号証　○○○○」というように提出予定証拠を記載し，その写しを答弁書の各通に添付する。

(7) 附属書類

　答弁書の末尾に「附属書類」欄を設け，答弁書に添付して同時に提出する書類の標目とその数を表示する。

　通常は，訴訟委任状を表示するが，証拠方法欄に書証を記載したときは，「乙号証写し各1通」というように記載を付加する。

3　答弁書の提出

(1) 提出方法

　答弁書は，裁判所に提出するとともに，原告（原告が複数いる場合には原告ごと，訴訟代理人が付いている場合には訴訟代理人）に直送する（民訴規則47条1項・83条1項）。

　原告は，受領した旨を記載した書面を，被告に直送するとともに，裁判所に提出する（民訴規則47条5項）。通常は，答弁書の送付書下欄に，受領年月日及び受領受取人欄のみ空欄の受領書面を記載しておき，受領者の便宜を図っている。また，これらのやり取りにはファックスが用いられることが多い（書式14）。

(2) 提出期限

　訴状副本に沿えて送達される期日呼出状に答弁書提出期限が指定されている（民訴162条）。通常は第1回期日の1週間前である。

　第1回期日直前に受任を受けた場合や，被告本人と十分な打ち合わせができなかった場合には，やむを得ず，期日当日に答弁書を提出したり，請求の趣旨に対する答弁のみを行って，請求原因に対する認否を次回にすることとして期日の続行を求めたり，あるいは期日の変更を申請したりする場合もある。

(3) 提出の効果

第1回期日に限り，出頭できない場合でも，答弁書を提出しておけば，その記載事項は陳述したものとして弁論が進行する（擬制陳述。民訴158条。なお，簡易裁判所においては擬制陳述の範囲が拡張されている。民訴277条）。答弁書を提出せずに口頭弁論期日に出頭しないと，原告の主張を自白したものとみなされてしまうので（民訴159条），注意が必要である。

なお，陳述擬制の場合，第2回期日の調整の便宜のため，答弁書と同時に上申書を提出し，答弁書の陳述擬制を希望する旨とあわせて第2回期日の候補日の希望を裁判所に伝えておくと，事務処理が円滑になる。

4 基本事例の場合

(1) 答弁書の作成

B弁護士は，次の各項目に留意しながら，答弁書を作成した（書式13）。

ア 請求の趣旨に対する答弁

本案前の答弁に関し，これを行うべき事情（管轄違いや不起訴合意等）がないことを確認した。

本案の答弁に関し，原告は，不法行為（民法709条）に基づく損害賠償請求をベースとしつつ，人損についてはその特別法である自賠法3条に基づく損害賠償請求を選択的に併合していることから，数個の請求を併合している場合として，「原告の請求をいずれも棄却する。」との判決を求めた[注49]。

付随的申立てに関し，「訴訟費用は原告の負担とする。」との一般的な記載に加えて，念のため，「仮執行免脱宣言」の申立てをした。

(注49) 司法研修所編『〔10訂〕民事判決起案の手引』（法曹会，2006年）10頁。「複数の請求を併合している場合，例えば，数個の債務の履行請求を単純に併合している場合，あるいは同一額の金員の請求を不当利得による返還請求権と不法行為による損害賠償請求権に基づいてする場合のように予備的ないし選択的に併合して行う場合，原告敗訴の主文は，『原告の請求をいずれも棄却する。』とするのが正確である。もっとも，主たる請求と附帯請求をいずれも棄却する場合は，単に『原告の請求を棄却する。』と判示するのが例である。」

イ 請求の原因に対する認否
　㋐ 「請求の原因」第1項「事故の発生」について
　交通事故証明書や実況見分調書の記載から明らかな(1)及び(2)の事実は認めた。

　(3)(4)及び(5)の記載については，それぞれ，「加害者　被告」「加害車両　被告車両」「被害者　原告」との記載が，「被告の過失により原告が損害を被った」との甲野太郎の一方的な主張に基づくものであるから，否認した。

　(6)の記載については，乙川花子の車両が第二車線に進路変更した旨の記載及び乙川花子が第二車線の安全を確認せずに同車線に侵入したとの記載につき，真実と相違すると判断し，否認した。その際，簡潔ながら，乙川花子の言い分を積極的に主張して反論した（理由付否認）。

　㋑ 「請求の原因」第2項「責任原因」について
　注意義務の内容及び注意義務違反の態様に関する訴状の記載につき，これらを基礎付ける具体的な事実の記載が真実と相違すると判断し，全体としてその法的評価を争うとともに，事実に関する記載部分の反論は後述する「被告の主張〜本件事故態様」に譲ることとした(注50)。

　㋒ 「請求の原因」第4項「損害の発生」について
　甲野太郎が低髄液圧症候群に罹患しているとの主張については不知とすることも考えられたが，何ら客観的根拠が示されていないことから，あえて明確に否認した。

　甲野太郎が掲げている各損害の費目につき，乙川花子が損害賠償義務を負うとの甲野太郎の主張は明確に争った。

ウ　被告の主張
　B弁護士は，「回答書」（書式9）における記載と矛盾・齟齬しないよう細心の注意を払いつつ，「被告の主張」として，①乙川花子が第二車線に車線変更した事実はないこと及び②本件交通事故は専ら原告の過失によるもので

(注50) 柴崎哲夫，牧田謙太郎著『裁判官はこう考える弁護士はこう実践する民事裁判手続』（学陽書房，2017年）78頁及び90頁においては，弁護士及び裁判官の両名とも，「『否認』のコーナーと『被告の主張』のコーナーを分け，『否認』のコーナーでの反論は2，3行程度にとどめる」ことを勧めている。

あって被告に過失はないことを記載し，乙川花子が主張するストーリーを具体的かつ明解に主張して，答弁書の段階で争点を明確にするよう努めた。

エ　求釈明

原告において休業損害を主張する場合に通常提出されるべき証拠[注51]が提出されていないことから，B弁護士は，損害論についても立ち入る必要が生じた場合に備え，原告にこの提出を促すべく求釈明を行った。

(2)　第1回口頭弁論期日

平成○年○月○日に開かれた第1回口頭弁論期日では，A弁護士及びB弁護士の双方が出頭し，A弁護士において訴状を，B弁護士において答弁書を，それぞれ陳述した。また，同人らがそれぞれ持参した各書証の原本について[注52]，裁判所は，証拠説明書に基づき，その取調べを行った。

答弁書の内容から，事故態様や被告の過失の有無等が重要な争点となることが判明したため，A弁護士は，原告の主張立証の補充並びに被告の主張に対する反論及び反証を行うべく，答弁書に対する反論書面及び関連する書証を提出する旨を述べた。

裁判所は，A弁護士及びB弁護士双方の意見を聴取したうえ，事件を弁論準備手続に付した。さらに，裁判所は，A弁護士から準備に必要な期間を聴取し，日程を調整したうえで，次回期日を指定し，原告の反論書面及び証拠の提出期限を期日の1週間前と定めた。

5　他の紛争類型への応用

答弁書に記載すべき内容は，事案や原告の請求の在り方等に左右されるた

(注51)　紛争類型別の主要な証拠については，群馬弁護士会編『立証の実務〔改訂版〕』（ぎょうせい，2016年）等を参照のこと。

(注52)　原本確認の重要性についての詳細は，司法研修所編『民事訴訟における事実認定』（法曹会，2007年）180～184頁参照のこと。同書は，書証の折り目，紙質，紙の変色，朱肉の色合い・濃さ等が写しからは明らかにならない例等を取り上げ，「原本の閲読による書証の取調べは，最も基本的なこととして強調されても強調されすぎることはない。原本の確認をすることが，的確な事実認定をする上で最も重要なことである『問題点を発見すること』に関して一つの重要な手掛かりを与えてくれることが多い」と説いている（同書180頁）。

め，必ずしも一般化できるものではない。

　もっとも，紛争類型ごとに典型的な攻撃防御方法及び重要な間接事実というものが存在し，体系化も進んでいるため，抗弁事実については，司法研修所編『〔改訂〕紛争類型別の要件事実』（法曹会，2006年）及び岡口基一著『要件事実マニュアル〔第5版〕』シリーズ（ぎょうせい，2016～2017年）等を，また，重要な間接事実については，河村浩，中島克己著『要件事実・事実認定ハンドブック〔第2版〕』（日本評論社，2017年）555～586頁の「巻末付録　経験則一覧表」及び村田渉編『事実認定体系』シリーズ（第一法規，2015年～）等を，それぞれ参照しつつ，その中から各事件に応じた主張を選択し，これに肉付けすることで足りる場面も少なくない。

　一例として，貸金返還請求訴訟において，金銭授受は認めつつ，返還合意はなく，授受の趣旨は贈与であるという方向で答弁書を起案する場合を検討してみよう。この場合，通常，被告のストーリーに関連する重要な間接事実として，贈与を推認させる授受前の事情（当事者の関係性，金銭授受に至る事実経過，借主側の返済能力の有無），授受時の事情（交付金額が端数のついた数字か否か，交付金額の多寡，交付時の言動，金銭消費貸借契約書その他関係書面の作成の有無及び記載内容）及び授受後の事情（貸主側の返還請求の有無，双方の返還請求を前提とする言動の有無，事後の交渉経過の内容）等を記載する(注53)，一方で，返還合意が為されていたと認定された場合に備え，（主張可能であれば）抗弁事実として消滅時効に係る事情等も記載することになるであろう(注54)。

　なお，当事者が株式会社の場合には商法や会社法の規定が適用されたり（例えば，取締役会決議を欠く重要な財産の処分として無効主張できることがある。），当事者が事業者及び消費者の場合には消費者契約法や特定商取引法の規定が適用されたりする（例えば，法定書面を受領していないためクーリングオフを主張できることがある。）ため，適宜，特別法等にも目を配る必要があることは言うまでもない。

（注53）河村浩，中島克己『要件事実・事実認定ハンドブック〔第2版〕』565頁以下。
（注54）司法研修所編『〔改訂〕紛争類型別の要件事実』34頁以下。

第3 争点・証拠の整理手続

1 はじめに

(1) 争点及び証拠の整理手続の中で特に弁論準備手続を取り上げた理由

　現行の民事訴訟法は，適正・迅速な争点及び証拠の整理を実現するため，準備的口頭弁論（民訴 164 条以下），弁論準備手続（民訴 168 条以下），書面による準備手続（民訴 175 条以下）の三つの制度を設けている。

　三つの制度は，「事件の性質や規模，難易度，当事者の出頭の容易さなどに各手続の特色を勘案して適切に選択し運営」すべきものとされており，各制度の間に原則⇔例外の位置付けはない^(注55)。

　もっとも，実際の民事訴訟では，圧倒的に弁論準備手続が利用されていることから，本書では，特に弁論準備手続について取り上げることとした。

(2) 争点及び証拠の整理手続の中で書証，準文書の証拠調べ等を取り上げた理由

　詳細については後述するが，現行の民事訴訟法は，適正・迅速な争点及び証拠の整理の実現のため，弁論準備手続の中で書証・準文書の証拠調べを行うことができると規定し，また，検証，鑑定，調査嘱託その他証拠の申出に関する裁判を行うことができると規定している（民訴 170 条 2 項）。

　民事訴訟実務でも，この点を踏まえ，当事者は，弁論準備手続の中で，可能な限り主要事実・重要な間接事実及びこれらに関する証拠に基づいて主張立証を尽くし，裁判所は，弁論準備手続の中で，当事者から提出された準備

(注55) 裁判所職員総合研修所監修『民事訴訟法講義案〔三訂版〕』（司法協会，2016 年）160 頁注 5。　なお，準備的口頭弁論は，「傍聴人が多い事件（たとえば公害事件，労働事件，大規模な労災事件など）や当事者がとくに公開を希望する（逆に言えば弁論準備手続等を拒絶する事件）に向いているが，法廷（特にラウンドテーブル法廷）を必要とするなどの物理的制約を伴う。」とされている。また，書面による準備手続は，「当事者・訴訟代理人が裁判所に出頭することの負担を軽減する機能を重視すれば広く用いられる可能性がある（中野貞一郎，松浦馨，鈴木正裕編『新民事訴訟法講義〔第 3 版〕』（有斐閣，2018 年）297 頁）とされているが，実際には利用される例は少ない。

書面及び証拠に基づいて（人証調べ前の暫定的な）心証形成を行う運用がなされている。

そこで，本書籍では，争点及び証拠の整理手続（弁論準備手続）の項目の中で，書証・準文書をはじめとする証拠について触れることとした[注56]。

2 弁論準備手続とは

(1) 弁論準備手続の制度概要・目的

弁論準備手続は，「争点及び証拠の整理を行うため」に必要があるとき，裁判所が，当事者の意見を聴いて行う手続である（民訴168条）。

一般公開を要しない点（民訴169条2項），当事者双方の期日立会権が認められる点（民訴169条1項），審理につき口頭弁論の規定の準用がある点（民訴170条5項），準備書面の提出・文書等の証拠調べ・証拠の申出に関する裁判等，なし得る訴訟行為につき個別に規定が設けられている点（民訴170条1項2項）に特色がある。

裁判所が弁論準備手続に付すか否かを決定するに際しての「当事者の意見」とは，一方当事者の意見をもって足りるとされている。そのため，例えば，実務上も，第1回口頭弁論期日において，原告が出席し被告が擬制陳述をして欠席した場合に，裁判所が原告の意見のみを聴いて弁論準備手続に付せられることがあることには留意すべきである。なお，当事者に異議のない場合，口頭弁論期日を開かずに弁論準備手続に付することができるとされている（民訴規則60条括弧書）。

(2) 弁論準備手続の内容[注57]

「争点及び証拠の整理を行うため」との上記条文の文言どおり，弁論準備

（注56）弁論準備手続における書証の機能につき，「書証は，争点整理の資料としても活用されており，この争点整理機能は，今や，書証の，証拠としての機能に勝るとも劣らない重要な機能の1つとなっている」，「裁判所は，当事者の主張の中で客観的書証によって裏打ちされた事実を核として，これと争点に関する当事者の主張の整合性を吟味し，さらに，これを含む当事者の主張全体の筋道としての合理性を吟味し，これらの結果を総合して，紛争の生じている事実関係の実態について一定の心証を得ていると見ることができるのではないだろうか」との評価もある（現代民事法研究会著『民事訴訟のスキルとマインド』（判例タイムズ社，2010年）183〜185頁）。

手続においては,「裁判所は,当事者との対話を通じ,また文書の証拠調べをし,事件についてある程度の心証を形成しながら,適切な法律構成を選択し,主要事実,重要な間接事実は何か,それらに関する証拠にどんなものがあるかなどを認識しながら,双方の主張をかみ合わせ,争点を絞り込み,取り調べるべき証人等,争点の判断に適切と思われる証拠を選び出すという作業」[注58]を行っている。

具体的にいえば,裁判所は,弁論準備手続において,①当事者に準備書面を提出させること,②証拠の申出に関する裁判(証拠調べをする決定,証拠調べの申出を却下する決定,文書提出命令,文書送付嘱託や調査嘱託の決定等),③その他の口頭弁論の期日外においてすることができる裁判(訴えの変更の許否の裁判,補助参加の許否の裁判等),④文書(民訴231条に規定する準文書を含む。)の証拠調べをすることができる(民訴170条1項2項)。

また,口頭弁論及び準備的口頭弁論に関する諸規定も準用されている(民訴170条5項)。

弁論準備手続が,上記のとおり,文書の証拠調べまで可能であること,すなわち,人証調べの前段階まで広範囲にわたり訴訟行為がなされる手続であることを踏まえると,弁論準備手続において双方当事者の主張立証がほぼ尽くされることになるため,裁判所の心証形成に大きな影響を与える重要な審理段階ということになる。

したがって,弁護士としては,弁論準備手続において,裁判所に対して依頼者に有利な心証形成を獲得すべく,具体的事実とその根拠となる証拠の提出,法的主張を尽くすように努めるべきである[注59]。

(3) 弁論準備手続の終了

争点及び証拠の整理が終了すれば,裁判所は,弁論準備手続を終了させて,口頭弁論を続行することになる。

(注57) なお,弁論準備手続期日の調書の内容を確認したい場合には,司法協会等を通じて謄写申請(民訴91条3項)を行うことができる。
(注58) 新堂幸司著『新民事訴訟法〔第5版〕』(弘文堂,2011年)547頁。
(注59) 争点に関する自己の主張につき有利な心証及び事実認定を得るための証拠収集の方法につき,具体例を交えて記述したものとして,現代民事法研究会著『民事訴訟のスキルとマインド』132〜139頁が挙げられる。

弁論準備手続の終了に際しては，裁判所は，その後の口頭弁論においてなされる証拠調べによって証明すべき事実を，当事者との間で確認しなければならない（民訴170条5項・165条1項）。

　また，当事者は，弁論準備手続後になされる「口頭弁論において，弁論準備手続の結果を陳述しなければならない」（民訴173条）。この結果陳述は，「弁論準備手続で提出した資料を訴訟資料とするために必要となる手続」であり，かつ，「口頭弁論における証拠調べの目標をその開始時に明確にする」ために重要な手続である(注60)。

　弁護士として留意すべきは，弁論準備手続後に攻撃又は防御の方法を提出する場合には，相手方の求めに応じて，相手方に対し，弁論準備手続の終了前に提出することができなかった理由を，説明しなければならないことである（民訴174条・167条）。弁護士が訴訟代理人として弁論準備手続の進行をさせながら，弁論準備手続後にも新たな主張立証を展開することは，相手方のみならず裁判所の心証に与える影響も芳しくない。

　したがって，弁護士としては，弁論準備手続の進行状況を適切に捉えて，主張立証を尽くさないまま弁論準備手続の終了を迎えることがないよう留意すべきである。

3　弁論準備手続の実際

(1)　弁論準備手続の開始時期

　弁論準備手続をいつ開始するかについては，第1回口頭弁論期日の後にすぐに開始される場合，数回の口頭弁論期日を経た後に入れる場合，さらには，第1回口頭弁論期日前に入れる場合（民訴規則60条1項ただし書）等，事案や裁判官の考え方によって異なる(注61)。

　例えば，会社同士の訴訟のように，企業の経営上公開にそぐわない事実があり，当事者が公開の法廷では発言がしづらい事案であれば，公開の口頭弁論における争点整理は困難になるため，第1回ないし第2回口頭弁論期日ま

(注60) 中野貞一郎，松浦馨，鈴木正裕編『新民事訴訟法講義〔第3版〕』299頁。
(注61) 第二東京弁護士会民事訴訟改善研究委員会編『新民事訴訟法実務マニュアル〔改訂版〕』（判例タイムズ社，2000年）184頁。

でには，弁論準備手続に付される場合が多いと思われる。他方，過払い金返還請求訴訟など，定型的な主張のやり取りが予想され，その間に和解合意がなされて終了することが圧倒的多数である事案においては，弁論準備手続に付さずに，口頭弁論のみで進行される場合が多いと思われる。

また，当事者の一方が遠隔地に居住するような場合等，裁判所が相当と認めるときは，当事者の意見を聴いて，弁論準備手続を電話会議の手続にて行うことも可能であり（民訴170条3項本文）^(注62)，このような場合は，第1回弁論期日の際に弁論準備手続に付し，電話会議の方法により手続をするということが広く行われている。

(2) 弁論準備手続の弾力的な活用
ア 弁論準備手続の一般的なメリット
(ア) 通常の弁論準備手続

弁論準備手続は，公開の法廷外で，双方当事者の立ち会いの下，弁論準備室等の部屋を利用して行われるため，話しやすい雰囲気の中で行われるというメリットがある。裁判所から踏み込んだ質問がなされることや，相手方の反応から相手方の真意を探ることができることもあり，結果的に紛争解決が加速することも多い。

また，開廷日に合わせる必要がないため，口頭弁論期日と比べて，双方当事者及び裁判所の期日調整がしやすいという事実上のメリットもある。

(イ) 電話会議の方法を利用した弁論準備手続

前述したとおり，当事者の一方が遠隔地に居住するような場合等，裁判所が相当と認めるときは，当事者の意見を聴いて，電話会議の手続に付することも可能である（民訴170条3項本文）^(注63)。

(注62) 他方，「書面による準備手続」に付された場合には，裁判長等が必要と認めるときは，例えば双方当事者が遠隔地に居住する場合等，当事者双方が期日に出頭しなくとも，電話会議システムの利用によって期日を進行させることができる（民訴176条3項前段）。

(注63) 他方，「書面による準備手続」に付された場合には，裁判長等が必要と認めるときは，例えば双方当事者が遠隔地に居住する場合等，当事者双方が期日に出頭しなくとも，電話会議システムの利用によって期日を進行させることができる（民訴176条3項前段）。

しかし,「弁論準備手続」における電話会議システムの利用は, 当事者の一方が当該期日に出頭した場合に限り用いることができるものなので一方当事者は出頭して裁判所と直接対面して訴訟手続を進行させることができるが, 他方当事者は出頭せず電話によって訴訟手続に参加するにすぎない（民訴170条3項ただし書）。そのため, 弁論準備手続が電話会議の方法によって行われてしまうと, 期日に出頭した一方当事者が, 裁判所との間で, 他方当事者の知り得ない会話を事実上行う可能性がある。また, 当事者双方ともに, 相手方の意向を知る手掛かりは準備書面記載の事項のみということとなり, 相手方が実際にはいかなる態度で事件を進めたいと考えているか, 相手方の雰囲気をうかがい知ることができない。

　したがって, 弁護士としては, 弁論準備手続に付された場合, 遠隔地に居住しているからといって安易に電話会議の方法を利用することなく, 出廷日当や交通費などの負担について依頼者と相談したうえ, できる限り期日に出頭して, 裁判所及び相手方と直接対面して訴訟活動をし, 議論をして, 訴訟手続を進行させていくことが望ましいと考えられる。

イ　訴訟代理人弁護士の視点

　弁護士には, 上記アのようなメリットのある弁論準備手続を効果的に活用することが期待されている。したがって, 単に書面や書証の提出・交換の場にしたり, 自由活発な議論を怠って争点整理を停滞させたり, 感情的な言い合いの場にしたりするようなことは避けるべきである[注64]。

　また, 下記ウのような裁判所の積極的な姿勢を前提にすれば, 弁護士が, 裁判所の洗い出した争点や当該争点に関する釈明を受けられるよう促して, 裁判所の心証を手探りしつつ, 依頼者に有利な訴訟進行を展開していくことも可能であろう。

ウ　裁判所の視点

　裁判所は, 上記アのようなメリットのある弁論準備手続を弾力的に活用して, 早期に争点及び証拠の整理をし, 裁判の円滑・迅速を図ろうとする傾向

[注64] 第二東京弁護士会民事訴訟改善研究委員会編『新民事訴訟法実務マニュアル〔改訂版〕』184頁。

がある。

また，裁判所は，弁論準備手続においては，双方当事者との議論のために必要かつ十分な時間を予定していたり，双方当事者との議論に加わるために十分な準備をしていたりするなど，期日までの気構えが通常の口頭弁論期日とは異なるという指摘もある[注65]。そのためか，弁論準備手続にあっては，裁判所が，積極的に，事実上の事項，法律上の事項につき質問し，又は証拠の提出を促して，充実した争点及び証拠の整理を実施することも多い（民訴149条1項参照）。

したがって，弁護士としても，裁判所及び相手方との実質的なコミュニケーションを充実させるべく，訴訟代理人として，期日前に準備書面及び証拠を提出して主張立証を十分に行っておくことはもちろん，期日当日に当該主張立証に関して，裁判所及び相手方と十分に議論できるだけの準備をしておくべきである。

(3) 弁論準備手続の活性化～訴訟代理人と裁判官との活発なディスカッション

ア 口頭の議論による弁論準備手続の活性化

(ア) 争点整理段階における一般的な訴訟代理人の活動

訴訟代理人は，一般的に，依頼者である当事者本人からの事情聴取，本人が持参した資料の確認，関係者からの事情聴取を繰り返し行ったうえで，当事者本人が提示するストーリーを把握しつつ，そこに現れた事実を訴訟物との関係で要件事実的に整理（主要事実，間接事実，背景事情への分類）し，法的評価を行って訴状，答弁書，準備書面にまとめ，主張を裏付ける証拠を提出する作業を行う。また，相手方当事者から提出された主張書面や証拠を検討吟味し，相手方当事者が提示するストーリーを把握しつつ，そこに現れた事実を同様に整理し，これを前提として，依頼者である当事者本人に有利な立証手段をさらに模索する。これら一連の作業の過程では，期日において裁判官が各当事者に対して行う求釈明事項に対する検討や相手方当事者の回答をもあわせて吟味する。

(注65)「東京懇談会」判時1657号6頁〔前田判事発言〕。

訴訟代理人は，上記一連の過程を経て，場合によっては当該過程を数回繰り返して，依頼者である当事者の主張と相手方当事者の主張とを背景事情も含めて対比することにより，争点を煮詰めて絞り込み，又は真の争点を発見してその後の集中証拠調べに備えることとなる(注66)。

(イ) 三者間のコミュニケーションによる認識の共通化

争点が単純で明快な事案の場合は，各当事者及び訴訟代理人が行う上記のような活動により，当事者と裁判官が争点に関する認識を共通化し，その後の集中証拠調べに備えることが容易である。

しかし，争点が複雑かつ多数の事案の中には，当事者による訴訟活動のみによって争点に関する各当事者間の認識を共通にし，又は争点に関する訴訟代理人と裁判所との間の認識を共通にすることが極めて困難な事案がある。特に，各当事者が全く異なった視点から各々のストーリーを展開している場合には，双方の見解の相違により議論が平行線となり，訴訟遅延を招きかねない。

このような場合には，裁判所が，各当事者によって提出された主張書面及び書証を検討したうえで，各当事者の主張に対し一定の証拠評価を行い，裁判所が持つ問題意識を各当事者に対して開示又は示唆する，あるいは，事実関係や法律関係を明瞭にすべく各当事者に対し求釈明を行い，双方当事者の主張立証事項の位置付けにつき回答を得るなど，適切な訴訟指揮を行うことにより，争点に関する各当事者間の認識及び訴訟代理人と裁判所との間の認識を共通にすることが望ましい(注67)。すなわち，本質的に異なる両当事者の視点に対し，公平中立な第三者たる裁判官が冷静に事案を吟味検討し，平行

(注66) 以上，現代民事法研究会著『民事訴訟のスキルとマインド』中の「第2章 争点整理」第2講（44～50頁）〔塩谷國昭論文〕，判夕1268号6頁〔山本発言，二宮発言〕，加藤新太郎編『民事訴訟実務の基礎解説篇〔第2版〕』（2007年，弘文堂）148～149頁参照。

(注67) 現代民事法研究会著『民事訴訟のスキルとマインド』中の「第2章 争点整理」第2講（48～49頁）〔塩谷國昭論文〕，判夕1266号44頁〔遠藤発言〕，判夕1268号5頁〔瀬木発言〕，同7頁〔山本発言，遠藤発言，瀬木発言〕。なお，争点整理が基本的には当事者の権能と責任にゆだねられるとしても，早期に自発的に主張することが「依頼者との関係で憚られるようなときに，裁判所が助け船を出して誘導してくれると乗りやすいということはある」との弁護士の指摘もある（同6頁〔二宮発言〕）。

線を辿る両者の視点をかみ合わせるべく調整することが，適正迅速な紛争解決にとって必要不可欠な場合がある。場合によっては，証拠による裏付けが不可能又は困難な主張については，当事者に撤回を促すことも必要となる。

また，争点が複雑・多数の事案でなくても，当事者が微妙なニュアンスを裁判所ないし相手方当事者に伝えたいと考える場合に，主張書面の提出だけでは限界があることもある。この場合に，主張書面の微妙なニュアンスを口頭で説明することにより，当事者の真意を的確に裁判所ないし相手方当事者に伝えることができる。

上記のような裁判所及び両当事者による三者間の事実関係及び法律関係に関する活発な議論により，当事者による攻撃防御の対象が明確になり，集中証拠調べの対象が明確に限定されるため，争点整理不十分の審理不尽による当事者に対する不意打ち判決を防止することができる。上記のような裁判官の訴訟指揮が当事者に与えるメリットは，紛争の実態に即した適切な争点整理が可能となり，ひいては適正な判決内容につながることである。また，迅速な紛争解決により，訴訟代理人の時間・労力の節減につながるというメリットもある。

　(ウ)　**弁論準備手続の活性化**

以上述べたとおり，事案によっては，適切な争点整理を行うためには，当事者双方（及び訴訟代理人）と裁判所の三者間の密なコミュニケーションが不可欠な場合がある。

この点，弁論準備手続は，公開された法廷で行う口頭弁論とは異なり，準備手続室等にあるラウンドテーブルで行われ，格式張ることなく口頭で自由闊達な議論を行いつつ，当事者間の紛争につき真の争点を早期に絞り込み，その後の集中証拠調べに備えることを本来の目的としている。とすれば，個別の事案によっては，裁判所と両当事者の訴訟代理人が口頭で活発に議論を交わしながら争点及び証拠を整理する場として，弁論準備手続を積極的に活用すべき場合がある。

訴訟代理人を務める弁護士は，弁論準備手続において裁判所や相手方訴訟代理人との活発な議論に努めることによるメリットを十分に認識しつつ，弁論準備手続に臨むべきである。その際，予断・偏見により自己の依頼者の視

点・ストーリーに固執し，相手方当事者の視点・ストーリーや裁判官による指摘事項をないがしろにするなどといった視野狭窄に陥ることは，今後の訴訟の見通しを誤ることに直結する結果を招来しかねないから，特に注意すべきであり，書証等の客観的裏付けの有無には十分注意を払うべきである。

イ　弁論準備手続活性化のための方策

弁論準備手続を活性化するために弁護士が行うべき方策は，一言でいえば，事前の周到な準備である(注68)。

具体的には，可能な限り，従前における双方の主張書面の内容，提出された書証を吟味検討し，訴訟物との関係で双方の主張立証活動の位置付けを把握するとともに，将来における主張立証活動に備えつつ，次回の弁論準備手続期日に臨むことである。期日間において，双方の主張につき簡潔にでも要件事実的整理を行い，各主要事実・間接事実・背景事情につき自己の依頼者の主張を裏付けるべき既存の証拠の確認，新たな証拠の収集の準備を可能な限り行ったうえで次回の弁論準備手続期日に臨むことが望ましい。

また，弁論準備手続に先立って後記(6)で述べるような依頼者との打ち合わせを密に行うことも，弁論準備手続を活性化させるための重要な方策のひとつである。弁論準備手続における裁判所からの質問に対し「依頼者に確認しなければ回答できない」という事態が多発することは避けるべきであり，特に，当然確認しておくべき事実について確認ができていないと，裁判所からの印象はもちろん，主張の信用性に対して悪影響が及ぶ場合もあるので，留意すべきである。

(4)　弁論準備手続における争点及び証拠の整理
ア　争点の整理
(ア)　準備書面の持つ役割

「争点及び証拠の整理」のうち，争点の整理は，主に準備書面を通じて行われる。それゆえ，準備書面には，主張する事実に関し，請求を理由付ける事実，抗弁事実又は再抗弁事実についての主張と，これらに関する間接事実

(注68) 現代民事法研究会編『民事訴訟のスキルとマインド』中の「第2章　争点整理」第1講（40～42頁）〔那須弘平論文〕参照。

及び補助事実についての主張を区別して記載し（民訴規則79条2項），裁判所が主張の整理をしやすいように配慮すべきである。

他方，準備書面は，口頭弁論期日における口頭陳述の繰り返しによる非効率や訴訟遅延の防止のため，期日前に，あらかじめ当事者に準備書面を裁判所に提出させるとともに，相手方に送達することで，期日において裁判所も相手方も主張の内容を了知したうえで，釈明又は応答の準備ができるようにして，審理の充実・促進を図るという役割を持つ(注69)。

弁護士は，準備書面の役割を念頭に置き，提出期限や提出方法（民訴規則83条1項2項）を遵守し，訴訟遅延を招くことのないよう留意すべきである。提出期限については，通常，裁判所が期日の1週間前を指定することが多いが，弁護士は，他の案件との調整や繁忙度にあわせて，期日自体又は提出期限につき裁判所に適宜申し入れて，遅延が起こることのないようにしなければならない。

(イ) **準備書面と訴状・答弁書との相違**

準備書面と，訴状・答弁書との相違は，「訴状の請求原因事実や答弁書に記載した抗弁事実などの主要事実を補充したりあるいは追加したりすることと，相手の主張に対する反論や，積極否認事実，主要事実の存否に関する間接事実，証拠の証明力の評価に関する補助事実等を訴訟手続の進行過程に応じて必要ないし有益と考えられる範囲で主張すること」にある(注70)。弁護士は，弁論準備手続の進行過程を見ながら，裁判所の心証を探りつつ，自己の主張事実に対する補充や相手方に対する反論を展開する必要がある。

なお，準備書面が，主張立証の補充及び反論を展開する書面であることからすれば，例えば争点が多岐にわたる場合に，準備書面の分量が数枚にとどまらず数十枚に及ぶ場合もある。このように準備書面の分量が多くなる場合には，目次を付けたうえで準備書面を記述するといった工夫を施して，裁判所が当該準備書面に記載された内容を短時間で大局的に捉えることができるようにすることが望ましい。

(注69) 司法研修所編『［7訂］民事弁護の手引』（日本弁護士連合会，2005年）116頁。
(注70) 同書119頁。

(ウ) 要件事実の理解

　準備書面において，前記(イ)のとおり主張を補充していくにあたっては，いかなる主要事実，間接事実，補助事実に対する補充であるか否かを明確にされなければ，冗長な書面となってしまう。

　ここでは，主要事実，間接事実，補助事実とは何か，すなわち当該訴訟における主要事実（要件事実）(注71)の理解が必須である。主要事実とは権利の発生消滅という法律効果の判断に直接必要な事実であり，間接事実とは主要事実を推認するに役立つ事実である(注72)。また，補助事実とは証拠の信用性に関する事実である。

　主張責任が認められるのは主要事実だけである(注73)。また，弁論主義の要請から，当事者からの主要事実の主張がない限り，たとえその事実が証拠上認められても，当該事実を認定して，判決の基礎とすることはできない。したがって，弁護士としては，単に準備書面において要件事実を意識して的確に記載するという意味のみならず，主張責任の分配に留意しながら記載すべきである。

イ　証拠の整理

(ア) 立証責任の分配に対する理解

　準備書面において，事実についての主張を記載する場合には，立証を要する事由ごとに証拠を記載しなければならない（民訴規則79条4項）。

　立証責任の分配は，当事者の主張する法律効果によって，訴訟の当事者が，それぞれ自己に有利な法律効果の発生の要件事実について立証責任を負うと解するのが通説・判例の立場である(注74)。すなわち，立証責任の理解もまた，

(注71)「要件事実と主要事実は，内容は同じである。要件事実という用語は，その法的効果を発生されるために必要な要件は何か，ということが意識される場合に使用される。主要事実は，間接事実，補助事実等との区別が意識される場合（例　弁論主義の適用範囲）に使用される。」（門口正人編集代表『民事証拠法大系　第1巻（総論I）』（青林書院，2007年）70頁）

(注72) 通説的見解である。兼子一著『民事訴訟法体系〔新修版〕』（酒井書店，1958年）198頁。

(注73) 新堂幸司著『新民事訴訟法〔第5版〕』476頁。

(注74) 法律要件分類説。門口正人編集代表『民事証拠法大系　第1巻（総論I）』76・82頁。

要件事実の理解が十分できているか否かにかかっている。

弁護士としては，要件事実の理解を十分に行い，特に主張責任を負う事項や立証責任を負う事項については，裁判所の事実認定が可能な程度に十分に主張を行い，また，証拠を提出すべきである。

(イ) 相手方の証拠の弾劾（証拠弁論）

弁護士としては，重要な争点に関して，双方の当事者それぞれに有利又は不利な証拠が対立していたり，証拠の証明力が争点となっているなど事実認定が微妙である場合，準備書面において，相手方の提出した証拠に対して弾劾したり（証拠抗弁），自己の提出した証拠の信用性の高いことを論証したりして，主要事実とこれに関連する間接事実との相互関係や，事実と証拠の関係を論じることで，裁判所により依頼者に有利な事実認定がなされるよう積極的に意見を述べるべきである[注75]。

(ウ) 弁論準備手続で行われる証拠調べの種類

これについては，後記「4　弁論準備手続において行われる証拠調べ」で詳細に触れる。

ウ　裁判所による釈明

弁論準備手続においては，裁判所が争点及び証拠の整理に資するため，双方当事者に対して釈明権（民訴149条1項）を行使する場面が少なくない。

釈明権の行使としては，「当事者が事案にとって必要な申立てや主張をしているが，それらに不明瞭，前後矛盾などがみられる場合に，これを問い正す」消極的釈明と，「当事者が事案の内容上必要な申立てや主張をしていない場合に，これを示唆し，指摘する」積極的釈明がある[注76]。また，裁判所による釈明権の行使が，消極的釈明や積極的釈明のように当事者の主張立証に関連する事項を釈明している場合のほか，裁判官の興味で事実上質問をしているという場合もある。

弁護士としては，裁判所の釈明が，当事者の主張立証にとっていかなる意味を持つものかを正確に把握すべきである。弁護士は，例えば，裁判所が自

(注75) 司法研修所編『〔7訂〕民事弁護の手引』128頁。
(注76) 中野貞一郎，松浦馨，鈴木正裕編『新民事訴訟法講義〔第3版〕』230頁。

らの主張立証の不明瞭な点，不十分な点につき消極的釈明をするものである場合には早期に補充するべきであるし，裁判所が当方又は相手方の主張立証に対し積極的釈明をした場合には，当該事項の釈明が訴訟進行に与える影響を十分検討して，その後の主張立証を展開していくべきである。

(5) 和解の運用

ア 弁論準備手続における和解の運用の実際

裁判所は，訴訟のいかなる段階においても和解を試みることができる（民訴89条）。弁論準備手続においても，実務上，争点整理と和解とを同時並行的に行うという運用がなされており，例えば，交互面接方式を採ったり双方対席方式を採ったりして和解による解決が試みられている。また，事実上，一方当事者から和解の申入れがなされることによって，弁論準備手続において，裁判所が双方当事者の意見を聴くこともある。

弁護士としては，争点及び証拠の整理がどの程度熟してきているのかを的確に捉え，裁判所の和解勧告や相手方からの和解申入れに対して，和解の機が熟しているか否か，当該期日の時点で和解をするとすればいかなる和解案が妥当であるか，依頼者の意向を確認しながら進めるべきである。

また，例えば相手方に資力がないことが明白である場合や，当方の主張立証を尽くしても全面勝訴は難しいと見込まれる場合に弁護士が自ら和解申入れを行うこともあろうが，この場合であっても，まず依頼者の意向を確認したうえで，相手方に対して和解を打診したり，当該期日の時点でもっとも適切な和解案を提示したりすべきである。

イ 弁論準備手続期日において和解の機会が設けられた場合の留意点

弁論準備手続期日は，本来，当事者に争いのない事実，争点，争点に対する当事者の主張及び証拠を確定していくための手続であるが，和解期日は，双方当事者が互いに譲歩をして紛争解決を図るべく訴訟上の和解をするための手続であるから，弁論準備手続期日とは異なるものの，実際は弁論準備手続が和解期日として利用されることが多い。和解期日において裁判所に当事者本人を同行させた場合，当事者本人が，裁判所に対し証拠に基づかない事実上の主張を述べたり，事件や相手方に対する気持ちを吐露したりすることもしばしばであるが，裁判所が，このような当事者本人の証拠に基づかない

主張によって心証を形成してしまう危険がある。和解手続を交互面接方式で行う場合には，裁判所が一方当事者の証拠に基づかない主張によって心証を形成してしまう危険性を他方当事者がチェックすることは非常に困難である。ところが，最終的に和解が決裂した場合に，上記のように裁判官において当事者本人の証拠に基づかない主張によって心証が形成されてしまっていると，その後の訴訟進行や判決内容に影響を与える危険性があるため，弁護士はその点に留意すべきである。

(6) 弁論準備手続の期日進行と依頼者との信頼関係
ア 依頼者との信頼関係の維持・構築の重要性

弁論準備手続の実際は以上のとおりであるが，同手続の進行において，弁護士がもっとも重視しなければならないのは，依頼者との信頼関係の維持・構築である。依頼者との信頼関係の維持・構築は，弁論準備手続に限らず，弁護士が事件を受任してから当該事件が終結するなどして委任関係が終了するまでの間，弁護士が常に意識するべき観点である。

ただ，実際の弁論準備手続では，期日前に訴訟代理人が裁判所に準備書面及び証拠を提出し，期日において双方当事者の訴訟代理人弁護士と裁判所のみが弁論準備室に入って審議することが多い。しかし，依頼者が裁判所に直接赴いて実際の弁論準備手続に出席することがない場合であっても，依頼者本人の知らないうちに，受任当初に弁護士が説明し，依頼者が理解していた内容とは異なる方向で訴訟進行がされているといった事態は避けなければならない。弁護士は，あくまで，「委任の趣旨に関する依頼者の意思を尊重して職務を行う」ものであることを肝に銘じて（弁護士職務22条1項），依頼者意思の確認を怠らないようにすべきである。

イ 提出する準備書面及び証拠の事前確認，並びに経過報告

依頼者意思の確認という観点は，弁護士職務基本規程36条にも，「弁護士は，必要に応じ，依頼者に対して，事件の経過及び事件の帰趨に影響を及ぼす事項を報告し，依頼者と協議しながら事件の処理を進めなければならない」と規定されているとおりである。

依頼者意思の確認は，例えば次のように図ることが適切である。

まず，弁論準備手続に限らず，各訴訟期日当日になされた訴訟活動につき，

双方当事者からいかなる準備書面及び証拠の提出がなされたか，また，裁判所を通じていかなる議論がなされたかにつき，できる限り期日当日又は遅くとも翌日中には，経過報告書（書式15）を作成し交付するべきである。もちろん，弁護士が期日当日の内容を当日中に書面で交付できない場合には，依頼者に対し，電話やメールによって即座に伝えることも考えられるべきである。なお，経過報告書は，依頼者への報告という意味があるというにとどまらず，弁護士自らの備忘録として大いに役立つため活用すべきである。

次に，期日後，次回期日までの間にいかなる事項を準備すべきであるかにつき，上記の経過報告書の中で伝えておくとともに，準備内容によって，電話，メール，ファックス又は直接の面談という方法を使い分けて，依頼者と綿密に協議したうえで，次回期日の準備書面及び証拠を準備すべきである。

また，期日前に提出する準備書面及び証拠については，提出する前に，必ず依頼者に当該準備書面及び証拠を提出することについて，最終的な確認を経るべきである。提出する時点までに依頼者の意思が変わる可能性も十分あるためである。

さらに，期日前に準備書面及び書証の提出をし，又は相手方から準備書面及び書証の提出を受けた場合には，期日において裁判所又は相手方から，当該準備書面及び書証に記載された内容につき釈明を受けたり質問をされたりすることがある。そこで，弁護士としては，期日が単なる書面の手交に終始することのないよう，裁判所又は相手方から釈明や質問を受ける事項を想定して，依頼者との間で協議しておくことが望ましい。

4　弁論準備手続において行われる証拠調べ

民事訴訟では，当事者間に争いのある事実は，証拠調べの結果及び弁論の全趣旨に基づいて認定される（民訴247条）。

そして，裁判所は，弁論主義の下，原則として当事者の申出のない証拠調べをしてはならず，証拠の申出は，裁判所の事実認定において斟酌されないという意味で当事者の責任である。そのため，代理人に対しては，証拠調べに関する各種規定を十分に理解し，使いこなすことが求められる。

民事訴訟法は，「第4章　証拠」において，まず人を証拠方法とする証拠

調べとして証人尋問（民訴190条以下），当事者尋問（民訴207条以下），鑑定（民訴212条以下）を定めている。また，物を証拠方法とする証拠調べとして書証（民訴219条以下），検証（民訴232条以下）を定めている。

また，これらとは別個に定められた簡易な証拠調べとして調査嘱託（民訴186条）がある。

これらの証拠調べのうち，弁論準備手続において行われるのは，書証（民訴231条に規定する準文書を含む）の証拠調べに限られ（民訴170条1項2項），検証，鑑定，調査嘱託については，弁論準備手続の中では，証拠の申出に対する裁判（証拠調べをする決定・証拠調べの申出を却下する決定）がなされるにすぎない。

そこで，本項目では，書証・準文書の証拠調べについて記述する。

なお，訴訟実務において，陳述書は書証であるとの取扱いがなされている(注77)ものの，陳述書は，人証調べと大きく関連するため，本章「第4　集中証拠調べ」において詳述する。

(1) 書　証

ア　書証(注78)の意義

民事訴訟では，裁判所は，当事者間に争いのない事実及び書証を中心として争点整理をするのが一般的である。

すなわち，当事者間に争いがない事実は，証明することを要しないことから（民訴179条），争いの有無を確認することで要証事実か否かを振り分けることができる。そのうえで，要証事実について関係書証の存否を確認し，例えば要証事実が法律行為である場合には，直接証拠である処分証書（証明しようとする法律行為が記載されている文書。契約書，遺言書等）が存在すれば，成立の真正（民訴228条1項）や内容の信用性が争点となる。他方，処分証書が存在しない場合には，要証事実の存在を推認させる間接事実等の存否が

(注77)「陳述書は，書証番号を付されて証拠として提出され，他の書証と同じく，書証目録に記載される」（現代民事法研究会著『民事訴訟のスキルとマインド』259頁）。

(注78) 法文上書証とは，文書に記載された意味内容を証拠資料とする証拠調べをいうが，実務上書証という言葉は，証拠調べの対象となる文書そのものを指す意味でも使用される（司法研修所編『〔5訂〕民事弁護における立証活動』131頁）。

争点になると考えられる。そして，間接事実等の存否に関する事実認定においても，書証は，客観的証拠として決定的役割を果たすことが少なくない。

また，争点整理後に行われる証人尋問や当事者尋問といった人証の信用性も，書証との整合性等から判断されることから，書証は事実認定をするうえで極めて重要であるといえる[注79]。

そのため，代理人は争点整理及び事実認定における書証の重要性を十分に理解して訴訟の準備をしなくてはならない。

この場合，留意すべきことは，書証は自己に有利な事実認定を得るために必要かつ十分なものに厳選することである。具体的には，①事実認定上決定的な意味を持つと思われる書証（処分証書等）及びこれに準ずる重要な書証は，提出が遅れると偽造の疑いを生じさせることから，脱漏することなく早期に提出すべきである。また，②立証の焦点を不明確にするような些末な事項に関する書証は，これを不用意に提出すると相手方の些末な反論を招いて訴訟遅延の原因となったり，証拠共通の原則により相手方に有利な（自己に不利な）事実認定の原因となったりすることから，その提出には慎重であるべきである[注80]。

イ　提出すべき基本的な書証

提出すべき書証は，事件ごとに異なるが，基本的な書証については，司法研修所編『［5訂］民事弁護における立証活動』資料【1】「立証資料の収集」に一覧表がある。

また，東京弁護士会法友全期会民事訴訟実務研究会編『証拠収集実務マニュアル［第3版］』（ぎょうせい，2016年）では，訴訟類型ごとに収集すべき基本的な書証が紹介されているので参照されたい。

ウ　書証の提出時期

(ア)　訴え提起から第1回口頭弁論期日まで

(i)　書証は，前述のとおり争点整理の中心をなすことから，充実した審理を実現するためにも，訴訟の初期段階で提出されることが望まれる。

(注79) 加藤新太郎編『民事事実認定と立証活動　第Ⅰ巻』（判例タイムズ社，2009年）14頁以下参照。
(注80) 瀬木比呂志著『民事訴訟実務入門』（判例タイムズ社，2010年）91～93頁。

そのため，原告は，立証を要する事由に重要な書証の写しを訴状に添付しなければならないとされている（民訴規則55条2項）[注81]。実務では，添付書類として「甲号証写し　各1通」と記載し提出している。

（ii）訴状には，このように重要な書証の写しを添付するほか，不動産に関する事件における登記事項証明書のように，事件類型ごとに訴状への添付が要求される書類がある（民訴規則55条1項）。もっとも，これは訴状の記載事項を点検確認する趣旨で提出するものであり，書証の写しとして提出するものではないので区別しなければならない。

また，法人等が当事者である場合，商業登記簿謄本の訴状添付が要求されるが（民訴規則15条），これは訴訟追行権を証明する趣旨で提出するものであり，書証の写しとして提出するのではない[注82]。

そのため，例えば商業登記簿謄本を当事者の商人性の書証として提出する場合，同添付書類の写しを別途書証として提出することになる。

（iii）被告は，立証を要する事由に重要な書証の写しを原則として答弁書に添付しなければならない（民訴規則80条2項前段）。

もっとも，実務では，第1回口頭弁論期日の直前になって被告から事件を受任したような場合，答弁書では請求の趣旨に対する答弁のみをし，請求の原因に対する認否及び反論は，準備書面で追って主張する場合が少なくない。この場合には，重要な書証の写しも，準備書面とともに提出するのが通常である（民訴規則80条1項後段・同条2項後段）。

　（イ）第1回口頭弁論期日以降

（i）証人等の尋問において使用する予定の文書は，証人等の陳述の信用性を争うための証拠（いわゆる弾劾証拠）を除き，少なくとも書証の写しを，当該尋問等を開始するときの相当期間前までに提出しなければならない（民訴規則102条）。

（ii）陳述書の提出時期に決まりはないが，実務上，争点整理の終了段階で

（注81）訴状に添付する書証の写しの提出は，後述する民事訴訟規則137条1項の書証の写しの提出，書証申出の際の文書の写し等の事前提出を兼ねるが，書証申出としての文書の提出は別途期日においてしなければならない。
（注82）裁判所職員総合研修所監修『民事実務講義案Ⅰ〔5訂版〕』77頁。

提出される場合が多いようである^(注83)。

(iii) その他の書証についても，訴訟の進行状況に応じ適切な時期に提出しなければならないのであり（適時提出主義。民訴156条），時機に後れた書証の申出は却下される可能性がある（民訴157条）。

エ　当事者が所持する文書の提出—書証の申出方法①

(ア)　当事者が所持する文書の提出方法

書証の申出方法には，①当事者が所持する文書の提出，②文書送付嘱託，③文書提出命令の三つがある。まず，①当事者が所持する文書の提出方法について見ていく。

a　文書の写し等の事前提出

当事者は，所持する文書を提出する方法によって書証の申出をする場合，当該申出をするときまでに，その文書の写し2通（当該文書を送付すべき相手方の数が2以上であるときは，その数に1を加えた通数）を裁判所に提出しなければならない（民訴規則137条1項）^(注84)。前述した訴状・答弁書に添付する書証の写し（民訴規則55条2項）は，民事訴訟規則137条1項の写しの提出を兼ねる。

文書は符号と番号によって特定することから，原告であれば「甲」，被告であれば「乙」，当事者等が複数の場合「乙イ」「乙ロ」などの符号を付して，書証の写しを提出することになる。

b　証拠説明書の提出

当事者は，所持する文書を提出する方法で書証の申出をする場合，上記aの写しを提出するとともに，文書の記載から明らかな場合を除き，文書の標目，作成者及び立証趣旨を明らかにした証拠説明書2通（当該文書を送付すべき相手方の数が2以上であるときは，その数に1を加えた通数）を裁判所に提出しなければならない（民訴規則137条1項）。

(注83) 加藤新太郎編『民事事実認定と立証活動　第Ⅰ巻』101及び102頁。
(注84) 書証の申出は，期日において，原本等を裁判所に提出する方法で行うのが原則であるが（民訴規則143条1項），通常，裁判所は原本を閲読し，相手方当事者にも示したうえで提出した当事者に返還することから，裁判所及び相手方への写しの提出を要求したものである。

証拠説明書は，書証の写しと同時に提出するのが原則であるが，実務では，取り急ぎ事前に書証の写しだけ提出し，証拠説明書は期日に提出することもある。

証拠説明書は，文字どおり，証拠とする文書の説明をするものであり，書証の持つ証拠力を十全に引き出すための機能を有している。そのため，例えば，立証趣旨の記載においては，要件事実レベルではなく，間接事実レベルの記載を行うなど，その記載内容について工夫すべきである。

c 裁判所への提出方法

裁判所に提出すべき書面は，規則が定める除外書面を除き，ファックスを用いて提出することができる（民訴規則3条1項）。

実務では，準備書面（民訴161条，民訴規則79条）とともに，書証の写し，証拠説明書（民訴規則137条1項）等をファックスで裁判所に提出するのが通常である。もっとも，書証がカラーや写真である場合等，ファックスにより送信をすることが相当でないと考えられる場合は，クリーンコピーを別途郵送するか又は期日に手渡しすることもある。

d 相手方への提出方法

答弁書を含む準備書面の提出は，ファックス等により相手方に直送しなければならない（民訴規則83条）。実務では，上記準備書面の直送とあわせて，書証の写し，証拠説明書（民訴規則137条1項）等をファックスで相手方に直送するのが通常であるが，クリーンコピーを別途郵送するか又は期日に手渡しすることがあるのは裁判所の場合と同様である。

なお，相手方への直送を証するため，ファックスで送付した場合には，相手方から裁判所に受領書をファックスしてもらう。期日に提出する場合には，裁判所に提出する書面に相手方の署名をもらうことになる。

(イ) 期日における書証の申出

当事者が所持する文書を提出する書証の申出は，期日においてしなければならない。本来，証拠の申出は期日前にすることができるが（民訴180条2項），文書を提出する方法による書証申出については，同規定が適用されないものと一般的に解されている[注85]。

実務では，文書の提出と書証の申出は一体のものとして扱われており，証

拠申出書を別途提出する必要はない。

上記書証の申出は，原則として，原本，正本又は認証のある謄本によってしなければならないが（民訴規則143条1項），実務では，原本の存在及び成立を立証する必要がある場合以外は，原本に代えて写しを提出すれば足りることが多い[注86]。

なお，原本を提出する場合，期日に書証の原本を忘れずに持参するよう注意してほしい。

(ウ) その他

外国語で作成された文書，録音テープ等を反訳した文書を提出して書証の申出をする場合については，特則が定められているので注意を要する（民訴規則138条・144条）。

オ 文書送付嘱託—書証の申出方法②

(i) 当事者が所持しない文書について書証の申出をする方法として，文書送付嘱託がある。文書送付嘱託は，文書提出義務（民訴220条）のない者に対して嘱託されるのが一般的である。

実務では，登記所や市町村の保管書類等について利用されている。ただし，例えば不動産登記簿等，当事者が法令により文書の正本又は謄本の交付を求めることができる場合には，文書送付嘱託の申立ては許されない（民訴226条ただし書）。

同申立ては，所持する文書を提出する場合とは異なり，期日前においてすることができる（民訴180条2項）。

申立て方法については，裁判所職員総合研修所監修『民事実務講義案Ⅰ〔5訂版〕』160頁以下に詳しいことから参照されたい。

(ii) 申立てを採用する場合には裁判所書記官が嘱託の手続を行う（民訴規則31条2項）。なお，文書の所持者が嘱託に応じなくても制裁はない。

実務では，所持者が文書を裁判所に提出すると，申立当事者はこれを謄写

(注85) 裁判所職員総合研修所監修『民事実務講義案Ⅰ〔5訂版〕』128頁。
(注86) 許容される場合の要件については，裁判所職員総合研修所監修『民事実務講義案Ⅰ〔5訂版〕』146頁。なお，このほかに，写しを原本として提出する場合があることにつき，同書148頁参照。

し，提出する文書を選別したうえで，改めて文書の提出を行っている。

(iii) 文書送付嘱託の活用例については，加藤新太郎編『民事事実認定と立証活動 第Ⅰ巻』263頁以下に詳しいので参照されたい。

カ 文書提出命令—書証の申出方法③

(i) 当事者が所持しない文書について書証の申出をするもう一つの方法として，文書提出命令がある。文書提出命令は，文書提出義務（民訴220条）を負う者に対してのみ申し立てられる点で，文書送付嘱託と異なる。

同申立ては，所持する文書を提出する場合とは異なり，期日前においてすることができる（民訴180条2項）。

申立て方法については，『民事実務講義案Ⅰ〔5訂版〕』163頁以下に詳しいことから参照されたい。

(ii) 第三者に対して文書の提出を命じることを内容とする申立ての場合は，その第三者を審尋しなければならないことから（必要的審尋。民訴223条2項），申立当事者においては，あらかじめ対応を検討しておく必要がある。

実務では，申立てに基づいて提出命令が発令され，所持者が文書を裁判所に提出すると，申立当事者はこれを謄写し，提出する文書を選別したうえで，改めて文書の提出を行っている[注87]。

(iii) 文書提出命令の活用例については，『民事事実認定と立証活動 第Ⅰ巻』281頁以下，西口元，春日偉知郎編「文書提出等をめぐる判例の分析と展開」金融・商事判例1311号を参照されたい。

(2) 準文書

準文書とは，図面，写真，録音テープ，ビデオテープその他の情報を表すために作成された物件で文書でないものである（民訴231条）。準文書の証拠調べは，書証に準じて行われる（民訴規則147条）。

具体的な申出方法，証拠説明書の記載方法等は，司法研修所編『〔5訂〕民事弁護における立証活動』150頁以下・300頁以下に詳しいので参照されたい。

(注87) 伊藤眞著『民事訴訟法〔第5版〕』（有斐閣，2016年）420頁。

5 弁論準備手続において証拠決定がなされる証拠

本項目では，弁論準備手続において証拠の申出に対する裁判（証拠調べをする決定・証拠調べの申出を却下する決定）がなされる検証・鑑定・調査嘱託について取り上げる。

(1) 検 証

検証は，当事者が立ち入ることのできない場所や所持していない物件を任意に立ち入り等させてもらえない場合に意味があるものとされる[注88]。検証には，証拠調べとしての検証のほかに，釈明処分としての検証（民訴151条1項5号）や証拠保全としての検証（民訴234条）があり，区別が必要である。

検証の申立て方法については，『民事実務講義案Ⅰ〔5訂版〕』184頁以下に詳しいことから参照されたい。なお，検証では，検証の手順や進行方法等について当事者及び裁判所の事前の打ち合わせが重要であることから，申立ての際に十分留意して準備する必要がある。

実務では，進行協議期日等で現場に行き，指示説明を受けながら撮影された写真・ビデオを証拠として提出する取扱いが多い。

また，正式な検証手続によった場合でも，上記と同様，ビデオ等で撮影し，検証調書は別添写真ビデオのとおりであるとして作成することが多いとのことである[注89]。

検証の活用例については，『民事事実認定と立証活動 第Ⅰ巻』181頁以下を参照されたい。

(2) 鑑 定

鑑定は，争いのある専門的経験則（不動産の評価，医学的機序等）や外国法規を対象として行われる。国内法規が鑑定の対象となるか否かは争いがあるが，実務では，私鑑定により行われることが多いものといえる[注90]。

裁判官が専門的知識を補充する手段としては，ほかにも調査嘱託（民訴

（注88）加藤新太郎編『民事事実認定と立証活動 第Ⅰ巻』180頁。
（注89）同書181頁。
（注90）伊藤眞著『民事訴訟法〔第5版〕』406頁。

186条),鑑定の嘱託(民訴218条),及び専門委員制度(民訴92条の2以下)等があるが,鑑定は,専門的経験則が当事者間で争われた場合の証拠調べ方法である点で特色を有するといわれる[注91]。

鑑定の申立て方法については,『民事実務講義案Ⅰ〔5訂版〕』175頁以下に詳しいことから参照されたい。

実務では,鑑定人により鑑定書が提出されたうえ,これを補充するため口頭での意見陳述が行われるのが一般的である。

鑑定書は正本・副本が裁判所に提出され,裁判所が当事者に副本を交付する。そのうえで,期日において裁判所が当事者へ示し,当事者が鑑定の結果を陳述する方法で証拠資料となる。

鑑定の活用例については,『民事事実認定と立証活動 第Ⅰ巻』186頁以下を参照されたい。また,私鑑定については,高橋宏志ほか「座談会・現代型訴訟と鑑定」NBL782号4頁以下が詳しいので参照されたい。

(3) 調査嘱託

調査嘱託は,事実,経験則及び法規等に関して公私の団体に報告を求める証拠調べ手続である(民訴186条)。

調査嘱託の申立て方法については,『民事実務講義案Ⅰ〔5訂版〕』188頁以下に詳しいことから参照されたい。

調査嘱託に対する回答書は,裁判所が口頭弁論で顕出し,当事者に意見陳述の機会を与えれば足り,当事者が書証の手続により申し出る必要はない(最判昭和45年3月26日民集24巻3号165頁)。

調査嘱託の活用例については,『民事事実認定と立証活動 第Ⅰ巻』273頁以下を参照されたい。

6 交通事故訴訟における弁論準備手続の活用

(1) 裁判所の視点

交通事故訴訟では,裁判所は,「専門一部制,単独体審理の原則」を採用しており,東京地方裁判所も,民事交通部が専門的に交通事故訴訟を取り

(注91) 伊藤眞著『民事訴訟法〔第5版〕』405頁。

扱っている。

　弁論準備手続の活用という観点からすれば，交通事故訴訟にあっても，例えば簡易裁判所では直ちに弁論準備手続に付せられることがままあるし，地方裁判所でも主張立証を尽くした後に弁論準備手続に付せられることがほとんどである。

　しかも，「交通事故訴訟では，準備手続に付するほど煩雑な事件はほとんどないから，争点および証拠の整理は，最初１，２回の口頭弁論期日において行えば十分である」[注92]との裁判官の意見もあるほどである。同意見は，さらに，裁判所が，争点及び証拠の整理が定型的に行いやすいため，当事者に対して積極的に釈明を行って，主張及び証拠の提出を促し，早期解決を図るべきことを述べている。

(2) **弁護士の視点**

　弁護士としては，交通事故訴訟における前記(1)に述べた裁判官の意見も踏まえて，裁判所の心証を探りながら，積極的に主張及び証拠の提出をして，争点及び証拠の整理に協力していくべきである。

　なお，前記(1)の裁判官の意見によれば，通常の訴訟類型とは異なり，「争点が比較的単純で立証範囲の限定される交通事故訴訟においては，主張を要する事実およびその主張に必要な証拠ならびに相手方の主張立証方法につき，あらかじめおよその見当をつけることができ，その意味で不意打ち的要素が少なく，提出時期のいかんにより特別有利または不利になるような攻撃防御方法はほとんどないといってよいから，主張や証拠の出し惜しみは無用であり，裁判所の示唆を受けるまでもなく，当初からすべてを開示するようつとめるのがスマートな訴訟技術というべき」[注93]であるとさえ述べられている。

(3) **和解の運用**

　交通事故訴訟においては，弁論準備手続において裁判所が積極的に和解勧告を行うこともしばしばであり，裁判所において，交通事故訴訟における和

(注92) 鈴木忠一，三ヶ月章監修『実務民事訴訟講座3　交通事故訴訟』（日本評論社，1969年）42頁〔谷水央執筆部分〕。同書には，谷水央氏が，執筆当時，山口地方裁判所下関支部判事であったことが紹介されている。

(注93) 同書43頁〔谷水央執筆部分〕。

解による解決は「全国の統計上からみても明らかであり、特に東京地裁民事交通部においてはその傾向が強い」[注94]とされる。

なお、特に保険会社が一方当事者であった場合に、業界特有の慣習があるため、この点については後記7の「(5) 交通事故訴訟における注意」参照。

弁護士としては、安易に和解に応じる必要はないが、依頼者の意向を確認し、訴訟の進行状況や、判決による認容損害額と和解金額との比較をしながら、和解についても検討すべきであろう。

7　基本事例の場合

(1) 準備書面の提出

(i)　答弁書において、被告乙川花子は、「①被告車両は、第二車線を走行中、同車線後方から救急車が走行してきたため、被告は減速のうえ、一旦これを避けたにすぎず、当初から一貫して第二車線を走行しており、『第二車線に進路変更』した事実はない」「②本件事故は、専ら原告の過失(前方注視義務違反)により、一貫して第二車線を走行していた被告車両に原告車両が追突した(乙1。追突の痕跡)ために惹起されたものであり、被告には一切過失がない」と主張した(書式13)。

(ii)　答弁書における被告の主張は、A弁護士がほぼ訴状作成の段階で予測したとおりであったが、一点、「回答書」(書式9)では記載のない、「減速のうえ」後方から走行してきた救急車を一旦避けた旨の主張が追加された。被告が救急車を避けるために減速していたということになれば、一貫して第二車線内を走行していたという被告の主張と相まって、裁判所は、原告のスピードの出し過ぎ、被告との車間距離不十分、原告の前方不注視等、本件交通事故の原因が主として原告の過失にあるという心証を抱いてしまうかも知れない。

そこで、A弁護士は、再度実況見分調書とじっくり照らし合わせつつ、答弁書に対する反論の準備書面に、被告の主張に対する反論として、次のとお

(注94)鈴木忠一・三ヶ月章監修『実務民事訴訟講座3　交通事故訴訟』329頁〔山口和男執筆部分〕。同書は、山口和男氏が、執筆当時、福岡地方裁判所直方支部判事補であったと紹介している。

り記載した（書式は省略）。
① 実況見分調書記載の救急車（第二車線の右寄りを進行していた）と被告車両の位置関係並びに救急車及び被告車両の横幅の長さからすれば，被告が救急車を避けるためには，最低限〇メートル右方に移動しなければならないが，そうすると，被告車両は一旦完全に第三車線に進路変更しているはずである。したがって，被告車両は車線変更せずに当初から一貫して第二車線を走行していた旨の同人の主張は，事実とは全く異なる。

また，被告が救急車を避けるために「減速した」旨の被告の主張は本訴提起後に至って突如としてなされたものであって，実況見分調書上も「減速した」ことを窺わせる記載は一切ないから，被告が救急車を避けるために減速した旨の同人の主張も，事実とは全く異なる。むしろ，被告は，救急車を避けるべく第三車線へ移動する際及び救急車を避けた後第二車線へ戻る際のいずれも，車線変更のために加速したと見るのが自然である。

② 一旦第三車線に進路変更した被告車両が合図もせずに再度第二車線に戻ってきたものであること，しかも，実況見分調書によれば，原告車両が被告車両を避けることが到底不可能な直前の位置で車線変更をしたことに鑑みれば，原告には前方注視義務違反の過失はない。

(iii) その後，A弁護士は，準備書面(1)の起案を完成させ，甲野太郎によく内容を確認してもらったうえ，甲野太郎の了解を得て準備書面(1)を裁判所に提出するとともに，B弁護士の事務所にファクシミリにて直送した。

(2) **弁論準備手続期日における争点及び証拠の整理（第1回）**
(i) 裁判所は，第1回弁論準備手続期日において，本件の争点を①被告の過失の有無，②損害の内容及び損害額と整理した。そのうえで，①については，「被告は，交渉段階で主張していない事実や実況見分調書等の客観的な資料に記載されていない事実を主張している」とのA弁護士の指摘を踏まえながら，被告が一旦第三車線に変更した後に再度合図もせずに第二車線に変更した事実があるかについて，及び，これに関連して，原告・被告各自の車両の速度の推移が実際上の争点であると指摘した。また，②については，「原告が休業損害算定の基礎として主張する原告の収入額は，必ずしも売上

帳のみからは判然としない」とのB弁護士の指摘を踏まえつつ，原告が主張する休業損害の算定の基礎となる原告の収入額に関して，売上帳以外にも，確定申告書等客観的な資料はないか否かを，原告に対し求釈明した。

(ⅱ) B弁護士は，裁判所の上記指摘を受け，①に関して，被告が第二車線から第三車線への車線変更及び第三車線から第二車線への車線変更をしていない旨の具体的な反論・反証を，原告・被告各車両の速度と関連させつつ記載した準備書面を提出する旨述べた。また，A弁護士は，②に関して，原告本人からは，確定申告書は提出していないと聴いているため，それ以外の立証手段があるか否かを検討する旨回答した。

(3) 本訴提起後における立証活動

(ⅰ) その後，A弁護士は，弁論準備手続における裁判官の指摘を踏まえて，被告の過失の有無に関して，被告が第二車線から第三車線への車線変更及び第三車線から第二車線への車線変更を（合図もせずに）行ったことを詳細かつ具体的に立証することが必要であると考えた。

具体的には，A弁護士は，現場の状況を細かく把握すること，救急車の運転手や近隣住民等から事情の聴き取りを可能な限り行うことを目的として，再度現場を調査することとした。

A弁護士は，甲野太郎と予定を合わせて現場で落ち合い，実況見分調書を確認しながら，現場の状況がわかりやすいように写真を撮影し，撮影した場所や方向を地図上に書き込んだ[注95]。また，A弁護士が，以前，現場付近で平成○年○月○日午後○時頃の交通事故について目撃者がいないかにつき，周辺の建物を訪ねて回った際に，事故現場付近の○×ガソリンスタンドで丙野次郎という従業員が事故を目撃していたことが判明していた（本書第2章「相談・受任」第4－3(2)エ参照）。その後，A弁護士は，丙野次郎より，電話にて事情を聴いていたが，それに留まらず，実際に会って本件の事故態様を詳細に聴き取る必要があると判断し，○×ガソリンスタンドを訪問して，丙

(注95) 現場調査の重要性は既に述べたが，時間の都合等もあり，何度も足を運べるものではない。現場調査の際には，十分な準備が必要である。持参する道具としては，地図（コピーしたものを数枚），カメラ，巻き尺，聞き込み内容を記録するためのICレコーダー等を用意するとよい。

野次郎より直接事情聴取することにした。

　A弁護士は，丙野次郎に対して丁寧に挨拶し自己紹介した後，本件交通事故に関して民事訴訟を提起していること，事故の目撃者の証言が裁判における立証上重要であることを説明し，事情について詳しく聴いても差し障りはないか否かを尋ねた。これに対し，丙野次郎は，今は仕事で忙しいが，また連絡をくれれば当時の状況について説明すると答えてくれた。そこで，A弁護士は，今後連絡する可能性がある旨伝え，名刺を渡し，丙野次郎の連絡先及び連絡可能な時間を聴いてメモをした。

　A弁護士は，事務所に戻ると，撮影時間，立会人，当日の天候等を記載し，写真を撮影した場所が記入してある地図を添付した写真撮影報告書を作成し，甲野太郎の確認を得て，証拠提出した。

　(ⅱ)　また，A弁護士は，損害の内容に関して甲野太郎本人と打ち合わせを行い，露天商の経営をするにあたって得た事故前過去1年間分の収入額や同時期における諸費用を主張するとともに，当該主張を根拠付けるための証拠を追加で提出することとした。もっとも，甲野太郎は確定申告もしておらず，収入額や諸費用に関する客観的な記録も保存していなかったため，A弁護士は，やむを得ず，甲野太郎名義の銀行預金口座の預金通帳のうち事故前過去1年分及び水道光熱費等諸経費の支払がわかる資料を証拠として提出することとした。

　(ⅲ)　その後，A弁護士は，甲野太郎本人を通じて，低髄液圧症候群の後遺障害につき，○○医師による意見書（甲野太郎が罹患している後遺障害の具体的な症状及び「低髄液圧症候群」との具体的な病名並びに後遺障害等級第12級相当との意見が記載されたもの）を入手したため，訴状記載の請求を拡張することを検討した。

　この点，A弁護士は，本訴提起以前に，事務所が利用契約しているTKCローライブラリー[注96]等を用いて，低髄液圧症候群に関する裁判例の文献調査を詳細に行い，これと関連して医学文献を検討した結果，医学界におい

（注96）TKC株式会社が提供する総合法律情報データベースである。膨大な数の判例や法律文献の調査，検索について，法律情報データベースのサービスの利用は非常に有用である。

ては「低髄液圧症候群」についての医学的論争が激しく繰り広げられており，同病名につき否定的見解を示す医師の数も極めて多いこと，そのように医学的知見が定まっていない症状につき病名として認定することに裁判所は極めて慎重であることを事前に把握していた。

そこで，A弁護士は，依頼者である甲野太郎に過度な期待を持たせることを防止すべく，甲野太郎に対し，「裁判例・文献によるリサーチを行った結果，裁判所は，低髄液圧症候群の認定には慎重である」として事件の見通しを説明しつつ，「ただ，甲野さんの症状が，厚生労働省作成の『脳脊髄液漏出症画像判定基準・画像診断基準』の基準に該当すれば低髄液圧症候群の症状が認定される可能性もあるし[注97]，低髄液圧症候群の病名を支持する医学論文も多数存在する。○○先生もわざわざ意見書を書いてくださっている。甲野さんとしては，ここで印紙代を追加で払ってでも後遺障害等級を獲得すべくでき得る限りの主張立証を行っていくか，低髄液圧症候群の認定は厳しそうだということで諦めるか，どちらがよろしいか」として，甲野太郎の意思を慎重に確認した。

数日後，甲野太郎本人から連絡があり，「今回の交通事故について，裁判所の出す結論はどうであれ，やれるだけのことをやってみたい。そうでなければ納得がいかない」との回答を得たため，A弁護士は，甲野太郎の承諾を得て，後遺障害逸失利益及び後遺障害慰謝料相当額につき請求拡張の申立書を提出した。

(4) 弁論準備手続期日における争点及び証拠の整理（第2回以降）

（ⅰ）A弁護士から，後遺障害逸失利益及び後遺障害慰謝料相当額につき請求拡張の申立書が提出されたことを受け，裁判所は，原告が低髄液圧症候群の後遺障害を負っているか，及び原告の後遺障害等級が新たな争点となる旨指摘した。

これを受け，A弁護士は，原告が低髄液圧症候群の後遺障害を負っている

(注97) 低髄液圧症候群の症状を認定した裁判例として，福岡地行橋支判平成17年2月22日判タ1233号148頁がある。脳脊髄液減少症を認定した裁判例として，名古屋高判平成29年6月1日判例秘書登載，さいたま地熊谷支判平成30年2月5日自保ジャーナル2019号17頁がある。

こと，及び，原告の後遺障害等級が12級相当であることにつき，文献等を踏まえて具体的に主張立証する旨回答した。

(ii) Ａ弁護士は，弁論準備手続期日後，インターネットで，「脳脊髄液漏出症の画像判定基準・画像診断基準」を入手し，証拠として提出した。また，○○医師作成の意見書も併せて提出するとともに，これらを引用して準備書面において詳しく主張した。

(5) 交通事故訴訟における注意

交通事故訴訟においては，次のような点に留意しておくとよい。

例えば，原告の基礎収入については，赤い本等に掲載されている賃金センサスで，年齢別あるいは性別等による収入の一定額が算出できる。しかし，実際には，東京地裁交通部では賃金センサス等の算定基準によらずに，現実の収入額を，算定できる限り証拠により算定するという運用がされていると思われ，裁判所から確定申告書等客観的な資料の提出を求められることが多い。

また，特に被告側に保険会社がついている場合には，裁判所の確定的な和解条項案又は具体的な数値を示した和解勧告がなければ，和解に応じないことが多い。そのため，Ａ弁護士が，原告側に立って，被告（実質的には被告側についた保険会社）との間で和解成立を望む場合でも，判決言渡しを受けてもよい程度にまで十分に主張立証を尽くしておく必要がある。

なお，被告側に保険会社がついておらず，被告本人に資力がない場合には，「賠償額を減額または割賦支払を許容するかわりとして請求権自体からは法律的に発生しない個人保証とか，他よりの協力により借財して支払うとか等，債務名義の空文化を避けて実質的救済に寄与する手段」[注98]なども検討する必要がある。

(注98) 鈴木忠一，三ヶ月章監修『実務民事訴訟講座3 交通事故訴訟』330頁〔山口和男執筆部分〕。なお，同頁において，本文で述べた，被告に資力が十分にない場合の弾力的な和解案による解決につき，山口和男氏は，「これは交通事故訴訟の被害者救済上看過できないことで，この点，和解は判決に追従を許さない」ものと評価している。

8　他の紛争類型への応用

上記のとおり，交通事故訴訟においては，争点及び証拠が定型化されやすいという特徴を持つと述べた。

また，交通事故訴訟で重要なのは，被害者救済という観点であろう。

そこで，例えば，他の紛争類型であっても，争点及び証拠が定型化されやすく，かつ，被害者救済という観点の配慮が必要な，医療事故訴訟においては，これまで述べた内容が応用できそうである。

しかし，単に，争点及び証拠が定型化されやすい点を捉えて，他の類型においても安易に応用すべきではない。

例えば，離婚訴訟は比較的争点及び証拠が定型化されやすいが，訴訟進行に応じて，相手方の対応を探りながら主張及び証拠の提出を行う必要のある場合も多く，交通事故訴訟のように，早期にすべての主張及び証拠の提出をすることが「スマートな訴訟技術というべき」かについては疑問が残る(注99)。

したがって，弁護士としては，他の紛争類型ごとに典型的な証拠調べをリサーチしたうえで，案件ごとに，弁論準備手続を活用しつつ，いかに依頼者に有利な訴訟進行ができるかを意識しながら，あとは自らの創意工夫により，主張及び証拠の提出をしていく必要があろう。

第4　集中証拠調べ

1　はじめに

本書において書証・準文書の証拠調べと人証調べを別個の節で記述した理由は，集中証拠調べ（民訴182条）の条文の存在にある。

証拠結合主義の下で証人尋問等と争点・証拠の整理が並行して行われたこ

(注99) 人事訴訟においては，時機に後れた攻撃防御方法の却下の規定は適用されない（人事訴訟法19条1項）。

とが審理の充実と促進を妨げたことを踏まえて，争点証拠整理手続の段階で，できる限り争点と証拠を出し尽くし，証拠調べはその整理が終了した後の口頭弁論期日に集中して行わなければならないとする（民訴182条，民訴規則101条，上田徹一郎著『民事訴訟法［第7版］』（法学書院，2011年）398頁）。

このように，書証・準文書の証拠調べは可能な限り弁論準備手続の中で行われるべきことから，弁論準備手続の項目で触れ，人証調べは本項目で触れることとした。

なお，書証・準文書以外の証拠方法については，本章第3の「5　弁論準備手続において証拠決定がなされる証拠」を参照されたい。

○民事訴訟法
（集中証拠調べ）
第182条　証人及び当事者本人の尋問は，できる限り，争点及び証拠の整理が終了した後に集中して行わなければならない。

○民事訴訟規則
（証拠調べの準備）
第101条　争点及び証拠の整理手続を経た事件については，裁判所は，争点及び証拠の整理手続の終了又は終結後における最初の口頭弁論の期日において，直ちに証拠調べをすることができるようにしなければならない。

2　証人尋問・当事者尋問における心構え

人証は，書証が断片的な事実を示すのに対し，その事実の意味付けを行うという点で，重要な役割がある[注100]。

通常は，人証申請の段階で陳述書を含む書証の提出は済んでおり，人証により準備書面で主張したストーリーの中における書証の位置付けを明確にし

(注100)　加藤新太郎編著『民事尋問技術［新版］』（ぎょうせい，1999年）61頁。

なければならない。

　人証の結果次第で，書証の説得力が増す場合もあれば，その証明力が減殺されてしまう場合もあることに注意しなければならない。

　また，尋問の結果は尋問調書となる。

　尋問調書の内容は，最終準備書面でこれまでの主張に沿った人証の存在を示すために，非常に重要となる。

　したがって，後の最終準備書面を意識したうえで，尋問を行わなければならない。

3　陳述書について

(1)　はじめに

　陳述書は，民事訴訟法上も規則上も根拠規定がなく，確たる定義もないが，「訴訟提起に際し，または訴訟提起後に，当事者またはそれに準ずる者あるいは第三者が当該訴訟の事実関係等について供述した内容を記載したもので，書証として提出される文書」(注101)として実務上定着している。

　以下では，陳述書のメリット・デメリットに触れつつ，弁護士が陳述書を作成・提出するにあたって留意すべき諸点について解説する。

　なお，以下で述べる陳述書は，①人証申請予定者たる当事者本人又は証人の供述が記された書面で，②立証命題たる主要事実を推認させる間接事実や事件の背景事情等を中心に据えて記載したものとし，証人尋問を予定しない者の陳述書は，本項の記述の対象から外すこととした。

(2)　陳述書のメリット〜陳述書の機能の観点から (注102)

ア　主尋問代替機能 (注103)

　従来，陳述書は，経理関係の書類，医師のカルテ等専門的・技術的事項の

(注101)　上谷清，加藤新太郎編『新民事訴訟法施行三年の総括と将来の展望』(西神田編集室，2002年) 254頁〔大段亨執筆部分〕。

(注102)　加藤新太郎編『民事訴訟実務の基礎　解説篇〔第3版〕』(弘文堂，2011年) 189〜191頁。

(注103)　加藤新太郎編著『民事尋問技術〔第4版〕』(ぎょうせい，2016年) 62頁，現代民事法研究会著『民事訴訟のスキルとマインド』(判例タイムズ社，2010年) 228・252・260頁。

説明，証人や本人の経歴等を人証調べに先立って説明する書証としての取扱いがなされてきた。

これに加え，実質的には当事者間に争いのない事実について，主尋問を省略するか，又は代理人が確認のために要約して簡単な誘導尋問を行うことにより，主尋問による立証の対象を主要事実（要件事実）及び主要事実を推認させる重要な間接事実に限定して，効率的な主尋問を行うという機能を果たしてきた。これにより，人証調べの時間の多くを反対尋問に充てることが可能となる。

これを，陳述書の主尋問代替機能という。

　イ　供述事前開示機能(注104)

取調べ予定の証人について，人証調べに先立って陳述書が提出された場合，かかる陳述書は，当該証人の主尋問の内容に関する情報を事前に開示するものとなる。相手方当事者は，陳述書によって事前に開示された情報に基づき，当該証人の主尋問の内容を予測するとともに，予測した主尋問における供述と書証との整合・矛盾齟齬を事前に検証するなどして，反対尋問において当該証人の証言の信用性を減殺するための準備をすることができる。

これを，陳述書の供述事前開示機能という。

　ウ　争点整理機能(注105)

一般的に，裁判官は，争点整理段階で，訴状，答弁書及び準備書面等の主張書面及び各当事者からの申出により取調べを行った書証に基づき，集中証

（注104）加藤新太郎編著『民事尋問技術〔第4版〕』62頁，現代民事法研究会著『民事訴訟のスキルとマインド』228・252・260頁。
（注105）加藤新太郎編著『民事尋問技術〔第4版〕』62・265頁，現代民事法研究会著『民事訴訟のスキルとマインド』232～235・259頁。　なお，争点整理目的で陳述書を提出することの適否については，①専ら争点整理のみを目的とする陳述書は原則として不適当であるとする見解（第二東京弁護士会民事訴訟改善研究委員会「陳述書に関する提言」判タ1181号31頁以下，②紛争における真の争点の発見，事案解明を目的とする陳述書は望ましいとする見解（「陳述書の活用について」判タ1258号37頁以下，加藤新太郎編『民事事実認定と立証活動　第Ⅰ巻』（判例タイムズ社，2009年）105頁〔須藤発言〕）等がある。もっとも，「争点整理目的の陳述書」の定義の仕方や用法によっては，これらの見解が相互に全く相容れないものとはならないことには注意が必要である。

拠調べに備えて，原告側のストーリー（仮説）と被告側のストーリー（仮説）をあらかじめ把握しておき，人証調べにおいて双方のストーリーと各人証の供述との整合性ないし矛盾・齟齬を咀嚼しながら適切な心証を形成するといわれている(注106)。

しかしながら，訴訟代理人が提出する準備書面には，重要な間接事実や和解に資する背景事情が記載されていないことも多い。そこで，裁判官が各訴訟代理人に対し重要な間接事実や背景事情まで記載された陳述書の提出を求め，各訴訟代理人がこれに応じることで，裁判官は，各当事者が提示するストーリーを容易に把握できると同時に，当事者間に実質的に争いのない事実と争点となるべき事実を区別できることになる。これにより，裁判官は，人証調べの対象を限定して適切な心証形成の一助とし，集中証拠調べの趣旨を全うできることになる。

これを，陳述書の争点整理機能という。

エ　その他の機能

以上に述べるほか，代理人の準備が前倒しとなることにより審理を促進する機能，書記官にとって調書を作成しやすくなる機能，当事者が陳述書の作成に深く関与することにより，自ら訴訟に参加している意識を醸成させる機能や，法律上の争点とは直接関係のない事項を裁判所に伝えられることにより，当事者のフラストレーションを解消する（いわゆるガス抜き）機能があるとともに，裁判所が当事者の本音を知ることにより和解のときに役立つこともある(注107)。

(3)　陳述書のデメリット(注108)

ア　直接主義・口頭主義に反する

前記(2)で述べた陳述書の主尋問代替機能と表裏一体の関係にあるが，陳述書の濫用により人証調べが形骸化し，直接主義・口頭主義に反する危険があ

(注106) 司法研修所編『民事訴訟における事実認定』（法曹会，2007年）38～39頁。
(注107) 岡山弁護士会民事委員会編著『Q&A証拠説明書・陳述書の実務』（ぎょうせい，2014年）138頁～139頁。
(注108) 加藤新太郎編著『民事尋問技術〔第4版〕』62～63頁，現代民事法研究会著『民事訴訟のスキルとマインド』228～229・246・260頁。

ると指摘されている。

　もっとも，陳述書の争点整理機能との関係でいえば，実質的な争点に対象を限定して各当事者及び裁判官が必要な尋問を行うものである点を強く意識することにより，直接主義・口頭主義違反の問題は回避できる。

　イ　心証形成を困難にする
　前記(2)で述べた陳述書の主尋問代替機能や供述事前開示機能と関連する点であるが，法律や事実認定の専門家である弁護士が，具体的かつ一貫した（合理的で矛盾のない）供述となるよう工夫して作成した陳述書を人証調べ前に事前に提出することで，裁判官が予断を抱く危険，あるいは，裁判官が陳述書に引っ張られて些末な点に拘泥する危険があるなど，裁判官の心証形成が困難になるおそれが指摘されている。

　もっとも，この点に関しても，陳述書の争点整理機能との関係でいえば，争点整理段階で提出された主張書面の比較対照，書証の取調べ，間接事実や事情まで記載された各当事者の陳述書の比較対照によって暫定的な心証を形成した後，実質的な争点に限定して必要な尋問を行うという運用を行う限り，裁判官の心証形成に不当な予断を与える可能性を減殺できる。

　ウ　反対尋問を困難にする
　前記(2)アで述べた陳述書の主尋問代替機能と表裏一体の関係にあるが，反対尋問は主尋問に現れた事項及びこれに関連する事項等について行われること（民訴規則114条1項1号）との関係で，主尋問を省略することにより，反対尋問の質量が減少する危険があると指摘されている。

　もっとも，陳述書の供述事前開示機能との関係で，主尋問で述べられることが予想される事項が陳述書に具体的に記載される限り，反対尋問が困難になることはない。むしろ，前記(2)イに記載のとおり，反対尋問の準備に資するとさえいえる。

　また，陳述書の供述事前開示機能との関係でいえば，陳述書による供述の事前開示の結果可能となった，相手方側証人の事前準備に基づく防御により，反対尋問の有効性が減殺するとの指摘もある。しかし，この点は，各訴訟代理人弁護士が反対尋問技術を磨くことで対応できるし，そうすべきである。

エ　陳述書作成過程での作為介入のおそれがある

　前記イのように，弁護士が，具体的かつ一貫した（合理的で矛盾のない）供述となるよう工夫して陳述書を作成するとなれば，事実に関する曖昧な認識を断定的な認識として記載するなど，証人の証言内容に弁護士が不当に介入するおそれがあると指摘されている。

　もっとも，この点は，偽証教唆や虚偽証拠提出の禁止といった弁護士倫理（弁護士職務75条）に違反した場合の制裁（懲戒）と弁護士の自制により回避すべきである。

(4)　**陳述書の作成における注意事項**

ア　**主尋問代替機能との関係**

　集中証拠調べの趣旨を踏まえ，主尋問の時間を短縮すべく，当事者間に実質的に争いのない事実はもとより，人証調べ予定者本人の経歴，人間関係等は陳述書にあらかじめ記載しておくべきである。

イ　**供述事前開示機能との関係**

　供述者のいうがまま，供述者のメモそのままを羅列しただけの陳述書を提出することは，供述事前開示機能との関係でも極めて問題である。従前の主張との矛盾・齟齬が生じる可能性等もあるから，必ず代理人が積極的に関与して作成すべきである。

　また，相手方当事者による反対尋問の準備を防止するため，争点に関する具体的事実を詳細に記載することには躊躇を覚える場合もあろうが，このような弁護士の姿勢には賛否両論があるという点には留意すべきである。

ウ　**争点整理機能との関係**

　(i)　前提として留意すべき点は，争点整理を目的とする陳述書の提出につき極めて消極的な見解があることである[注109]。この見解の根拠は，①訴訟資料と証拠資料の峻別という観点から，争点整理に必要な主張は書証たる陳述書ではなく準備書面で準備されるべきである，という点，②未だ争点整理が十分でない訴訟の比較的初期の段階では，人証調べ対象者の吟味・選定が不十分であるが，この場合にも争点整理のために必要性・合理性の吟味が不十

―――――――――――――
（注109）前記（注105）参照。

分な者の陳述書を早期に提出するとなると，証人尋問を予定しない者の陳述書が無差別に提出されるおそれがあり，口頭主義の原則や反対尋問権保障の見地からは許容できない，という点にある(注110)。

　しかし，①の点については，民事訴訟法自身が，書証等の証拠調べ手続を含めた争点及び証拠の整理を予定している（民訴170条2項）から問題がないと考えることもできる。また，②の点についても，重要な争点に関する事実認定に必要な者の陳述書が提出された場合は，ほとんどの場合は後に人証申請がなされるであろうし，そうでない者の陳述書は事実認定上の重要性が低いから，実際上問題はなく，陳述書も書証の一つである以上，弁護士として依頼者に有利な事実認定を得るための立証活動に有利だと判断すればタイミングを選んで戦略的に提出すべきであるとの見解もあり得よう。

　この点については，弁護士間でも見解が分かれ，両様の考え方が可能である。

　(ii)　裁判官は，一般に，争点整理段階で確定された争いのない事実と書証により裏付けられる動かし難い事実（これらの事実は，多くは間接事実ないし補助事実）を中心に据え，双方当事者が提示するストーリーと人証調べにおける供述との整合性ないし矛盾齟齬を吟味しながら，経験則に基づく自由心証主義の作用により，いずれの当事者が提示するストーリーが合理的であるかを判断して事実認定を行う。

　このような事実認定の手法から考えると，陳述書は，争点整理段階で確定された争いのない事実と書証により裏付けられる動かし難い事実（特に，重要な間接事実及び補助事実に関するもの）を中心に据えたうえ，背景事情についても時系列的に，あるいは物語的に記載し，当方が提示するストーリーを具体的に記載したものとするのが望ましい。

　特に，訴状，答弁書，準備書面に未だ記載していない重要な間接事実及び補助事実があれば，陳述書段階では必ず記載すべきである。

　その際，供述者本人とはよく打ち合わせをし，真実尊重義務（弁護士職務

(注110) 第二東京弁護士会民事訴訟改善研究委員会「陳述書に関する提言」判タ1181号36頁以下参照。

5条)に反しない限度で，一貫した合理的な供述，具体性・迫真性のある供述となるよう可能な限り努力すべきである。この辺りは弁護士の腕の見せ所である。記憶を明確に喚起させることが一番であるが，それが困難な場合には，どこが不明確なのか，供述者本人と認識を共通にしておくことが重要であろう。

エ　その他

弁護士は，漫然と陳述書を作成・提出するのではなく，前記(2)(3)に記載した陳述書のメリット・デメリットを考慮しつつ，依頼者にとって可能な限り有利な事実認定がなされるよう，陳述書を作成・提出するように心がけるべきである。

なお，陳述書の作成については，「陳述書のガイドライン」(判タ937号54頁)を参照されたい。

(5) 陳述書作成と提出のタイミング

ア　陳述書作成のタイミング

陳述書を作成する時期は弁護士によって異なるが，関係者からの詳細な事情聴取及び聴取した内容の整理は，できる限り早い段階で行うべきである。そのような作業を通じて，訴訟代理人の事案に対する理解が深まるし，主張・証拠の適時提出や適切な法的構成の選択といった観点からもそのような作業が重要であるからである[注111]。

原告であれば，訴訟提起前に依頼者から事件の内容を詳細に聴取し，書面化しておき，その聴き取り内容を基に主張を展開していく方法も考えられる。この場合，陳述書は，当初の聴取内容に補充を加え，体裁を整えることで作成される。

被告の場合であっても，依頼者から訴状を受け取って請求原因事実の認否をする段階で，依頼者から十分に事情聴取し，依頼者主張のストーリーとして整理したうえで書面化しておくと陳述書の素案作成に役立つ。

このように，訴訟の初期段階で，聴取内容を整理し書面化しておくことは，

(注111) 第二東京弁護士会民事訴訟改善研究委員会「陳述書に関する提言」判タ1181号37頁。

依頼者及び関係者の負担を軽減することにつながり，また，その都度，聴き取りを繰り返す場合に比べて，主張内容が一貫しやすい^(注112)。

イ 陳述書提出のタイミング

陳述書を書証として提出するタイミングは，一般的には当事者の主張が出揃い，争点が明確化してから提出することが多い。しかし，陳述書を提出することは，裁判所に対し，人証調べへ進むことを促す要素もあるので，訴訟進行を促したい場合に，陳述書を提出することもある。

また，争点及び重要な間接事実について詳細に記載した陳述書を訴訟の最初の段階で提出すると，「真摯に自己の主張を明らかにしている」との印象を裁判所に持たせることが期待できる。もっとも，このような提出の仕方は，証拠関係等に鑑みて当方の主張によほど自信がある訴訟でなければ難しいので，慎重な判断が必要である。

4 人証による立証

(1) 尋問の事前準備

ア 立証テーマの確認

通常であれば，人証調べの段階で争点は絞られており，主要な書証は提出されている。

したがって，人証により何を立証するのかを確認する作業が必要となる。

具体的には，まず争いのない事実（主要事実か否かを問わない）を確認することが重要である。争いのない事実は立証の必要はないが，仮に，争いのない事実と異なる証言がされれば，その証言の信用性は減殺されてしまう。

そして，争いのある事実については，これまで提出した書証によって，どの程度立証されているかについても検討したうえで，人証により，何を立証するのかを確認することになる。この作業では，当該事実の立証責任がいずれにあるのかについても，改めて検討が必要となろう。

この作業を経ることにより，人証による立証テーマが確定される。

(注112) 現代民事法研究会著『民事訴訟のスキルとマインド』135～136頁は，依頼者が自分から積極的に（真剣に）事件の解決に取り組むことを促すという観点から，事件受任後早期に陳述書を作成する効用について述べている。

イ 人証の選択

　人証の選択，すなわち誰を尋問するかという点について，まずは事件内容についてよく承知をしているであろう当事者自身の尋問を行うのが一般的である（当事者が事件のことを何も知らなかったり，争点に関する知識が乏しかったりする場合等は除く。例えば，追突の交通事故であって，加害者である被告が過失は全面的に認めており，原告の損害内容だけを争っている場合等は，被告本人尋問を行う必要性に乏しいことが多い。）。

　証人尋問の場合は，誰を証人として尋問の申出を行うかという点が重要となる。

　確定した立証テーマに従い，関係者から証人にふさわしい人物を絞り込むことになる。

　その際，その人物が，公開の法廷証言を行い，さらに反対尋問を受けるという条件の中で，冷静に供述することができるのかという視点も重要であろう。この点に懸念がある場合の証人については，事前に反対尋問を含めたシミュレーションを行うことが不可欠である。

　また，尋問への協力が得られるかどうか，出頭の可能性があるかどうかという点も実際上は重要である。法律上は，裁判所は正当な理由なく出頭しない場合には勾引を命じることもできるとされているが（民訴194条），一般的に裁判所は勾引については消極的であると考えられており[注113]，勾引までして証言させても請求者に好意的な証言をしてくれるかは疑問であるため，一般的には尋問への協力が得られる者を証人として請求することになろう。

　出頭を拒否するような敵性証人の場合以外でも，公開の法廷での証言に抵抗感を抱いている場合や病気や入院等で証言が困難である場合もあり得るため，尋問への協力や出頭の可能性について検討することは重要である。

　以上のようにして人証の選択を行うが，証人及び当事者本人の尋問の申出はできる限り一括してしなければならないとされているから（民訴規則100条），誰の尋問を行うかは証拠申出の前に十分に検討すべきである。

(注113) 加藤新太郎編著『民事尋問技術［第4版］』85頁。

ウ　人証の順序

証人及び当事者の尋問を行う場合は，まず証人の尋問から行われるのが通常である（民訴207条2項）。

また，複数人の尋問を行う場合，裁判所は，当事者が申し出た順序で人証調べを行うのが一般的である。したがって，裁判所が事案を把握しやすいように，人証の順番を検討して，人証申請を行うことが重要である[注114]。

エ　証拠申出書の提出（書式19）

人証の請求は攻撃防御方法の提出の一種であるから書面で準備する必要があり（民訴161条1項・同条2項1号），証拠申出書を提出して行うのが通常である。証拠申出書は，裁判所に提出するほか，相手方が準備するのに必要な期間をおいて，相手方に直送しなければならない（民訴規則99条2項・83条・79条1項）。

証拠の申出は，「証明すべき事実を特定してしなければならない」（民訴180条）のであり，証拠の申出の際には，「証拠の申出は，証明すべき事実及びこれと証拠との関係を具体的に明示してしなければならない」（民訴規則99条1項）とされている。そのため，証拠申出書に記載する立証趣旨は，要証事実が何か整理したうえで，できる限り具体的に記載することが必要となる。

また，証拠申出書には尋問に要する見込みの時間を記載する必要があり（民訴規則106条），裁判所の便宜のため，証人について当事者ないし代理人と同行して出廷する予定か裁判所からの呼び出しを要するかを記載するのが通常である。

オ　尋問事項書の提出（書式19別紙）

人証の申出をするときは，裁判所に尋問事項書を2通提出し，相手方にも直送しなければならない（民訴規則107条1項・3項）。

尋問事項書の役割は，
① 裁判所に対し，立証すべき事項を明らかにする
② 相手方当事者に，主尋問の範囲を予測させ，反対尋問の準備をさせる

[注114] 加藤新太郎編著『民事尋問技術〔第4版〕』88頁。

③　証人に対し，およそどのような事項につき尋問されるかをあらかじめ告知する

という点にある(注115)。

そのため，尋問事項書は，個別的かつ具体的に記載しなければならない（民訴規則107条2項）とされている。しかし，実際には，簡潔に項目が記載されることが多い。

尋問事項の記載方法の具体例については，加藤新太郎編著『民事尋問技術〔第4版〕』198〜201頁を参照されたい(注116)。

カ　人証調べ予定者との事前面接（証人テスト）

(ア)　事前面接

集中証拠調べの趣旨を全うするためには，人証調べにおいて，事案の概要及び当事者間の実質的争点に関して，判断者たる裁判官に対し，判断に必要かつ十分な供述を得させることが不可欠である。交互尋問を効率的・効果的に進め，裁判官に対し判断に必要な供述を確実に得させるには，「当事者は，主張及び立証を尽くすため，あらかじめ，証人その他の証拠について事実関係を詳細に調査しなければならない」（民訴規則85条）。

しかも，各当事者にとっては，人証調べの対象から，自己に有利な供述や相手方の供述の信用性を減殺させるような供述を十分に法廷に顕出させることが人証調べにおける最重要課題となる。

以上の理由から，事実関係を知悉している人証調べ予定者との事前面接（証人テスト）は不可欠である。

人証調べ予定者との事前面接の目的は，①争点に関連する具体的事実（反

(注115)　司法研修所編『〔4訂〕民事弁護における立証活動』（日本弁護士連合会，2004年）128頁。

(注116)　加藤新太郎編著『民事尋問技術〔第4版〕』198頁〜201頁。同書では，3種類の尋問事項書として，①証拠申出書に添付するもの，②①より詳しい内容を記載したもので，尋問の直前に裁判官，書記官，相手方に交付するもの，③尋問を実行する際の尋問者のメモが紹介されている。なお，②の尋問事項書は，裁判官が参照して尋問の内容を理解しやすくするため，及び，書記官が調書作成上のメモを取れるようにするために作成するものである。このような尋問事項書を作成して裁判官等に交付することは，必ずしも一般的ではない。

対尋問の準備のため，争点に関する当方の主張事実のみならず，相手方当事者の主張事実も含む），事案の概要に関してその者が直接体験した事実の認識内容・記憶内容のチェック，②当事者との利害関係のチェック，③性格，理解力，表現力のチェックにある(注117)。

(イ) 尋問の予行演習

普通に日常生活を送っている一般の人の中には，訴訟に全くなじみのない人もおり，訴訟制度に関する知識はもとより，法廷とはどのような場所か知らない人もいる。

このような人が人証調べ予定者となる場合，弁護士は，争点の判断に必要な事実で依頼者に有利な事実を確実に法廷に顕出させ，あるいは，依頼者に不利な事実をなるべく法廷に顕出させないよう，証人尋問に先立ち十分な予行演習を行うべきである。

その具体的な内容及び準備事項は，次のとおりである。

a 法廷のイメージの伝達

法廷とはどのような場所であり，裁判官，各当事者，証人席，傍聴席がそれぞれどの場所にあるかを簡単に教える。そして，弁論準備手続期日において協議された尋問の順番と予定時間を告げ，交互尋問（民訴202条1項・210条，民訴規則113条1項・127条）の方式につき簡単に説明する。尋問開始前に裁判官から宣誓の趣旨と偽証罪等の制裁について説明を受けたうえで宣誓を行う（民訴201条・210条，民訴規則112条・127条）旨，宣誓書に署名押印するため，印鑑（認め印でよい）を持参すべき旨もあわせて説明する。

尋問の際の一般的な注意事項として，裁判所書記官が尋問調書作成のために尋問中録音している（民訴規則68条）ため，供述者は前を向いてはっきりと話すべきこと，質問と答えが重ならないよう尋問者の発言が終わってから答えるようにすること，気分が悪くなったときにはその旨裁判官に告げれば，裁判官が適切な処置をとってくれることなどを教える。

───

(注117) 加藤新太郎編著『民事尋問技術〔第4版〕』185～186頁。

b 作成した一問一答形式の尋問事項メモ（書式20・21）による演習

各人証調べ予定者に関して，主尋問，想定反対尋問につき，それぞれ事前に作成準備した尋問事項メモに基づき，テストを行う。

テストの前に，尋問は一問一答形式で行われること，質問されたことに対し簡潔に回答すべきであって，回答の理由等は特に求められた場合のみ話すべきこと（多くを語りすぎると足をすくわれる可能性があること），自分が直接体験した事実に関する認識を回答すべきであって，特別の場合を除いては意見や評価を述べても意味がないことを十分に告げておくべきである。

テストに際し，従前述べていたことと異なる供述をした場合には，その理由を問い，認識を共通にしておくべきである。

テスト終了後は，当該人証調べ予定者に対し，再度自分の陳述書を熟読すべきこと，しかし，だからといって陳述書を暗記するのではなく，なるべく自分の言葉で語るべきことを確実に告げておくべきである。あわせて，依頼者に対しては，敵性証人や相手方本人に対して反対尋問しておきたい内容を確認するのが望ましい。

c 偽証，虚偽の供述の防止

依頼者に不利な事実をなるべく法廷に顕出させないようにすべきとはいえ，弁護士は真実尊重義務を負う（弁護士職務5条）から，虚偽の供述をするよう唆すことは断じて許されない（弁護士職務75条）。したがって，人証調べ予定者が自己の認識・記憶に反する供述をあえてしてまで依頼者に有利な事実を法廷に顕出させようとした場合には，弁護士は説得してこれをやめさせなければならない。

(2) 尋問における一般的注意事項

ア 質問に関する制限

質問可能な事項について，民事訴訟規則114条1項では以下のように定められている。

① 主尋問　立証すべき事項及びこれに関連する事項
② 反対尋問　主尋問に現れた事項及びこれに関連する事項並びに証言の信用性に関する事項
③ 再主尋問　反対尋問に現れた事項及びこれに関連する事項

そして，裁判長は，これらに定められた事項以外の事項に関する質問であって相当でないと認めるときは，申立てにより又は職権でこれを制限することができるとされている（民訴規則114条2項）。
　また，民事訴訟規則115条1項では，質問は，できる限り，個別的かつ具体的にしなければならないと定められており同条2項で以下の質問については制限が設けられている（ただし，②から⑥までに掲げる質問については，正当な理由がある場合は，この限りでない。）。
　① 証人を侮辱し，又は困惑させる質問
　② 誘導質問
　③ 既にした質問と重複する質問
　④ 争点に関係のない質問
　⑤ 意見の陳述を求める質問
　⑥ 証人が直接経験しなかった事実についての陳述を求める質問
　裁判長は，質問がこれらの規定に違反するものであると認めるときは，申立てにより又は職権で，これを制限することができるので，これらの質問制限を遵守するのは当然であるが，相手方がこれに反した質問を行った場合には，異議を出すことが必要である（ここでの異議は裁判長の職権発動を促す意味であり，後述の異議とは意味合いが異なる。）。
　なお，依頼者本人は重要な事実と考えているが争点及び争点に対する当事者の主張とは直接関係がない事実について，当事者尋問であえて聴くことがある。このような質問は，自分の言いたいことを裁判官の面前で十分に述べたという満足を依頼者に与えることができる。
　前述のとおり，立証すべき事項やこれに関連する事項以外の事項に関するものであって，不相当と判断されるような質問は制限されることになるが，弁護士にとっては依頼者との関係も重要であるから，このような質問を本来の尋問の趣旨を逸脱しない限度で簡潔に行うことも，場合によっては必要となり得る。

　　イ　文書等の利用
　民事訴訟規則116条では，当事者は，裁判長の許可を得て，文書，図面，写真，模型，装置その他の適当な物件を利用して証人に質問することができ

るとされている。

したがって，提示の前に，どの文書等を示すのか明示したうえで（「甲第○号証の陳述書を示します。」などと言う。），裁判長の許可を求めなければならない。

また，当該文書等が証拠調べをしていないものであるときは，当該質問の前に，相手方にこれを閲覧する機会を与えなければならない（ただし，相手方に異議がないときは，この限りでない。）。

ウ　異　議

異議は，以下の場合に述べることができる（民訴規則117条1項）。

①　民事訴訟規則113条2項3項の当事者の質問についての許可
②　同規則114条2項による当事者の質問についての裁判長の制限
③　同規則115条3項による当事者の質問についての裁判長の制限
④　同規則116条の当事者の文書等を利用した証人に対する質問の許可

これらの異議は，裁判長の裁判があった後，遅滞なく行わなければならない。

(3)　主尋問における尋問技術

ア　一般的な注意事項

証人尋問・当事者尋問では，過去の事実や状態につき，供述者の経験により認識したことを供述させなければならない。

実際の法廷では，有利な証言を早く引き出したいがために，主尋問で誘導尋問を多用したり，供述者に意見を述べさせてしまったりするケースも散見されるので，注意が必要である。

主尋問で誘導尋問を多用した場合であっても，裁判所によっては尋問者に注意をせずに，そのまま流すこともある。

しかし，そのような尋問後に作成された尋問調書は，最終準備書面を作成する際に引用できる部分がなく，結局は尋問をした意味がなくなってしまい好ましくない。

尋問技術については，司法研修所編『[4訂] 民事弁護における立証活動』146頁以下に一般的な注意事項が記載されている。より深く尋問技術について研究したい場合には，『民事尋問技術[第4版]』175頁～183頁及び

203頁～222頁を参照されたい。

また，現在は絶版で，刑事裁判についての文献ではあるが，岸盛一，横川敏雄著『事実審理〔新版〕』（有斐閣，1983年）は，裁判官の視点から，具体的な尋問例を交え，尋問技術について考察を加えており，非常に参考になる。

イ　具体的方法
尋問の基本は次のとおりである。
① 　質問は一問一答形式で行う
質問をするにあたり，前提を長く説明することは避ける。
② 　具体的な質問をする
時間や場所を特定して，事実を聴くことが重要である。実際の法廷では，尋問中に裁判長から「どの時点の話をしているのか，特定するように」と注意が促されることが，多く見受けられる。質問者にとっては明らかなことであっても，裁判所にとってはそうでないことがほとんどであるので，5W1Hを意識し，具体的な質問を行わなければならない。

図面等を示して質問を行う場合には，被尋問者が指示している場所を「A点ですね」，「甲と書かれている部分ですね」などと口頭で確認して裁判長にわかるようにし，調書にも残すようにすることが必要である。また，裁判長の許可を得て被尋問者に図面に記入してもらい，これを調書に添付してもらうこともある（民訴規則116条3項・119条）。
③ 　落ち着いて大きな声で明瞭に質問する
質問は，被尋問者だけでなく，裁判所・相手方にも聴こえるように，大きな声で行う。また，尋問内容が調書化されることを意識し，明瞭に話すことが必要である。

他の注意事項については，『民事尋問技術〔第4版〕』127頁～135頁が参考となろう。
④ 　議論を避ける
人証の目的は事実を引き出すことであり，議論をすることに意味はない。尋問者が興奮して被尋問者に議論を挑むようなことはあってはならない。

⑷ 反対尋問
　ア　事前準備
　反対尋問においては，主尋問のように事前の打ち合わせができないので，記録を徹底して読み込むことが重要である。その主眼は，当事者間に争いのない事実及び書証等により裏付けられる動かし難い事実と矛盾する供述を法廷に顕出させることにある。これにより，主尋問における供述の信用性が減殺される。
　また，想定問答集の作成も必要である（書式21）。
　反対尋問では，回答が「イエス」か「ノー」かについても想定できないことがあるが，回答が「イエス」だった場合の質問，「ノー」だった場合の質問というように，パターンに分けて尋問内容を検討する必要がある。
　反対尋問における準備事項については，『民事尋問技術〔第4版〕』233頁～240頁が詳しい。
　イ　弾劾証拠の提出
　弾劾証拠は，主張している事実の立証を目的とするのではなく，証拠の証明力を減殺することを目的とする。これについては，当該質問前に相手方に閲覧する機会を与えるかまたは相手方の異議がない場合には，尋問等を行う相当期間前に提出する必要はなく，かつ，証拠調べをしていないものでもよいこととされている（民訴規則102条・116条2項）。
　しかし，適時提出主義が原則である以上，立証のための重要な証拠（特に主要事実の立証に必要な証拠）を，人証前に提出が可能であるにもかかわらずこれを保留し，弾劾証拠として尋問中に利用しようとしたような場合には，相手方にとっては十分な検討の機会がなく不意打ちとなり得るため，裁判長が当該証拠の利用を許可しない場合もあり得る。その点には留意が必要である。
　ウ　反対尋問における尋問技術
　反対尋問では，供述者が提出した陳述書と準備書面の内容との間に矛盾がないか検討する必要がある。
　しかし，敵性証人に対する反対尋問では，こちらに有利な供述を得られることはほとんど考えられず，深入りすることで逆に供述内容を固められてし

まうこともあるので注意が必要である。

反対尋問における尋問技術についてより深く研究したい場合には，『民事尋問技術〔第4版〕』244頁～259頁，京野哲也編著『民事反対尋問のスキル』（ぎょうせい，2018年）30頁～204頁を参照されたい。

(5) **尋問調書の謄写**

尋問後は尋問調書を謄写する。

謄写申請は，裁判所によって異なるが，一般的には裁判所に調書ができる時期を確認し，調書ができた段階で，司法協会等を通じて謄写申請を行う。謄写申請の方法は裁判所によって異なるので，不明な場合には問い合わせる。尋問調書は，最終準備書面で重要な役割を持つので，早めの謄写を心がけるべきである。

5　基本事例の場合

(1) **陳述書作成について**

ア　甲野太郎の陳述書

A弁護士は，本件訴訟提起するにあたり，甲野太郎から聴取した内容を陳述書形式のメモとしてまとめていた。

そこで，A弁護士は，本件の争点である事故態様について，再度甲野太郎から聴き取りを行い，また，本件でこれまで提出した準備書面及び書証との整合性を確認し，かつ，立証について過不足がないようにメモを再構成して陳述書の案を作成した。

そして，A弁護士は，甲野太郎との打ち合わせにおいて，陳述書は，甲野太郎自身が体験した事実を記載する必要があること，陳述書に間違ったことが記載されていると当事者尋問の際に矛盾が生じて不利になることがあることを説明したうえで，陳述書案の内容を1文ずつ確認し，補正しながら陳述書を完成させ，甲野太郎の署名捺印を得て，甲野太郎の陳述書を甲号証として提出した（書式18参照）。

イ　丙野次郎の陳述書

A弁護士は，事故態様が大きな争点となる本件では，事故当時の状況を目撃した第三者の供述が，被告の過失の立証に有益であると考えた。

この点，A弁護士が現場調査を行った結果，当方車と相手車が衝突した地点の数メートル南西方向に○×ガソリンスタンドがあり，同店のアルバイト丙野次郎が事故を目撃していたことが判明していた。そこで，A弁護士は，再度丙野次郎と接触して目撃内容をさらに詳細に聴取することとし，丙野次郎と事前にコンタクトを取って直接○×ガソリンスタンドに伺い，実況見分調書を示しながら事情聴取を行った。

　その際，丙野次郎は，A弁護士に対し，「勤務中に目の前の道路を見ていたら，被告車両が，原告車両の直前の位置で，ウィンカーを出さずに，突如として第三車線から第二車線へ車線変更してきた。」旨話した。

　かかる丙野次郎の供述内容は重要であると判断したA弁護士が丙野次郎に裁判での証言を依頼したところ，丙野次郎が承諾したので，目撃者として人証申請することとした。

　A弁護士は，丙野次郎の連絡先を聞くと，早速事務所に戻って，丙野次郎の陳述書案を作成した。陳述書には，①丙野次郎が○×ガソリンスタンドでアルバイトをしており，本件事故当日も勤務していたこと，②本件事故当日の天気は良好で辺りも十分明るかったこと，③上記で聴き取った丙野次郎からの聴取内容を記載した。後日，A弁護士は丙野次郎に事務所に来てもらい，丁寧な応対を行いながら，陳述書の内容に間違いがないか確認してもらったうえで，署名と捺印をしてもらった。

(2)　人証の申出と弁論準備手続の終結

　弁論準備期日において，A弁護士は，甲野太郎及び丙野次郎の陳述書を書証として提出し，甲野太郎本人及び丙野次郎の各尋問の申出を行い，証拠申出書，尋問事項書（書式19）を提出した。

　B弁護士も，乙川花子の陳述書を書証として提出し，乙川花子本人の尋問の申出を行い，証拠申出書，尋問事項書を提出した。

　裁判所は，各陳述書の取り調べを経たうえで，当事者本人尋問のほかに丙野次郎の証人尋問の実施を決定し，弁論準備手続を終了した。

(3)　証人尋問について

　証拠調期日で，A弁護士は，まず，陳述書について丙野次郎が内容を確認したうえで署名捺印したものであることを確認した。

そして，内容に何か訂正はあるかどうか確認し，丙野次郎は「特にありません」と述べた。
　A弁護士は，丙野次郎の仕事内容等については省略し，本件事故を目撃した直前の状況，目撃した内容，目撃した当時の視認状況など，具体的には，目撃当時にガソリンスタンドに給油中の車があったこと，目撃当時の給油には他の店員が当たっていたこと，丙野次郎は来客する車を誘導していたことを質問した。
　A弁護士は，裁判長に，甲号証として提出していた事故現場の図面を示すことの許可を求め，これを使って尋問を行った。
　被告代理人は，反対尋問において，「店員は給油中の車に注意を払わなければならないのではないですか」と尋問し，丙野次郎は，「それはそうです」と証言した。被告代理人は，この点についてはそれ以上質問をしなかった。
　また，被告代理人は，相手方車と当方車の他に自動車が走っていたことを確認したうえで，相手方車をどの程度の時間見ていたのか尋問し，証人が「数秒です」と述べると，「推測して証言をしている部分があるのではないですか」と尋問した。丙野次郎が「そんなことはないと思いますけど」と述べたところ，被告代理人は「推測が含まれないという確信はないんですね」と述べ，丙野次郎が「いや……」と述べたところで「尋問を終えます」と述べた。
　A弁護士は再主尋問で，「先ほど，被告代理人からあなたの証言に推測が含まれるか否かという質問がありましたが，これはどうなんですか」と尋問し，丙野次郎は，「推測なんてありません。すべて私が見たことです」と回答した。

(4) 当事者尋問について

　A弁護士は，甲野太郎に対する主尋問では，事故の際の状況，甲野太郎がこれまで大きな交通違反をしていないこと，収入について確定申告をしていない理由と実際の収入，事故後の仕事と生活の状況等について尋問を行った。
　乙川花子に対する反対尋問では，A弁護士は，丙野次郎が，乙川花子の供述と異なる証言をしていることを指摘し，「第三車線に完全に入ったわけではない」という供述に何か根拠があるのかと尋問をした。

乙川花子は,「根拠とかじゃなく,入っていないものは,入っていません」と述べた。

これに対し,A弁護士は,「根拠はないんですね」と質問し,乙川花子は「入っていません」と述べるにとどまった。

6 他の紛争類型への応用

他の紛争類型においても,尋問一般に関する注意事項は特に変わらない。

尋問の技術の多くは,刑事事件,民事事件を問わないものであるので,刑事事件における被告人質問等も丁寧な聴き取りや準備を行うことは,民事事件でも通じる経験となる。また,民事訴訟と刑事訴訟では法令上の規定に違いがあるが,尋問技術については,刑事の尋問について書かれた書籍の中にも民事の尋問において参考になるものがある(注118)。

医療過誤訴訟や公害訴訟等では,鑑定人とは別に,医師等の専門家を証人(専門家証人)(注119)として呼ぶことがある。この場合は,証人とはいえ,鑑定人に対する質問と同様に,医学や化学等に関する専門的な知識が必要になるので,周到な準備が必要である。

第5 和 解

1 訴訟上の和解について

(1) 和解の種類

和解には,「裁判上の和解」と「裁判外の和解」があり,裁判上の和解は,訴訟上の和解(民訴267条)と訴え提起前の和解(即決和解。民訴275条)に分かれる。

本稿では,主に,訴訟上の和解について取り上げる。

なお,訴訟係属中に裁判外の和解(通常の和解契約)をすることもあるが,

(注118) 日本弁護士連合会編『法廷弁護技術〔第2版〕』(日本評論社,2009年)等。
(注119) 加藤新太郎編著『民事尋問技術(第4版)』266〜270頁。

訴訟係属中に裁判外の和解をする場合には，別途，取下げにより訴訟を終了させる必要がある。

(2) 訴訟上の和解の積極的活用

平成28年の司法統計によれば，地方裁判所の通常第一審訴訟事件のうち訴訟上の和解で終了したものは約36％であり，判決により終了したものは約41％である。また，高等裁判所の控訴審のうち訴訟上の和解で終了したものは約32％であり，判決により終了したものは約59％である。

以上の司法統計からしても，訴訟上の和解が，第一審・控訴審を通じて，判決と並び，紛争解決手段として極めて大きな役割を果たしていることがわかる。

代理人弁護士としては，後述する訴訟上の和解の有用性を理解したうえで，訴訟上の和解を積極的に活用する姿勢が望まれる。

(3) 訴訟上の和解の有用性

訴訟上の和解の有用性については，様々な文献で紹介されているが，以下のとおり整理することができる[注120][注121]。代理人弁護士としては，訴訟上の和解の有用性を理解し，受任事件が和解に適するか否かを何時も吟味する姿勢を忘れてはならない[注122]。

ア 紛争の早期解決

判決の場合には，本人尋問・証人尋問を含めた一連の訴訟手続を経なければ決着せず，さらに当事者に不服があれば，控訴審，さらには上告審まで争ってようやく解決に至ることもあり，解決までに多くの時間が必要となる。

(注120) 加藤新太郎編著『民事訴訟実務の基礎 解説篇〔第3版〕』（弘文堂，2011年）198頁以下，藤田広美著『講義民事訴訟〔第3版〕』（東京大学出版会，2013年）402頁以下，瀬木比呂志著『民事訴訟実務と制度の焦点』（判例タイムズ社，2006年）330頁，田路至弘編著『法務担当者のための民事訴訟対応マニュアル〔第2版〕』（商事法務，2014年）236頁以下。

(注121) 瀬木比呂志著『民事訴訟実務と制度の焦点』330頁には，一方で，和解の短所として，「当事者が，その不明瞭さ，納得のゆかなさに疑問を感じる場合がありうること，総じて，手続や結果の公正度についての疑問を抱く場合がありうる」との指摘がある。

(注122) 加藤新太郎編著『民事訴訟実務の基礎 解説篇〔第3版〕』201頁に和解に適する紛争類型についての指摘がある。一方，瀬木比呂志著『民事訴訟実務と制度の焦点』336頁には，和解が適切でない事案についての指摘がある。

これに対し，和解であれば，その時点で紛争が最終的に解決するため，その後の時間，費用，精神的な負担を削減することが可能となる[注123]。

イ 柔軟かつ抜本的な解決

判決では，権利の有無について証拠に基づき硬直的な判断がなされるだけであるが，和解では，訴訟物以外の法律関係や，係属中の別事件をその対象に加えたり，当事者以外の第三者を利害関係人として訴訟に参加させたりするなどして，柔軟かつ抜本的な解決を図ることができる。

また，例えば，訴訟物が不法行為に基づく損害賠償請求の場合，被告の受働債権が悪意による不法行為に基づく損害賠償の債務や，人の生命又は身体の侵害による損害賠償の債務である場合には，自働債権（被告の原告に対する債権）を有しているとしても，相殺禁止（民法509条）により相殺の抗弁を主張できず，判決の場合には反訴ないし別訴を検討しなければならない。

しかし，和解であれば，このような場合でも自働債権をも取り込み柔軟に解決を図ることができる。

代理人弁護士としては，訴訟物以外にも解決すべき事情があるかを依頼者に確認し，事案に応じた適切な解決案を模索する姿勢が必要である。柔軟な発想を持って抜本的解決案を考えることが弁護士としての腕の見せ所といえる[注124]。

ウ 経済合理性 [注125]

例えば，1年以上かけて1,000万円の勝訴判決を得るのと，半年で和解して500万円を任意に払ってもらうのとでは，やはり，前者が得ということであろうか。

しかし，仮に1,000万円の勝訴判決を得ても，実際に1,000万円を回収できなければ，依頼者は実質的には何の利益も得ていないことになる。そればかりか，判決を不服として被告が控訴することになれば，訴訟が継続し，

(注123) 依頼者にとって，訴訟手続の中では，証拠調べ段階（当事者尋問の準備である証人テストから当事者尋問本番までの一連の過程）が一番精神的にきつい時期になろう。
(注124) 訴訟上の和解に限った話ではないが，交渉の基本姿勢としてクリエイティブ・オプション（柔軟な発想による選択肢）の考え方について書かれた文献として，田村次朗，一色正彦，隅田浩司著『交渉学入門：ビジュアル解説』（日本経済新聞社，2010年）34頁以下・144頁以下がある。

しかも，弁護士費用等の出費が増えてしまうこともある。

さらに，原告が企業であれば，訴訟が継続する間，法務部担当者等の人的リソースを継続して投入する必要があるばかりでなく，訴訟に関わっている時間に担当者が営業（本業）に回っていれば獲得することができたであろう利益を失う結果も生じうる。

事案にもよるが，経済合理性の観点から，判決よりも和解の方が実質的に得られる利益が大きくなる（又は実質的に失われる損失が小さくなる）場合があることは理解しておく必要がある。

エ　履行の確保

一般的に，判決の場合には，敗訴当事者から任意の履行は期待できないため，強制執行を必要とする場合が多く，これに対し，和解の場合には任意の履行が期待できる。もっとも，和解とはいえ，実際に資力がなければ任意の履行も期待し得ないのであるから，依頼者には，その旨説明しておく必要がある。

そこで，実際に和解する場合，その前提として，任意の履行を担保するために，相手方の資力・信用性を慎重に検討する姿勢を忘れてはならない。

信用性が担保されない場合には，和解金額を少なくしてでも一括払にしたり（和解期日に現金の授受を行うことは最も確実な回収方法である），担保（物的担保，人的担保）を提供させたり，分割払いにするならば，期間をなるべく短くし，頭金の金額をなるべく多くするなど，履行確保の工夫を図る必要がある。

オ　判決の敗訴リスク回避

事案によっては，立証の可否の見通しが困難であったり，法的評価がいず

（注125）佐々木茂美編著『最新民事訴訟運営の実務』（新日本法規出版，2003年）184頁によれば，「知的財産権訴訟の大半は，感情的，人格的な対立が少ない企業のビジネス上の争いであるから，経済的な合理性の観点に着目すれば，当事者の意思に基づく紛争解決に親しみやすい訴訟類型ということができる」との指摘があり，また，同訴訟特有の和解のメリットとして，「⑤被告の無効審判請求の取下げにより，権利が無効となるリスクを回避し，権利の存続を図ることができる。⑥ライセンス契約の締結等により，敗訴当事者のみならず，勝訴当事者にとっても，判決の場合よりも大きな経済的利益を獲得することができる」という指摘がある。

れになるか不明であったりするなど，上級審を含めて，判決の予測が難しいケースがある[注126]。また，勝訴の可能性が高いと予想される場合でも，思いがけない判決を下されることもある[注127]。

和解を選択することによって，このような判決における敗訴リスクを回避することが可能となる。

カ　将来の関係

例えば，今後も友好的なビジネス上の取引を継続したい場合や，家庭の問題，近隣紛争等，今後も良好な人間関係を継続させる必要がある場合には，互譲の精神による和解の方が，判決と比較して，感情的なしこりが残りにくい。

(4) 依頼者との関係

訴訟上の和解はこのように有益な紛争解決手段ではあるが，依頼者の意向を無視して進めてはならない。和解は「最終的」な紛争解決手段であるから，これを選択するか否かは，依頼者にとってとても重要な決断となる。

依頼者の意向を無視して和解を成立させた場合には，懲戒や損害賠償の対象になることは肝に銘じておくべきである。

依頼者との関係において留意すべき主な点は以下のとおりである。

ア　和解自体についての理解を得る

依頼者の中には，和解自体に強い不満や嫌悪感を示すタイプもいる。このような依頼者には，訴訟においては和解で終了する事件が多いこと，その理由は前述のような有益性があるからであること（特に，勝訴が見込まれる場合でも和解するケースがあること）[注128]などの和解に関する一般的な説明を怠ってはならない。

イ　依頼者と十分協議して決める

そもそも和解交渉を進めるか否か，進めるとして訴訟のどの段階か，こち

(注126) 前述の司法統計によれば，高等裁判所の控訴審のうち，判決総数に占める取消しの割合は約34％であり，これだけの割合で，第一審と控訴審で結論が変わり得ることを知っておくとよい。

(注127) 仮に控訴審で当初予想したとおりの逆転判決を得ることができたとしても，余計な時間と費用がかかることを理解しておく必要がある。

(注128) 「裁判官アンケート(6)」NIBEN Frontier 別冊版『和解30』32頁。

らから積極的に和解の提案を行うか，提案する和解案の内容はどうするか，細かい和解条項はどうするか^(注129)，最終的に和解を決断するか^(注130)等，すべての場面で依頼者と十分に協議することが必要である。

また，代理人弁護士は，依頼者と協議する際には，それまでの主張立証活動，裁判所から開示された心証，心証開示後に予定される主張立証等を総合的に考慮した適切な事件の見通し，和解する場合のメリット・デメリットについて必要な情報を十分に開示し，依頼者に検討材料を与えることが必要である。

その際，特に分割払に応じる和解をする場合に，後日の紛争を避けるため，弁護士費用（成功報酬）がいくらになるか^(注131)，和解によっても任意の履行がなされない可能性があること，その場合には強制執行が必要であり，別途費用がかかることなどを説明しておく必要がある。

なお，依頼者と協議する前提として，依頼者と十分な意思疎通ができる関係を構築しておく必要がある。また，訴訟の経過や相手方の対応等を知ることによって，依頼者の気持ちが変わってくることもある。

したがって，期日ごとに毎回きちんと報告し，依頼者との密なコミュニケーションを怠ってはならない。

(注129)「慎重な弁護士は，ケースによっては，訴訟上の和解を成立させる前に，依頼者から，『次のような和解条項で和解をすることに同意する』旨の書面を徴することがあるようである」（加藤新太郎著『弁護士役割論〔新版〕』（弘文堂，2000年）318頁）。

(注130) まだお互いに条件を詰め切れていないが当該期日で和解成立するに至る可能性があるという場合，最終の意思確認のために依頼者を期日に同行させるか，又は期日の時間に電話に出られる態勢で会社等に待機しておいてもらうことがある（弁護士が一旦和解の席を外して裁判所の廊下等で依頼者に電話で意思確認をするためである。）。

(注131) 成功報酬の金額や計算方法については提訴前から委任契約書により定めていることが多いとは思うが，長期分割の場合には和解金全額が入金になるまでに時間を要し，また，相手の信用度が低い場合には，極端なケースでは1円も和解金が入らない場合もあるため，和解成立時に一括して成功報酬をもらってよいか，相手の支払額に応じて成功報酬をもらうべきなのかは，依頼者とよく話し合っておいた方がよい。また，相手方の履行がない場合に，代理人弁護士が相手方に督促をする場合，アフターサービスとして無償なのか有償なのかも話しておくとよい。相手の支払額に応じて成功報酬をもらう場合には，その履行を確保するために，和解金の入金口座を代理人弁護士の口座に指定することがよくあるが，この場合には，自分の成功報酬を確保するためにも，無償で相手方に和解金の支払を督促せざるを得ないのが実情だろうか。

ウ　依頼者に対する自己決定を重視した説得

　和解の成立に向けて依頼者を説得しなければならないケースがある。代理人弁護士から見ても，和解で解決するのが相当だと考える事案はよくある。しかし，そのようなときでも，依頼者があくまで判決を望んでいる場合には，依頼者の意思を尊重する必要がある。

　また，依頼者に対し和解を説得するにしても，あくまで決断するのは依頼者である。

　弁護士は，判決・和解を含めた紛争解決のための様々な選択肢を考え，各選択肢のメリット・デメリットを書面にしてわかりやすく説明する(注132)(注133)等，依頼者が意思決定できる環境を整備する必要がある。

(5)　相手方との関係

　また，和解による解決を目指すためには，依頼者や代理人弁護士の訴訟対応にも気を付ける必要がある。不誠実な訴訟態度は，相手方の和解への意欲を失わせてしまうことになる(注134)。また，依頼者にも不誠実な対応をさせないように注意する必要がある。

(注132)　訴訟進行中に代理人が依頼者に説明した当初の見通しとは異なった方向に進むことがある。このようなときに，依頼者が代理人に対して不信感を抱いてしまうと，和解の説得が困難となる。そうならないためにも，やはり，こまめに経過報告し，見通しと異なるに至った過程についても理解してもらうことが必要となろう。

(注133)　労働事件の場合，判決の呼称として，「〇〇（会社名）事件判決」と会社名が事件名に付くことが多く，敗訴判決となった場合の影響が大きい。敗訴リスクとして，依頼者への説得材料の一つとなろう。

(注134)　加藤新太郎編著『民事訴訟実務の基礎　解説篇〔第3版〕』204頁によれば，紛争解決の障害になるような弁護士の言動として，「主として，訴状，答弁書，準備書面の記述や和解期日における弁護士の小馬鹿にしあるいは高圧的な振る舞いが留意の対象になる」とし，特に「相手方の人格攻撃にわたる主張」や「相手方の些細な行動を誇張して自分の有利に主張を展開すること」（その例として，「例えば，交通事故の損害賠償請求事件において，加害者である被告の訴訟代理人が被害者の日常生活のだらしなさを事故の要因に挙げて過失相殺を主張する場合があり得よう」）を指摘する。また，佐々木茂美編著『最新民事訴訟運営の実務』185頁によれば，「訴訟提起に際し又は訴訟手続の進行中に，当事者が，訴訟外において相手方の信用を害するような行為に出た場合（訴訟外行動型）」や「訴訟手続の進行中に，相手方から重要な事実の開示や資料の提出がなかった場合（訴訟非協力型）」等の和解の阻害要因が指摘されている。

(6) 訴訟上の和解の特徴

升田純著『実戦民事訴訟の実務〔第5版〕』（民事法研究会，2015年）503頁以下によれば，訴訟上の和解が提訴前の示談交渉と大きく異なる点は，①「裁判官が関与すること」と，②「訴訟手続が係属していること」の2点といえる。したがって，訴訟上の和解を検討するにあたっては，以上の2点の特徴について理解しておく必要がある。

ア　裁判官の関与

訴訟上の和解は，裁判官が関与した交渉といえるが，関与する裁判官の性格や考え方等によって和解への取り組み方が異なることに注意したい。裁判官によって，和解を好むか好まないか，和解が得意か苦手か，和解に積極的か消極的か等の差異があるため，裁判官とのコミュニケーションを通じて，裁判官の和解への取り組み方を検証し，戦略を練る必要がある[注135]。

前述したとおり，代理人弁護士としては，紛争解決手段として積極的に訴訟上の和解を活用すべきであるが，そのためには，裁判官にすべてを任せるのではなく，代理人弁護士自ら，適切な時期に和解協議に駒を進めさせ，また，協議の進行についても主体的に関与していくことが必要である[注136]。

したがって，事案によっては，裁判所からの和解勧試が期待できないときにも，代理人弁護士から積極的に和解の意向を伝える必要がある。また，和解の進め方についても，依頼者に有利になるように意見を述べていくことが必要である。

イ　訴訟手続の係属

訴訟上の和解が提訴前の示談交渉と決定的に違う点は，和解が成立しなければ，その後に判決が控えていることである。そして，その判決を下すのが和解に関与する裁判官が行うということである。

したがって，訴訟上の和解協議は，常に，判決の見通しについて意識して

(注135) 瀬木比呂志著『民事訴訟実務と制度の焦点』331頁以下では，「交渉中心型」と「心証中心型」に分けて，裁判官の和解に対する姿勢について考察している。
(注136) 訴訟上の和解に限った話ではないが，交渉の基本姿勢としてアジェンダ（協議事項）交渉の考え方について書かれた文献として，田村次朗，一色正彦，隅田浩司著『交渉学入門：ビジュアル解説』94頁以下がある。

おく必要がある。そして，その検討材料となるのが，裁判官が開示する「心証」である(注137)。

　和解協議の場等で裁判官から心証を開示された場合には，その時期に留意し，それ以前の主張立証活動との比較や，心証開示後の主張立証活動により暫定的な心証がどう変化するかを慎重に検討する必要がある。

　裁判官の心証は，和解勧試において開示されることが多いが，開示に慎重な裁判官もいる。しかし，事件の見通しを判断するうえで裁判所の心証は極めて重要な検討材料であるから，開示されない場合には，代理人弁護士から積極的に開示を求めることも必要となる。

　また，開示された心証が自らの見通しと異なる場合には，和解の場で裁判官と議論をし，時には，上申書や準備書面で積極的に反論することもあり得る。

ウ　訴訟手続の進行程度に応じた各対応（特に心証開示への対応）(注138)

(ｱ)　訴訟が係属した当初の段階

　裁判所は訴訟提起後いつでも和解勧試が可能であるため（民訴89条），代理人弁護士としては，訴訟係属後，判決言渡しまでの間，常に裁判所から和解勧試がなされる可能性があることを予期し，準備を整え，場合によっては，自ら裁判所に和解勧試を促す心構えが必要である。

　実際に裁判所から和解勧試がなされた場合には，当該和解勧試に応じるか否かを検討するにあたって，心証を含めた和解勧試の理由について十分に吟味することが必要である。

　この点，裁判官によっては，何の根拠もなしに訴訟が係属した当初から和解勧試をする場合があるが，当初から和解の希望を伝えることは，立証が弱いと見られるリスクがあるため，当該和解勧試を検討した結果，合理的な根拠がないと考えた場合には，その旨説明したうえで，拒否すべきである。

　また，当事者間の感情的な対立が激しく和解が困難であることが明確であ

(注137)　和解における心証開示について裁判官が書いた文献として，加藤新太郎編『リーガル・コミュニケーション』（弘文堂，2002年）162頁以下がある。

(注138)　田路至弘編著『法務担当者のための民事訴訟対応マニュアル〔第2版〕』254頁以下，升田純著『実務民事訴訟法〔第4版〕』（民事法研究会，2008年）422頁以下。

る場合は，和解が空転することによっていたずらに訴訟が遅滞することを防ぐため，早期に和解拒否の意向を裁判所に伝えておくことも有益である。

　(イ)　**争点整理が終了した段階**

　この段階においては，裁判官としては相当程度の心証を得ていることが多い。しかし，あくまで証拠調べを経る前の暫定的な心証であり，開示を受けた暫定的な心証がその後の主張立証により変化する可能性もある。

　例えば，代理人が考える事件の見通しと開示された暫定的心証が同じ場合で，かつ，あえて和解を拒否して証拠調べに進む場合には，証拠調べをすることによってむしろ不利な結果になるリスクがないか，検討する必要がある。

　一方で，代理人が考える事件の見通しと開示された暫定的心証が異なる場合には，その後の証拠調べによって暫定的な心証を崩すことができるかを検討する。証拠調べを経ることによって，暫定的な心証が確定した心証に固まってしまえば，最終的な和解案がより厳しいものになるリスクがある。敗訴リスクが高いと判断した場合には，和解協議を行い，可能な限り有利な和解案を模索するのが得策である。

　(ウ)　**証拠調べが終了した段階**

　証拠調べが終了した後は，裁判官はいつでも判決を下せるほどの確定した心証を持っている。

　代理人が考える事件の見通しと開示された確定した心証が異なる場合で，かつ，裁判官の心証に疑問があると考える場合には，控訴審で別の裁判官によれば結論が変わる可能性があるかを慎重に検討し(注139)，控訴審での判断を仰ぐか，和解を受け入れたうえで可能な限り有利な和解案を模索するかの選択をしなければならない。

(7)　**期日運営の方法**

　ア　**交互面接方式と同席面接方式**

　交互面接方式とは，「和解協議中は当事者双方が交互に裁判所と面談し，その間は相手方の関与は求めない方式」であり，同席面接方式とは，「当事

(注139) 司法統計による，高等裁判所の控訴審のうち，判決総数に占める取消しの割合については前述したが，逆に，判決総数に占める棄却の割合は約65％であり，これだけの割合で，第一審の判決内容が維持されていることになる。

者双方が対席の上同時に対話する方法で，弁論準備期日と同じような形式」である(注140)。

実務においては，交互面接方式によるものが圧倒的に多いが，同席面接方式を行う裁判官もいる。

交互面接方式は，相手方の面前では言えないことを裁判官に話すことができ，また，同席することによる感情的な対立を回避し，紛争の解決に注力することもできる(注141)。しかし，一方当事者が相手方の同席のない場で，裁判所に情報を提供し，自己に有利になるように働きかけることが起こりうることは頭に入れておく必要がある。一方当事者が他方当事者の目の届かないところで裁判所に情報を提供したり心証への働きかけをしたりすることは慎まなければならないが，このようなことが予想される場合は，裁判所に注意を促すべきである(注142)(本章第3－3(5)イ参照)。また，交互面接方式では，裁判官が双方からの情報を独占し，裁判官による情報操作のリスクがある(注143)。これらのような懸念があれば，裁判官に同席面接方式を要求することも検討すべきである(注144)。

イ　依頼者本人の出席

前述した最終の意思確認のためではなく，裁判官が直接依頼者本人を説得したいと希望した場合（民訴規則32条1項参照）や，依頼者本人が直接裁判官に話を聴いてもらいたいと希望した場合には，依頼者本人が和解期日に出席することがある。

手続の主催者である裁判官と依頼者本人が話をすることにより，依頼者としても素直にその内容を理解し，納得することが期待できるし，依頼者本人が話をする機会を与えられることにより，気持ちの整理をつけさせるための

(注140) 田路至弘編著『法務担当者のための民事訴訟対応マニュアル〔第2版〕』246頁。
(注141) 離婚事件（特にDV事件）等では，相手方と顔を合わせることなく和解協議ができるよう，裁判所に注意を促しておくとよい。
(注142) 瀬木比呂志判事は，和解の席での証拠評価や暫定的な心証についての代理人との議論の結果として「事実上心証（見通し）が影響を受ける可能性は否定できない」と指摘している（瀬木比呂志著『民事訴訟実務と制度の焦点』346頁）。
(注143) 藤田広美著『講義民事訴訟〔第3版〕』404頁。
(注144) 「裁判官アンケート(6)」NIBEN Frontier別冊版『和解31』33頁。

有効な手段となり得る。もっとも，裁判官によっては強い説得がなされることもあり得るし，依頼者本人が主張や尋問結果と矛盾した話をしてしまい，心証に悪影響を与えるリスクもある。したがって，事前に依頼者と十分打ち合わせしておく必要がある。

ウ 期日外の交渉

和解交渉は，裁判所の期日だけではなく，期日外で行うこともある。期日間に，代理人間で電話，ファックス又は面談等により交渉を行うこともあれば，裁判官から直接電話がかかってくることも稀にある。

また，当方の和解案や，当事者間でまとまった和解条項案を事前に裁判所にファックス等で連絡しておくと，期日における進行がスムーズにいく。

エ 電話会議

遠方の裁判所の場合，電話会議によって和解協議を行うことがある。しかし，期日の前後において相手方代理人が裁判官に働きかけをする可能性や，裁判所から相手方代理人に対し，電話会議の前後に何らかの示唆が行われる可能性もある。

また，裁判官の顔色や態度が見えず，面談でなければ得られないその場の雰囲気が分からないため，出頭しない当事者にとって不利益を被るリスクがある。

したがって，基本的には電話会議による和解協議は避けるべきであり，電話会議によるのは，そのようなリスクが少ない場合（例えば，細かい和解条項の詰めのみが残っている場合等）に限るべきである。

(8) 交渉技術

訴訟上の和解は，提訴前の示談交渉とは異なる特徴があるものの，交渉技術が必要な点は異ならない。

交渉技術については近年研究が進められているようであるが[注145]，「法律実務の分野では，専門家がそれぞれの経験と知識，能力に頼った交渉が行わ

(注145) 参考文献としては，本書第4章第1－2(2)の脚注以外のものとして，田村次朗，一色正彦，隅田浩司著『交渉学入門：ビジュアル解説』が，交渉学の入門書としてわかりやすい。また，加藤新太郎著『弁護士役割論［新版］』342頁以下の脚注に，交渉技術を含めた和解に関する数多くの文献が紹介されている。

れているのが現状である」との指摘がある[注146]。学習と経験を通じて，交渉技術に関する自己研鑽に励まれたい[注147]。

2　和解調書・和解条項について

(1)　和解調書・和解条項作成に関する心構え

　和解がまとまると，通常は，裁判官が和解条項を読み上げて内容を確認し，書記官が和解調書を作成する。和解条項が和解調書に記載されたとき，和解は成立し，その記載は，確定判決と同一の効力を有する（民訴267条）。

　すなわち，和解条項として具体的な給付義務が定められた場合は，和解調書は債務名義となり執行力が生じる。したがって，義務者が任意に履行をしない場合には，和解調書に基づく強制執行が可能となる。

　そこで，弁護士としては，後の強制執行に支障が生じないように，債務名義として十分な文言であるか等，和解条項の正確性や，その他の和解調書の記載事項，添付書類等について注意を払う必要がある。

　また，和解成立に先立って，和解条項の内容が当事者本人の認識と異なることはないか，誤りはないか，当事者本人が誤解している点はないか等，慎重に確認する必要がある。

　さらに，代理人弁護士自ら和解条項案を作成し，相手方や裁判所に提示することによって，和解交渉を積極的に進めることも可能となる。

　したがって，弁護士としては，訴訟上の和解においては，和解交渉中だけではなく，最後の和解条項・和解調書作成段階まで気を抜かず，かつ，裁判所任せにせず，自ら主体的に和解条項の作成に関与する姿勢が望ましい。

(注146) 升田純著『実務民事訴訟法〔第4版〕』422～423頁。
(注147) なお，交渉の技術というわけではないが，12月は，和解の機運が高まる時期として覚えておくとよい。嫌なことを翌年に持ち越したくないという当事者の気持ちから和解が成立することがある。このようなときには，和解成立に向けて1時間以上協議をする場合もあるため，今日でまとめたいという大事な期日では，余裕をもったスケジュールを確保しておく必要がある。そうしないと，せっかくの和解の機運を逃すことにもなりかねない。

(2) 和解調書全般に関する注意点
　ア　正本の受領とその時期
　和解調書正本は，当事者からの送達申請があって初めて当事者に送達される(注148)。和解成立時に書記官から「送達申請しますね」と確認されることが多く，「お願いします。」などと回答すれば送達申請をしたことになる。また，調書は係属部で直接受け取ることもでき，書記官にその旨伝えておけば，調書が完成したときに書記官から連絡をもらえる。

　和解調書は，和解条項が複雑な場合等には作成に時間がかかることもあるため，和解金の支払日の前に和解調書が支払当事者の手元に届くかどうかに気を付けておく必要がある。支払日が近い場合には，あらかじめ裁判所及び相手方に協力を願い出て，和解成立当日に調書を完成してもらう場合もある。また，和解調書の作成にある程度の時間がかかる場合には，その時間を考慮した支払日を設定する必要があろう。

　イ　和解調書の確認
　和解調書を受け取った後は，すぐに，①事件番号・当事者名等は正確か，②和解条項は正確か，③目録や図面は添付してあるかを確認する必要がある（和解条項については後述する。）。

　もしも，誤記を発見した場合には，すぐに裁判所に連絡し，訂正又は更正決定をしてもらう必要がある(注149)。

　　(ア)　事件番号・当事者名等は正確か
　事件番号，当事者の名前・住所，代理人の名前等のごく基本的な記載についても，書記官任せにせず，必ず確認をするべきである。漢字や数字の記載に誤記があることは珍しいことではない。

　正確な記載による和解調書でないと，①民事執行手続，②不動産登記手続，③供託金の還付等に支障が生じることになる(注150)。

（注148）この点は判決とは異なるので注意。
（注149）和解条項の更正については，裁判所職員総合研修所監修『書記官事務を中心とした和解条項に関する実証的研究：補訂版・和解条項記載例集』（法曹会，2010年）32頁以下。
（注150）裁判所書記官研修所監修『新民事訴訟法における書記官事務の研究Ⅰ』（裁判所書記官研修所，1998年）308頁以下。

また，婚姻等により現氏名と登記簿上記載された氏名が異なっている場合や，当事者の現住所が，住民票上の住所や登記簿上の住所とは異なる場合は，和解調書に併記してもらう必要があるため，あらかじめ申出をしておくとよい[注151]。法人の現在の所在地と商業登記簿上の本店所在地も同様である。

　また，法人の代表者，管理組合の理事長等についても，訴訟係属中に交代することは多々あるため，あらかじめ確認しておくべきであろう。

　(イ)　和解条項に引用されている目録や図面は添付してあるか

　同様に，民事執行手続等において支障が生じないよう，和解調書に添付された目録や図面に落丁がないか確認すべきである。また，「別紙図面の赤線で囲った部分」等の特定がある場合には，実際に図面上に赤線があるかどうか注意する。

(3)　和解条項に関する注意点

　ア　和解条項案作成の有用性

　代理人弁護士としては，自ら主体的に，和解条項案を作成し検討することが非常に有用である。その理由は，以下のとおりである。

　(i)　まず，和解交渉を積極的に進めることが可能となる。

　協議事項が複雑な場合，和解条項案を作成して提示することにより，協議事項が整理され，また，全体像が見えることによって最終的に目指す方向が理解しやすく，話し合いをスムーズに進めることが可能となる。

　また，先に和解条項案を作成した方が，協議事項自体を管理・支配し，交渉の主導権を握るために有用である[注152]。

　さらに，期日間に裁判所や相手方に和解条項案を先に提示し，検討してもらうことで，期日における話し合いを充実させ，和解成立を早めることも可能となる。

　(ii)　次に，和解条項案を作成していれば，裁判所が提示する和解案と比較

(注151) 当事者名については，「(現氏名)……」の次に「(登記簿上の氏名)……」又は「(改姓前の氏名)……」等として併記してもらうよう，住所の記載については，「(不動産登記簿上の住所)……」あるいは「(住民票上の住所)……」，「(現住所)……」と併記してもらうよう，訴状訂正の申立書等により訂正を求めるとよい。
(注152) アジェンダ交渉については前記(注136)を参照。

をすることで，和解調書をもって強制執行，登記手続等を行う場合に問題がないかといった文言の特定性・明確性を検討し得る。

　また，和解成立時に裁判官が和解条項案を口頭で読み上げるが，その前に裁判所から書面による和解条項案が提示されることもあれば，成立時にその場で裁判官が口頭で読み上げるだけの場合もある。このような場合に，和解条項案をあらかじめ検討しておくことで，裁判所の和解案では，既に合意に至っていたはずの条項が忘れられてしまっていないか，金額の計算は正しいか，遅延損害金等の追加が必要な条項に漏れがないか等を直ちに確認することができる。

　なお，判例上，訴訟の係属中に訴訟代理人である弁護士も関与して成立した和解においては，その文言自体相互に矛盾し，又は文言自体によってその意味を了解し難いなど，和解条項それ自体に瑕疵を含むような特別の事情のない限り，和解調書に記載された文言と異なる意味に和解の趣旨を解すべきではないとされる[注153]。すなわち，和解の経緯に特殊性があったとしても，事後的に，文言本来の意味と異なった解釈を主張することは許されない。

　そこで，裁判所や相手方の提示した和解条項についても，安易に受け入れることなく十分検討すべきである。

　(ⅲ)　また，代理人弁護士自ら和解条項案を作成することで，依頼者の要望を的確に和解条項に反映させることができ，さらに，裁判所や相手方に提示することで，裁判所や相手方にも依頼者の要望を理解してもらうことができる。

　当然，依頼者への説明の際にも，和解条項案は有用である。依頼者が誤解をしたまま和解を成立させてしまうことのないよう，和解条項案を利用しながら，和解の状況の説明を重ねることは重要であろう。

イ　和解条項案作成上のポイント

(ア)　和解条項作成の一般的留意事項を理解する[注154][注155]

　和解条項作成にあたって最も重要なのは，債務名義として耐え得る特定性・明確性を持たせることにある。

(注153) 最判昭和44年7月10日民集23巻8号1450頁。

まず，和解条項は，それ自体として特定されていなければならない。和解調書は債務名義になるのであるから，そこに記載された和解条項が他から識別することのできる内容を有し，和解調書として自己完結していなければならないのである。条項のみで特定することが難しい場合は，別紙を添付することも検討すべきである。

　次に，和解条項は，明確でなければならない。条項の内容が一義的に解釈できないような不明確なものであったり，前後で矛盾したりするような場合は，和解の全部又は一部が無効となったり，執行力を有しないこともある。したがって，このようなことがないよう細心の注意を払う必要がある。前述したとおり，弁護士が関与して成立した訴訟上の和解については，特段の事情のない限り，文言を離れた解釈が許されないため，解釈に疑義が生じないような表現を心がけなければならない。なお，和解条項の解釈については，別途合意書を作成するか，和解「調書」に記載してもらう方法[注156]もある。

　また，給付文言は当事者の給付の意思を明確に表現しておかなければならない。例えば，「支払うものとする」，「明け渡すこととする」，「所有権移転登記手続をしなければならない」などの記載では，確認条項と解釈される可能性がある。金銭の支払については「支払う」，明渡しについては「明け渡す」，登記手続については「所有権移転登記手続をする」などとしておく必要がある。

　このほか，和解条項の記載の順序についても論理的に正しい順序を検討する必要がある。

(イ) 代表的な文献による和解条項例を参照する

　基本となる和解条項は，裁判所等による研究が進んでおり，和解条項例も充実している。代表的な文献としては，『書記官事務を中心とした和解条項に関する実証的研究：補訂版・和解条項記載例集』[注157]や，裁判所職員総

(注154) 裁判所職員総合研修所監修『書記官事務を中心とした和解条項に関する実証的研究：補訂版・和解条項記載例集』18頁以下。
(注155) 裁判所書記官研修所監修『新民事訴訟法における書記官事務の研究Ⅰ』318頁以下。
(注156) 瀬木比呂志著『民事訴訟実務と制度の焦点』349頁以下。

合研修所監修『民事実務講義案Ⅰ〔5訂版〕』（司法協会，2016年），星野雅紀編『和解・調停モデル文例集〔改訂増補3版〕』（新日本法規出版，2011年）がある[注158]。

　和解条項を作成する際は，解釈に疑義が生じないように，文献による条項例を参照し，正確な和解条項の作成を心がけるべきである。また，類型ごとに必要な和解条項を確認し，漏れのないように気を付ける必要がある。

　もっとも，複雑な事案では，条項例に記載のないものもある。そのような場合には，一般的留意事項に留意しつつ，自ら考え起案し，最終的には，裁判所と相談しながら和解条項を確定していくことになる。

　㋒　和解条項の視点

　和解条項を作成するうえで考えるべき視点は，①和解条項の分類と，②事件類型である。

　①　和解条項の分類[注159][注160]

　和解条項は，効力条項と任意条項に分類されるが，さらに細かく分けると，給付条項，確認条項，形成条項，付款条項，特約条項，関連事件処理条項，末尾三条項（権利放棄条項，清算条項，訴訟費用の負担条項），特殊類型の条項（登記に関する条項，供託金に関する条項），道義条項，現認証明条項等がある。

　詳しくは後述するが，関連事件の処理条項や供託金に関する条項は忘れやすいので漏れのないように注意が必要である。

(注157) 昭和55年に刊行された『書記官事務を中心とした和解条項に関する実証的研究』から和解条項作成に直接関係する部分を拾い出し，現行法規に沿って加筆，修正，整理したものである。

(注158) その他，和解条項例が記載された文献として，園部厚著『和解手続・条項論点整理ノート〔改訂版〕』（新日本法規出版，2015年），梶村太市，深沢利一著『和解・調停の実務〔補訂版〕』（新日本法規出版，2007年），近藤基著『金銭請求事件の和解条項作成マニュアル』（民事法研究会，2009年）等が参考になる。

(注159) 裁判所職員総合研修所監修『書記官事務を中心とした和解条項に関する実証的研究〔補訂版・和解条項記載例集〕』13頁以下，裁判所書記官研修所監修『新民事訴訟法における書記官事務の研究Ⅰ』319頁以下。

(注160) 近藤基著『金銭請求事件の和解条項作成マニュアル』は，和解条項の分類ごとに条項を考える際に参考になる。

② 事件類型(注161)

金銭を目的とする事件（貸金，売買代金等），不動産を目的とする事件（登記手続請求，明渡請求等），動産を目的とする事件，作為，不作為を目的とする事件等，事件類型ごとにある程度基本的な和解条項が決まっている。

したがって，事件類型ごとにも和解条項例を確認し，確定すべき和解条項の漏れがないように気を付ける必要がある。

(エ) **税務上の視点**

和解条項の内容（例えば，債権放棄を内容とするものや財産分与のケース等）(注162)によっては，依頼者に予想外の課税が発生することがある。課税問題については常に意識し，事前に税理士や，時には税務署に確認をし，無駄な税金が課せられることがないよう，また，課税が避けられないとしても，そのことを依頼者に十分説明するとともに，当該課税に配慮した和解条件にするなど，適切な対応が必要となる(注163)。

また，支払をする側の当事者の場合は，支払債務の名目によって，税務上の取扱いが異なることもあるので，事前に依頼者及び税理士と検討しておく必要がある。

(オ) **行政手続の視点**

和解調書を基に登記手続を行う場合には，事前に司法書士や，時には直接法務局に和解条項案を見せ，希望する登記が可能か否かを確認しておくことが望ましい。

また，離婚訴訟においては，和解によって協議離婚をするか，和解離婚をするかを問わず，離婚届の提出が必要であり(注164)，また，どちらが提出する

(注161) 星野雅紀編『和解・調停モデル文例集〔改訂増補3版〕』は，事件類型ごとに条項を考える際に参考になる。
(注162) 協議離婚に伴う財産分与の事例であるが，自己の土地建物を妻に譲渡した夫が，多額の譲渡所得税が自己の負担となることを知らなかったから，その財産分与は錯誤により無効であるとして，妻に対し建物の所有権移転登記の抹消登記手続を求めた事案（最判平成元年9月14日集民157号555頁）が参考になる。
(注163) 和解と税金については，裁判所書記官研修所監修『和解への関与の在り方を中心とした書記官事務の研究』（司法協会，2003年）150頁以下が詳しい。
(注164) ただし，効力発生要件か報告的届出かという違いはある。

か（注165），新戸籍を編製するか，離婚届は何通必要か等により和解条項も異なるため，離婚届を提出する際の手続や和解条項の記載方法につき，当該提出予定の役所に事前に問い合わせしておくことが望ましい（注166）。

このような訴訟手続外の問題については，裁判所や書記官が配慮してくれるわけではない。問題が生じた場合には，代理人弁護士の責任となるため，専門家や関係先への確認を怠ってはならない。

ウ 和解条項の分類ごとの和解条項例
以下，基本的な和解条項を分類ごとに若干紹介する。

(ア) 確認条項
確認条項，すなわち特定の権利若しくは法律関係の存在又は不存在を確認する旨の合意を内容とする条項については，①確認の主体，②確認対象となる具体的内容，③確認の意思を明示する。

金銭支払義務に関する確認条項においては，支払名目について当事者間で争いがある場合があるため，慎重な検討を要する。事案によっては，当該訴訟における具体的な請求原因の存否には立ち入らず，「解決金として」「和解金として」等の支払名目でない限り，支払義務を負う当事者が和解に応じない可能性がある。

〈条項例〉
「被告らは，原告に対し，連帯して，本件交通事故による損害賠償債務として，既払金のほか，金○○万円の支払義務があることを認める。」

(イ) 形成条項
形成条項，すなわち当事者が自由に処分することができる権利又は法律関係について，新たな権利の「発生」，「変更」又は「消滅」の効果を生じさせる合意を内容とする条項については，形成意思の表示方法に注意を要する。

(注165) 本籍の変更や婚氏続称の問題もあるため，どちらが届け出るかという点は，相手方と事前調整すべきである。
(注166) ある自治体からは「原告と被告は，本日，被告の申出により，離婚する」との文言の和解条項があれば被告のみによる届出でよいとの回答を受け，被告の署名捺印のみの離婚届を提出した経験がある。なお，和解調書は，届出用に，上記のような離婚についての条項のみを記載し，他の条項（財産分与等に関する条項）を省いた抄本を作成してもらうことができる。

意思表示の方法として，過去形で表現する場合と現在形で表現する場合があり，どちらの記載によってもよいと考えられているが(注167)，過去形で表現すると確認条項と誤解されるおそれがあることを理由に現在形が用いられる場合もある。また，和解である以上，双方の合意は当然であるから，「○○を合意する」とは記載しない。
　〈条項例〉
　「原告は，被告に対し，本件建物の明渡しを平成○年○月○日まで猶予する。」(注168)
　　(ウ)　給付条項
　給付条項，すなわち特定の給付をすることを合意の内容とする条項については，債務名義として十分かという視点が重要である。
　①当事者（権利者及び義務者の特定），②給付態様（「連帯して」や「各自」など），③目的物の特定，④履行期，⑤給付方法，⑥付款条項，⑦給付意思の表現等について，検討が必要である。
　特に，多数当事者の場合，債権債務の関係を明確にすることに留意する。また，給付意思の表現にあたっては，確認条項とみなされることのないよう，「支払うこと。」や「支払うこととする。」といった表現は避けるべきである。
　〈条項例〉
　「被告及び利害関係人(注169)は，原告に対し，連帯して，前項の金員を，平成○年○月○日限り，○○銀行○○支店の原告代理人「○○」名義の普通預金口座（口座番号○○）(注170)に振り込む方法により支払う。ただし，振込手

(注167)　裁判所職員総合研修所監修『書記官事務を中心とした和解条項に関する実証的研究：補訂版・和解条項記載例集』26頁。
(注168)　この条項は，確定期限を定めた付款条項ともいえる。
(注169)　第三者が利害関係人として和解に参加することも多い。利害関係人本人が期日に出頭できない場合には，利害関係人の代理人も兼ねる場合があるが，当事者である依頼者と利害関係人が利益相反の関係にある場合には，別の弁護士に委任してもらう必要がある。
(注170)　和解金の振込先として，弁護士の預かり口座を指定することが多い。その理由は，弁護士が和解金の入金を確認するためと，弁護士報酬を確保するためである。振込先を預かり口座に指定する場合には，依頼者に事前に了解を得ておく必要がある。

数料は被告及び利害関係人の負担とする^(注171)。」

　(エ)　付款条項

　付款条項，すなわち当該条項に記載した法律行為から生じる法律効果を制限する目的で当事者が特に付加した条件や期限等については，その内容によって，執行文の付与や執行開始の要件となる点に注意する。以下，付款条項のうち一般的な例を紹介する。

〈条項例〉

①　確定期限（建物明渡し）^(注172)

「被告は，原告に対し，平成○年○月○日限り，別紙物件目録記載の建物を明け渡す。」

②　不確定期限（建物明渡し）

「○○が死亡した時は，被告は，原告に対し，別紙物件目録記載の建物を明け渡す。」

③　期限の利益喪失約款（分割金の過怠）

「被告が前項の分割金の支払を２回以上怠り，かつ，その額が○○万円に達したときは，当然に期限の利益を失う。」^(注173)

④　先給付（立退料を先履行とする建物明渡し）^(注174)

「原告が別紙物件目録記載の建物の立退料○○万円を支払ったときは，被告は，原告に対し，その支払の日から１か月以内に同建物を明け渡す。」

(注171) 依頼者は，和解内容の履行に伴って発生する各種費用（振込手数料のほか，物の撤去を内容とする場合における撤去費用，登記手続を内容とする場合における登記費用等）の負担について，十分認識していない場合が多い。よく説明をしたうえで，和解条項に負担する者を明示しておくと誤解がないだろう。依頼者が費用を負担する場合には，想定額を伝えておくとよい。

(注172) なお，事後の紛争予防のため，建物明渡しの場合「同日（明渡しの日）の経過後も同建物内に被告所有の残置物が存する場合には，被告はその所有権を放棄し，原告による自由な処分につき異議はない」との条項を付加するか，残置動産の帰属や処理について取り決めた条項を付加するべきである。

(注173) 期限の利益喪失約款の記載方法については，過怠の金額，回数及びその組み合わせにより喪失時期が異なることに留意すべきである（裁判所書記官研修所監修『新民事訴訟法における書記官事務の研究Ⅰ』344頁以下）。

(注174) 原告が被告に対して立退料を支払ったことが明渡執行の停止条件となる（民執27条1項）。

⑤　引換給付（立退料と建物明渡しの同時履行）(注175)

「1　被告は，原告に対し，平成○年○月○日限り，原告から次項の支払を受けるのと引換えに，別紙物件目録記載の建物を明け渡す。

2　原告は，被告に対し，前項の期日限り，被告から前項の明渡しを受けるのと引換えに，立退料○○万円を支払う。」

　(オ)　**清算条項**(注176)

当事者が相互に，和解成立時点における当事者間の権利義務関係を確認することで，当事者間の法律関係を明瞭にする条項を清算条項という。(注177)

〈条項例〉

「原告及び被告は，原告と被告との間には，本和解条項に定めるもののほか，何らの債権債務がないことを相互に確認する。」

清算条項は，債権については実体法上の放棄と，債務については実体法上の免除という形成的内容の確認条項であり，無限定の包括的清算条項は，訴訟物以外の権利関係をも対象とする。

したがって，上記条項例のように，何ら限定のない場合には，原則として和解時における債権債務関係の包括的な不存在が確認されてしまうので，依頼者に，ほかに何らかの債権債務関係がないか十分に確認する必要がある。

そして，当事者間に和解条項に記載されている権利義務関係のほかに債権債務関係があり，清算条項の範囲を限定する必要のある場合には，和解条項の表現を工夫する必要がある。

例えば，「本件に関し」と限定する例が多くある。ここでいう「本件」とは，通常，訴訟物及びそれに社会的又は経済的に密接に関連する範囲等を想定していると思われるが，実際にはどこまでが「本件」に含まれるのか不明確なため，後に解釈をめぐって紛争になることもある(注178)。したがって，さらに慎重を期すために，「本件売買に関し」「本件労働事件に関し」と限定

(注175)　原告の立退料の支払は，明渡執行の停止条件とはならず，執行開始の要件（民執31条1項）となる。
(注176)　裁判所書記官研修所監修『新民事訴訟法における書記官事務の研究Ⅰ』355頁以下。
(注177)　裁判所職員総合研修所監修『民事実務講義案Ⅰ〔5訂版〕』343頁参照。

を加えたり，「他に債権債務（○○を含む。）」「他に債権債務（○○を除く。）」と特定したりすることも検討すべきである。

　(カ)　関連事件処理条項

　他の事件が係属している場合には，当該事件の処理条項を定めておく必要がある。特に，保全事件等で担保が提供されている場合には，担保の処理（担保取消しに対する同意及び担保取消決定に対する不抗告の合意）についても合意することを忘れてはならない。例えば，被告の不動産に対して仮差押えを行い，担保金を法務局に供託した場合，担保金を取り戻すためには，①全部勝訴（民訴79条1項），②同意（民訴79条2項），③催告（民訴79条3項）のいずれかが必要となるが，和解調書に担保取消しに対する同意条項を入れ忘れると，別途，和解後に相手方に同意を求めるか，催告手続をしなければ担保金の取戻しができなくなる。

　なお，訴訟事件の取下げについては被告の同意が必要な点に注意する（民訴261条2項）。

〈条項例〉

「原告は，被告に対する当庁平成○年(ワ)第○○号損害賠償請求事件の訴えを取り下げ，被告は，この取下げに同意する。」

「被告は，原告に対し，原告が当庁平成○年(ヨ)第○○号○○事件について供託した担保（○○法務局平成○年度金第○号）の取消しに同意し，その取消決定に抗告しない。」

　なお，和解で上記のように取下げの合意がされたとしても，関連事件について訴え取下げの効果を生じさせるためには，取下書を提出する（民訴261条3項）等，別途の手続を要する。

　(キ)　道義条項(注179)

　道義条項とは，当事者が道義的な責任を認めて，以後の紛争を防止するの

（注178）解釈につき後日紛争になった場合，和解交渉時に相手方代理人に送信したファックスが証拠になることもあるため，疑義が生じるおそれがある場合には，書面で主張しておくのも防御策として有効である。

（注179）道義条項の記載例については，近藤基著『金銭請求事件の和解条項作成マニュアル』221頁以下に詳しい。

に役立てる条項である(注180)。

　道義条項は，訴訟物とは関係がなくとも，当事者本人にとっては非常に重要な場合がある。そのため，例えば，被害者側が，「加害者の謝罪がない」ことに強いこだわりがあり和解に応じようとしない場合，加害者側が謝罪文言を受け入れることで，和解がまとまることもある。しかし，逆に，本質的でない条項を追加するか否かという点について固執することで，成立可能な和解がまとまらなくなってしまう可能性もあるし，裁判所にはこのような申出自体，敬遠されることが多い。

　依頼者にはよく説明をしたうえで，強い要望があるか，又は，譲歩し得るか等，真意を確認する必要がある。また，道義条項については，約束が守られないからといって和解自体を無効にできるわけではないことを誤解のないよう依頼者に説明する必要がある。

〈条項例〉

「被告は，原告に対し，○○について謝罪する。」

「被告は，原告に対し，本日以降原告の名誉，信用を棄損し，又は業務の妨害となるような一切の言動及び行動をしないことを確約する。」

「被告会社は，本件事故が発生したことを真摯に受け止め，今後同様の事故の再発防止に努める。」

3　基本事例の場合

(i)　基本事例では，証拠調べが終わった段階で，裁判所から和解勧試があり，和解交渉が行われた。

　裁判所は，当事者双方の意向を確認した後，和解案を提示した。裁判所の和解案は，被告に過失が認められるとの心証を開示したうえで，損害費目ごとに金額を明らかにした書面によりなされ，口頭により補充説明が行われた(注181)。当事者双方は持ち帰って検討することにした。

(ii)　裁判所の主な和解案は次のようなものであった(注182)。

(注180)　裁判所職員総合研修所監修『書記官事務を中心とした和解条項に関する実証的研究〔補訂版・和解条項記載例集〕』16頁。

① 治療費　症状固定日までの治療費全額　　○○円
② 通院交通費　上記治療に必要な通院交通費全額　　○○円
③ 休業損害　賃金センサスを基に算定　　○○円
　（理由）確定申告書がなく，その他所得に関する客観的な立証が不十分
④ 後遺症による逸失利益　後遺障害等級14級9号の労働能力喪失率5％を前提に，基礎収入は賃金センサスで算定し，労働能力喪失期間5年として計算　　○○円
　（理由）後遺症は14級と認定
⑤ 傷害慰謝料　上記症状固定日までの実治療日数に基づく赤い本基準（別表Ⅱ）　　○○円
⑥ 後遺症による慰謝料　後遺障害等級14級の赤い本基準　　○○円
⑦ 物損　原告主張の修理費全額　　○○円
⑧ 過失相殺　原告0：被告100
　（理由）別冊判例タイムズ16【176】図（基本20：80）を参考として，進路変更車（被告車）合図なし－20を考慮

(ⅲ)　A弁護士と甲野太郎は裁判所の和解案につき検討を行った。

　甲野太郎は，被告の過失が認められ，また，過失相殺がなされなかったことにほっとしたが，低髄液圧症候群の後遺症が14級までしか認められていない点に不満があった。

　A弁護士は，これまでの立証過程と裁判官の心証を比較し，判決及びその後の上訴審の見通しについて伝えたうえで，甲野太郎に検討を促したところ，甲野太郎としては，低髄液圧症候群については判例で決着がついていない問題なので，最高裁まで争ってみたいという気持ちもあったが，蓄えがほぼ底

(注181) 交通事故訴訟の和解について説明された文献として，佐久間邦夫，八木一洋編『交通損害関係訴訟（リーガル・プログレッシブ・シリーズ5）』（青林書院，2009年）26頁以下参照。これによると，東京地裁における交通事件の和解率は7割とのことである。
(注182) 東京地裁民事第27部における裁判所の和解案は，事案の難易によって，かなり詳細なものが書面で提示されることがある。また，交通事故訴訟の和解の場合，弁護士費用と遅延損害金は計上しないのが基本であるが，和解の調整要素として計上することもある。

をついており，早く解決することを最優先と考え[注183]，少しでも有利に解決するように，慰謝料の増額[注184]という形で和解金を調整し，和解交渉をするようA弁護士に頼んだ。

(iv) しかし，乙川花子は，過失が認められたこと自体に納得がいかず，裁判官の説得にもかかわらず，お見舞い金程度の支払しか応じる姿勢を見せなかったため，金額の乖離が激しく，和解は決裂した。

(v) なお，和解が成立していた場合に考えられる和解条項は，書式22のとおりである。

(vi) 最後に，本件では原告は問題にしていないが，清算条項と予期しない後遺症の発生の扱いについて，補足する。

交通事故の事案や傷害事件の事案においては，和解成立時点に将来後遺症の発生が予期できない場合においても，被害者が「将来，予期しない後遺症が発生してしまい治療が必要になるかもしれない。清算条項によって将来の費用は請求できなくなってしまうのではないか」と強い不安を持つ場合がある。また，逆に，加害者においても「将来，被害者が『後遺症が発生した』などといって，また損害賠償請求をしてくるのではないか」と心配する場合がある。

判例[注185]によると，事後に，和解成立当時予想できなかった後遺症が後日発生した場合には，被害者はその損害賠償を請求できるものと考えられる。そのため，予測できなかった後遺症の発生による損害については，あえて条項に入れなくても再度請求することは可能となるものと考えられる。

しかし，依頼者のためには，念のため請求権留保の合意をしておくのが妥

(注183) 交通事故訴訟の場合，保険会社が同意をすれば，保険会社が支払をしてくれるため，基本的には資力の問題を気にする必要はない。

(注184) 交通事故訴訟の場合，算定困難な費目を慰謝料で考慮することがある（慰謝料の補完的機能）。慰謝料増額事由に関する裁判官の講演録は，赤い本2005年版下巻37頁以下。

(注185) 示談の場合の判例として，最判昭和43年3月15日民集22巻3号587頁。既判力に関する判例としては最判昭和42年7月18日民集21巻6号1559頁があるが，同判例は一部請求の考え方を緩和し，受傷時においては医学的にも通常予想し得なかった治療方法が必要とされ，右治療のため費用を支出することを余儀なくされるに至ったなどの事情の下，追加請求に前訴の既判力が及ばない旨を判示したものである。

当である(後述の条項例参照)。とはいえ,前述のとおり,加害者側とすれば不安が残ることになるから和解が成立しない可能性が高まるだろう。

これらの事情を依頼者に説明し,理解してもらったうえで,条項として残すことにこだわるか否かを決定することが重要である。

〈条項例〉(注186)

「ただし,本件交通事故により原告に後遺障害が発生し,上記後遺障害について,原告が自動車損害賠償責任保険の査定により,後遺障害等級の認定を受けたときは,これによる損害額について原告と被告との間で別途協議する。」

口頭弁論終結から判決言渡し(1)――最終準備書面

1 最終準備書面について

(1) 最終準備書面の意義

最終準備書面とは,一般に,審理の最終段階で提出する主張書面を指し,厳密な法律用語ではない。形式としても,最終準備書面との標題は付けず,「第○準備書面」,「準備書面( )」など,それまでの準備書面の続き番号を付すのが通常である。もちろん,最後であることを強調するために「最終準備書面」というタイトルを付けても問題はない。もっとも,相手方の最終準備書面に新たな主張が含まれている等,更に書面を提出する必要性が生じる場合もある。その場合には,「最終準備書面(その2)」とする等して工夫するとよいとされている(注187)。このようなことを避けるため,あえて「最終」と書かないようにすべきだ,という意見もある。

(2) 最終準備書面の目的

最終準備書面は,それまでの主張の総まとめを行うとともに,法廷に顕れたすべての書証や人証等の証拠調べの結果に照らして,自己の主張の正当性

(注186) 星野雅紀編『和解・調停モデル文例集〔改訂増補3版〕』69頁以下より引用。
(注187) 圓道至剛著『若手弁護士のための民事裁判実務の留意点』(新日本法規出版,2013年)213頁~214頁。

を論じることを目的とする^(注188)。いわば、主張と立証の集大成としての書面である。

　最終準備書面は必ず提出しなければならないわけではないが、争点が複雑で多岐にわたる、あるいは、証拠の評価が分かれ事実認定が難しく、特に敗訴可能性がある場合等には、裁判所を説得し、当方の主張を認める場合の判決の見本例を示す意味でも、できるだけ提出すべきである。

　裁判所によって、あるいは事件によっては、準備書面を提出する機会を設けずに弁論を終結しようとする場合もある。この場合には、裁判所としては既に心証を形成していることが多いが、いざ判決の起案に着手すると、裁判官が判断に迷うこともあり、最終準備書面が説得力のあるものであれば、裁判官の最終的な心証形成に影響を与えることができる場合がある。また、依頼者に対しても事件の締めくくりとして、これまでの主張をまとめて、これまで行ってきた訴訟活動を確認するという側面もある。さらに、最終準備書面を提出しておくと、仮に控訴することになった場合、既に一度最終準備書面を作成する過程で主張や証拠をまとめて整理していることから、充実した控訴理由書の作成ができるし、仮に控訴されることになった場合にも、充実した答弁書の作成ができるという利点もある。

　そこで、最終準備書面提出前に審理が終結されそうになったら、「最終的に当方の主張を整理した書面を提出する予定である」旨を述べて、なるべく最終準備書面提出の機会を設けるべきである。裁判所も、提出自体を認めないことはほとんどない。

(3) **最終準備書面の提出時期**

　最終準備書面は、争点が整理され、当事者双方の主張及び立証が一応尽くされた段階、すなわち、本人尋問・証人尋問が行われる事件では尋問後に、尋問が行われない事件では尋問を行わないことを決定し双方の立証が尽きた段階で提出されるのが通常である。

　尋問後に提出する場合には、尋問期日の調書を謄写し、これに基づいて書面を作成することになる（もっとも、調書を謄写する前でも、手控えのメモ等

(注188) 司法研修所編『[7訂] 民事弁護の手引』（日本弁護士連合会、2005年）129頁。

に基づいて書面の作成を進めることは可能であるから，できるだけ進めておいた方がよい。）。尋問期日の調書は，尋問期日後3～4週間程度で閲覧・謄写が可能となるのが通常であるが，担当書記官に，期日の直後及び閲覧・謄写の直前に確認しておく。最終準備書面の提出時期は，尋問期日調書を閲覧可能な時期から更に1か月程度後を設定することが多い。事件が複雑で，争点が多岐にわたる場合等には，尋問期日調書を閲覧可能な時期から1か月半程度後を提出期限とすることもある。

　最終準備書面の提出時期（あるいは提出するか否か）は，尋問期日において，尋問終了後に今後の訴訟進行について協議のうえで決定される。自身の予定も考慮して，十分，裁判所と調整すべきである。

　尋問を経ずに最終準備書面（最終的に主張を整理した書面）を提出する場合も，通常1か月程度先の提出期限か，事件が複雑な場合には1か月半程度先に提出期限を設けるのが通常である。なお，民事訴訟法上，口頭弁論終結後，2か月以内に判決をすることが原則とされている（民訴251条1項）。

2　最終準備書面の作成

(1)　最終準備書面作成のための準備及び注意点

　最終準備書面は，これまでの主張を整理し，既に出ている証拠あるいは行った尋問に基づき立証する書面である。したがって，依頼者との打ち合わせをしなければ作成できないものではない。そこで，あらかじめ依頼者に対して「当職が準備する」と断りを入れて，作成した書面を提出前に確認してもらうだけの場合もある。

　もっとも，依頼者や事件に応じて，最終準備書面作成に打ち合わせを重ねることもあるし，主張や証拠を整理するうえで，主張内容を変更する必要が生じたり，あるいは新たな証拠を提出する場合には打ち合わせが必要となったりすることもある。

　また，裁判官も，判決を書く段階で一つ一つ証拠全部を検討した結果，事件の筋立て自体が変わってしまうこともあるとの指摘がある[注189]。そのため，最終準備書面の作成にあたっては，丁寧に主張・証拠関係を見直す作業が必要となる。

なお，最終準備書面作成の段階で，これまでと異なる新たな主張を追加し，又は弾劾証拠以外の新たな証拠を提出することは，時機に後れた攻撃防御方法と捉えられかねないので注意が必要である[注190]。特に，訴訟物の変更や，新たな主張の追加について，裁判所は提出に対して難色を示すため，もし提出しなければならない場合には，早めに申し出ておくべきであろう[注191]。

(2) 最終準備書面における事実認定

　最終準備書面では，法的主張のみならず，その基礎となる事実の認定についての主張も行う。事実関係が複雑な事案の場合には，自己の主張に沿って整理したうえで，事実認定についての主張を行うことが勝負の決め手となることも多い。

　事実認定の手法については，多数の文献が出版されているが[注192]，裁判官の事実認定の手法と，一方当事者の代理人である弁護士の事実認定に関する主張とは，立場が異なることに注意が必要である。すなわち，裁判官は，客観的な審判者として適正な事実認定の手法を追求するのに対し，一方当事者の代理人である弁護士は，自己の主張を裏付ける事実の認定について説得的

(注189) 岡口基一，中村真著『裁判官！当職そこが知りたかったのです。』（学陽書房，2017年）80頁～81頁，94頁～96頁。
(注190) 座談会「争点整理をめぐって（上）」（判タ1266号33頁）において，瀬木比呂志判事は，最終段階に提出された新たな主張は無理筋なものが多く，「切ろうと思えば切れるし，切っても問題ない。ただ，実際問題としては1回続行すれば足りる」旨の発言をしている。
(注191) 座談会「適正な事実認定をするための方策」（判タ1261号83頁）において，村田渉判事は，「弁論終結予定日当日に，代理人が準備書面を提出し，『最終準備書面です。人証調べの結果について，いわゆる証拠弁論をしただけで，新たな主張等はありません。』と述べたことから，代理人の言葉を信用して，当該準備書面の陳述を認めて，弁論を終結したにもかかわらず，実際には，訴訟物の変更や主張等の変更（新たな主張の追加）の記載がある場合があります。このような場合には，相手方の防御権を侵害することにもなりますし，裁判所としても審理が尽くされておらず，訴訟手続の法令違反があるなどとの指摘を受けるおそれもありますから，結局のところ，弁論を再開せざるを得ないということになってしまいます。このようなことにならないよう，準備書面において訴訟物の変更，主張の変更等がある場合には，是非，その旨の明示をお願いしたいと思います」と述べている。
(注192) 加藤新太郎編『民事事実認定と立証活動 第Ⅰ巻』（判例タイムズ社，2009年），司法研修所編『民事訴訟における事実認定』（法曹会，2007年）等。

に論じる立場にある。一方で裁判官がどのような手法で事実認定を行っているかを研究することは有用ではあるが，他方で最終準備書面の作成においては，客観的な立場から事実認定を行うのではなく，あくまで自己の主張の立証として事実認定についての主張をすべきである。

　最終準備書面段階における事実認定の主張は，それまでの立証活動の集大成であるから，基本的には，それまでの立証活動によって事実が明らかとなっていることを説得的に論じることになる。

　立証手法としては，①その事実が存在する（あるいは存在しない）ことを裏付ける証拠が信用でき，あるいは多数存在することから立証していくという証拠からのアプローチ，②その事実を裏付ける間接事実を積み重ねていく間接事実からのアプローチ，③時系列的な事実の流れ（ストーリー）から，その事実が存在する（あるいは存在しない）ことが経験則上自然であるとするストーリーからのアプローチ（これも一種の間接事実からのアプローチであるが）等があるが，これも事案及びそれまで行ってきた立証活動に即して使い分けて論じるべきである。

　また，効果的な最終準備書面とするための工夫として，自分にとって不利な反対証拠を説得力をもって否定することが大事であるとの指摘もある(注193)。そこで，反対証拠の証明力を減殺するため，仮にそれ以前の準備書面で行っていたとしても，最終準備書面の段階で，重ねて反対証拠の証明力を減殺する主張を丁寧にしておくことが大切となる。

　なお，特に成立の争われている書証や，信用性が争われている証拠については，成立の真正や，信用性についても論じる必要がある。

(3) 尋問を踏まえた最終準備書面

　尋問後に最終準備書面を作成，提出する場合には，これまでの主張を整理しつつ，提出された全証拠及び尋問における供述に基づき，自己の主張を立証する。また，相手の供述に対して反対尋問で弾劾した場合には，これを引用して相手の主張が不合理であることを指摘する。

（注193）加藤新太郎，細野敦著『要件事実の考え方と実務〔第3版〕』（民事法研究会，2014年）292頁以下。

自己の申請した証人の証言については，客観的証拠という「点」をいかに証言という「線」で結び付け，合理的な主張であることを裏付けるか，相手方の申請した証人の証言については，いかに証言自体矛盾し，あるいは不合理であり，客観的証拠と整合しないかを中心に論じることになろう。
　なお，自己の申請した証人について，特に争われていない限り一般的な供述の信用性を述べる必要はないとは考えられるが，客観的証拠と対比させることにより信用性を裏付けるという手法も有用である。これに対して，相手方が申請した証人については，個々の証言の弾劾とともに一般的な信用性について論じることも多い。
　また，具体的に，最終準備書面に尋問調書を引用する場合には，供述者と供述調書の頁数を用いて特定する。
　原告・被告が1名ずつの事件であれば，「原告の『〇〇』との供述（原告〇頁）」との特定で足りる。尋問が複数の期日をまたいで行われた場合には，「(平成〇年〇月〇日付期日の原告供述（以下「原告②」という。）〇頁)」と特定して，以下「(原告②〇頁)」と引用する方法もある。原告・被告の複数が供述し，あるいは証人が供述した場合には，「(原告甲野〇頁)」「(証人丙野〇頁)」などと引用する。
　尋問調書を引用する場合には，当該記載をそのまま引用すべきである。例えば，「あなたは，〇〇をやりましたか」との問いに対して，供述者が「はい」と答えた場合に，「供述者は『〇〇をやった』と供述し」と記載することは読み手をミスリードすることもあるため，注意が必要である。この場合は，端的に「供述者は，『〇〇をやりましたか』との問いに対して『はい』と認め（供述者〇頁）」と引用するか，引用を避けて，「供述者は，〇〇を認める旨の供述をしており（供述者〇頁）」と記載することが考えられる。
　もっとも，尋問調書の引用方法も読み手を意識したわかりやすいものであれば，上記に限るものではない。

3　最終準備書面の構成例

(1)　最終準備書面の内容
　最終準備書面の作成は，それまでの訴訟活動の総まとめであり，弁護士の

腕の見せ所でもある。その内容や構成も，事件の内容次第であり，作成する弁護士次第でもある。

　また，当該審級において主張する最後の機会であるから，依頼者の不満が残らないように注意する必要がある。実務上，依頼者の意見を取り入れなかった場合，仮にそれが訴訟の帰趨には何の影響も無い意見であったとしても，代理人が主張してくれなかったから負けた等のクレームにつながることもある。

(2) **目次の記載**

　最終準備書面は，その性質上，大部のものになりやすい。準備書面が10頁を超える場合には，最初に目次を記載すると読みやすく参照しやすいものとなる。目次の記載は，本来の読み手である裁判所のみならず，自分が見直す場合にも有用である。

(3) **ストーリーの設定**

　裁判所は，最終準備書面で一方当事者側のストーリーとして端的な「事案の概要」が記載されることを期待している。このため，（特に複雑な事件等では）事案の概要は可能な限り最終準備書面の冒頭に記載することが望ましい。

(4) **争点を中心とした構成**

　争点が明確であり，争点に対する判断が問題となっている場合には，争点を中心に構成することが有用である。この場合，争いのない事実を前提条件として整理したうえで，争点に関する主張を整理し，それまでの証拠を引用するなどして立証する。また，その争点に関する相手の主張を弾劾する。

　争点が明確であっても，争点が多岐にわたるものは，次項に述べるように要件事実を中心に整理した方がよい場合もある。

　民事訴訟実務において，現在，判決書が争点ごとに構成されていることに鑑みると，最終準備書面も争点を中心に構成する方法が適する場合もある。

(5) **要件事実を中心とした構成**

　請求原因に対して，抗弁が提出され，これに対する再抗弁が提出される事案や，本訴に対して反訴がなされた事例等，主張同士の関係が複雑になっている事案の場合には要件事実を中心に構成することが有用である。また，主張の法的根拠が問題となっている場合にも，要件事実から説き起こして論じ

ることが有用な場合もある。

4 基本事例の場合

(1) 原告側の最終準備書面
　A弁護士は，本件について，自賠法3条の運行供用者の責任に基づく損害賠償請求権（人損）及び不法行為に基づく損害賠償請求権（物損）の要件事実に基づいて，事故態様（殊に被告車両の走行態様）及び後遺障害等級，休業損害の額の争点を満遍なく網羅して，原告最終準備書面を作成した（書式23参照）。

(2) 被告側の最終準備書面
　B弁護士は，本件の主要な争点を，事故態様（殊に被告車両の走行態様）と後遺障害（低髄液圧症候群）と事故との因果関係であると見極め，かかる争点を中心に，被告最終準備書面を起案した（書式24参照）。

　なお，書式では，本事案を想定した最終準備書面の一例を示しているが，紙面の都合もあり一部抜粋としている。本来は，これまでの主張，証拠に照らして，より具体的に詳細に記載するものである。

(3) 弁論終結
　第3回口頭弁論期日において，A弁護士及びB弁護士は，それぞれ事前に裁判所及び相手方代理人に送付していた最終準備書面を陳述した。裁判所は，本期日をもって弁論を終結し，判決言渡期日を指定した。

5 他の紛争類型への応用

(1) 争点を中心とした構成例
ア　争点を中心に構成する場合
　現在の民事訴訟実務が，争点整理手続を充実させ，争点を中心に主張整理，証拠整理を行い，判決書においても争点を中心に記載されている現状からすると，最終準備書面についても争点を中心に記載することが一般的であると思われる。

　そのため，事件の類型にかかわらず，争点を中心に構成することは有用である。例えば，過払金返還請求訴訟については，争点ごとに判例が集積され

ていることから，争点を中心に最終準備書面を起案するとまとまりがよい場合も多い。

　また，保証債務については，平成16年改正によって書面によることが要件とされたところ，主たる債務の成立については争いがなく，保証債務が書面によってなされたかどうかという争点がピンポイントで問題になることがある。この場合には，争点を中心とした構成が有用である。

　イ　具体例
　　㋐　過払金返還請求訴訟
　例えば，過払金返還請求訴訟について，被告が，①過払金の貸付に係る債務への充当方法，②消滅時効の成否，③貸金業法43条のみなし弁済（みなし弁済制度は，平成22年6月18日の改正貸金業法の施行時に削除され廃止）の成否が争われている場合，①については請求原因に対する否認，②③については抗弁となるが，これを三つの争点として挙げ，個別に論じることで整理すると，以下のとおりとなる。

第1　本事案の整理
　1　本事案の概要
　　本件は，原告が被告に対して，原被告間の消費貸借契約に基づき行われた取引において原告が被告に利息制限法を超過した支払を行ったとして，貸金業者に対する不当利得（いわゆる過払金）の返還を求めるものである。
　2　争いのない事実
　　本件において，原被告が，平成○年○月○日に消費貸借契約を締結したことについては，甲1に明らかであり，当事者双方にも争いはない（答弁書○頁）。
　　また，原被告間において別紙取引履歴一覧のとおりの取引が行われた事実も争いはない（答弁書○頁）。
　3　争点
　　一方，被告は，①過払金の貸付に係る債務への充当方法を争い，②消滅時効の援用，③貸金業法43条のみなし弁済の成立を主張す

るため，以下，これらの争点につき論じる。
第2　争点①（過払金の貸付に係る債務への充当方法）について
　1　充当の根拠について
　2　充当の計算方法について
　3　本件について
第3　争点②（消滅時効の成否）について
　1　消滅時効の起算点について
　2　本件について
第4　争点③（貸金業法43条のみなし弁済の成否）について
　1　みなし弁済の成否に関する最高裁判所判決について
　2　任意性について
　3　17条書面について
　4　18条書面について
　5　本件について
第5　結語

(イ)　保証債務履行請求訴訟

　例えば，保証債務履行請求訴訟について，被告が連帯保証契約をしたことが書面によって行われたといえるかどうかが争われている場合，当該連帯保証契約の書面性については主要事実となるが，この点を争点とした訴訟を整理すると以下のとおりとなる。

第1　本事案の整理
　1　本事案の概要
　　本件は，原告が被告に対して，原告と主たる債務者間の賃貸借契約に基づき行われた連帯保証契約において，主たる債務者が賃料の支払を遅滞したため，原告が被告に対して，延滞賃料の支払を求めるものである。
　2　争いのない事実
　　本件において，原告と主たる債務者が，平成○年○月○日に賃貸

借契約を締結したことについては，甲1に明らかであり，当事者双方にも争いはない（答弁書○頁）。

　　　また，原被告間においては，連帯保証契約書その他被告が署名押印した書面が存在するわけでは無く，不動産会社の担当者が被告に対して架電して被告の連帯保証の意思を確認した際に作成したとされる「承知しました」と書かれたメモ書き程度の書面が存在するだけである点も争いはない。
第2　争点
　　　連帯保証契約書や承諾書等の被告作成に係る保証意思を明確に確認した書面がなく，不動産会社の担当者によって作成された「承知しました」とのみ書かれたメモ書き程度の書面が，保証契約の成立要件とされている書面といえるかどうか，以下，この争点につき論じる。
　1　保証債務に書面が要求された趣旨等について
　2　保証債務の書面性に関する判例等について
　3　尋問を踏まえた当該書面の作成過程等の事実認定の主張・立証
　4　本件へのあてはめ
第3　結語

(2)　**要件事実を中心とした構成例**
　ア　**要件事実を中心に構成する場合**
　争点が多岐にわたる事件について，提出された多くの主張を整理するには，要件事実に沿って構成するのが適切である。例えば，賃金の支払を求める労働事件においては，労働義務の履行の有無や，賃金減額合意の有無，賃金の合意相殺の有無，一定期間までの消滅時効の成否等，争点が多岐にわたることも少なくない。

　また，請求原因に関する主張と抗弁に関する主張，再抗弁に関する主張が相互に関連し，複雑化している場合にも，要件事実に即して構成することで整理されることがある。例えば，建築物等の請負代金請求事件において，目的物の瑕疵に基づく損害賠償請求権との相殺及び解除の意思表示が抗弁とし

て提出された場合，目的物の瑕疵の有無及び程度，原因について争われることがあるが，要件事実的には，「目的物に瑕疵があること」は抗弁事実であり，「契約の目的を達成することが可能であること」，「瑕疵が注文者の与えた指示によって生じたこと」は再抗弁事実となる[注194]。

これらの場合に，要件事実ごとに整理したうえで，自己の主張について立証していること，相手側の主張について立証が尽くされていないことを整理して論じることが有用な場合も多い。

イ　具体例

例えば，上記例のように，建築物等の請負代金請求事件において，目的物の瑕疵に基づく損害賠償請求権との相殺及び解除の意思表示が抗弁として提出され，これに対してさらに，瑕疵が注文者の指図によって生じたとの再抗弁が提出された場合の構成例を以下に挙げる。

第1　本事案の概要
　　本件は，原告が被告に対して，請負契約に基づき，完成し，引き渡した建築物について，請負代金を請求するものである。これに対して，被告は，目的物に瑕疵があると主張して，契約の解除及び損害賠償請求権による相殺を主張している。
第2　請求原因事実について
　1　請負契約の成立
　2　仕事の完成及び引渡し
第3　抗弁について
　1　被告が原告に対し，瑕疵修補に代えて損害賠償を請求する意思表示をしたこと（被告準備書面（○）○頁），及び，その損害賠償請求権をもって請負代金請求権と対当額で相殺する旨の意思表示をしたこと（被告準備書面（○）○頁）については，裁判所に明らかであり，当事者双方に争いはない。
　2　目的物の瑕疵の有無について

(注194) 加藤新太郎，細野敦著『要件事実の考え方と実務〔第3版〕』292頁以下。

> 　3　損害について
> 第4　再抗弁①（契約の目的達成が可能であること）について
> 第5　再抗弁②（仮に瑕疵があるとしても，その瑕疵が被告の指示によるものであること）について
> 第6　結語

(3) 時系列を中心とした構成例
ア　時系列を中心に構成する場合

争点が数的に少ないが，事実関係が複雑で，事実認定において争いが生じている場合には，時系列に沿って事実を整理する手法も有用である。例えば，不法行為に基づく損害賠償につき，その行為あるいは故意・過失の有無について争いがある場合や，離婚訴訟において離婚原因に争いがある場合等がこれに当たる。この場合も，単なる事実の列挙ではなく，要件事実及び争点を意識して，法的主張として論じなければならないのは言うまでもない。

イ　具体例

例えば，離婚訴訟において，離婚原因の有無が争いになっている場合の項目例を以下に挙げる。

> 第1　本事案の概要
> 　　本件は，原告が被告に対して，婚姻関係の破綻に基づき離婚を求めるものである。これに対して，被告は婚姻関係の破綻を争うとともに，破綻したとしても，原告にその原因があるなどとして，原告が有責配偶者に当たるなどと主張する。
> 　　以下，時系列に沿って，原被告間の婚姻関係が破綻していること，及び，その原因が専ら被告にあることを論ずる。
> 第2　結婚に至る経緯
> 　1　原被告が知り合った経緯（平成○年○月）
> 　2　原被告の同居及び結婚に至る経緯（平成○年○月～○月）
> 　3　原被告の結婚当時の状況（平成○年○月）
> 第3　別居に至る経緯

1　結婚後の生活状況（平成○年○月～○年○月）
   2　被告による不貞行為（平成○年○月ころ）
   3　原被告の別居（平成○年○月○日）
第4　別居後の状況（平成○年○月～）
第5　原被告間の婚姻関係の破綻及びその原因
第6　結語
　　以上のとおり，原被告間の婚姻関係は完全に破綻しており，原被告間に婚姻を継続しがたい重大な事由があることは明らかであり，原被告間には民法770条1項1号又は5号の離婚原因に該当する事由がある。また，かかる婚姻関係の破綻が被告の不貞行為及びその後の被告の不誠実な態度に原因があることは明らかであるから，被告による原告の有責性云々の反論は全く論外である。
　　裁判所におかれては，速やかに原被告を離婚する判決を下されたい。

口頭弁論終結から判決言渡し(2)

1　一般的な心構え

　口頭弁論終結を迎えるにあたっては，従前の訴訟活動を振り返り主張立証に漏れがないかを今一度入念に点検すべきである。

　口頭弁論終結後といえども気を抜いてはならず，必要に応じて弁論再開の申立てをすべき場合もある。また，判決言渡し期日に先立って，判決言渡し後に速やかに対応できるように，依頼者とは，従前の訴訟活動から見通される判決内容を踏まえたうえで必要な協議を行っておくべきである。

　判決言渡し後は，判決結果を確認するとともに，判決内容を踏まえて依頼者と協議を行い，判決結果に応じた対応が求められる。敗訴判決の場合には，控訴提起や控訴に伴う執行停止の申立てを検討する必要がある。また，勝訴判決の場合であっても，相手方の控訴に備え，裁判所に控訴期間を確認し，

その期限や控訴の可能性を依頼者に伝える必要がある。また，仮執行宣言付判決の場合には必要に応じて強制執行の申立てを検討する。

2　口頭弁論終結から判決言渡しまで

(1)　口頭弁論終結とは

　裁判所は，訴訟が裁判をするのに熟したときは，終局判決をする（民訴243条1項）。この「裁判をするのに熟したとき」とは，審理の結果，訴えの適法・不適法について，適法であるときは，原告の請求の当否について，終局判決をなしうる状態まで審理が尽くされたと認めたときのことであり，このとき裁判所は口頭弁論を終結する。

　口頭弁論の終結は，その審級における審理の打ち切りを意味し，当事者は，以後新たな攻撃防御方法を提出する機会がなくなる。裁判所は，この時点までに行われた主張立証に基づき，権利関係の存否を判断する。したがって，口頭弁論の終結日は，判決書の必要的記載事項とされ（民訴253条1項4号），判決の既判力の基準時になるなど重要な意義を有している。なお，既判力の基準時は，事実審の口頭弁論終結時であるから，控訴審判決がなされた場合には，控訴審の口頭弁論終結時がそれにあたる。

(2)　口頭弁論終結を迎えるにあたっての心構え

ア　従前における主張立証活動の総点検

　訴訟は，当事者の訴訟活動を踏まえて進行するものであるから，事前の予告なく，ある期日において突然に弁論終結となることは少なく，次回期日で弁論終結見込みである等と予告されることが通常である。そして，口頭弁論終結が予定されているこの段階では，既に一通りの証拠調べを終え，いわゆる最終準備書面も提出していることが多いことから，必要な主張と可能な限りの立証が尽くされているのが通常であるといえる。

　しかし，だからといって油断してはいけない。ひとたび弁論終結となれば，弁論が再開されない限り新たな主張立証を行うことはできない。当事者には弁論再開の申立権が認められておらず，弁論が再開されるかどうかは裁判所の裁量に委ねられているので，弁論再開を申立てたとしても必ず弁論を再開してもらえるという保証はない。そのため，訴訟期日に臨むにあたっては当

該期日において行うべきことをあらかじめ確認しておくべきことは当然であるが，とりわけ当該期日において弁論終結が予定されている場合には，今一度これまでの主張立証に漏れがないかを点検し，それまでの期日のとき以上に入念に確認しておくことが重要である。仮に，主張立証に漏れがあれば，当該期日に主張立証を行う必要があるし，場合によっては弁論終結に至らぬよう，追加の主張立証が必要な理由を裁判所に説明する必要がある。

　　イ　主張の提出漏れ防止のための確認

　まずは，主張の提出漏れがないかに注意すべきである。特に，要件事実との関係で主張に不足がないか再検討が必要である。

　例えば，訴訟係属後に訴訟外で請求金額の一部を支払ったような場合，支払後直ちに弁済の抗弁を提出することも可能ではあるが，特に数回に分けて支払を行ったようなときなどには審理の最終段階で一括して弁済の抗弁を提出しようと考えることもある。このように審理の最終段階において提出すればよいと考えていた主張を口頭弁論終結までに提出し忘れることないよう注意が必要である。

　　ウ　証拠の提出漏れ防止のための確認

　次に，証拠の提出漏れがないかについても注意すべきである。特に取調べ未了の書証はないか，書証の原本確認の漏れはないか等について確認すべきである。書証の原本持参を忘れたがために，証拠調べができず期日が無駄に1回延びてしまうという事態や，証拠調べをしてもらえぬまま弁論終結となる事態は避けるよう気をつけることは当然として，訴訟の審理経過によっては，新たな争点について検討が必要になることもあり，当初法的意味が薄いと考えていた証拠を丁寧に読み直すと，有利に使える証拠であると気づくこともある。

　　エ　主張立証の提出漏れを発見した場合の対応

　それまでの訴訟活動を再点検した結果，主張立証に不十分な点が見つかったような場合には，追加の主張立証を行うために当該期日での弁論終結には異議を唱えて弁論の続行を求めることになる。もっとも，時機に後れた攻撃防御方法として却下の申立て（民訴157条1項）を受ける可能性もあるから，そのような申立てを受けることがないよう，訴訟の初期から，常に主張立証

の漏れがないかを意識しながら，訴訟活動を行い，より早い段階で提出しておくことが望ましいことは言うまでもない。

以上とは逆に，弁論終結予定の期日になって相手方が新たな主張立証を行おうとする姿勢を見せたような場合には，時機に後れた攻撃防御方法として却下を求める（民訴157条1項）という対応も検討すべきである。

(3) 弁論終結後の対応

ア 弁論の再開

ひとたび弁論が終結されても，その後弁論が再開されることもある（民訴153条）。追加の主張立証が必要な事情が生じたような場合には，積極的に弁論の再開を求めるべきである。もっとも，当事者の弁論再開の申請は職権発動を促すものにすぎず，弁論を再開するかどうかは裁判所の裁量であり[注195]，必ず再開してもらえるという保証はないので，弁論終結までに主張立証の漏れがないかを入念に確認しておくことが重要であることは言うまでもない。

イ 弁論終結後の参考書面の提出

弁論終結後ではあるものの，従前の主張内容を整理するなどした書面を参考書面と称して提出することもある。もとより弁論終結後であるから，新たな攻撃防御方法を提出することはできない。ときに参考書面であるとして提出された書面に新たな攻撃防御方法の記載がなされる例も見受けられるが，判決の基礎にされることはなく，あくまで事実上の主張にすぎない。

なお，例えば遠方の裁判所であり少なくとも当事者の一方にとって出頭に手間がかかるような場合では，いわゆる最終準備書面については弁論終結後の参考書面として提出するという運用も見受けられる。かかる運用によれば，最終準備書面を陳述するためだけに遠方の裁判所に再度出頭するという手間が省けることになるが，もとより弁論終結後であるから新たな攻撃防御方法を提出することはできないということになるから，最終準備書面で新たな主張立証を行う必要がありうる場合には注意が必要である。

(注195) 最判昭和35年12月7日民集14巻13号2964頁，最判昭和42年9月27日民集21巻7号1925頁。ただし，弁論再開についての裁判所の裁量は無制限ではない。これを明らかにしたものとして最判昭和56年9月24日民集35巻6号1088頁。

ウ　判決言渡し期日の延期

　弁論が終結し判決言渡し期日が指定された後でも，裁判所の一方的な都合によって同期日が延期されることがある。また，ときに判決言渡し期日の延期が2回以上続くということもある。裁判所の不当な対応には厳然と抗議すべきと言いたいところではあるが，裁判所の機嫌を損なうことは得策ではないので致し方なく受け入れているという例が多いものと思われる。

(4) 判決言渡し前の依頼者との協議

ア　控訴提起等のための準備

　必要な審理を遂げたうえで弁論終結に至っていることからすれば，基本的にあとは裁判所の判断に委ねられるべきものといえるが，判決言渡しを漫然と待つようなことは避けるべきである。判決言渡し後のことを見据えて依頼者と判決後行うべき手続等を想定しつつ必要な協議をしておくべきである。

　判決言渡し後の対応や手続の流れ等については，判決言渡し前の段階であらかじめ依頼者に説明し，方針を決めておくべきである。なぜならば，後述のとおり，控訴期間が限定されていることや判決言渡し後に早急に着手すべきことがらもあるため，判決言渡し後になってから検討を始めたのでは十分な時間的な余裕がなく手遅れにもなりかねないからである。

　なお，いざ判決言渡し後に依頼者と対応を協議しようとしたところ依頼者が長期海外出張中等の理由で連絡が取れないというような不測の事態が生じる可能性があることも考慮しておくべきである。

イ　判決の見通しの告知及びその際の留意点

　この段階での依頼者との協議にあたっては，必然的に判決の見通しを伝えることになる。判決の見通しについては，これまでの訴訟活動を踏まえ冷静に分析することが望ましい。弁論終結前に和解期日が設けられた場合等，裁判所から判決を見越した心証を示されることもあるから，それも重要な指針になろう。判決の見通しの難易は事案によって区々であるが，代理人の見通しと実際の判決結果が異なった場合には，ときとして依頼者と深刻なトラブルにもなりかねないことから，安易な見通しを告げることは避けるべきであるし，依頼者に過度の期待を抱かせることのないように十分注意すべきである。これらのことは依頼を受ける当初の場合と同様である。

当然のことであるが，判決結果が勝訴の場合と敗訴の場合とではその後の対応が大きく異なる。なお，実際には，全部勝訴，全部敗訴のほかに，一部勝訴，一部敗訴ということもある。

　依頼者に対して敗訴の見通しを伝えること，あるいは，たとえ仮定的な話としてであっても敗訴を前提とする説明をすることは，依頼者との信頼関係の維持という面で神経を使うところである。もっとも，敗訴判決となった場合には，後述のとおり，控訴の検討等行うべきことが多いので，あらかじめ敗訴の場合をも想定した話をしておくことが望ましい。

　翻って，従前の訴訟の進行過程における依頼者への報告や依頼者との協議を通じて，訴訟の見通しについて代理人と依頼者が共通認識を持つことができるように日頃からの信頼関係の構築が重要である。

(5) 判決言渡し期日の対応
　ア　判決言渡しについて
　判決言渡しとは，判決の内容を宣言する事実行為であり，判決は，言渡しによってその効力を生じる（民訴250条）。民訴法上，判決言渡し期日には出頭することは要求されていない（民訴251条2項）。実際に出頭したところで，社会的に関心があり傍聴人が多数いるような事件など例外的な場合を除いては，公開法廷では判決主文が読み上げられるだけであり，判決理由までは説明されないのが通例である。

　イ　判決主文の確認
　判決結果（主文）については，裁判所の担当部に電話で問い合わせをすればすぐに確認することができる。このような理由から，判決言渡し期日には出頭しない代理人が多いとされており，代理人が判決言渡し期日に出頭しないことに問題はない。ただし，依頼者の中には代理人が判決言渡し期日に出頭しないことにより自ら依頼した事件について軽んじられていると感じる者もいないとは限らないことから，代理人が出頭しないときは，依頼者にあらかじめその旨を説明し，出頭しなくても依頼者に不利益がないことをよく説明しておくことが重要である。

　なお，判決言渡し期日にも代理人が出頭した方が丁寧であるので，主として依頼者対応という観点から，遠方の裁判所でない限りは判決言渡し期日に

も出頭するという考え方もある。ただし，出頭して直ちにその場で敗訴判決を受領してしまうと，後述するような不利益があることから，このような不利益を避けるために，傍聴席で判決言渡しを傍聴し，勝訴判決の場合のみ書記官室にて判決書の交付を受けるという方法も考えられる。

ウ 依頼者に対する判決結果の説明

判決言渡し期日に出頭せず電話で判決結果を確認したような場合には，判決結果を確認してから実際に判決書を確認するまでには多少の時間的間隔が生じる。判決書を確認しなければ裁判所がどのような判断をして主文を導き出したのかを正確には理解できない。ゆえに，特に敗訴判決の場合には依頼者に対する判決結果の説明は判決書を確認してから行おうと考えるかもしれない。

しかしながら，依頼者は判決結果に重大な関心を寄せていることを忘れてはならない。判決理由の説明や今後の対応の検討については判決書を受領してからでもよいので，まずは何よりも判決結果を依頼者に説明しておくことが望ましい。

3 判決言渡しから強制執行・控訴提起の準備まで

(1) 判決書の受領

ア 判決書の受領

判決書は送達される（民訴255条1項）。職権で送達されるので，和解調書とは異なり送達申請をする必要はない。判決書の送達の効果としては，①控訴期間の起算点となること（民訴285条），②強制執行する前提として必要となること（民執29条）が挙げられる。敗訴判決の場合，すぐに受領してしまうと，①控訴期間の起算点が早まってしまう，②仮執行宣言付の場合には直ちに執行され得る状態となってしまう，という不利益がある。なお，これとは逆に勝訴判決の場合には，担当書記官に電話をして速やかに相手方への送達手続をとってもらうよう催促することも考えられる。

判決書を受領したら速やかに依頼者に写しを交付する。この段階で判決書原本を依頼者に交付してしまうと，差替えの必要が生じた場合や執行文の取得が必要な場合等に，一旦依頼者に交付した判決書原本の返還を受けるとい

う手間が増えてしまうので，この段階では判決書の写しを交付するのが便宜である。なお，判決文の写しをとるときは，面倒であっても判決文のステープラーは外さないで写しをとった方がよい場合がある。後に執行文をもらう際，ステープラーを付け直した判決文では執行文を付してもらえないことがあるためである。

イ　判決書の点検，更正の申立て [注196]

判決書を受領したらその内容を確認する。形式面（当事者の氏名・住所，主文，別紙目録の添付漏れ等）の確認も怠るべきではない。また，主文（結論部分）だけを確認して済ますことはせず，判決理由についても確認する。判断漏れがないかにも注意が必要である。

判決内容に計算違い，誤記，明白な誤りがあれば，更正の申立て（民訴257条1項）を行う。判決に基づき執行するためには，更正決定の相手方への送達も必要となり得るので注意が必要である。また，両当事者の了解が得られた場合には，事実上の差替えで対応することもある。さらに，更正決定で対応するのか，控訴が必要なのか判断に迷うこともあり得る。いずれにせよ，誤記等を発見した場合には，速やかに担当書記官へ連絡をとるべきである。

(2) 訴訟費用の負担の裁判

判決主文では訴訟費用の負担の裁判（民訴67条）もなされる。「訴訟費用」の範囲については誤解している依頼者も多いので，例えば弁護士費用は訴訟費用には含まれないといった点も含めて，依頼者によく説明すべきである。判決主文で命じられた訴訟費用について相手方から現実に回収を行うかどうかについては事案によりけりであるが，例えば貸金業者を相手方とする過払金返還請求訴訟等では訴訟費用の回収まで行う例もあるようである。

なお，「訴訟費用の負担の裁判」と「訴訟費用額の確定手続」（民訴71条）は異なるので注意が必要である [注197]。

訴訟費用額の確定手続を求める当事者は，費用計算書や疎明資料を，裁判

(注196) 本章第5－2(2)イ参照。
(注197) 訴訟費用額の確定手続については，最高裁判所事務総局民事局監修『民事訴訟費用等に関する執務資料〔全訂版〕』（司法協会，2004年）を参照。

所書記官へ提出する（民訴規則24条）。なお，普通電車の電車賃等については，領収書がなくても報告書を作成すれば訴訟費用として認められることが一般的であるが，比較的高額な交通費・宿泊費を訴訟費用で請求する予定がある場合は，領収書をとっておくべきである。

(3) 判決後の依頼者との協議

判決は，それまでの訴訟活動の集大成といえる。敗訴判決であれば控訴を検討する必要がある。勝訴判決であっても判決が確定するまでは油断せず，相手方からの控訴に備える必要がある。いずれにしろ判決言渡し後に，判決結果を踏まえてその後の対応について依頼者と十分な協議を行うことが重要である。特に敗訴判決の場合には，控訴期間は限られているのでその後の対応について早急に依頼者と打ち合わせを行うべきである。

このように，控訴期間が限定されていることや判決言渡し後に早急に着手すべき事柄もあることから，判決言渡し後になってから検討を始めたのでは十分な時間的な余裕がなく手遅れにもなりかねないので，前述のとおり，判決言渡しまでの間に判決結果を見据えて依頼者と十分な打ち合わせをしておくことが重要となる。最低でも，依頼者が海外出張等で連絡がつかなくなる可能性がないかは，確認しておくことが必要である。

(4) 判決結果に応じた対応

ア 全部勝訴・敗訴及び一部勝訴・敗訴

判決結果によってその後の対応は大きく異なる。判決結果としては，勝訴判決，敗訴判決のほかに，事案によっては，一部勝訴，一部敗訴ということもある。例えば，複数個の請求を併合しているうちの一部の請求のみが認められる場合や，数量的に可分な1個の請求（金銭請求が典型）のうちの一部のみが認められる場合，その両者の場合が複合した場合等が想定される。

なお，「一部」といってもその内容は一様ではなく，限りなく全部勝訴に近い内容の一部勝訴から，限りなく全部敗訴に近い一部勝訴まで様々であるから，一部勝訴，一部敗訴とは単なる表現方法の違いに過ぎない。以下では，便宜上，勝訴判決の場合，敗訴判決の場合に分けて説明するが，一部勝訴であっても勝訴に準じて考えられる場合には勝訴の説明が該当するし，敗訴に準じて考えられる場合には敗訴の説明が該当する。

イ 勝訴判決の場合の対応

勝訴判決であっても，判決が確定するまで油断してはいけない。控訴審で結論が変わる可能性もあることから，相手方の上訴に備えて，判決内容を精査し，上訴審で逆転される可能性等を検討することが望ましい。

また，仮執行宣言が付されている場合には判決確定を待たずに執行が可能となるので，事案によっては直ちに執行に着手すべき場合もある。また，仮執行宣言に基づく執行後に控訴審で逆転敗訴した場合，損害賠償義務が生じる（民訴260条2項）ことから，相手方の資力，資産状態，控訴審での勝訴見込み等を考慮のうえで，執行の要否を検討する必要がある。

一部勝訴の場合には，敗訴部分について控訴を検討することになる。また，当方から積極的に控訴をすることまでは望まないものの，相手方が控訴をしてきたときにはそれに対応して，当方も控訴をするという対応も考えられる。また，附帯控訴も考えられる。なお，全部勝訴した場合でも，相手方が控訴したときには，附帯控訴の方式により請求を拡張できることもあるから注意が必要である[注198]。

ウ 敗訴判決の場合の対応

敗訴判決の場合には控訴を検討することになる。検討にあたっては，控訴審での逆転勝訴の見込み，和解成立の見込み，弁護士費用等を説明の上，判断材料とする必要がある。もっとも，判決確定を遅らせることのみを目的とする控訴は，控訴権の濫用と評価され裁判所から金銭の納付を命じられるおそれもある（民訴303条）ので注意が必要である。

控訴にあたっては，控訴期間（民訴285条）に十分注意すべきである。特に，土日や祝日，年末年始の場合の期間計算にも注意すべきである[注199]。共同訴訟や訴訟参加の場合等，多数当事者が関与している訴訟形態の場合の控訴期間についても注意が必要である。さらに，遠隔地の裁判所の判決の場合，控訴状の郵送に日数がかかることから，より控訴期間に注意が必要である。

控訴をする場合には，一定額の手数料（訴訟提起時の1.5倍）の印紙を貼

(注198) 最判昭和32年12月13日民集11巻13号2143頁参照。
(注199) 参考文献として，田村洋三，加藤幸雄著『裁判手続における期間・期日・期限の実務：民事訴訟・倒産・調停・家事審判等』（新日本法規出版，2003年）。

付する必要がある。訴額が大きい場合には控訴に必要な印紙代も相応に大きくなるので，敗訴した場合には控訴をすると決めている依頼者であって，控訴に必要な印紙代が高額になる場合，前もって控訴に必要な印紙代がいくらかを知らせておくことや，印紙代を預かっておくことも検討するとよい。そのためにも判決言渡し前の依頼者との協議が重要である。なお，貼付する印紙額は，全部控訴，一部控訴によって異なるので注意が必要である。

仮執行宣言が付されている場合には，直ちに強制執行を受けるおそれがあり，特に銀行預金や売掛債権に対する差押えがなされた場合には信用不安の問題が生じるので，控訴提起に伴う執行停止の申立て（民訴403条1項3号）を直ちに検討すべきである。控訴提起に伴う執行停止の申立てでは，相当額の担保を立てさせられることが通常であるので，あらかじめ資金の準備をしておく必要がある。担保の目安としては，認容額の6～8割との指摘がある[注200]。なお，上告提起及び上告受理申立てに伴う執行停止の申立て（民訴403条1項2号）は，控訴提起に伴う執行停止の申立てよりも要件が厳しい点に注意が必要である。

エ　控訴する場合

訴訟代理権は審級ごとに個別に与えるものと解されている（審級代理の原則）ので，引き続き控訴審において代理人を務める場合には，改めて控訴審のための委任状を取得する必要がある。もっとも，原審における訴訟委任状に委任事項として控訴提起の権限までもが含まれていれば，改めて委任状を取得することなく，代理人名で控訴提起を行うことは可能である（民訴55条2項3号）。

引き続き控訴審の代理人を務めるか否かは依頼者と合意のうえで決めることであるから，依頼者と十分に協議を行うべきである。第一審勝訴判決の場合にはそれほど問題がないと思われるが，第一審敗訴判決の場合には依頼者が代理人の訴訟活動の内容や能力について疑念を抱き，控訴審は別の弁護士に依頼したいと考えることもある。依頼者が別の代理人に依頼することを選

（注200）司法研修所編『民事弁護教材　改訂　民事執行［補正版］』（日本弁護士連合会，2013年）45頁。

択した場合には，記録の引き継ぎを速やかに行うなど依頼者に不利益が生じないように配慮を行うべきである。

　依頼者が引き続き控訴審の代理人を依頼するかどうかを決めかねている間でも控訴期間は進行するので，依頼者の控訴提起の便宜を考えて，原審代理人としては，依頼者本人名義の簡単な控訴状の案文を作成して依頼者に交付することや，場合によっては原審代理人として一旦は控訴状を提出しその後依頼されないことが確定した段階で辞任するという方法も考えられるところである。

　なお，引き続き控訴審の代理人を務めることとなった場合，当初の委任契約において審級ごとに報酬を約束していることが多いと思われるので，依頼者との間で改めて控訴審の報酬を話し合うことが多いと思われる。一般的には，控訴審の着手金を追加で受領する一方，第一審の報酬については受領しないことが多いと思われるが，依頼者に誤解の生じないよう，原審判決の前に説明しておくことが望ましい。

(5) 各種証明書の入手

　判決書を入手したらそれで終わりではない。必要に応じて，判決の送達証明書，確定証明書を入手しておくべきであり，また，執行に備えて執行文の付与を受けておくことも検討すべきである。

　これらの証明書類や執行文は後日になって入手することも可能ではあるが，事件終了直後であれば裁判所の担当部に記録が保管されているため入手に時間がかからずに済むので，速やかに入手しておく方がよい。

4　基本事例の場合

　（ⅰ）本事例では，Ａ弁護士の訴訟活動が功を奏したこともあり，本件事故についての被告の過失は認められたものの，低髄液圧症候群の後遺障害及び休業損害・後遺障害逸失利益の基礎収入については立証不十分であるとして，損害の一部については認容されず，また原告の過失につき過失相殺がなされ，結果として，以下の主文の一部認容判決となった。なお，金銭給付を命じる条項には仮執行宣言が付された。

主　文
1　被告は，原告に対し，金〇〇，〇〇〇円及びこれに対する平成〇年〇月〇日から支払済みまで年5分の割合による金員を支払え。
2　原告のその余の請求を棄却する。
3　訴訟費用は，これを〇分し，その〇を原告の負担とし，その余を被告の負担とする。
4　この判決は，第1項に限り，仮に執行することができる。

(ⅱ)　A弁護士は，判決言渡し期日には出頭しなかったものの，直ちに裁判所の担当部に電話で問い合わせをして上記判決主文を確認し，直ちに甲野太郎に報告した。その後判決書がA弁護士の事務所に送達された。A弁護士は判決書の内容を精査したうえで甲野太郎との協議を行った。

(ⅲ)　まずは，敗訴部分について検討した。甲野太郎は，一部損害が認められなかったこと，過失相殺がなされたことについて強い不満を感じていた。A弁護士は，甲野太郎に対し，控訴審で有利な判断を得られる見込みが少ないこと，今後，控訴を提起すると紛争の終局的解決までに更に半年以上はかかる見込みがあることなどを伝え，これらの事情を踏まえても控訴を提起するか否かの意思確認を慎重に行った。その結果，甲野太郎は，敗訴部分について控訴提起を行わないことを決断した。

次に，勝訴部分の対応について検討した。A弁護士は，甲野太郎に対し，仮執行宣言の意義（判決確定を待たずに直ちに強制執行の申立てを行うことが可能であること）を伝えたうえ，執行対象となり得るような相手方の資産を十分に把握できていないことや，幸い相手方には自動車保険が付保されており判決が確定すれば保険会社からの支払を期待できることから，仮執行宣言に基づく強制執行の申立てを行う必要はない旨説明した。

あわせて，乙川花子からの控訴提起がなされる可能性も視野に入れて判決書の内容を精査し，改めて当方に有利な点と不利な点を慎重に分析して相手方からの控訴提起に備えることとした。

(ⅳ)　その後，控訴期間中に乙川花子からの控訴提起はなく，第一審判決は

確定した。
　甲野太郎は，乙川花子の加入していた保険会社から保険金の支払を受けることができた。

第7章 上訴審

第1 控訴審

1 控訴審の審理

　現行民事訴訟法は続審主義を採用しており，控訴審において，当事者は新たな主張・証拠を提出することができる（民訴296条2項・298条1項参照）。

　しかし，当事者が控訴審において新たに提出した攻撃防御方法は，時機に後れたものとして却下されることがある（民訴297条・156条・157条1項等）。

　また，実際には，現在の高等裁判所は，「続審制の下における事後審的訴訟運営」を目指した審理態度を取っており，その結果として，第1回口頭弁論期日に口頭弁論を終結して終局に至る「第1回結審」の割合も非常に高くなっている[注1][注2][注3]。

　第1回結審となる場合を想定すると，当事者が新たな主張・立証をする機会は，第1回口頭弁論期日しかない。第一審の結論を控訴審で覆そうとする代理人としては，限られた時間の中でできる限りのことを行わなければならない。

2 控訴に向けた準備

(1) 控訴審代理人としての心構え

　本来勝つべき依頼者が第一審で予想外の敗訴判決を受けてしまった場合には，控訴審代理人は控訴審での逆転勝訴を目指していくことになる。

(注1) 井上繁規著『民事控訴審の判決と審理〔第3版〕』（第一法規，2017年）354頁～357頁。

(注2) 最高裁判所の司法統計（平成28年度）によると，高等裁判所における控訴審通常訴訟既遂事件の約77％が6か月以内に審理を終え，口頭弁論が実施された事件のうち，約77％が1回の口頭弁論で結審されている。

(注3) 最高裁判所の司法統計（平成28年度）によると，全高等裁判所における全既済事件のうち，証人又は当事者尋問が行われた事件は約2.5％であると推測される。

しかし，第一審とは異なり，控訴審においては「一応正しいと推認される第一審判決」を前提として審理が開始するうえ，前述のとおり「第1回結審」の割合が非常に高いこともあり，控訴審で第一審判決を覆すためのハードルはかなり高いということを認識しておくべきである。

　そのため，控訴審代理人としては，あらゆる角度から第一審判決を検討し，依頼者から事実関係を再度聴取するとともに（なお，このとき陳述書を作成することを忘れてはならない。），控訴審で新たに追加提出できる証拠がないかを再検討する等して，第1回口頭弁論期日までに必要な主張立証を尽くすよう，全力で立ち向かうことが求められる。多くの労力を伴う大変な仕事であるが，その分やりがいもある。

　そして，かかる主張立証の結果，控訴審において，第一審よりも有利な判決又は和解が得られることも十分に考えられる。

(2) **第一審判決の検討**

　第一審判決の内容が全部敗訴又は一部敗訴であった場合には，判決理由を丁寧に読み込み，控訴を提起すべきか否かを検討する必要がある。

　控訴を提起すべきか否かの判断要素としては，①事案の内容及び証拠関係等に鑑みて，依頼者が本来勝訴してしかるべきであるにもかかわらず敗訴しているか，②控訴審で判断が覆る見込みがどの程度あるか，③控訴の提起に要する費用（弁護士報酬や提訴実費）[注4]はどの程度かという観点から検討するのが有益と思われる。

　しかし，事案の内容及び証拠関係等に鑑みて，依頼者が本来勝訴してしかるべきであるにもかかわらず敗訴しているか否かの判断は，困難が伴う。

　すなわち，当該事件が勝訴してしかるべき事案であるか否かは，第一審の審理を通じ，各代理人において十分に検討がされているはずである。敗訴が見込まれる事件でそのとおり敗訴判決を受けた場合には，控訴は提起すべきでないという判断になるのが基本であろう（こういった事案では，判決言渡しの前に依頼者に見通しをよく説明しておくことが重要である。）。事案の内容及び

(注4) 控訴の提起に係る手数料（印紙代）の基準は，第一審の1.5倍である（民事訴訟費用等に関する法律3条・別表1第2項）。

証拠関係等に鑑みて，勝訴が見込まれる事件であったにもかかわらず敗訴判決を受けた場合には，判決理由を丁寧に読み込み，想定と異なる敗訴判決につながった理由が何かをよく検討しなければならない。その理由が，第一審判決が誤った法律構成を採用したこと，認定されるべき事実を認定しなかったこと等に起因している場合には，第一審の判断の誤りを是正するために控訴を提起すべきという方向に傾く。

悩ましいのは，証拠の証明力の評価で判断が分かれてしまった場合である。第一審を通じて依頼者と密に接し，依頼者のために奮闘してきた代理人は，証拠の証明力の評価に関し，自分の依頼者に有利に見がちであることは否定出来ない。第一審判決の内容をつぶさに検討し，第一審判決のような証拠の証明力の評価もあり得ると感じられる場合には，控訴審で判断が覆る見込みについて楽観的に考えることはできない。この場合には，「必ずしも控訴すべきとは言えない」という判断になることもあり得るかと思われる。

そのほか，敗訴が見込まれる事件で，そのとおり敗訴判決を受けた場合であっても，控訴審での和解を目指して控訴することも考えられる[注5]。難しい判断であり，経験が求められる。

(3) 依頼者の意思確認

控訴するか否かを最終的に決定するのは依頼者である。

しかし，法律の専門家でない依頼者が，第一審判決を読んで控訴すべきか否かを直ちに判断することは難しい。第一審判決受領後，可能な限り速やかに依頼者との面談を行い，検討に必要となる情報をできる限り丁寧に伝え，依頼者が適切に検討・判断できるように導く必要がある（第一審判決受領後に依頼者との面談を設定しようとすると，お互いの日程の都合がなかなか合わず，ただでさえ短い検討時間がさらに短くなってしまうことがある。念のため，判決が出される前に面談の日程を押さえておくようにすると安心である。）。

依頼者との面談の際には，第一審判決に対する代理人の検討結果も伝えることになるが，法律の専門家である代理人の意見を依頼者は重く受け止める。

（注5）最高裁判所の司法統計（平成21年度）によると，全高等裁判所における全既済件のうち，和解で解決した事件は約32％である。

そのため，第一審判決を検討した結果，控訴を提起すべき又は控訴を提起すべきでないとの心証を得ていたとしても，そのままの表現で依頼者に伝えることは控えるべきであろう。代理人に控訴すべきと言われたので控訴したのに結局控訴審でも敗訴してしまった等のクレームに発展するリスクがある。
　そして，依頼者が控訴の提起を望む場合，①審理期間，口頭弁論の回数，証拠の提出の機会等が限られており，第一審と比較して十分な主張及び立証の機会が与えられないこと，②新証拠を提出するのであれば，依頼者も早急に対応する必要があること，③控訴を提起したとしても，望ましい結果が得られるとは限らないことなどを伝えておく必要がある。

(4) 控訴審から受任する場合

　控訴審から新たに依頼を受けることもある。代理人としては，可能な限り速やかに第一審の訴訟記録を検討するとともに，依頼者から事情を聴取すべきである（事情聴取に際しては，①第一審の裁判官の訴訟指揮や言動，②和解期日の進行等に加え，③依頼者が第一審の代理人に控訴審を依頼しなかった理由についても率直に聴取しておくことが有益である。）。

　それでも，第一審から引き続いて控訴審を担当する場合と比較すると，事案の理解に多大な時間を要する。事案を深く理解する前に控訴理由書の提出期限が来てしまうことも決して少なくない。控訴審から新たに依頼を受ける際には，現在の業務量も考慮し，対応が可能かどうかを検討すべきであろう。

　控訴審から受任する場合，第一審の代理人とは異なる視点で事案を検討することで，第一審とは異なる法律構成や，事実の主張を行うことができ，第一審よりも有利な結果を得られる可能性がある。新証拠（第一審で採用されなかった人証を含む）があれば，その可能性は高まるであろう。控訴審から受任した代理人としては，準備期間が短いという制約はあるものの，上記のようなメリットもあることを理解し，早期に事案のポイントを把握して依頼者のために全力で取り組むべきである。

3　控訴状の提出等

(1) 控訴状の提出

　控訴を提起する場合，第一審判決書の送達を受けた日から2週間以内に，

控訴状を第一審の裁判所に提出しなければならない（民訴 285 条・286 条 1 項。書式 25 参照）[注6]。

　この期間は不変期間であるため，控訴期間の計算を誤らないよう細心の注意を払うことが必要であり，第一審の裁判所に控訴期間を念のために問い合わせるなどの方法をとることも検討すべきである（日数計算の誤りにより控訴期間を徒過してしまうと，弁護過誤として懲戒事由となり得る。）。

　また，控訴状の提出先が第一審の裁判所であることにも注意がいる。例えば，横浜地方裁判所で出された第一審判決に対して控訴をする場合には，東京高等裁判所宛ての控訴状を横浜地方裁判所の担当部に提出しなければならない。控訴状を郵送提出する際には，宛先を担当事務員にもよく伝えておくことが肝要である。控訴を提起する場合には，必ず期間に余裕をもって控訴状を提出できるようにし，可能であれば持参提出することも検討すべきである。

(2) 控訴理由書の提出

　控訴状に不服の理由を記載しなかったときには，控訴人は控訴提起後 50 日以内に控訴理由書を提出しなければならない（民訴規則 182 条）。控訴理由書が，控訴提起後 50 日を経過した後に提出された場合であっても，そのこと自体を理由として控訴が却下されるわけではないが，控訴理由書の提出が，控訴審における審理の対象と主要な争点を明確にし，控訴裁判所が審理方針を定める上で極めて重要な意義を有することに鑑みれば[注7]，控訴理由書の提出期限は遵守すべきである。控訴人が提出した控訴理由書に対し，被控訴人が答弁書を提出する（民訴規則第 183 条）。そのうえで第 1 回口頭弁論期日を迎えるのが通常である[注8]。

(注 6) 第一審で提出した訴訟委任状に控訴提起に関する事項が含まれていなければ，控訴提起のための訴訟委任状の作成が別途必要となる。
(注 7) 井上繁規著『民事控訴審の判決と審理〔第 3 版〕』379 頁。
(注 8) 控訴審裁判所は，控訴提起後 50 日以内に控訴理由書が提出されることを前提に，答弁書の提出に要する期間及び控訴審裁判所が検討する時間を踏まえて第 1 回期日を入れる。控訴理由書の提出が期限を大きく徒過するようなことがあると，控訴審における円滑な審理に支障を来すことにもつながる。

(3) 控訴理由書の書き方

　控訴理由書に具体的に何をどう記載すべきかという問題は非常に難しい。この点，井上繁規著『民事控訴審の判決と審理〔第3版〕』379頁は，「控訴理由書には，第1審判決の事実認定に対する不服であれば，第1審判決のいかなる証拠判断を不服とするかを新たに提出予定の証拠も援用しつつ論じるべきであり，また，法律判断に対する不服であれば，正当と考える法律判断について判例学説などを援用しつつ論じるべきである。」としており，参考になる。

　実務的には，第一審判決を基礎として，第一審判決の誤りを順に指摘していく形式で控訴理由書を記載することが多いと思われる（書式26参照）。第一審判決の判断の問題点を順次指摘しつつ，あるべき正しい判断を記載していく形式であり，控訴理由書の内容を考えるにあたり思考の整理がしやすいというメリットもある。

　もっとも，この形式の控訴理由書は，原判決に記載されている内容を問題点として取り上げることから，原判決に記載されていない内容に関する主張が抜け落ちてしまいがちであり，この点は問題である（原判決に記載はないが，本来認定されてしかるべき重要な事実が存在する場合等に，この問題が顕在化しやすい。）。

　この形式で控訴理由書を書く場合には，一度書いたものを読み直し，原判決が触れていない点を含めて最も重要な問題点に関する記載を冒頭に配置して説得力を持たせるように書き改めた方がよい。原判決の他の問題点も，この最重要論点に結び付くものから書くようにするとよいだろう。訴訟代理人弁護士にとって書きやすい控訴理由書で終わることなく，読み手である裁判官の心をとらえる，インパクトのある控訴理由書を作成するよう心掛けるべきである。

　後者の延長線上に「対案」を提示するという形式の控訴理由書の書き方もある[注9]。第一審判決が正当でなく，これを維持すれば上告審で法令違反に

(注9) 髙世三郎元東京高等裁判所民事部総括判事「勝つべき当事者が一審で敗訴した場合の控訴代理人の訴訟活動について」（東京弁護士会法友会主催平成29年3月10日講演）。

より破棄される可能性があり、こちらに乗り換える必要があることを明らかにするため、第一審判決に勝る事実認定及び判断を「対案」として提示するというものである[注10]。検討の対象を第一審判決の記載に限ることなく、当該事案の骨格・各当事者のストーリーを客観的に検討し、本来認定されるべき事実及びその事実認定に基づいてされるべきであった判断を記載することで、第一審判決の認定事実及び判断との比較対照を促し、どちらの判断が正当でどちらの判断が誤っているかを浮き彫りにする。第一審の記録を改めて全て検討し、第一審判決より優れた判決を作成しなければならないため、この形式の控訴理由書の作成には多大な労力を要する。しかし、本気で第一審判決を覆そうとするのであれば、挑戦する価値は十分にある形式と思われる。控訴審の裁判官に、原判決を取消変更しなければ上告審で法令違反で破棄される可能性があることを示すとともに、原判決を取消変更する場合には、控訴理由書の「対案」のように書けばよいと安心させられるものを目指すべきである。

なお、冒頭に控訴理由書のサマリーを付けることも有効である。2頁、長くても数頁に収まるように、わかりやすく、それだけで完結しているもの（他の文書を引用しないもの）、それだけでも勝負できるサマリーを書く。サマリーを読んだら、控訴理由書を詳細に読まないわけにはいかないと控訴審の裁判官に思わせるものが望ましい。

控訴理由書の書き方は千差万別であり、これが正解というものはない。控訴理由書をいかに書くかは非常に頭を悩ませる問題である。しかし、控訴審の審理において、控訴理由書が非常に重要な意義を有していることには異論がない。具体的な事案において、控訴理由書をどう書くべきかわからないという理由でその作成を後回しにし、結局第一審で提出した最終準備書面の焼き直しを提出するようなことになってしまっては、本来勝つべきである依頼者を再び敗訴させることにもなりかねない。控訴審を受任した代理人としては、事案を十分に検討したうえで速やかに控訴理由書の作成に着手し、どの

(注10) 第一審で提出した証拠及び控訴審で新たに提出する証拠を前提に、控訴審判決が採用できるような形で事実認定を全て記載したうえで、その事実認定に基づく正当な判断を記載し、第一審判決の「対案」として提示する。

ような形式であれ，第一審判決の誤りを説得的に主張する控訴理由書を提出できるようにしなければならない。

(4) 強制執行の執行停止

第一審に仮執行宣言が付されていた場合，単に控訴を提起しただけではその執行力は停止されない。執行力を停止させるためには，執行停止の申立てを別途行う必要がある。控訴の提起とともに行う執行停止の申立てが認められるための要件は，原判決の取消し若しくは変更の原因となるべき事情がないとはいえないこと又は執行により著しい損害を生じるおそれがあることの疎明がなされることである（民訴403条1項3号）。原則として，執行の停止には担保の提供が要求されることにも注意が必要である[注11]。

仮執行宣言付判決により敗訴した一審被告が，一審原告から強制執行を受ける可能性を危惧する場合には，執行停止の要件を満たすか，担保を提供することが経済的に可能かを考慮しつつ，執行停止の申立てを行うかを検討すべきである。

4 基本事例の場合

基本事例では，第一審判決により事件が終了しているが，参考のため，交通事故を理由とする損害賠償請求訴訟において，第一審判決を不服として控訴する場合の対応について述べる（書式25～27参照）。

基本事例のような交通事故を理由とする損害賠償請求訴訟では，第一審と控訴審とで法律構成が変わることは稀であろう。控訴審においては，第一審で依拠した法律構成を前提に，事故現場・事故態様を目撃した証人，責任等に関する証拠，治療の経過・治療費・後遺症・休業損害等の損害に関する証拠等の新たな証拠を獲得できる可能性がないか，また，過失の態様等について新たな主張を行うことができないかを検討することが考えられる。

（注11）担保額は，認容額の6割から8割となる可能性がある（司法研修所編『民事弁護教材　改訂　民事執行［補正版］』（日本弁護士連合会，2013年）44頁）。

第2　上告審

1　上　告

　上告とは，原則として，控訴審の終局判決に対する法律審への上訴をいう。高等裁判所の終局判決に対する上告は最高裁判所に，地方裁判所が第二審としてした終局判決に対する上告は高等裁判所に，それぞれ提起することができる。

　上告審は，法律審であり，その審判対象は法律問題に限定される。そして，最高裁判所に対する上告と，高等裁判所に対する上告とで，上告の適法要件である上告理由は区別されている。最高裁判所に対する上告については，①判決に憲法の解釈の誤りがあることその他憲法の違反があること（民訴312条1項），②重大な手続違反があること（民訴312条2項）(注12)，に限られる(注13)(注14)。高等裁判所に対する上告については，上記①②に加え，③判決に影響を及ぼすことが明らかな法令の違反があること(注15)も上告理由となる。

　最高裁判所は，上記①②の上告理由に該当しない場合であっても，法令解釈の統一性を確保するために，原判決に最高裁判所の判例と相反する判断が

(注12) 重大な手続違反の具体的な内容としては，①法律に従って判決裁判所を構成しなかったこと，②法律により判決に関与することができない裁判官が判決に関与したこと，③専属管轄に関する規定に違反したこと，④法定代理人，訴訟代理人又は代理人が訴訟行為をするのに必要な授権を欠いたこと，⑤口頭弁論の公開の規定に違反したこと，⑥判決に理由を付せず，又は理由に食違いがあることである。
(注13) 民事訴訟法312条2項に列挙されていない再審事由も絶対的上告理由となると解釈されるべきである（通説・判例）。
(注14) 最高裁判所は，審理の結果，「判決に影響を及ぼすことが明らかな法令の違反」があることがわかったときは，原判決を破棄し，自判差戻し，移送をすることができる（民訴325条2項）。結果として上告理由となる。
(注15) 判決の影響についてであるが，原審に法令違反がなければ原審判決の結論が異なったであろうとの法令違反と判決主文との間の因果関係につき高度の蓋然性が要求されると解されている。

ある事件その他の法令の解釈に関する重要な事項を含むものと認められる事件については，申立てにより，決定で上告事件として事件を受理することができる（上告受理申立制度）^(注16)。上告受理の決定があった場合には，上告があったものとみなされる（民訴318条4項）。

2　上告の提起及び上告受理の申立て

（i）　上告の提起は，上告状を上告期間内（原判決又はこれに代わる調書の送達を受けた日から2週間以内）に原裁判所に提出して行う（民訴313条・285条・314条1項）。

上告状の記載事項は，控訴状のそれと同じであるが，上告理由の記載がない場合には，上告提起通知書の送達を受けた日から50日以内（民訴規則194条）に上告理由書を原裁判所に提出しなければならない（民訴315条1項）。この期間は控訴審の場合と異なって，提出しない場合には，上告は原裁判所により，決定により上告が却下される（民訴316条1項2号）ので注意が必要である。

上告理由の記載については，民事訴訟規則の定めに従い（民訴規則190条ないし192条），具体的に（民訴規則193条），記載しなければならない。

（ii）　上告受理の申立てについては，原則として，上告の提起に関する規定が準用される（民訴318条5項）。つまり，上告受理申立書を上告期間内（原判決又はこれに代わる調書の送達を受けた日から2週間以内）に原裁判所に提出して行うこと（民訴318条5項・313条・285条・314条1項），上告受理申立書の記載事項や，上告受理理由書の提出をすることも上記と同様である。

なお，上告受理申立ては，上告とは区別されており，別個の手続をとらなければならないため，上告と同時になすときは上告状と上告受理の申立書を兼ねた書面を作成することは可能であるけれども，両書面を兼ねていること

(注16)「法令解釈に関する重要な事項を含むと認めた場合」に該当し得るものとしては，原審の判断に判例違反がある場合，従前に最高裁判所の判断がなされていない解釈問題について最高裁判所が判断を示すべき場合，最高裁判所のこれまでの判断を変更すべき場合などが考えられる。

を明らかにする必要があり（民訴規則188条），また，上告理由を上告受理の申立ての理由にすることはできない。

3　上告審の審理

上告審は法律審であることから，書面審理が基本である。上告裁判所は，提出された書類から上告理由がないと認めるときは，口頭弁論を経ないで，判決で，上告を棄却することができる（民訴319条）。

一方，上告裁判所は，書面審理の結果，上告棄却の判決をしないときには，口頭弁論を開いた上で，審理することができる。もっとも，上告裁判所は，原判決が適法に認定した事実に拘束されるため（民訴321条1項），その口頭弁論において新たな攻撃防御方法を提出することはできない。

4　上告審の裁判及びその後の手続

上告審の判断としては，①上告却下，②上告棄却，③原判決破棄の裁判が考えられる。①上告却下は，上告が民訴法316条1項各号で定められた事由に該当し，適法要件を欠くときになされる（民訴317条1項）。②上告棄却は，上告理由がないと認められる場合になされる。③原判決破棄は，さらに(a)上告理由に理由があるとして原判決を破棄する通常破棄（必要的破棄。民訴325条1項）と，(b)最高裁判所に対する上告の場合において，上告を契機とする職権調査の結果，判決に影響を及ぼすことが明らかな法令違反があるとして原判決を破棄する特別破棄（裁量的破棄。民訴325条2項）とがある。③原判決破棄の場合，当該事件について，事実審理が尽くされており，上告裁判所が自ら判断できる場合には自判されるが（民訴326条），そのような場合を除き，原審に事件を差し戻すことになる。

5　基本事例の場合

上告理由があるかどうか，上告受理申立理由があるかどうかは，事案によって異なる。いずれにしても，理由不備若しくは理由齟齬，又は法令違反あるいは経験則違反に名を借りて事実認定を争ったりすることはすべきではない。

強制執行 第8章

総論

1 意義

　強制執行，担保権の実行としての競売及び民法，商法その他の法律の規定による換価のための競売（いわゆる形式的競売）並びに財産開示を総称して，「民事執行」という（民執1条）。

　このうち「強制執行」は，債権者の債務者に対する私法上の給付請求権を国家機関が関与して強制的に実現する制度である(注1)。

　債権者が勝訴判決を得たとしても，債務者が任意に債務を履行しないときは，その勝訴判決は絵に描いた餅にすぎない。このような場合，債権者としては，勝訴判決等の債務名義に基づく強制執行により，その権利の実現を図ることを考えなければならない。

　なお，最終的に強制執行により債権を回収することも目的であるが，強制執行を申し立てたことにより，相手方が任意の履行を行うこともあるので，事案に応じて迅速に手続を進めていくことが大切である。また，民事執行はとにかく民事執行法及び民事執行規則の条文が重要であるから，条文の確認を怠ることなく手続を進めていくことを忘れないでほしい。

2 種類

　強制執行の種類としては，大きく分けて，①金銭債権の強制執行，②非金銭債権の強制執行がある。

　そのうち，①金銭債権の強制執行には，(a)預金債権等の金銭債権に対する強制執行，(b)土地・建物等の不動産に対する強制執行，(c)動産に対する強制

(注1) 深沢利一著，園部厚補訂『民事執行の実務　下〔補訂版〕』（新日本法規出版，2007年）3頁（なお，本書は新版が発刊されているが，新版には強制執行に関する総則がないため，旧版を引用したものである。），司法研修所編『民事弁護教材　改訂　民事執行〔補正版〕』（日本弁護士連合会，2013年）3頁。

執行等がある。これに対し、②非金銭債権の強制執行には、(d)不動産等の引渡し、明渡しの強制執行、(e)動産の引渡しの強制執行、(f)代替執行、(g)間接強制、(h)意思表示義務の強制執行（意思表示の擬制）等がある。

　本書では、以下、強制執行一般について述べた後、実務上よく使われる①(a)～(c)及び②(d)の代表的なものとして建物明渡しの強制執行について順に説明する。なお、①金銭債権の強制執行の一種として、自動車に対する強制執行（その他、船舶や航空機等に対する強制執行等）もあるが、一般に中古自動車の査定価格は低いことやローン支払中はディーラーの登録名義になっていることが多いことから実効性が高いといえる場合は少ない。そのため、本書では割愛する。

　基本事例のような交通事故事件の場合、加害者側に自動車保険が付保されている場合には、加害者側の保険会社に直接請求をすることによって、判決での認容額について保険会社から直接支払を受けられることが通常であり、任意の履行が期待できるので、強制執行を検討すべき場合は少ない。

　これに対し、加害者側に自動車保険が付保されていない場合で、かつ、被害者側に無保険車傷害保険や人身傷害補償保険が適用されず、自賠責保険からの回収も困難な場合には、(a)預金債権等の金銭債権に対する強制執行、(b)土地・建物等の不動産に対する強制執行、(c)動産に対する強制執行の検討を進めていくことが多いだろう（実際上は訴訟提起前にあらかじめ検討しているはずである）。

　強制執行を検討する場合、東京地方裁判所のウェブサイトにある民事第21部（民事執行センター）の「民事執行センター・インフォメーション21」(http://www.courts.go.jp/tokyo/saiban/minzi_section21/index.html) に東京地方裁判所における執行手続の案内や書式に関する情報等が掲載されており、同部の裁判官らが執筆した書籍[注2]などと併せて、便利であるため活用をお勧めする。

(注2) 相澤眞木，塚原聡編著『民事執行の実務　不動産執行編上・下／債権執行編上・下〔第4版〕』（きんざい、2018年）など。

3 強制執行をするかの判断

 原則として債権の存在が確定された以上，執行手続は，迅速に行うべきである。
 また，個々の事案に応じて，債務者が任意に支払う事情がある場合には，とりあえず強制執行の申立てをし，任意の支払があった段階で取り下げるという方法も考えることができる。
 なお，強制執行を行う意向を債務者に伝え，任意の履行を促すこともあり得るが，それが行き過ぎるとそれ自体強要・脅迫・恐喝等の犯罪行為に当たり得ることもあるので注意が必要である。

4 強制執行の準備

(1) 財産調査の必要性

 債務者が任意に支払わない場合には，大きく分けて次の二つのケースが考えられる。
 一つは，債務者に資産があるはずであるのに支払わない場合（ケース1）で，もう一つは，債務者が，資産がないので支払うことができないと主張している場合（ケース2）である。
 ケース1の場合には，強制執行の申立てをすることにより財産を差し押さえることが有益であろう。もっとも，強制執行を申し立てるには，その対象財産を特定する必要があることから，債務者がどのような財産を持っているかを事前に把握する必要がある。
 しかし，通常，債務者が自己の所有する財産の内容や所在等，例えば，「どこどこに土地を所有している」「○○銀行△△支店に預金が300万円近くある」などとご丁寧に教えてくれることは，そうあることではない。債務者が動産や現金を持っていたとしても，差押えが禁止された動産や現金しかない場合もある。
 また，ケース2の場合には，そもそも，債務者に本当に資産がないのかを確認する必要がある。
 以上，ケース1，ケース2のいずれの場合にも，債務者の財産をあらかじ

め調査して把握し，強制執行の実効性を担保する必要がある。

(2) 財産調査の方法

ア 種類

財産調査の方法としては，①債務者に直接連絡し，財産を聴き出すという方法，②財産開示制度（民執196条以下），③弁護士会照会（弁護士法23条の2），④調査会社等興信所を利用する方法などが考えられる。

それぞれの方法は後記イで後述するように一長一短であるため，依頼者に対し，各方法のメリット・デメリットをきちんと説明したうえで，方法を選択するようにすべきである。

以下，各方法のメリット・デメリットを簡単に説明する。

イ 各方法のメリット・デメリット

(ア) 方法①「債務者から聴き出す方法」についてのメリット・デメリット

この方法のメリットとしては，費用と時間がかからない点が挙げられよう。一方，デメリットとしては，通常，債務者は債権者側に対し，任意に財産の有無，財産内容の詳細まで教えることはなく，債務者が教えないからといって，行き過ぎると犯罪を構成することもあるので，慎重に対応することが必要である点が挙げられる。

(イ) 方法②「財産開示制度を利用する方法」についてのメリット・デメリット

財産開示制度を利用する方法のメリットとしては，申立費用が低額であること，債務者が正当な理由なく裁判所への出頭を拒絶する場合，宣誓拒絶の場合，虚偽陳述の場合には，過料の制裁が科せられるので，一定の担保はあることが挙げられる。

一方，デメリットとしては，財産開示の申立てから財産開示の陳述までの間，及び財産開示の陳述から実際に差押えの効力が生じるまでの間には時間的に間隔があるため，債務者に財産の隠匿がなされる可能性があること，あるいは，金銭の支払を拒んでいる債務者に対して過料の制裁を科しても，これを甘受して，出頭や陳述を拒絶する可能性があり，実効性が薄いなどのデメリットが挙げられており，利用件数はあまり多くないのが現状である[注3]。

(ｳ)　方法③「弁護士会照会を利用する方法」についてのメリット・デメリット

　弁護士会照会を利用する方法のメリットとしては，債務者に知られることなく照会先から債務者の財産に関する情報を取得できる可能性が高く，債務者による財産の隠匿等をある程度は防ぐことができること，弁護士会照会を受けた照会先には，法律上，報告義務があると解されており，弁護士が照会先へ直接に照会をする場合よりも回答を受けることができる可能性が高いことなどが挙げられる。特に，近年，メガバンクをはじめとする金融機関が口座の有無や支店名，残高等の照会に応じるケースが増えており，預金債権の差押えを検討する際には必ず利用を検討するべきである。なお，金融機関が照会に応じる条件については，債務名義の有無や事件の内容，所属弁護士会との協定の有無など，各金融機関により異なるため，所属弁護士会のマニュアルや照会担当窓口，照会予定先などでの確認を事前に十分する必要がある。

　一方，デメリットとしては，所属弁護士会により金額に若干の幅があるようであるが，1件当たり数千円の手数料が掛かること（例えば，東京弁護士会の場合には，郵便代も含めて1件当たり合計8344円必要となる。），照会先によっては回答を拒絶される場合があること，照会先と債務者との関係が密接である場合などには差押えの準備を進めていることが債務者に知られてしまい，債務者による財産の隠匿等の可能性もあることなどが挙げられる。なお，平成29年5月までは，一般社団法人生命保険協会へ1件照会をすると，同協会加入の各生命保険会社の情報（保険契約の有無や解約返戻金の有無等）をまとめて照会することが可能であり非常に有用であったが，現在は，各生命保険会社へ個別に照会をする必要があり，国内の全ての生命保険会社へ照会をしようとすると約30万円以上の手数料がかかるので注意が必要である。

　(ｴ)　方法④「調査会社等興信所を利用する方法」についてのメリット・デメリット

　調査会社等興信所を利用する方法のメリットとしては，調査が秘密裏に行

(注3) 法務省法制審議会民事執行法部会第2回会議（平成28年12月16日開催）「部会資料2」など参照。

われるので，債務者による財産の隠匿等をある程度未然に防ぐことができること，裁判中に，調査会社等興信所に対し，あらかじめ依頼しておけば，勝訴判決取得後，迅速な強制執行の実現が可能であることが挙げられる。

一方，デメリットとしては，調査会社にもよるが，費用が高額になり，調査の結果，債務者に資産がなかった場合，費用倒れになる可能性もある点，調査会社の調査結果の信用性に保証がないことなどが挙げられる。

なお，調査会社に心当たりのない場合には，弁護士協同組合提携の調査会社の利用も考えられよう。

5 強制執行の申立て

強制執行は，執行文の付与された債務名義の正本に基づいて実施する。ただし，少額訴訟における確定判決又は仮執行の宣言を付した少額訴訟の判決若しくは支払督促により，これに表示された当事者に対し，又はその者のためにする強制執行は，その正本に基づいて実施する（民執25条）。

すなわち，強制執行を申し立てるには，原則①執行文の付与された，②債務名義の正本が必要となるのである。

(1) 債務名義について（民執22条）

ア 意 義

債務名義とは，強制執行手続前に別個の法定の権利判定手続によって作成された，債権者の給付請求権の存在と範囲を公証する文書である[注4]。

イ 種 類

債務名義として，①確定判決（民執22条1号），②仮執行宣言付判決（民執22条2号），③抗告によらなければ不服を申し立てることができない裁判（確定しなければその効力を生じない裁判にあっては，確定したものに限る。）（民執22条3号），④仮執行宣言付損害賠償命令（民執22条3号の2），⑤仮執行宣言付届出債権支払命令（民執22条3号の3），⑥仮執行宣言付支払督促（民執22条4号），⑦訴訟費用等の額を定める裁判所書記官の処分（民執22条4号の2），⑧執行証書（民執22条5号），⑨確定した執行判決による外国

(注4) 司法研修所編『民事弁護教材　改訂　民事執行〔補正版〕』3頁。

裁判所の判決（民執22条6号），⑩確定した執行決定のある仲裁判断（民執22条6号の2），⑪確定判決と同一の効力を有するもの（民執22条7号）が，法律上規定されている。

(2) **執行文について**
　ア **意　義**
　　執行文とは，当該執行当事者間において債務名義の執行力の存在と範囲とを公証するため，執行文付与機関が債務名義の正本の末尾に付記した公証文言をいう（民執26条1項）(注5)(注6)。
　イ **執行文付与の申立手続について**
　　執行文の付与は，債権者又はその承継人の申立てに基づき，裁判所書記官又は公証人が，当該債務名義により強制執行をすることができる旨を債務名義の正本の末尾に付記する方法により執行文を付与し，これを申立人に交付する手続である（民執26条，民執規則17条）。
　　執行文付与の申立ては，債務名義に表示されている債権者又はその承継人が書面でする必要がある（民執規則16条1項）(注7)。
　ウ **一般的な執行文付与についての添付書類**
　　(ア) **裁判の確定を証する文書**（民訴91条3項，民訴規則48条）
　　確定しなければその効力を生じない裁判に係る債務名義（民執22条1号・3号・6号・6号の2）について執行文の付与を申し立てるとき，例えば，債務名義が確定判決のときは，訴訟記録を保管している裁判所の裁判所書記官に対して確定証明書の交付を請求し，その交付を受け，これを執行文付与申立書に添付しなければならない（民執規則16条2項）。
　　一方，債務名義が和解調書（民執22条7号）や仮執行宣言付判決（民執

(注5) 司法研修所編『民事弁護教材　改訂　民事執行〔補正版〕』13頁。
(注6) 執行文には，債務名義の内容そのままの執行力を公証する「単純執行文」，停止条件の成就，不確定期限の到来を確認した「条件成就執行文」（民執27条1項），債務名義に表示された者以外の者を債権者又は債務者とする執行を許す「承継執行文」（民執27条2項），「意思表示擬制のための執行文」（民執174条1項ただし書）がある。
(注7) 判決の場合，口頭弁論終結後に当事者が死亡したときは，当該訴訟事件の訴訟代理人が死亡した当事者名義での単純執行文付与の申立てをすることは許されず，相続人が承継執行文の付与の申立てをする必要がある（民執27条2項）。

22条2号）のときは，判決確定証明書の添付は不要である。
　　(イ)　**請求が債権者の証明すべき事実の到来に係る場合におけるこれを証する文書**（民執27条1項）
　　請求が債権者の証明すべき事実の到来に係る場合において付与される条件成就執行文の付与を申し立てるときは，当該事実の到来したことを証する文書を執行文付与申立書に添付しなければならない。文書は，公文書に限らず，私文書でもよいとされている。
　　(ウ)　**債務名義に表示された当事者以外の者を当事者として強制執行をすることができることを証する文書**（民執27条2項）
　　債務名義に表示された当事者以外の者を債権者又は債務者とする承継執行文の付与を申し立てるときは，承継等の事実が執行文付与機関に明白であるときを除き，承継等の事実を証する文書を執行文付与申立書に添付しなければならない。承継等の事実を証する文書としては，例えば，自然人が死亡した場合の戸籍謄本，法人が合併した場合の商業登記事項証明書，不動産の売買がなされた場合の不動産登記事項証明書，債権譲渡がなされた場合の契約書などが挙げられる。
　　(エ)　**債務名義の正本**
　　執行文は，債務名義の正本の末尾に付記する方法により行われることから（民執26条2項），執行文付与の申立書には，原則，債務名義の正本を添付する必要がある。
　エ　手数料
　　執行文付与の申立てには，1通ごとに300円の印紙を貼付することが必要となる。
(3)　**執行要件**
　ア　債務名義の正本等の送達
　　強制執行の開始の要件としては，債務名義の正本又は謄本，若しくは確定により債務名義となるべき裁判の正本又は謄本が，あらかじめ又は同時に債務者に送達されていなければならない（民執29条前段，民執規則20条）。また，条件成就執行文又は承継執行文が付与されている場合には，当該執行文及び当該執行文付与の申立ての際に債権者の提出した文書の謄本も，あらか

じめ又は同時に債務者に送達されていなければならない（民執29条後段）。

債務名義の正本等の送達が要求されている趣旨は，債務者にどのような債務名義に基づいて強制執行が開始されるのかを事前に知らせ，防御の機会を与える点にある。

なお，同時送達が認められている趣旨は，債務者が送達と執行開始との時間的間隙に財産を隠匿するなどして，執行を妨害することを防止するため，強制執行のための動産差押えに赴く執行官に，執行と同時に送達させることにある。同時送達が可能なのは，送達実施機関でもある執行官が現場に赴いて執行処分を行う場合に限られる。

債務名義の送達を証明するために，同時送達の場合を除き，強制執行の申立書に債務名義の送達証明書を添付しなければならない。

(ア) **債務名義の正本又は謄本**

和解調書，調停調書，認諾調書などもこれに含まれる。これらは，判決及び仮執行宣言付支払督促（民訴255条・391条2項）とは異なり，職権で当然に送達されるわけではないため，債権者は忘れずに，事前又は同時に，正本送達申請を行う必要がある。

(イ) **確定により債務名義となるべき裁判の正本又は謄本**

確定判決や不動産引渡命令などがこれに含まれる。

上記(ア)とは異なり，債権者は送達を申し出る必要はないが，送達証明書の申請は忘れてはならない。

イ 執行機関の判断を要する執行開始の要件（民執30条・31条）

以下の各債務名義については，期限の到来又は条件成就が容易に執行機関に判断できる性質のものであることなどから，執行手続を迅速に処理するため，条件成就執行文の付与を受けるまでもなく，執行機関の判断により執行が開始できることとされている。

(ア) **請求が確定期限の到来に係る債務名義**（民執30条1項）[注8]

請求が確定期限の到来に係る場合においては，強制執行は，その期限の到来後に限り，開始することができる（民執30条1項）。

(注8) 具体例は，司法研修所編『民事弁護教材　改訂　民事執行〔補正版〕』24頁参照。

この場合，単純執行文により，確定期限の到来後に強制執行を申し立てることになる。

　(イ)　**担保提供を条件とする債務名義**（民執30条2項）^(注9)

担保を立てることを強制執行の実施の条件とする債務名義による強制執行は，債権者が担保を立てたことを証する文書を提出したときに限り，開始することができる（民執30条2項）。

本条は，例えば仮執行宣言付判決で，担保の提供を強制執行開始の要件とする債務名義の場合に適用される。この場合，申立人（債権者）は，担保を立てたことを証明する文書を提出することになる。

　(ウ)　**反対給付と引き換えにすべき債務名義**（民執31条1項）^(注10)

債権者の給付が反対給付と引き換えにすべきものである場合においては，強制執行は，債権者が反対給付又はその提供のあったことを証明したときに限り，開始することができる（民執31条1項）。

本条は，例えば引換給付判決のように，債務者がなすべき給付が，債権者がなすべき反対給付と引き換えの関係にある場合に適用される。

本条で注意すべき点が2点ある。

まず，第一に，前記(イ)の場合，「証する文書」（民執30条2項）が要求されているが，本条は，「証明したときに限り」と規定されており，文書は要求されていない。したがって，文書提出以外の証明方法でもよいことになる。

第二に，反対給付の履行の「提供」で足り，履行することまでは要求されていない。この趣旨は，債務者が，債権者から反対給付を提供されても受領しないことにより，債務者による強制執行妨害を防止する点と債権者に先履行を強いることを回避する点にある。この履行の提供の程度は，民法上，相手方があらかじめ受領を拒絶した場合には口頭の提供でも足りるが，それ以外の場合には現実の提供が必要とされる（民法493条）^(注11)。履行の提供の証明方法について制限はなく，事案に応じた様々な証明方法が考えられ，例え

(注9)　具体例は，司法研修所編『民事弁護教材　改訂　民事執行〔補正版〕』25頁参照。
(注10)　同上。
(注11)　深沢利一著，園部厚補訂『民事執行の実務　下〔補訂版〕』489頁，相澤眞木，塚原聡編著『民事執行の実務　不動産執行編上〔第4版〕』121頁参照。

ば，口頭の提供に配達証明付き内容証明郵便を利用する方法，執行機関が執行官である場合に，債権者が執行官に同行して，債務者への現実の履行の提供を現認させる方法，執行機関が裁判所である場合に，債務者を審尋する方法，公証人の事実実験公正証書による方法などが挙げられる。

(エ) 代償請求の場合の債務名義 (民執31条2項) (注12)

債務者の給付が，他の給付について強制執行の目的を達することができない場合に，他の給付に代えてすべきものであるときは，強制執行は，債権者が他の給付について強制執行の目的を達することができなかったことを証明したときに限り，開始することができる（民執31条2項）。

代償請求を行うには，本来の給付の執行不能が条件となる。本来の給付の執行不能の事実は，本来の給付の執行を担当した執行機関によって作成される執行調書（民執規則13条1項7号）により証明することになる。

ここでも条文上は，上記(イ)とは異なり，「証明」で足り，「証すべき文書」が要求されていないことに注意が必要である。

6 執行妨害への対応

債務者が所有する不動産を差し押さえた場合，債務者は，執行を妨害すべく，不動産価値を低下させる行為をとる可能性がある。このような債務者の執行妨害に対して，債権者の代理人としては，下記の対応をとることが考えられる。

(1) 売却のための保全処分 (民執55条1項)

差押債権者は，債務者又は不動産の占有者が価格減少行為をするときは，買受人が代金を納付するまでの間，執行裁判所に対し，保全処分等の申立てを行うことができる（民執55条1項）。

ア 価格減少行為とは

価格減少行為とは，不動産の物理的な損傷行為（物理的価格減少行為）のほか，不動産の競争売買を阻害することによってその交換価値を下落させる行為（競争売買阻害価格減少行為）も含まれる。

(注12) 具体例は，司法研修所編『民事弁護教材　改訂　民事執行〔補正版〕』26頁参照。

具体的には，暴力団関係者等が占有を誇示しながら執行妨害目的で差押不動産を占有する行為（いわゆる占有屋）のほか，競売対象不動産の更地上に建物を建築する行為も価格減少行為に該当するとするのが確定した実務であるとされている(注13)。

イ　保全処分の種類
① 　価格減少行為の禁止又は一定の行為の命令（公示保全処分を含む。）（民執55条1項1号）
② 　執行官保管命令（公示保全処分を含む。）（同項2号）
③ 　占有移転禁止の保全処分(注14)・公示保全処分（同項3号）

(2)　買受けの申出をした差押債権者のための保全処分等（民執68条の2第1項）

　差押債権者は，裁判所書記官が入札又は競り売りの方法により売却を実施させても買受けの申出がなかった場合において，債務者又は不動産の占有者が不動産の売却を困難にする行為をし，又はその行為をするおそれがあるときは，執行裁判所に対し，買受人が代金を納付するまでの間，担保を立てさせて，占有を解いて，執行官又は申立人の保管を命じる旨の保全処分（執行裁判所が必要と認めるときは，公示保全処分も含まれる。）を申し立てることができる（民執68条の2第1項）。ただし，差押債権者がこの申立をするには，買受可能価額以上の額を定めて，次の入札又は競り売りの方法による売却の実施において申出額に達する買受けの申出がないときは自ら申出額で不動産を買い受ける旨の申出をし，かつ，申出額に相当する保証の提供をしなければならない（同条2項）などの理由により，実務上は利用が少ないと言われている(注15)。

(3)　地代等の代払の許可（民執56条1項）

　差押債権者は，建物に強制競売の開始決定がされた場合，その建物の所有を目的とする地上権又は賃借権について債務者が地代又は借賃を支払わない

(注13) 相澤眞木，塚原聡編著『民事執行の実務　不動産執行編上［第4版］』390頁。
(注14) 占有者を転々と移転するという執行妨害が行われる場合は，相手方を特定しないで発する売却のための保全処分の申立て（民執55条の2）を検討すべきである。
(注15) 相澤眞木，塚原聡編著『民事執行の実務　不動産執行編上［第4版］』399頁。

ときは，執行裁判所に対し，差押債権者がその不払の地代又は借賃を債務者に代わって弁済することの許可を求めることができる（民執56条1項）。差押えの対象不動産が借地権付建物等の場合に，建物所有者が地代等を滞納したことにより土地所有者が借地契約を解除すると，対象不動産の価値が激減してしまうことから，これを防止するための制度である。

執行裁判所の許可を得て支払った地代等は共益費用として扱われ，配当等の手続において優先的な弁済を受けることができる（民執56条2項・55条10項）。

第2 各 論

1 金銭債権に対する強制執行

(1) はじめに

預金，給与，家賃，売掛金，貸付金，生命保険契約上の保険金請求権等を対象に裁判所が実施する。確実な金銭債権（特に預金の場合）を把握している場合には簡易・迅速に回収できるというメリットがあるが，それらを把握するのが困難である（特に債務者の金融機関に対する預金債権を差し押さえる場合，銀行や信用金庫の支店まで把握する必要があるが，後述のとおり，現在では多くの金融機関で債務者の預金口座についての全店照会が可能となっており，預金債権の差押えは，民事執行において非常に有効な手段であるといえる。なお，債権差押えにあたっては，超過差押えが禁止されている（民執146条2項）。

(2) 手続の流れ

ア 債権執行の申立て

債権執行の申立ては，債務者の普通裁判籍の所在地を管轄する地方裁判所，普通裁判籍がないときは差し押さえるべき債権の所在地を管轄する地方裁判所に対して行う（民執144条1項）。

債権執行の申立ては債権差押命令申立書，当事者目録，請求債権目録，差押債権目録を一体とした申立書を裁判所に提出して行う。当事者目録に記載

する債権者及び債務者の住所は，執行力のある債務名義の正本の表示と一致させる必要があり，仮に変更があった場合，戸籍抄本，住民票，登記事項証明書により，同一性を証明する必要があるので[注16]，注意が必要である。

執行費用を取り立てる関係で，請求債権目録には執行費用を記載する運用となっているが[注17]，請求できる執行費用については民事訴訟費用等に関する法律に規定されているため，漏れがないように記載する必要がある。

いずれにしろ申立書の作成にあたっては，必ず書式集等を参照して記載事項が十分であるか確認することが重要である。

債権差押命令の申立手数料は現在1件4000円である。ただし，債権者又は債務者が複数の場合は数に応じて1件につき4000円が必要になる（なお，第三債務者の数は関係がない。）。また，申立てにあたっては，予納郵券や封筒を用意する必要があるが，この点については裁判所のホームページを参照することが必要である。

申立ての際には申立書の他に，執行文の付与された債務名義の正本（家事調停調書正本，仮執行宣言付支払督促などの一部の債務名義の場合，執行文の付与は不要），債務名義の送達証明書等の執行開始要件を証明する文書，資格証明書等の添付書類が必要になるが，添付書類の詳細については裁判所のホームページに詳細が掲載されているので，申立前に必ず参照することが重要である。

債権差押命令申立ての際には，実務上，後述の第三債務者に対する陳述催告の申立ても併せてすることがほとんどであり，当然すべきであろう。

イ　債権差押命令の発令

申立てを受けた裁判所は，債権差押命令を発令し，差押命令は債務者及び第三債務者に送達される（民執145条3項）。差押えの効力は差押命令が第三債務者に送達されたときに生じる（同条4項）。

この差押命令によって，第三債務者は債務者に弁済することができなくなり，また，債務者は当該差押債権の取立てや譲渡等の処分が禁じられる。

(注16)　相澤眞木・塚原聡編著『民事執行の実務　債権執行編上〔第4版〕』64頁。
(注17)　同書67頁。

ウ 第三債務者に対する陳述催告

裁判所書記官は，債権者の申立てにより，第三債務者に差押命令を送達する際に被差押債権の存否や先行差押えの有無について，2週間以内に陳述するよう催告する（民執147条1項，民執規則135条）。実務上，第三債務者の陳述は，陳述書の用紙に第三債務者が債権の存否等を記載のうえ，裁判所及び債権者に返送する形で行われている。

エ 取立て

債権者は，債務者への差押命令の送達後1週間が経過すれば，当該差押債権を自ら取り立てることができる（民執155条1項）。ただし，第三債務者が供託した場合には，配当（他の債権者と差押えが競合する場合）か弁済金交付手続（民執166条）により供託金が分配される。

第三者が供託をせず，任意に支払わない場合には，第三債務者を被告として取立訴訟を提起することになる（民執157条1項）。

オ 転付命令

取立てという方法以外に，債権者は差押申立て以降（申立てと同時でも可能）に転付命令を申し立てることもできる（民執159条）。転付命令の場合，第三債務者に転付命令が送達されるまでの間に他の債権者による差押等がなければ，債権者が差押債権を確定的に取得することができるため，差押債権を独占できる可能性があるが，反面，第三債務者の無資力の危険があり，取得した債権を回収できない可能性がある。差押命令及び転付命令が確定すると，差押債権者の債権及び執行費用は，転付命令に係る金銭債権が存する限り，その券面額で，転付命令が第三債務者に送達された時に弁済されたものとみなされるからである（民執160条）。そのため，転付命令は差押え債権が銀行預金債権（第三債務者は銀行）である場合によく利用されている。

転付命令の申立てを忘れているうちに，後行の差押えがなされて競合してしまうと，配当を受けるべき金員が減ってしまいかねず，依頼者からクレームを受けてしまうので，特に注意が必要である。

(3) 留意点

ア 預貯金について

預貯金については，金融機関の取引支店[注18]まで特定する必要がある（預金種目が不明でも差押えをかけることは可能である）。そして，金融機関が複数判明した場合，その差押えについては，差押債権額を割り付けなければならない（参考判例として全店一括順位付け方式を否定した最決平成23年9月20日民集65巻6号2710頁，預金額最大店舗方式を否定した最決平成25年1月17日判時2176号29頁）。

例えば，請求債権が100万円で，債務者が三つの銀行預金口座を持っていることが判明している場合，取引銀行支店について，それぞれ差押債権額100万円で差し押さえることはできない。すなわち，A銀行に対しては，差押債権額33万円，B銀行に対しては，差押債権額33万円，C銀行に対しては，差押債権額34万円といったように割り付けなければならないのである。

そして，A銀行，B銀行について，差押えが功を奏し，各取引銀行につきそれぞれ33万円，合計66万円差し押さえることに成功したが，C銀行については，債務者の預金がなかったので差押えが空振りに終わった場合で，のちに債務者の賃貸するマンションの敷金があるということが判明した場合，一度，C銀行についての債権差押命令申立てを取り下げなければ，後に判明した敷金債権を差し押さえることはできないので注意が必要である。

また，この場合，最初のA銀行，B銀行の預金の差押えについて，債務名義の正本を使用しているため，「執行力ある債務名義使用中証明申請書」を裁判所に申請しなければならないことにも注意が必要である。このように強制執行については，手続が複雑になることも想定されるため，一度で申立手続等を行えるように事前に必要な手続や書面等を調査して準備を進めることが大切である。

（注18）銀行預金の差押えについては，ゆうちょ銀行については注意が必要である。通常の銀行は，「預金」であるが，ゆうちょ銀行は，「貯金」という記載になる。また，通常の銀行は，各「支店」を特定するが，ゆうちょ銀行の場合，各「貯金事務センター」を特定する必要があるので，申立書の記載については注意が必要である。

イ　金融機関の特定

　なお，上記例は，運よく債務者の預金がある銀行支店名が判明している場合であるが，債務者の預金口座が判明していない場合はどうすればよいだろうか。

　簡単な方法としては，債務者が会社の場合等は，債務者の事務所等に掛けられている銀行が配布しているカレンダーや粗品を手掛かりに取引先金融機関及び支店名を推測するのも一つの手である。また，債務者のホームページに取引銀行が載っていたりすることもあるので，念のため債務者会社をインターネットで検索するという方法や，同業者で債務者と以前取引をしたことのある会社に，債務者の取引銀行支店を聴くということも考えられる。

　また，債務者の住所，事業所の近くにある銀行や，最寄駅前にある銀行支店，債務者が個人であればその勤務先の近くの銀行支店等に目星をつけ，債権差押命令の申立てをすることも考えられる。すでに債務名義を取得しており，債務者の預金債権のある金融機関名まで判明している場合などには，当該金融機関に対して，弁護士会照会により全店照会をかけることが最も有効な手段であると考えられる。従前は，債務者名義の預金口座について弁護士会照会を行ったとしても，口座名義人の同意がなければ，回答を得ることは難しかったが，現在では多くの金融機関において，債務名義に基づく強制執行のための弁護士会照会については，全店照会が認められている（ただし，一部の債務名義では全店照会に応じてもらえない場合があることに留意が必要である。）[注19]。全店照会により，支店ごとの預金残高が判明するため，上記債権の割付けを効率よく行うことが可能となる。

　全店照会に応じてくれる主な金融機関としては，三菱UFJ銀行，三井住友銀行，みずほ銀行，ゆうちょ銀行であるが，地方銀行や信用金庫でも応じてくれる場合があり，現在では一部の金融機関を除き全店照会に応じてくれる金融機関が大部分であるが，現在三井住友銀行などの一部の金融機関では協定を結んだ弁護士会に対してのみ全店照会に応じる運用がなされているこ

(注19) 佐藤三郎，加藤文人，京野垂日編著『弁護士会照会ハンドブック』（きんざい，2018年）69頁。

とに注意が必要である[20]。

　弁護士会照会をかける際は，弁護士会での審査のために債務名義の写しの添付を求められることが一般的である[21]。

　弁護士会照会をかけるにあたっては，一部の金融機関では金融機関所定の書式が用意されていることに注意が必要である。また，現在，三井住友銀行のみ所定の手数料（債務者1名の口座名義5件ごとに3000円（税別））を支払わなければならない。

　弁護士会照会により，開示される範囲は金融機関により異なり，預金の有無と預金残高のみしか開示してくれない金融機関もあれば，取引履歴まで開示してくれる金融機関もある。金融機関に対する弁護士会照会に限った話ではないが，照会をかける前に金融機関と開示の範囲や必要資料などを確認しておくことが有用である。

　預金債権の場合，1回で決めないと債務者に差押通知が届いてしまうため，強制執行を感知した債務者が口座から現金をすべて引き出されてしまうおそれがある。したがって，複数の金融機関に対する強制執行は同時に行う方がよい。また，複数の金融機関に対して弁護士会照会をかける場合は，照会手数料も嵩むため，この点についても説明をしておく必要があるだろう。　金銭を請求するにあたっての訴訟提起は，判決を得ることが目的ではなく，実際に金銭を回収することが最終目的であるので，裁判になる前に債務者の会社や自宅を訪れることがある場合等は，その場にあるものを注意深く見ておくと，後の強制執行で役に立つことがあるかもしれない。

ウ　生命保険の満期返戻金，中途解約返戻金，配当等について

　従前は，債務者名義の生命保険契約の有無については，一般社団法人生命保険協会事務局に弁護士会照会をかければ，同協会から協会加盟の保険会社に対する照会により，各保険会社から回答を得られていた。しかしながら現在では，このような取扱いは終了し，現在は債務者の生命保険会社を特定のうえ，個別に弁護士会照会をかけなければならなくなった[22]。

（注20）佐藤三郎，加藤文人，京野垂日編著『弁護士会照会ハンドブック』72頁。
（注21）東京弁護士会「弁護士会照会のご利用についてのお願いと注意（簡易マニュアル）」12頁～23頁。

なお，生命保険契約の解約返戻金請求権を差し押さえた債権者は，権利の濫用となる場合を除き，これを取り立てるため，債務者の有する解約権を行使することが可能である（最判平成11年9月9日民集53巻7号1173頁）。

債務者が個人の場合，保険の把握をすることは容易ではないが，裁判外の交渉の際に，債務者に税務申告書の提出を求め，保険料の控除欄を見ることにより債務者が加入している保険を把握することもできる。

エ　差押禁止債権

給与債権の一部については，4分の3部分（ただし，月額44万円以上の場合には33万円を超える部分はすべて差押え可能（民事執行法施行令2条1項1号）が差押え禁止とされている。ただし，婚姻費用や養育費といった扶養義務に係る金銭債権に基づいて給与債権などを差し押さえる場合は2分の1まで差し押さえることができる（民執152条3項。なお，これらは期限到来前でも差押え可能な場合がある（民執151条の2）。）。差押えの範囲は，給与債権の名目額から所得税，住民税，社会保険料，通勤手当を控除した手取額を基準に判断されるのが実務上確立した取扱いである[注23]。

法律上明文はないが本人行使前の財産分与請求権（民法881条），遺留分減殺請求権（民法1031条）も差し押さえることができない[注24]。また，年金受給権（国民年金法24条，厚生年金法41条1項等。ただし，預金債権に転化後は可能。），生活保護により既に給与を受けた保護金品又はこれを受ける権利（生活保護法58条），失業等給付金（雇用保険法11条）など，特別法により差押えが禁止される債権も多いため，特に法律に基づき支給される債権の差押えを検討する場合には注意が必要である。

なお，差押禁止債権の範囲は裁判所が，債権者又は債務者の申立てにより，債務者及び債権者の生活の状況その他の事情を考慮のうえ，変更することができる（民執153条）。

オ　給与債権差押えの影響

給与債権の差押えは債務者に対するダメージがとても大きい。実際上は給

(注22) 佐藤三郎，加藤文人，京野垂日編著『弁護士会照会ハンドブック』97頁。
(注23) 相澤眞木，塚原聡編著『民事執行の実務　債権執行編上〔第4版〕』217頁。
(注24) 同書219頁。

与の差押えによって職場を辞めざるを得ない場合が多く，そうなると結果として債権が回収できなくなり，債権者にとっても不利益な結果となる。

特に新人の場合，法律上できることをすぐにやろうとする傾向があるため，給与差押えの場合，債務者に与える影響について一度立ち止まって考えるべきである。

カ　債務名義がドル建ての場合

かなりイレギュラーなケースではあるが，この場合，請求債権目録は，円で表示する必要があることから，どの時点での為替相場に従って円に換算するかが問題となる。実務上通常は，申立て日前日の円建ての為替相場で算定することになる。そこで，上記のような債務名義に基づいて申立てをする際には為替相場の動向にも気を配る必要がある。

2　不動産に対する強制執行

(1)　はじめに

不動産に対する強制執行は，土地，建物等の「不動産」を対象として行われる。

不動産に対する強制執行は，「強制競売」と「強制管理」の方法によって行われる（ここでは，「強制競売」につき取り上げる。）。なお，強制管理とは，債務者所有の不動産を換価することなく，その収益裁判所の選任する管理人に収取させ，当該収益をもって債務の弁済に充てる執行方法である（民執93条）。強制競売の方法と強制管理の方法を併用することもできる（民執43条1項）。

不動産強制競売は，執行裁判所が債務者の不動産を売却し，その代金をもって債務者の債務の弁済に充てる手続である。

一般に換価金額が大きいというメリットがあるが，既に先順位の担保権が付されている場合等には回収できない可能性があること，債権回収まで時間がかかるというデメリットがある。前者のデメリットの点は，登記事項証明書等により担保余力の確認をすることが可能である。なお，債権や動産と異なり，不動産を差し押さえる場合は，超過差押えは禁止されていないが(注25)，超過売却の禁止規定（民執73条）がある。

(2) 手続の流れ
　ア　強制競売の申立て
　不動産の強制競売は不動産の所在地の地方裁判所が管轄である（民執44条1項）。ただし，共有持分の場合は管轄登記所の所在地を管轄する地方裁判所である（民執44条1項括弧書）。
　申立書には申立手数料として，請求債権一つにつき4000円の収入印紙を貼付しなければならない。また，申立てにあたっては，予納金の納付(注26)，登録免許税の納付，郵便切手や封筒を用意する必要があるが，この点については裁判所のホームページを参照することが必要である。
　申立ての際には申立書のほかに，執行文の付与された債務名義の正本（仮執行宣言付支払督促などの一部の債務名義は執行文の付与が不要），債務名義の送達証明書等の執行開始要件を証明する文書，不動産の登記事項証明書，公課証明書等の書類やその写しなどの様々な添付書類が必要になるが，添付書類の詳細や各書類の部数については裁判所のホームページに詳細が掲載されている。
　イ　競売開始決定
　適法な申立てがなされれば，翌々日には競売開始決定が発令される（民執45条1項）。そして，開始決定が債務者に送達される（民執45条2項）とともに，裁判所書記官から登記所へ差押えの登記嘱託がなされる（民執48条1項）。債務者への送達又は差押登記がなされると差押えの効力が発生し，債務者は，不動産に対する譲渡，担保権設定などの処分権を制限される（民執46条1項）。
　ウ　債権調査
　不動産競売の開始決定がなされると，執行裁判所は他の債権者の債権につ

(注25) 深沢利一著，園部厚補訂『民事執行の実務　上（不動産執行）〔補訂版〕』（新日本法規出版，2007年）490頁。
(注26) 予納金　※東京地裁の場合
　2,000万円未満　　　　　　　　　　60万円
　2,000万円以上5,000万円未満　　　 100万円
　5,000万円以上1億円未満　　　　　 150万円
　1億円以上　　　　　　　　　　　　200万円

いて調査を行う。裁判所書記官は，配当要求終期を定め（民執49条1項），その旨を公告する（民執49条2項）。配当要求終期までに配当要求をしない債権者は配当を受領する資格がない（民執87条1項2号・188条）が，配当要求終期は終期到来後3か月以内に売却許可決定がされないときなどに延期され得る（民執52条）。

また，裁判所書記官は，配当要求の終期を定めたときは，仮差押債権者や担保権者など民事執行法49条2項各号に掲げる者に対し，債権届出の催告を行う（民執49条2項）。

エ　現況調査・評価

執行官による不動産の現況調査（民執57条），不動産評価人（通常は不動産鑑定士が行う）による評価（民執58条）が行われた後，執行裁判所は，執行官の現況調査報告書，評価人の評価書に基づいて売却基準価格を決定する（民執60条）。

オ　物件明細書の作成

裁判所書記官は，①不動産の表示のほか，②その不動産に係る権利の取得・仮処分の執行で売却により効力を失わないもの，③売却により設定されたものとみなされる地上権の概要を記載した物件明細書を作成する（民執62条1項）。そして，物件明細書は，現況調査報告書及び評価書とともにその写しが一般の閲覧に供されることになる（同条2項）。

カ　剰余判断

売却基準価格決定後，後述の買受可能価額を基準に，手続費用及び差押債権者に優先する債権を弁済して，差押債権者に配当をできる見込みがない場合は，差押債権者に対してその旨が通知される（民執63条1項）。この場合，差押債権者は剰余の見込みがあることを証明するなどの無剰余を回避する手段を採らなければ，手続は執行裁判所によって取り消される（民執63条2項）。

なお，複数の不動産を一括売却する場合（民執61条）において，東京地裁では，物件単位ではなく売却単位で剰余の見込みが判断される[注27]。

（注27）相澤眞木，塚原聡編著『民事執行の実務　不動産執行編上〔第4版〕』32・33頁。

キ　売却・代金納付

売却の方法は裁判所が裁量によって決めるが（民執64条），通常は「期間入札」の方法がとられ，日刊新聞等で売却公告がなされている入札期間内に，売却基準価格からその10分の2に相当する額を控除した価額（民執60条3項。これを「買受可能価額」という。）以上で，かつ，最高額を入札した者が「売却許可決定」によって買受人となる。不動産の買受申出を増やすべく内覧の制度（民執64条の2）が創設されているが，実際上はほとんど利用されていないのが現状である。

売却許可決定が確定後，裁判所書記官の定める期限までに買受人が代金を納付すれば，代金納付時に所有権を取得する（民執79条）。

ク　配当等

債権者が1人である場合や2人以上でも全債権者の債権・執行費用を全額弁済できる場合には，弁済金交付がされる（民執84条2項）。

これに対し，2人以上の全債権者の債権・執行費用を弁済できない場合や租税債権者から交付要求があった場合には，一定の基準に従って配当手続が行われることになる（民執84条1項）。

配当期日又は弁済金交付日は，代金納付日から原則として1か月以内の日が指定される。

配当期日が指定された場合，債権者は裁判所書記官から送られてきた配当期日呼出状と一体となっている計算書に必要事項を記載し，配当期日前に裁判所に届けることになる。

その後，配当期日又は弁済金交付日当日，債権者は支払請求書と領収書を裁判所書記官に提出して会計窓口等から配当金や弁済交付金を受け取る。

なお，東京地裁においては，配当金等の支払は，原則として事前に指定された振込先指定口座に振り込む方法で行われている。

(3)　留意点

まずは，何より申立ての際の予納金が高額であることをあらかじめ（できれば受任前の時点で）説明すべきである。そして，あわせて債権回収までの間に時間がかかることも説明すべきであろう。依頼者の中には判決で勝訴すればすぐに債権を回収できると思っている人もいるので，特に注意が必要で

ある。

　不動産の強制執行では，債務者などによる執行妨害行為がなされる可能性があるが，それにより不動産の価格が減少又は減少するおそれがある場合は，競売申立てから代金納付までの間に売却のための保全処分（民執55条）を申し立てることも検討すべきであろう。

　不動産の所有の有無の調査について，債務者所有の不動産が一つでもわかれば，インターネットの登記情報サービスを利用し，共同担保が設定されているかを確認することにより，新たな不動産が見つかることもある。先述のとおり，無剰余競売の場合には執行手続自体が原則として許されないため（民執63条），担保余力の有無の確認をすることは不可欠である。仮に余剰価値がないとして強制執行が中止となった場合，そこまでにかかった費用は申立人が負担することになるからである。

　また，当該不動産が売れなかった場合，申立人が納付した予納金は返却されないため，売却可能性があるかどうかの調査も不可欠である。具体的には地元の不動産業者等に問い合わせをして需要があるかどうかの聴き取りをすることは重要である。地方にある不動産等は，無担保のまま放置されていることもあるので，裁判外交渉の際等に事前に債務者にそれとなく聴いておくか，債務者が会社の場合，決算書を見せてもらい，所有不動産を把握しておくことも心がけるようにしたい。

3　動産に対する強制執行

(1)　はじめに

　商品，家財道具，現金，株券，社債等の「動産」を対象として裁判所に所属する執行官が実施する。簡易・迅速に回収できるというメリットがあるが，反面総じて換価金額が小さいため（特に家財道具），高価な貴金属等の類でない限り，実効性が低いというデメリットがある。

　なお，上場株式や振替社債については，「株式等の取引に係る決済の合理化を図るための社債等の振替に関する法律等の一部を改正する法律」に基づいて，振替機関等を第三債務者とする方法によって強制執行する。

(2) 手続の流れ
　ア　動産執行の申立て
　動産に対する執行の申立ては，差し押さえるべき動産の所在地を管轄する地方裁判所に所属する執行官に対して行う。裁判所に対する申立てではなく，執行官に対する申立てである。
　イ　差押え
　申立て後，執行官との面接において執行日を決める。その後，執行日に執行官が所在場所に出向き，執行債権額（債権者の債権のみならず執行費用を含む）に達するまでの動産を差し押さえる（民執122条～124条）。差し押さえるべき動産の選択は執行官の裁量に任せられているが，債権者の利益を害しない限り，債務者の利益を考慮しなければならないとされており（民執規則100条），金銭又は換価の容易な動産から差し押さえられることが多く，予め差し押さえるべき動産の候補があれば，面接等において事前に説明しておくとよい。
　事前の交渉等で債務者が居留守を使う可能性があるということがわかっていれば，執行官との面接の際，その旨を伝えておいた方がよいだろう。面接室の外の廊下で開錠業者が待機しているので，開錠業者も含め，面談，及び執行日時の調節をすることができるからである。
　この際，今まで交渉段階で居留守を使っていた債務者が，執行当日，チャイムを鳴らすと素直にドアを開けてくれる場合もある。このような場合，業者にもよるがキャンセル料がかかることもあるので，事前の面接において開錠業者に対し，当日キャンセル料がかかるかどうかを確認しておいた方がよいだろう。
　ウ　換価（売却）
　換価手続としては，執行官が，入札，競り売り等（その余の方法としては，特別売却，委託売却がある。）により売却するのが原則である（民執134条）。
　ただ，実務上は，差押え終了後に，その場で手配した道具屋等が買い取ることが多い。そして，その場で債務者に対してより高い値段で売却することもある。

エ 配当等

通常は執行官がすべて行う。つまり，債権者が1人の場合や2人以上でも配当等に充てるべき金銭で全部弁済できる場合には弁済金を交付し，剰余金を債務者に交付する（民執139条1項）。動産執行で配当手続がなされることはほとんどない。

(3) 留意点

ア 差押禁止動産があること（民執131条）

特に66万円以下の現金は差し押さえることができない（民執131条3号，同法施行令1条）ことに留意する必要がある。

債務者が個人の場合，ほとんどの財産が差押禁止財産に当たる可能性が高く，執行不能になることも多い。このような場合，後日，強制執行の予納金が一部戻ってくることになる。

イ 実効性が乏しいことを念頭に依頼者にきちんと説明する

一般論として，債務者が個人の場合，債務不履行状態の債務者に高価な動産があることはほとんどないことから，動産執行に際しては実効性が乏しいことをきちんと説明すべきであり，差し押さえるべき動産の候補がある場合に，申立てを行うことが推奨されるし，実際上は任意の履行を促す意味での牽制的な意味合いが強い場合が多い。

ウ 動産処分の立会い

動産執行が終了した後も動産処分の立会いが別途あることに注意が必要である。動産処分の立会いにおいてはその場で執行費用の調整をすることになり，必ずしも予納金[注28]だけでは足りず，追加の費用支出が必要な場合があるため，依頼者には事前に説明しておくべきである。

エ 動産執行の現場

動産執行の立会いは，債権者代理人弁護士の権利ではないため，あくまで

（注28）予納金　※東京地裁の場合
　基本額：1,000万円以下　3万5,000円
　　　　　1,000万円超　　4万5,000円
　加算額：債権者1名（分割債権），執行場所1箇所増すごとに基本額を加算
　　　　　差押えをした場合には1万5,000円程度の追納あり

も債務者の同意が必要となってくる。そのため，執行官はまず執行の際，弁護士が立ち会ってもよいかを債務者に対し確認する。債務者が弁護士の立会いに同意した場合に初めて，弁護士としては動産執行の立会いができるのであるが，何を差し押さえるのかの選択は執行官の裁量であるので，弁護士がある物を差し押さえてほしいといっても聴いてもらえないこともあるが，執行官と意見交換をしながら差し押さえるべき物を選択することもあるため，執行官の性格や事件の性質も影響するものと思われる。

以前，動産執行に立ち会った際，債務者が自宅の荷物をすべて40箱ほどのダンボールに入れ，ガムテープで梱包されていたという場面に出くわした。このとき，執行官がダンボールを一つずつ開けて確認してくれると思ったが，五つぐらい箱を開け，ざっと見ただけで，入室後5分～6分ぐらいで執行不能と判断されたことがあった。何度かすべての箱を開けて確認してほしいと粘ったが，執行については，執行官の裁量であるとの理由で最後まで聴いてもらえず，執行不能のまま動産執行が終了するという苦い経験をしたことがある。

一方で，店舗における商品を動産執行するに際し，陳列された商品の選択について，意見交換を行えたこともある。

4　建物明渡しの強制執行

(1)　はじめに

建物明渡しの強制執行は，執行官が債務者の建物に対する占有を解いて債権者にその占有を取得させる方法によって行われる（民執168条1項）。

(2)　手続の流れ

ア　執行の申立て

裁判所に対する申立てではなく，執行官に対する申立てである。

イ　明渡しの催告

執行官は，建物明渡しの強制執行の申立てがあった場合，強制執行の開始ができるときは，原則として1か月を経過する日を引渡し期限と決めて，明渡しの催告をすることになる（民執168条の2第1項2項）。執行官は，明渡しの催告をしたときは，明渡しの催告をした旨，引渡期限及び占有移転が禁

止されている旨を当該建物に公示書等により公示することとなる（民執168条の2第3項）。

　明渡しの催告日には，債権者代理人も同行することによって，占有状況（建物内の残置物の量等）を確認することもでき，動産搬出に係る費用の見積もり等執行のための準備をすることもできるし，催告の手続の法的意味を債務者に説明することによって任意退去の可能性を高めることもできる。

ウ　執　行

　建物明渡しの強制執行は，執行官が債務者の建物に対する占有を解いて債権者にその占有を取得させることを目的とするため，債権者又はその代理人が執行の場所に出頭する必要がある（民執168条3項）。

(3)　留意点

ア　占有認定（占有者の特定）

　法人が賃借人である場合等，法人が建物を占有している場合には，明渡し催告時に執行官に内部占有が会社関係者ということを認定してもらう必要がある（債務名義の効力は原則として債務名義に表示されている当事者以外には及ばないため。民執23条，民訴115条1項）。

　そこで，債権者代理人となった場合，当該法人占有の痕跡を探すことが必要となってくる。例えば，建物内に当該法人名義のカレンダーが貼られていないか，当該法人を宛先とした郵便物がないか等をチェックすることになる。

イ　保管費用の節約

　債権者は建物明渡しの強制執行の際，動産搬出まで責任を負うことになる（債務者は必要最小限のものだけを手にして残りは建物内に置いていくことが多い。）。執行時において残置物が存在する場合，建物内の残置物を取り除いて保管後，後に債務者に引き渡すか売却することになる（実際は「引っ越し屋」と称する業者が引き取っていく。残置物の搬出・保管・廃棄等を行う「引っ越し屋」については執行官が事前に準備してくれることが多く，独自に探す必要はない。）。残置物の保管期間に係る倉庫保管代等は，債権者が負担することとなり，その金額も決して安いものではない。

　そこで，催告時から執行時までの間に，債務者から残置物の所有権を放棄する旨の一筆をもらうことを試みるべきである。所有権放棄の一筆をもらえ

れば，執行時の残置物を保管しないで，廃棄することができ，費用負担が小さくなるからである。あるいは動産については事前にできるだけ物を持って行くように債務者に話を通しておき，残置物をできる限り少なくすることも有用である。

ウ　占有者が暴力団関係者等の場合

占有者が暴力団関係者，あるいは粗暴な人間の場合，執行時に暴力沙汰等のトラブルに備え，執行官との事前協議を踏まえ，地元の警察にあらかじめ連絡して相談することも重要である。このような場合，執行官を通じて，警察官に対し，執行当日に現場に来てもらうよう強く要請すべきである。

エ　強制執行予納金 (注29)

強制執行の予納金について，執行官費用のみならず，鍵屋やいわゆる立会い屋の費用も含むようになった裁判所もあるので，事前に確認してみるのがよい。

5　基本事例の場合

基本事例において，A弁護士は，乙川花子が自動車保険を付保していたので，判決が確定すれば保険会社からの支払を期待できることから，強制執行の申立てを行う必要がないことを甲野太郎に説明し，同人の了解を得たため，強制執行の申立てを行わなかった。

【参考文献】
・東京弁護士会弁護士業務改革委員会自治体債権管理問題検討チーム編『自治体のための債権管理マニュアル』（ぎょうせい，2008年）

(注29)　予納金　※東京地裁の場合
　基本額：6万5,000円
　加算額：債務者1名，物件1個増すごとに2万5,000円加算

事件終了後の弁護士業務　第9章

1　事件終了後における弁護士業務の際の心構え

（i）　弁護士は，依頼者との委任契約に基づき，委任を受けた事件の終了後においても，依頼者に対し様々な義務を負う。のみならず，弁護士・依頼者間の委任契約における契約終了後の余後効は，弁護士職務基本規程により一部拡大されており，後述するとおり，委任事務処理の「経過及び結果の報告」（民法645条）だけでなく，事件処理の状況又はその結果に関し，必要に応じ法的助言を付して，依頼者に「説明」しなければならないとされている（弁護士職務44条）。

弁護士としては，事件処理を終了させただけで満足するのではなく，依頼者に対するアフターケアをも迅速・的確に行わなければならないことに十分留意する必要がある。

（ii）　また，当然のことではあるが，依頼者からの預かり金員・預かり資料等は，当該依頼者に帰属するものであるから，弁護士は，事件終了後速やかにこれらの金員及び物品を清算・返還しなければならない。

他方で，事件処理の対価としての弁護士報酬も，弁護士個人の生活の糧として，あるいは，事務所の維持継続のため必要である。

そのため，弁護士報酬についても，依頼者との間で取り交わした委任契約書に基づき適切に請求すべく事務処理を行う必要がある。

（iii）　なお，事件終了後に相当程度時間が経過してから，依頼者のみならず利害関係人・裁判所その他第三者から，終了した事件について問い合わせを受けることがある。

依頼者からの後日の問い合わせの際，記録の整理が不十分であると，終了後長い時間が経過した場合は特に，問い合わせに係る書類の所在が不明となって後日の説明に窮するという失態を犯しかねない。そのため，事件記録は十分に整理して保存すべきである。

第三者からの後日の問い合わせの際には，弁護士の守秘義務（弁護士職務23条）を十分留意し，問い合わせに安易に応じることは厳に慎まなければ

ならない。この「第三者」には，依頼者の紹介者も含まれる^(注1)。

2　事件終了後における一般的な弁護士業務

(1)　**処理結果の説明**（弁護士職務44条）

弁護士は，事件の結果について，その内容をわかりやすく正確に説明するとともに，当該結果に対して執り得る措置についても説明しなければならない。

また，弁護士が解任された場合や，あるいは弁護士が辞任した場合にも，依頼者に対する処理結果の説明義務を負うことには留意すべきである^(注2)。

(2)　**書類等の返還**（弁護士職務45条）

（ⅰ）　事件の処理にあたって依頼者から預かった書類等があれば，事件終了後，遅滞なく返還しなければならない^(注3)。預かり書類には重要な文書が含まれていることもあるが，そのような場合には特に書留郵便で送付するのが望ましい。

そして，依頼者に預かった書類等を返却する際には，弁護士にて事前に受領書を作成し，書類等の返却と同時に依頼者から受領書への署名押印を受けることも忘れてはならない。

（ⅱ）　電話聴取報告書・写真撮影報告書等，弁護士がその名義で作成した書

(注1) 京野哲也著『クロスレファレンス民事実務講義〔第2版〕』（ぎょうせい，2015年）331頁は，紹介者である依頼者の勤務先社長に対し，訴訟の内容ついて依頼者の承諾なく開示することが，弁護士法23条，弁護士職務23条に違反することになるとする。
(注2) 日本弁護士連合会弁護士倫理委員会編著「解説　弁護士職務基本規程〔第3版〕」（日本弁護士連合会，2017年）130頁。
(注3) 「弁護士又は弁護士法人は事件が終了した時から……3年を経過したときは，その職務に関して受け取った書類について，その責任を免れる」（旧民法171条）。「その職務に関して受け取った書類」についての責任とは，多くの場合，預かった書類に関連して生じた損害賠償債務，その他の債務をいう。事件終了後3年が経過したときは，これらの債務が時効消滅する。なお，書類の所有権が依頼者に属している場合には，所有権に基づく返還請求権は消滅時効にかからない（所有権の絶対性・恒久性）（以上，我妻榮，有泉亨，清水誠，田山輝明著『我妻・有泉コンメンタール民法：総則・物権・債権〔第5版〕』（日本評論社，2018年）333頁）。なお，平成29年の改正で旧民法171条が削除されたことにより，新民法施行以降，旧民法171条が規定していた責任の時効期間は，新民法166条の規律に服することに留意する必要がある。

面については，その所有権は弁護士に帰属すると考えれば依頼者に対し「返還」（交付）する必要がないことになるが，不要な場合等は預かり書類と一緒に依頼者宛に送付することがある。また，弁護士が裁判所・検察庁等において閲覧・謄写した事件記録や弁護士会照会を行った結果送付された回答書については，依頼者が実費を支払うとしても，これらの所有権が必ずしも依頼者に帰属するものではない。依頼者は，実費を支払うことによって，これらの書類から事件処理に必要な限度で情報を得たにすぎないと考えられるからである。

受任事件の遂行に際して作成された判決書，和解調書及び示談書などの重要な文書の原本は，控えを作成したうえで，事件終了後速やかに，依頼者に返却するべきである。なお，書面の返却の際には，その文書の性質を考慮し，マスキングなどの方法を適宜用いることも検討する必要がある。

(iii) なお，委任契約書上，「弁護士報酬の支払がないときは預かり書類を返還しない」旨の規定を設けている場合があるが，弁護士報酬の金額，預かり書類の重要性その他の事情いかんによっては，規定どおりの処理が弁護士倫理上の問題を生じさせることがあるから，十分に留意する必要がある。

(3) **預かり金，立替金等の清算**（弁護士職務45条）

弁護士は，自己に帰属する金員と自己の依頼者に帰属する金員を明確に区別しなければならず，ほぼ例外なくすべての弁護士が預かり金口座と弁護士報酬口座をそれぞれ開設している。

預かり金については，日常より，事件処理に要した費用を支出した日付，項目及びその金額ごとに明確にしておき，精算書を作成すべきである。預かり金の清算は，弁護士報酬と相殺する方法によって行う場合もある。

また，依頼者が複数の場合には，清算方法につき別の配慮を要する[注4]。

(4) **報酬の請求**

弁護士報酬は，原則として，受任時に作成した委任契約書記載の金額とな

(注4) 京野哲也著『クロスレファレンス民事実務講義〔第2版〕』331頁は，複数相続人の依頼を受けて遺産分割調停が成立し代理人口座に振り込まれた後に，依頼者の一人から「相続人管理代表口座」宛に振り込むよう指示された場合には，その他の依頼者の同意があるかを確認しなればならないとする。

るか，又は，委任契約書記載の報酬額決定基準に従って計算することになる。弁護士報酬を請求するにあたっては，いきなり請求書を送り付けるのではなく，例えば提案書を送って話し合いをし，了解を得てから請求書を送ると，事件終了後も依頼者との信頼関係を維持できる。このことは，その後の業務の機会を得るうえでも重要である。

報酬請求に際し依頼者にどのような話をするかは，何年弁護士をやっていても直面する悩みである。依頼者のキャラクターや事件の内容を踏まえ，どのような内容・どのような切り口で話をすれば依頼者の満足を得ることができるか，常に考え続けなければならない。金額を減額したうえで依頼者に提示することは一つの話の仕方ではあるが，安易に事件単価を落とすことは，弁護士業務における利益確保の観点から一考を要する[注5]。

また，弁護士の職務に関する債権は，事件終了時から2年間で時効消滅する（旧民法172条）とされているが，平成29年の改正で旧民法172条が削除された。これにより，新民法施行以降，弁護士の職務に関する債権の時効期間は，新民法166条の規律に服することになる。

万が一，依頼者との間で紛争になった場合は所属弁護士会の紛議調停で解決するよう努めなければならない（弁護士職務26条）。

(5) 記録の保管

（ⅰ）事後対応を要する場合もあり，また，後進弁護士の研修目的のため記録を利用することもあるので，事件記録は十分に整理して保存すべきである[注6]。

また，旧民法171条所定の書類以外の証拠物等の保管義務・保管期間については確定的な見解はないから，保管期間に関する対応は各弁護士によって異なるのが実情である。もっとも，長期間保管することには，事件終了後相当期間経過後に依頼者から問い合わせがあった場合に迅速に対応できるというメリットもあるし，不意に要求を受けた場合の自己防衛にもなり得る。

[注5] 北周士ほか編著『弁護士独立・経営の不安解消 Q&A』（第一法規，2016年）150頁～151頁は，事務所経営の観点から，安易に事件単価を落とすことについて疑問を呈する。

[注6] 司法研修所編『[7訂] 民事弁護の手引』（日本弁護士連合会，2005年）53頁。

記録の保管方法について，全て紙で保管する方法，判決書など重要な書類の写しのみ紙で保管し他はデータで保管する方法など，弁護士により様々である。いずれの方法を採用するにせよ，情報漏えいや記録の毀損を生じさせないよう，然るべき対策を行う必要がある。

なお，裁判所の手続によらないで依頼者から200万円以上の現金を預かるなど一定の場合には，依頼者の本人確認が義務付けられている（依頼者の本人特定事項の確認及び記録保存に関する規定2条ほか）。本人確認を行った場合には，依頼者の本人確認記録等を，資産管理行為等の終了後5年間保存しなければならない（依頼者の本人特定事項の確認及び記録保存に関する規定5条）[注7]。

(ⅱ) 記録を廃棄する際には，守秘義務に留意し，必ずシュレッダーにかけてから廃棄する。弁護士の中には，大量の書類を廃棄する場合には業者に依頼している者もいる。また，弁護士が使用するパソコンのハードディスクには通常大量の秘密情報が保存されているから，パソコンを廃棄する際には十分留意すべきである。

なお，一つの紛争が複数の紛争に派生したケースでは，多数の関連事件のファイルが存在することになるが，このような場合において，複数の紛争の根幹をなす元々の紛争が解決したとき，関連事件の記録まですべて保存すべきかどうかは悩みどころである。弁護士としては，最低限の保管義務を遵守したうえで，ケースごとに個別に判断することが望ましい。

(6) その他

仮処分の担保として保証金の供託等を行った場合には，法務局に対する供託金の取戻し手続を行う必要がある[注8]。

3 基本事例の場合

(1) 甲野太郎に対する報告・説明

A弁護士は，甲野太郎に対し，保険会社から，支払日までの遅延損害金も

[注7] 十時麻衣子「弁護士等のマネー・ロンダリング対策〜依頼者の本人特定事項の確認，記録保存と年次報告書〜」（自由と正義69巻8号62頁）。
[注8] 司法研修所編『［7訂］民事弁護の手引』53頁。

含めた判決書記載の金額が，Ａ弁護士の預り金口座に〇年〇月〇日付で入金されたことを電話で報告し，別途同入金が記載されているページ（なお，同入金以外は黒塗りにした。）をPDFデータでメール送信した（又はFAX送信した。）。これにより，受任した本件事件処理がすべて終了した旨を説明した。

(2) 証拠原本等の返還

Ａ弁護士は，事件終了後，甲野太郎から預かり保管していた病院のレセプト，タクシー代等の領収証，担当医の診断書・意見書及び売上帳その他就業状況が記載された証拠等の各原本を甲野太郎宛に書留郵便で送付して返還した。また，これらの証拠等の原本のほか，判決書正本も一緒に送付した。

送付の際，送付書類のリストと受領証を同送し，受領証に署名押印のうえ返送する旨依頼した。

なお，自らの名義で取得した実況見分調書については，甲野太郎には送付せず，他の記録と一緒に保管することにした[注9]。

(3) 預かり金の清算

Ａ弁護士は，受任時に訴状への貼用印紙と予納郵券の以外の実費として甲野太郎より預かっていた２万円から，内容証明郵便発送費用，弁護士会照会費用，実況見分調書の謄写費用及び交通費等を控除した内容の精算書を作成した。この精算書を提示し，後記(4)の報酬金と相殺処理して清算する旨，甲野太郎に申し入れ，承諾を得た。

(4) 報酬金の請求

Ａ弁護士は，訴訟事件の受任時に作成した委任契約書２条の計算方法に従い，弁護士報酬を，甲野太郎が得た経済的利益〇円×〇％と計算し，その金

(注9) 刑事事件記録（特に，司法警察職員・司法警察員作成の供述調書，実況見分調書）は，生の事実が豊富に記載されており，被疑者及び第三者のプライバシー情報を多く含んでいる可能性がある。したがって，事件終了後，依頼者に対し刑事事件記録を送付するにあたっては，目的外使用に加担することのないよう，これらのプライバシー情報に黒塗りをして返還するなど，取扱いに十分注意が必要である。「弁護士も，個人情報の保護に関する法律の定めるところにより個人情報の取扱いについて一定の義務を負うことがある」とされる（司法研修所編『[７訂]民事弁護の手引』53頁）。もっとも，近年では，個人情報保護の観点から，民事訴訟における主張立証に必要な部分に限って刑事事件記録の閲覧・謄写が認められ，それ以外の部分はもともと黒塗りされている取扱いが多い。

額を提示したところ，甲野太郎から，「交通事故に遭ったせいで預金の蓄えが底を尽きたばかりか，現在も仕事に復帰できておらず，非常に生活に困っています。先生には大変お世話になったので非常に心苦しいのですが，報酬について多少考えていただけませんでしょうか」と懇願された。そこで，A弁護士は分割払いの方法を提案した。しかし，それでもなお甲野太郎が懇願するため，最終的には，「弁護士報酬基準によって計算した金額から2割減額させていただきます。この金額でご了解いただけますでしょうか」と提示すると(注10)，甲野太郎の了解を得たため，その金額による請求書を甲野太郎に交付した。

その後，A弁護士は，請求書記載の報酬金と返還すべき預かり金額を相殺したうえで振込手数料を控除した金額を，自己の預かり金口座から甲野太郎の銀行口座に振り込んだ。また，弁護士報酬金相当額を弁護士報酬口座に振り替えた。

(5) 記録の保管

A弁護士は，準備書面案で裁判所に提出しなかったものや甲野太郎が打ち合わせ用に作成したメモのうち不要と判断したものをシュレッダーにかけて捨てるなどして，記録を整理した。整理した記録は，事務所奥の記録棚に入れて保存した。また，判決書はPDFデータにして保存した。

4 他の紛争類型への応用

その他の紛争類型においても，依頼者に対する事件処理の結果の報告・説

(注10) 平成16年の改正弁護士法施行以前に日弁連が定めていた報酬等基準規程に基づく東京弁護士会の弁護士報酬会規8条1項において，「依頼者が経済的資力に乏しいとき又は特別の事情があるときは，」「弁護士報酬の支払時期を変更し又はこれを減額若しくは免除することができる」旨規定されていた。そのため，資力に乏しいとか顧問先の案件であるなど依頼者の個別の特別事情を考慮して，減額若しくは免除が許されていた。また，支払時期の変更として分割支払が可能とされていた。もっとも，「実際に行う業務に違いがないとすれば，単に相手の財布によって報酬が異なるというのはいかがなものでしょうか。やはり，弁護士のプロフェッション性は堅持されるべきであり，依頼者等に説明のできない報酬の相違は，弁護士倫理上問題になるのではないかと思います」との意見もある（吉原省三，片岡義広編著『ガイドブック弁護士報酬〔新版〕』（商事法務，2015年）31頁）。

明，預かり書類等の返還，預かり金等の返還及び弁護士報酬の請求等，事件終了後における業務について，基本事例の場合と大きく異なることはない。

　もっとも，例えば，建築紛争や建設工事請負紛争では，設計図面や工事記録等，大量の書類を預かることが多く，また，訴訟が相当長期間に及ぶことも多々あるため，事件終了まで預かり保管するのではなく，その都度必要なときに預かり，返還するといった方法を採ることも考えられる。

　建物明渡し紛争では，事件終了前に，相手方との間で，鍵の受取りや交換，残置物の処理に関する書面の作成がなされることがよくあるため，依頼者へ保管物の引渡し等を忘れないようにする。

　労働紛争においては，例えば，労働契約関係終了の場合，社会保険や雇用保険の諸手続等，紛争自体が終了しても，様々な手続や事務処理が残っていることが多い。代理人としては，依頼者に対し，事後の手続を確認しながら，これらの事務処理を速やかに行うよう説明する必要がある。

　貸金請求紛争等においては，分割払いでの和解により，弁済が長期にわたる場合がある。その場合には，支払先口座を，代理人の預り金口座ではなく，依頼者本人名義の口座を指定することもある。また，弁護士報酬については，支払方法や支払時期は依頼者との合意内容次第ではあるが，支払先口座を代理人の預り金口座と指定する場合に，当初数回分の入金金額を弁護士報酬に充当する方法や１回の入金につき一定の割合を弁護士報酬に充当する方法も考えられる。

第10章　おわりに

（i）本書を通じて，主に交通事故事例を題材にして，依頼者から相談を受ける段階から，実際に事件として受任し相手と交渉する段階，及び訴訟提起する段階を経て，準備書面による主張，証人・本人尋問等証拠調べを行った後の判決言渡しと債務者（加害者）が任意に支払わない場合の強制執行に至るまでのすべてのプロセスを俯瞰していただきながら，民事弁護の領域における各過程での弁護士の心構えをはじめとして，具体的な事件処理に関する基礎知識と必要な各種書面の内容を一通り学習していただいた。

もっとも，本書から吸収できるのはあくまで基礎知識のみであり，これを具体的な事件処理の過程で実践するのは事件処理を担当する読者自身である。頭の中で本書の内容を理解したつもりになっていても，実践することはなかなか困難である。ましてや，特に交通事故事案については，後遺障害に関して等日々裁判例，実務の積み重ねがあるのであって，一昔前の知識を有しているだけでは今後は太刀打ちできなくなる。そうであるから，本書で紹介された種々の知恵を参考としながらも新しい知識や裁判例・実務の動きを調査して，目の前にある個々の事件を処理していくという過程を反覆しながら，新たな経験を積み重ねていただくことで，本書の内容に関する理解が深まると考えている。生きた事件という最良の教材が読者諸氏に与えられていることは，実に幸福なことである。

以下では，本書の締めくくりとして，読者諸氏に理解し実践する努力をしていただきたいことを，繰り返しになることも含めて述べることとする。

（ii）弁護士は，公益的要請から，法規範その他の価値に抵触するような行為は厳に慎まなければならないという制約があるものの，原則的には依頼者の代理人であり，信認関係を基礎として，依頼者との信頼関係を保ちつつ，その権利や利益を実現するために誠心誠意を尽くして最大限の努力を行う義務を負う（本書第2章「相談・受任」第1－1参照）。

このことを十分に理解し，執務の際に常に念頭に置いておけば，依頼者との密なコミュニケーション（依頼者からの情報収集のみならず，依頼者に対して行う報告・連絡・相談を含む）の必要性，及び，これを前提として依頼者の

自己決定を最大限に尊重する必要性について，執務のいたる場面で容易に想起することができる。

　しかし，他方で，弁護士は，その公益的役割から，弁護士倫理並びに法規範及び社会倫理規範と抵触する依頼者の指示に従うことは許されず（弁護士職務51条参照），また，依頼者に対し過度に感情移入して感情論を弁護活動に反映させることも好ましくない。弁護士の職責は，究極的には法規範に則って紛争を解決することにあるから，弁護士は，依頼者の心情を受け止めつつもこれに引っ張られずに行動しなければならず，依頼者と一定の距離を保ちながら冷静沈着に依頼者の最大限の利益を追求するという姿勢もまた不可欠である。

　新人弁護士の中には，依頼者から事情聴取をする際に，裁判官的・第三者的な立場から事実関係を客観的に分析することに重点を置いてしまう者もいる。冷静沈着に分析すること自体は悪いことではなく，むしろ必要な能力ではあるが，あくまでも弁護士は依頼者の側の者として依頼者の最大限の利益を追求する姿勢を見せることは必要である。また，受任当初の段階で，事実調査や法的調査が不十分であるにもかかわらず，自分の狭い視野・乏しい法的知識に基づき，いわゆる「事件のスジ」を勝手に決めつける者もいる。安易に依頼者に有利な見込みを述べて受任につなげることは厳に慎む必要がある（弁護士職務29条参照）。他方で，客観的裏付けの乏しいまま依頼者の指示に盲目的に従い，後日における依頼者自身への影響あるいは相手方や第三者への悪影響を考慮せずに書面を作成・送付するなど，客観的視点を欠いた弁護活動を行う者もいるが，かかる姿勢が誤りであることは，本書を読んでいただいた読者諸氏には十分にご理解いただけたことと思う。

　(ⅲ)　本書第2章「相談・受任」の繰り返しになる（「第3　委任契約」37頁）が，依頼者との関係で読者諸氏が最も留意しなければならない重要問題の一つとして，弁護士報酬の問題が挙げられる。依頼者の利益代弁者としての弁護士の性格から，弁護士業務を行ううえで，弁護士報酬は不可避の重要問題となる。しかし，弁護士報酬は，依頼者利益と相反する面があり，報酬が著しく高額であったり，報酬の受領方法に問題があったりすると，弁護士のプロフェッション性に悖るのみならず，依頼者との間でトラブルが発生し

たり，最悪の場合には紛議・懲戒の問題が生じ得る[注1]。依頼者とのトラブルを回避するためには，弁護士報酬の金額及びその算定根拠を可能な限り明確にし事前告知することによって，将来における弁護士報酬の予測を可能にすることが不可欠である。弁護士報酬を請求するにあたっては，事務所の経営，労力その他の弁護士の都合のみによるのではなく，依頼者側の諸事情も十分考慮すべきである[注2]。

　弁護士が依頼者に対して委任契約に基づき相当の報酬を請求し得ることは当然であるが，本書第2章第1で述べたとおり，本来の弁護士業務は，単なるビジネスとは明確に異なるものであるから，金儲け主義・拝金主義に陥って報酬の獲得そのものを目標とする弁護士業務を行うことは厳に慎まなければならない。

　なお，いわゆる事件屋や暴力団関係者等といった類の輩，あるいは全体の構造が不透明な怪しげな話を持ち掛けてくる輩に取り込まれ，合理的理由のない高額の金銭を受領してはならない（弁護士職務24条参照）ことには是非とも注意されたい。弱みを握られ，その手先として弁護士資格を利用させられることやメッセンジャーになることを強要されかねない。

　(iv)　読者諸氏に本書のエッセンスをご理解いただくと同時に是非とも頭の片隅に置いていただきたいことは，1年目の新人弁護士であっても，30年目のベテラン弁護士であっても，法廷や交渉においては同列に扱われ，失敗を犯したときに新人弁護士であることは抗弁となり得ないということである。このように，弁護士は，その職責も重く，非常に厳しい職業である。

　しかし，その反面，法律事務を独占する弁護士（弁護士法72条・77条）は，大きな権限を与えられており，近年その職域の拡大も甚だしい。1年目の新人が，論理的思考力と知的創造力を駆使して，30年目のベテランと肩を並べて議論を尽くすことができるのも，弁護士という職業の極めて大きな

(注1) 吉原省三，片岡義広編著『ガイドブック弁護士報酬〔新版〕』（商事法務，2015年）13・15～17頁参照。
(注2) 同書19頁。なお，同書29頁以下は，依頼者が法人か個人か，事業者か非事業者か，資産家か否か，地域格差があるか，弁護士の経験等の相違による差があるか等により弁護士報酬が異なるかという問題につきQ&Aを作って詳しく解説している。

魅力である。

　弁護士職務基本規程4条は，「弁護士は，司法の独立を擁護し，司法制度の健全な発展に寄与するように努める」と規定しており，弁護士に対し，「法の支配」を実現する社会を目指して司法制度の改善及び改革に尽力することを努力義務として課している[注3]。これは，弁護士という職業が有する公益性の現れといえる。

　さらに進んで，弁護士には，社会に生起する様々な問題点を司法の場で取り上げて指摘し，提起した問題点をマスコミによる報道を通じて世論を形成する端緒を作ってきた過去がある[注4]。よくいわれることであるが，新たな判例法を形成する端緒となる主体は，裁判官でも学者でもなく，法廷に新たな考え方を導入する弁護士である[注5]という気構えを持つことが必要である。

　以上のとおり，弁護士は，その職域・責務の大きさから，多様な能力・適性を業務に活かすことで自己実現を図ることが認められており，しかも，業務の結果が公共の利益ともなり得る点で，非常に魅力溢れる国家資格であるといえる。

　(v)　前述のとおり，弁護士は，社会に生起するあらゆる紛争を処理する権限と義務を有し，また，社会に生起する問題点を司法の観点から広く世に知らしめる役割が期待されている。しかし，弁護士がかかる義務や期待された役割を十全に果たすためには，単に法的な技術面を磨くのみならず，社会常識はもとより，広い視野に立って幅広い教養を獲得し（人文科学・社会科学

(注3)　「代理人として，個々の依頼者の権利を擁護するのはもちろん，裁判手続のなかで，法の予定する弁護活動を展開するとともに，手続の公正さを監視し，異議を述べ，是正していくのも，弁護士の重要な責務です」（田中宏著『弁護士のマインド』（弘文堂，2009年）23頁）。

(注4)　瀬木比呂志発言「民事訴訟実務と制度の焦点―実務家，研究者，法科大学院生と市民のために 22　弁護士とそのあり方」判タ1197号47頁参照。

(注5)　瀬木比呂志発言「民事訴訟実務と制度の焦点―実務家，研究者，法科大学院生と市民のために 22　弁護士とそのあり方」判タ1197号45頁。「当事者本人の意図を法的な観点から汲み上げて法廷に新たな考え方を導入し，判例法を形成してきたという意味では，弁護士の果たした役割は大きい。弁護士の主張が裁判官の判決によって取捨選択され，法理としてより洗練されたものとして確立するとしても，その動因を与えたのはやはり弁護士なのである」。

のみならず自然科学の分野にも無知であることは望ましくない。)，社会に生起する事象や人間に対する洞察力を磨くとともに，自己の人格の陶冶（責任をもって誠実・勤勉に職務を行う，バランス感覚・自己相対化能力を養う，不正を排除するなど，枚挙に暇がない。）に日々精進する必要がある。そのためには，幅広い読書を行うとともに，多様な人生経験を積むことが肝要である。

　日々の多忙な業務の中，このような努力を続けることは至難の業かも知れないが，最低限，各自の意識の中にとどめておき，時間を見つけて取り組んでいただきたいと考える次第である。

　(vi)　本書は，弁護士業務における最も重要な一部である訴訟代理業務（及びその前段階にある交渉業務）を中心として，各場面における弁護士の心構え及び留意すべき点等を解説した。

　弁護士業務は訴訟代理業務にとどまらないことは前述のとおりであるが，訴訟代理業務は弁護士業務の重要な基礎をなすものであるから，特に訴訟事件を受任した際には，本書を手に取りつつ，まずは誰にも頼ることなく，事案を大局的及び分析的に捉え，論理的思考力を駆使して最善の方針を決定し，自己の方針を正当化する証拠上及び法律上の根拠を徹底的に突き詰め，学術研究書・判例集[注6]・実務書等により適宜リサーチしながら事件処理を進めていただきたい。

　読者諸氏が勤務弁護士として事務所事件を担当している場合は，かかる努力を前置させたうえで，それでも判断がつかないときに，初めて経営者弁護士に質問・相談すべきである。安易に他の弁護士を頼ることなく自主独立した判断を行う能力を是非とも身に付けていただきたい。

　もちろん，このような姿勢は，訴訟事件以外の弁護士業務を行う場合であっても重要なことである。

　個々の案件を通じて以上のような努力を継続していくことでこそ，弁護士

(注6)『最高裁判所判例解説　民事篇／刑事篇』（法曹会）は，各事件を担当した調査官による解説集であり，あらゆる法曹関係者が事件処理を行うにあたって不可欠の文献である。また，例えば株式会社エル・アイ・シーが提供する「判例秘書.JP」や，株式会社第一法規が提供するD1-lawの会員となれば，データベース化されている書籍の内容を必要な部分のみプリントアウトでき，事務所スペースの節約になる。

としての技量が磨かれていくものと確信している。そして，本書がそのような弛みない努力を行う若手弁護士の道標となることを期待しつつ，本書の締めくくりとさせていただく。

書式集

書式1　訴訟委任状

㊞

訴　訟　委　任　状

平成○年○月○日

〒○○○－○○○○　東京都○○区○○○丁目○番○号
委任者　甲　野　太　郎　㊞

　私は，次の弁護士を訴訟代理人と定め，下記の事件に関する各事項を委任します。

弁護士　　A
東京弁護士会所属
〒△△△△－△△△△
　　東京都千代田区△△△丁目△番△号
　　　○○ビル○階　○○法律事務所
　　TEL　03（○○○○）○○○○
　　FAX　03（○○○○）××××

記

第1　事件の表示
　1　相手方
　　　乙川花子
　2　裁判所
　　　東京地方裁判所
　3　事件の表示
　　　損害賠償請求事件（交通事故）
第2　委任事項
　1　原告がする一切の行為を代理する権限
　2　反訴の提起
　3　訴えの取下げ，和解，請求の放棄若しくは認諾又は訴訟参加若しくは訴訟引き受けによる脱退
　4　控訴，上告若しくは上告受理の申立て又はこれらの取下げ
　5　手形訴訟，小切手訴訟又は少額訴訟の終局判決に対する異議の取下げ又はその取下げについての同意
　6　復代理人の選任

以　上

書式2　委任契約書

委任契約書（民事）

　依頼者を甲，受任弁護士を乙として，次のとおり委任契約を締結する。

第1条（事件等の表示と受任の範囲）
　甲は乙に対し下記事件又は法律事務（以下「本件事件等」という。）の処理を委任し，乙はこれを受任した。
　①事件等の表示
　　事件名　損害賠償請求事件（交通事故）
　　相手方　乙川　花子
　　裁判所等の手続機関名　（訴訟に移行した場合は）東京地方裁判所
　②受任範囲
　　☑示談折衝，□書類作成，□契約交渉
　　☑訴訟（一審，控訴審，上告審，支払督促，少額訴訟，手形・小切手）
　　□調停，□審判
　　□倒産（破産，民事再生，任意整理，会社更生，特別清算）
　　□保全処分（仮処分，仮差押），□証拠保全，□即決和解
　　□強制執行，□遺言執行，□行政不服申立
　　□その他（　　　　　　　　　　　　　　　　　　　　　　　　　）

第2条（弁護士報酬）
　甲及び乙は，本件事件等に関する弁護士報酬につき，乙の弁護士報酬基準に定めるもののうち☑を付したものを選択すること及びその金額（消費税を含む。）又は算定方法を合意した。
　☑着手金
　　①着手金の金額を次のとおりとする。
　　　金〇〇〇〇円とする。
　　　ただし，訴訟に移行した場合は金△△△△円とする。
　　②着手金の支払時期・方法は，特約なき場合は本件事件等の委任の時に一括払いするものとする。
　☑報酬金
　　①報酬金の金額を次のとおりとする。ただし，本件事件等が上訴等により受任範囲とは異なる手続に移行し，引き続き乙がこれを受任する場合は，その新たな委任契約の協議の際に再度協議するものとする。
　　　□金　　　　　　　　円とする。
　　　☑甲の得た経済的利益の〇〇％とする。経済的利益の額は，乙の弁護士報酬基準に定める方法によって算出する。

②報酬金の支払時期は，本件事件等の処理の終了した時とする。
　□手数料
　　　①手数料の金額を次のとおりとする。
　　　　　金　　　　　　円とする。
　　　②手数料の支払時期・方法は，特約なき場合は本件事件等の委任の時に一括払いするものとする。
　□時間制（事件処理全般の時間制，着手金に代わる時間制）
　　　①1時間当たりの金額を次のとおりとする。
　　　　　金　　　　　　円
　　　②甲は時間制料金の予納を（する，しない）ものとし，追加予納については特約に定める。予納を合意した金額は　　　時間分である。
　　　　　金　　　　　　円
　　　③予納金額との過不足は，特約なき場合は事件終了後に清算する。
　□出廷日当
　　　①1回当たりの日当の金額を次のとおりとする。
　　　　　金　　　　　　円とする。
　　　②甲は日当の予納を（する，しない）ものとし，追加予納については特約に定める。予納を合意した金額は　　　回分である。
　　　　　金　　　　　　円とする。
　　　③予納金額との過不足は，特約なき場合は事件終了後に清算する。
　□出張日当
　　　①出張日当を（一日，半日）金　　　　　円とする。
　　　②甲は出張日当の予納を（する，しない）ものとし，追加予納については特約に定める。予納を合意した金額は　　　回分である。
　　　　　金　　　　　　円
　　　③予納金額との過不足は，特約なき場合は事件終了後に清算する。
　☑その他
　　　相手方と交渉による解決ができない場合は，訴訟（第一審）に移行する。その際の弁護士費用は，着手金①のただし書のとおりとする。

第3条（実費・預り金）
　甲及び乙は，本件事件等に関する実費等につき，次のとおり合意する。
　☑実費
　　　①甲は費用概算として金××××円を予納する。
　　　②乙は本件事件等の処理が終了した時に清算する。
　□預り金
　　　甲は　　　　　　　　　　　の目的で金　　　　　円を乙に預託する。
第4条（弁護士業務の適正の確保）

1．甲は，本件事件等の処理の依頼目的が犯罪収益移転に関わるものではないことを，表明し保証する。
  2．前項の内容の確認等のため，乙が甲に対し，本人特定事項の確認のための書類を提示又は提出するよう請求した場合，甲はそれに応じなければならない。
  3．甲は，前項により確認した本人特定事項に変更があった場合には，乙に対しその旨を通知する。
第5条（事件処理の中止等）
  1．甲が弁護士報酬又は実費等の支払を遅滞したときは，乙は本件事件の処理に着手せず，又はその処理を中止することができる。
  2．前項の場合には，乙は速やかに甲にその旨を通知しなければならない。
第6条（弁護士報酬の相殺等）
  1．甲が弁護士報酬又は実費等を支払わないときは，乙は甲に対する金銭債務と相殺し，又は本件事件に関して保管中の書類その他のものを甲に引き渡さないことができる。
  2．前項の場合には，乙は速やかに甲にその旨を通知しなければならない。
第7条（委任契約の解除権）
  甲及び乙は，委任事務が終了するまで本委任契約を解除することができる。
第8条（中途解約の場合の弁護士報酬の処理）
  本委任契約に基づく事件等の処理が，委任契約の解除又は継続不能により中途で終了したときは，乙の処理の程度に応じて清算を行うこととし，処理の程度についての甲及び乙の協議結果に基づき，弁護士報酬の全部若しくは一部の返還又は支払を行うものとする。
第9条（特約）
  本委任契約につき，甲及び乙は次のとおりの特約に合意した。

  甲及び乙は，乙の弁護士報酬基準の説明に基づき本委任契約の合意内容を十分理解したことを相互に確認し，その成立を証するため本契約書を2通作成し，相互に保管するものとする。
    平成　　年　　月　　日
      甲（依頼者）
        住所　東京都○○区○○○丁目○番○号
              氏名　甲野太郎　　　　　　　　　　㊞
      乙（受任弁護士）
              氏名　A　　　　　　　　　　　　　㊞

(日弁連HPより)

書式3　委任状

㊞

委　任　状

平成〇年〇月〇日

〒〇〇〇－〇〇〇〇　東京都〇〇区〇〇〇丁目〇番〇号
　　　　　　　　　委任者　甲　野　太　郎　㊞

　私は，次の弁護士を代理人と定め，下記の事件に関する各事項を委任します。

　　　　　　　　　　　　弁護士　　　A
　　　　　　　　　　　　東京弁護士会所属
　　　　　　　　　　　　〒△△△－△△△△
　　　　　　　　　　　　　東京都千代田区△△△丁目△番△号
　　　　　　　　　　　　　　〇〇ビル〇階　〇〇法律事務所
　　　　　　　　　　　　TEL　03（〇〇〇〇）〇〇〇〇
　　　　　　　　　　　　FAX　03（〇〇〇〇）××××

　　　　　　　　　　　記

第1　事件の表示
　　以下の日時・場所・相手方との間で生じた交通事故
　　　日　時　平成〇年〇月〇日午後〇時〇分頃
　　　場　所　東京都渋谷区〇〇町1－2先路上
　　　相手方　乙川花子

第2　委任事項
　　示談交渉・示談契約締結，示談金の代理受領及びこれに対する書類作成並びにこれに付随する一切の事項

　　　　　　　　　　　　　　　　　　　　以　上

書式4　供託委任状

供託委任状

住　所

氏　名　　　　　　　　　　　　　㊞

私は，下記の弁護士を代理人と定め，下記の事項を委任いたします。

第1　受任者
　　　事務所所在地

　　　　　電　話
　　　　　FAX
　　　　　弁護士　　　　　　　　　　　　㊞

第2　委任事項
　1　債権者＿＿＿＿＿＿＿＿　債務者＿＿＿＿＿＿＿＿
　　　間の＿＿＿裁判所＿＿＿部＿＿＿＿年（＿＿＿）第＿＿＿＿
　　　号命令申請事件の保証として，金＿＿＿＿＿＿＿円也を
　　　＿＿＿＿＿法務局＿＿＿＿＿＿＿＿＿＿支局／出張所に供託する件

　1　上記供託金の取戻・還付・利息の請求及び受領の件
　2　復代理人選任の件

確認を請求します。

代理人弁護士　　　　　　　　㊞

書式5　23条照会申出書

　　　　　　　　　　　　　　　　　　　　東照第　　　　　　号
　　　　　　　　　　　　　　　　　　　　　　平成○年○月○日

東京弁護士会会長　殿

　　　　　　　　〒△△△－△△△△　東京都千代田区△△△丁目△番△号
　　　　　　　　　　　　　　　　○○ビル○階　○○法律事務所
　　　　　　　　　　　　　　　　TEL　03（○○○○）○○○○
　　　　　　　　　　　　　　　　FAX　03（○○○○）××××
　　　　　　　　　　　　　　　　東京弁護士会所属　登録番号○○○○
　　　　　　　　　　　　　　　　　　　　弁護士　　A

照　会　申　出　書

　私は，弁護士法第23条の2第1項に基づき次のとおり照会の申出をいたします。

1　照会先（公務所又は公私の団体）
　　所在地　東京都千代田区霞が関一丁目1番1号
　　名　称　東京地方検察庁
2　受任事件
　　当事者（原告・被告等の地位を冠し，依頼者の頭に○を付けてください。）
　　　　○［原　告］甲　野　太　郎
　　　　　［被　告］乙　川　花　子
　　事件名，裁判所，事件番号（準備中の場合はその旨かっこ書きしてください。）
　(1)　係属官庁及び事件番号
　　　準備中
　(2)　事件名
　　　（予定）損害賠償請求事件
　(3)　事件の概要・受任内容等

被告は，平成〇年〇月〇日午後〇時〇分頃，東京都渋谷区〇〇町1－2先路上片側三車線の道路において，第三車線（センターライン側の車線）を普通乗用自動車で走行中，同自動車を第二車線に進路変更する際，第二車線上を普通自動二輪車で走行していた原告に接触，原告を転倒させ，よって原告に対し，頸椎捻挫，左肩打撲等の傷害を負わせるとともに原告所有の普通自動二輪車を破損させた。

3 照会を必要とする理由（具体的に記載のこと）

　本件において，被告は，第二車線を走行中，後方から走行してきた救急車を通過させるため右側に若干避けた後，第二車線に戻り走行を再開したところ，原告車両から追突されたとして，無過失を主張しており，原告と被告との間で，事故態様に関する主張が大きく異なっている。

　そこで，本件事故に関する被告の刑事事件において，捜査機関が行った捜査結果を参照し，事故態様を具体的かつ正確に把握するため，照会を求める次第である。

4 照会事項

　別紙のとおり（できるだけ一問一答式にし，回答用に余白をあけてください。）

5 この申出書の写しを照会先に送付することは（差し支える，差し支えない）（どちらかに〇を付けて下さい。）

　差し支える場合は，別紙照会事項に，差し支えない範囲で上記2，3の事項を記載してください。

（別紙）

　　　　　　　　　　　　　　　　　　　　　東照第　　　　　号

　次の受任事件について照会を求める事項は，下記のとおりです。

1　受任事件
　(1)　当事者
　　　別紙照会申出書のとおり
　(2)　事件の概要等
　　　別紙照会申出書のとおり
2　照会を求める理由
　　別紙照会申出書のとおり

　　　　　　　　　　　　　　　※本件内容についての問い合わせは，
　　　　　　　　　　　　　　　　登録番号○○○○　弁護士　　A
　　　　　　　　　　　　　　　　TEL　03（○○○○）○○○○
　　　　　　　　　　　　　　　　FAX　03（○○○○）××××
　　　　　　　　　　　　　　　　　　　　までお願いします。

　　　　　　　　　――照　会　事　項――

　下記事件の被疑者乙川花子につき，不起訴記録の実況見分調書の閲覧及び謄写の可否について，ご回答お願いいたします。

　　　　　　　　　　　　　　　記

事故の日時　　平成○年○月○日午後○時○分頃
事故の場所　　東京都渋谷区○○町１－２先路上
事故当事者　　甲野太郎，乙川花子
被　疑　者　　乙川花子（昭和○年○月○日生）
送　致　日　　平成○年○月○日
検　　番　　　○○○○号

　　　　　　　　　　　　　　　　　　　　　　　　以　上

書式6　債権仮差押命令申立書

```
┌──────┐
│ 収入 │              債権仮差押命令申立書
│ 印紙 │
└──────┘
```

　　　　　　　　　　　　　　　　　　　　　　　　平成○年○月○日

○○地方裁判所　御中

　　　　　　　　　　　　　　　　　　債権者代理人　弁護士　A　㊞

　　当事者の表示　　別紙当事者目録記載のとおり
　　請求債権の表示　別紙請求債権目録記載のとおり

　　　　　　　　　　　　　申立ての趣旨

　債権者の債務者に対する上記請求債権の執行を保全するため，債務者の第三債務者に対する別紙仮差押債権目録記載の債権は，仮に差し押さえる。
　第三債務者は，債務者に対し，仮に差し押さえられた債務の支払をしてはならない。
との裁判を求める。

　　　　　　　　　　　　　申立ての理由

第1　被保全債権
　1　債務者は，……。
第2　保全の必要性
　　債権者は，債務者に対し，損害賠償請求訴訟を提起すべく準備中であるが，債務者は多額の負債を抱えており，その所有不動産にはすべて時価評価をはるかに上回る担保権が設定されていることから，唯一の資産ともいえる第三債務者に対する給与債権，賞与その他についても，即時費消するかも知れない状況にある（甲1の1，甲1の2，甲2）。
　　また，債務者は，……。
　　したがって，直ちに申立ての趣旨記載どおりの裁判を得なければ，債

権者が本案の勝訴判決を得ても，その執行が不能又は著しく困難になるので，本申立てに及ぶ。

疎　明　方　法

甲第1の1　　不動産登記簿謄本
甲第1の2　　固定資産評価証明
甲第2　　　　勤務先○○の肩書が記載された名刺
甲……

添　付　書　類

1　甲号証　　　　　各1通
2　資格証明書　　　3通
3　訴訟委任状　　　1通

書式7　保全執行申立書

強　　制 仮差押・仮処分	執行申立書	受付印	
東京地方裁判所 　　　支部	執行官　御中	予納金	担当
	平成○年○月○日	円	区

〒○○○-○○ ○○	住　所	東京都○○区○○○丁目○番○号
	債権者	甲野太郎　　　　　　　　　　　㊞
	（電話番号）	－　　　　　－
〒△△△-△△ △△	住　所	東京都千代田区△△△丁目△番△号○○ビル○階 ○○法律事務所（送達場所）
	代理人	弁護士　　A　　　　　　　　　㊞
	（電話番号）	－　　　　　－
〒□□□-□□ □□	住　所	東京都□□区□□□丁目□番□号
	債務者	乙　川　花　子
〒	住　所	
	債務者	

執行の目的及び執行の方法
　　□　動産仮差押え（家財・商品類・機械・貴金属・その他）
　　□　仮処分（動産・不動産・その他）
　　□　特別法に基づく保全処分

目的物の所在地（住居表示で記載する） 　□　上記債務者の住所 　□	

債務名義の表示 　　　　地方　裁判所　　　支部　　平成　年（　）第　○○○　号 　　　　仮差押命令・仮処分命令・　　　　　決定	

請求金額　　　　　　　　　　　円　（内訳は別紙のとおり）	

目的物件の表示　　　別紙のとおり	

添付書類	
1　執行力ある債務名義の正本　　通	1　執行の立会い　　□　無　□　有
2　送達証明書　　　　　　　　　通	2　執行の日時　　　　　月　　日希望
3　資格証明書　　　　　　　　　通	3　執行日時の通知　□　否　□　要
4　委任状　　　　　　　　　　　通	4　同時送達の申立て　□　無　□　有
5　債務者に関する調査表　　　　通	5　関連事件の事件番号
6	東京地方裁判所平成　　年（執　） 　　第　　　　号

執行調書謄本を関係人に交付してください。

　　　　　　　　　　　　　債権者（代理人）　　　　　　　　　㊞

電子納付用登録コード	

書式8 受任通知(催告書)

通 知 書

平成○年○月○日

〒□□□-□□□□
　東京都□□区□□□丁目□番□号
　乙　川　花　子　殿

　　　　　　〒△△△-△△△△　東京都千代田区△△△丁目△番△号
　　　　　　　　　　　　　　　○○ビル○階　○○法律事務所
　　　　　　　　　　　　　　　TEL　03(○○○○)○○○○
　　　　　　　　　　　　　　　FAX　03(○○○○)××××
　　　　　　　　　　　　　　　通知人　甲　野　太　郎
　　　　　　　　　　　　上記通知人代理人　弁護士　　A

拝啓　時下ご清祥の段大慶に存じます。
1　さて,通知人甲野太郎殿(以下「通知人」といいます。)の代理人として,平成○年○月○日午後○時○分頃,東京都渋谷区○○町1-2先路上で発生した貴殿と通知人との間の交通事故(以下「本件事故」といいます。)に関する損害賠償請求につき,ご通知申し上げます。
2　本件事故は,貴殿が,片側三車線の道路において普通乗用自動車(以下「本件自動車」といいます。)を第三車線(センターライン側の車線)にて走行中,左側の交通状況に対する注意を怠り,漫然と本件自動車を第二車線に進路変更し,もって第二車線上を普通自動二輪車で走行していた通知人に接触,転倒させたことにより,通知人に対し頸椎捻挫,左肩打撲等の傷害を負わせるとともに,通知人所有の普通自動二輪車を破損させたというものです。
　　したがって,貴殿は,自己の過失により本件事故を惹起したものであり,民法第709条及び自動車損害賠償保障法第3条により,通知人に生じた損害を賠償すべき責任を負います。
3　この点,通知人は,本件事故により,平成○年○月○日まで○○病院へ

の通院治療を余儀なくされ，前記傷害により未だ仕事に復帰できない状況にあります。これにより，通知人は，以下のとおり合計金〇〇〇万円の損害を被っています（なお，今後，治療費・通院交通費等が発生した場合，後遺障害の存在が発覚した場合等には，それらも賠償されるべき損害となります。あらかじめお含みおきください。）。

① 治療費　　　　　　金〇〇〇万円
② 通院交通費　　　　金〇〇〇万円
③ 休業損害　　　　　金〇〇〇万円
④ 入通院慰謝料　　　金〇〇〇万円
⑤ 車両修理費用　　　金〇〇〇万円

4　よって，通知人は，貴殿に対し，本書面をもって，上記金〇〇〇万円及びこれに対する本件事故日である平成〇年〇月〇日から支払済みまで民法所定の年5分の割合による遅延損害金を支払われるよう催告いたしますので，本書面到達後10日以内に，下記の口座に振込送金する方法でお支払いください。

　万一，期限内のご送金がない場合は，やむを得ず法的措置をとらざるを得ませんので，その旨あらかじめご承知おきください。また，上記金額は本書面限りであり，法的手続に至った場合は別途適正な金額をご請求申し上げます。

　なお，本件につきましては，当職が全面的に通知人の依頼を受け，これを受任しておりますので，今後，本件に関するご連絡はすべて当職宛になされますようお願い申し上げます。

敬具

記

　〇〇銀行〇〇支店　普通預金
　口座番号　〇〇〇〇
　口座名義「弁護士A預かり口」

以　上

書式9　回答書

回　答　書

平成○年○月○日

〒△△△△－△△△△
　東京都千代田区△△△丁目△番△号
　　○○ビル○階　○○法律事務所
甲野太郎代理人
弁護士　　　A　先生

　　　　　　〒◇◇◇－◇◇◇◇　東京都中央区◇◇◇丁目◇番◇号
　　　　　　　　　　　　　　　□□ビル□階　□□法律事務所
　　　　　　　　　　　　　TEL　03（△△△△）△△△△
　　　　　　　　　　　　　FAX　03（△△△△）▽▽▽▽
　　　　　　　　　　　　　　　　　　　乙　川　花　子
　　　　　　　　　　　　　　上記代理人　弁護士　　　B

1　乙川花子（以下「通知人」といいます。）の代理人として，貴職の平成○年○月○日付通知書に対し，ご回答申し上げます。
2　貴職は，通知人が第三車線から第二車線へ進路変更したことを前提に，本件事故は通知人の過失により惹起されたものであると主張されております。
　　しかし，通知人は当初から第二車線を走行していたものであり，貴職が主張されるように，通知人が「第二車線に進路変更」した事実はありません。通知人は，第二車線を走行中に，後方から来た救急車を一旦避けたにすぎず，本件事故は，そこへ甲野太郎殿（以下「甲野殿」といいます。）が運転する自動二輪車が追突したものです。
　　したがって，本件事故は，専ら甲野殿の過失（前方注視義務違反，速度遵守義務違反）により発生したものであり，通知人には一切過失はありません。
　　よって，甲野殿からの損害賠償請求に応じることはできませんので，ご了解ください。
3　なお，本件につきましては，当職が通知人から一切の委任を受けておりますので，今後のご連絡はすべて当職宛にいただきますようお願いいたします。

以　上

書式10 訴 状

訴　状

平成○年○月○日

東京地方裁判所　民事部　御中

原告訴訟代理人弁護士　　A　㊞

　　当事者の表示　　別紙当事者目録記載のとおり

損害賠償請求事件（交通事故）
　　訴訟物の価額　　　金○，○○○，○○○円
　　貼用印紙額　　　　金○○，○○○円

第1　請求の趣旨
 1　被告は原告に対し，金○，○○○，○○○円及びこれに対する平成○年○月○日から支払済みまで年5パーセントの割合による金員を支払え。
 2　訴訟費用は被告の負担とする。
 3　仮執行宣言
第2　請求の原因
 1　事故の発生（甲1）
　(1)　発生日時　平成○年○月○日午後○時○分頃
　(2)　発生場所　東京都渋谷区○○町1-2先路上
　(3)　加害者　　被告
　(4)　加害車両　普通乗用自動車（車両番号）（以下「被告車両」という。）
　(5)　被害者　　原告
　(6)　態　様　　被告が，片側三車線の第三車線から第二車線に進路変更する際，合図をせず，かつ，第二車線の安全を確認せずに同車線に進入したことにより，第二車線を走行していた原告乗用の普通自動二輪車に被告車両を衝突させたもの。
 2　責任原因（甲1，甲2）
　　被告は，被告車両を運転して，片側三車線の第三車線を走行中，第二車線に進路変更する際には，合図を出し，かつ，第二車線の安全を確認し同車線を走行する車両の妨げにならないように注意して同車線に進入すべき義務があるにもかかわらず，これらを怠り，漫然と第二車線に進入した過失により，原告乗用の普通自動二輪車に被告車両を衝突させ，原告を転倒させ，原告に頸椎捻挫，左肩打撲等の傷害を与えるとともに，

原告所有の普通自動二輪車を破損させたもので，自動車損害賠償保障法第3条本文及び民法第709条の規定により原告に生じた損害を賠償すべき責任がある。
3 治療の経過（甲3，甲4）
　原告は，本件事故により，頸椎捻挫，左肩打撲，及び○○○を負傷し，その治療のため，平成○年○月○日から同年○月○日まで○○病院に通院した。
　原告は，未だめまいや吐き気に苛まれ，なお治療を継続中である。
　追って，請求拡張予定である。
4 損害の発生
　(1) 物損
　　本件事故により，原告が本件交通事故当時運転していた普通乗用自動二輪車が破損し，原告において既に修理済みであるが，その費用は，○円である（甲6）
　(2) 治療関係費　　　　　　　　　　　○○，○○○円
　　原告は，本件事故による負傷の治療費として，○○病院から金○○，○○○円の請求を受け，これを支払った（甲3，甲4，甲5）。
　(3) 通院交通費　　　　　　　　　　　○○，○○○円
　　原告は，上記治療のため，○○病院に，平成○年○月○日から同年○月○日までの間，○日間通院した（甲3，甲4）。なお，原告は，低髄液圧症候群に罹患しており，同症候群がめまい，立ちくらみを起こす病気であることから，ひどいめまい，立ちくらみで自宅から駅までとても歩くことなどできなかったこともあり，その際，タクシーを利用して通院せざるを得ない状況であった。
　　原告が上記通院のために支払った交通費は合計金○○円（電車代片道○円×2（往復）×○日＝○円（甲7），タクシー代○円（甲8））である。
　(4) 休業損害　　　　　　　　　　　○，○○○，○○○円
　　原告は本件事故前，自営で露天商を営んでいたところ，事故後は本件事故による負傷から生じた体調不良により未だ仕事に復帰できずにおり，休業期間は○か月に及んでいる。
　　平成○年○月から平成○年○月までの3か月における原告の本件事故前の収入の平均が○円である（甲9）ことに鑑みると，原告の年収は少なくとも○円は下らず，休業期間○か月間の休業損害は○円を下らない。
　(5) 慰謝料　　　　　　　　　　　　○，○○○，○○○円
　　原告の通院期間は約6か月であり，これに応じた通院慰謝料は，金○，○○○，○○○円を下らない。
　　　(1)～(4)の小計　　　　　　　　○，○○○，○○○円

(6) 弁護士費用　　　　　　　　　　　　　○○○,○○○円
　　　　原告は，上記損害の賠償を被告に請求したが，被告は支払う態度を見せないために本訴提起を余儀なくされた。そのための弁護士費用としては，金○○○,○○○円が相当である。
　　(7) 合計　　　　　　　　　　　　　　　　○,○○○,○○○円
5　保険金の不払
　　原告は，被告が契約している保険会社である○○保険株式会社に対し，当面必要となる治療費等の支払を請求したところ，同社は治療費等の保険金の支払を拒絶した。また，原告は被告に対して，平成○年○月○日，内容証明郵便によって本件とほぼ同趣旨の請求を行い，平成○年○月○日，同内容証明郵便が被告に到達したが（甲10の1），被告が一切支払わないため，やむを得ず本訴を提起したものである。
6　結語
　　よって，原告は，被告に対し，自動車損害賠償保障法第3条本文及び民法第709条に基づき，損害賠償金○,○○○,○○○円及びこれに対する本件事故日である平成○年○月○日から支払済みまで民法所定の年5パーセントの割合による遅延損害金の支払を求める。

　　　　　　　　　　　　　証　拠　方　法

1　甲第1号証　　　　　交通事故証明書
2　甲第2号証　　　　　実況見分調書
3　甲第3号証　　　　　診断書
4　甲第4号証の1～○　診療報酬明細書（○○病院）
5　甲第5号証の1～○　領収書（○○病院）
6　甲第6号証　　　　　領収証（車両修理）
7　甲第7号証　　　　　通院交通費に関する報告書
8　甲第8号証の1～○　領収証（タクシー）
9　甲第9号証　　　　　売上帳
10　甲第10号証の1　　内容証明郵便
　　　　　　　　2　　配達証明書

　　　　　　　　　　　　　附　属　書　類

1　訴状副本　　　　　1通
2　甲号各証写し　　　各1通
3　訴訟委任状　　　　1通
4　証拠説明書　　　　1通

(別紙)

　　　　　　　　当　事　者　目　録

〒○○○-○○○○　　東京都○○区○○○丁目○番○号
　　　　　　　　　　　　原　　　告　　甲　野　太　郎
(送達場所)
〒△△△-△△△△　　東京都千代田区△△△丁目△番△号
　　　　　　　　　　　　　　○○ビル○階　○○法律事務所
　　　　　　　　　　　　TEL　03（○○○○）○○○○
　　　　　　　　　　　　FAX　03（○○○○）××××
　　　　　　　　　　上記訴訟代理人弁護士　　　A
〒□□□-□□□□　　東京都□□区□□□丁目□番□号
　　　　　　　　　　　　被　　　告　　乙　川　花　子

書式 11　証拠説明書

証 拠 説 明 書

平成〇年〇月〇日

東京地方裁判所　民事部　御中

原告訴訟代理人弁護士　　A

号証	標目 （原本・写しの別）		作成 年月日	作成者	立証趣旨
甲1	交通事故証明書	原本	H〇.〇.〇	自動車安全運転センター	本件事故発生の事実。
甲2	実況見分調書	写し	H〇.〇.〇	〇〇警察署司法巡査〇〇	被告が，被告車両を運転して，片側三車線の第三車線を走行中，第二車線に進路変更したため，原告乗用の普通自動二輪車に被告車両を衝突させた事実（本件事故の態様）。
甲3	診断書	原本	H〇.〇.〇	〇〇病院医師〇〇	原告が本件事故により，頸椎捻挫，左肩打撲，及び〇〇〇の傷害を負い，その治療のため平成〇年〇月〇日から同年〇月〇日まで〇〇病院に通院した事実。
甲4の1	診療報酬明細書	写し	H〇.〇.〇	〇〇病院	原告が本件事故による負傷の治療費として，〇〇病院から金〇円の請求を受けた事実。
甲4の2	診療報酬明細書	写し	H〇.〇.〇	〇〇病院	原告が本件事故による負傷の治療費として，〇〇病院から金〇円の請求を受けた事実。
甲4の3	診療報酬明細書	写し	H〇.〇.〇	〇〇病院	原告が本件事故による負傷の治療費として，……

書式 12　当事者照会書

東京地方裁判所平成○年(ワ)第○○○○号　損害賠償請求事件
原告　甲野　太郎
被告　乙川　花子

当　事　者　照　会　書

平成○年○月○日

被告訴訟代理人弁護士　Ｂ　殿

　　　（送達場所）　〒△△△－△△△△　東京都千代田区△△△丁目△番△号
　　　　　　　　　　　　　　　　　　　　○○ビル○階　　○○法律事務所
　　　　　　　　　　　　　　　　　　　　TEL　03（○○○○）○○○○
　　　　　　　　　　　　　　　　　　　　FAX　03（○○○○）××××
　　　　　　　　　　　　　　　　　　　　原告訴訟代理人弁護士　　Ａ　㊞

　原告は，被告に対し，民事訴訟法第163条に基づき，下記のとおり当事者照会を行う。

記

1　照会事項
　(1)　本件事故当時における，被告運転車両の同乗者の有無
　(2)　同乗者がいた場合，同乗者の氏名及び住所
2　照会の必要性
　　本件では，被告運転車両の走行態様に関し，被告運転車両が第二車線から第三車線に進路したか，それとも最初から第二車線を走行していたかが争いとなっている。被告運転車両に同乗者がおり，本件事故を目撃していたのであれば，その同乗者は被告運転車両の走行態様に関する重要な証人となる。
　　そのため，上記照会事項(1)を確認する必要があり，仮に同乗者がいた場合には聴取りを行い，証人申請を検討する必要があるため上記(2)も確認する必要がある。
　　本件ではこのような照会の必要性がある。
3　回答期間
　　平成○年○月○日まで(注1)

以　上

（注1）事柄によって2週間から1か月と指摘されている（上田徹一郎著『民事訴訟法〔第7版〕』（法学書院，2011年）257頁）。

書式13　答弁書

平成○年㈠第○○○○号　損害賠償請求事件
原告　甲野太郎
被告　乙川花子

答　弁　書

平成○年○月○日

東京地方裁判所民事第27部○係　御中

（送達場所）〒◇◇◇－◇◇◇◇　東京都中央区◇◇◇丁目◇番◇号
　　　　　　　　　　　　　　　□□ビル□階　□□法律事務所
　　　　　　　　　　　　　　　TEL　03（△△△△）△△△△
　　　　　　　　　　　　　　　FAX　03（△△△△）▽▽▽▽
　　　　　　　　　　　　　　　被告訴訟代理人弁護士　　B　㊞

第1　請求の趣旨に対する答弁
 1　原告の請求を棄却する。
 2　訴訟費用は原告の負担とする。
 3　仮執行免脱宣言
第2　請求の原因に対する認否，反論
 1　1のうち(1)(2)及び被告車両と原告乗用の普通自動二輪車が衝突した事実は認め，その余は否認する。
　　後述するとおり，被告は，車線変更せずに第二車線内を若干左に移動しつつ前進していたにすぎず，一貫して第二車線を走行していたのであるから，車線変更のための合図をする必要が一切ない。
 2　2は争う。詳細は後述（第3）。
 3　3は不知。
 4　4のうち，原告が低髄液圧症候群に罹患していることは否認し，その余は不知。被告が原告に対し原告主張の各損害項目記載の損害賠償義務を負うことは争う。
 5　5は認める。

6 6は争う。
第3 被告の主張～本件事故態様

本件事故は，以下のとおり，専ら原告の前方注視義務違反によるものであって，被告には何ら過失はない。

すなわち，①被告車両は，第二車線を走行中，同車線後方から救急車が走行してきたため，被告は減速のうえ，一旦これを避けたにすぎず，当初から一貫して第二車線を走行しており，「第二車線に進路変更」した事実はない。

また，②本件事故は，専ら原告の過失（前方注視義務違反）により，一貫して第二車線を走行していた被告車両に原告車両が追突した（乙1。追突の痕跡）ために惹起されたものであり，被告には一切過失がない。

第4 求釈明

原告による休業損害の主張に関し，前年度の確定申告書等，事故前の原告の収入及び支出全部に関する資料を提出されたい。

証 拠 方 法

1 乙第1号証　　写真撮影報告書（被告車両後部）

附 属 書 類

1 訴訟委任状　　　　1通
2 乙第1号証写し　　1通

書式14　ファクシミリ送信書

ファクシミリ送信書

平成○年○月○日

東京地方裁判所民事第27部○係　御中
原告訴訟代理人弁護士　　A　先生

　　　　　　　　　〒◇◇◇-◇◇◇◇　東京都中央区◇◇◇丁目◇番◇号
　　　　　　　　　　　　　　　　　　□□ビル□階　□□法律事務所
　　　　　　　　　　　　　　　TEL　03（△△△△）△△△△
　　　　　　　　　　　　　　　FAX　03（△△△△）▽▽▽▽
　　　　　　　　　　　　　　　被告訴訟代理人弁護士　　　B　㊞

　下記事件につき以下の書類を送信いたします。受領書に必要事項を記載のうえ，裁判所及び当職宛てにご返信ください。

記

【事件の表示】　平成○年(ワ)第○○○○号　損害賠償請求事件
【原　　　告】　甲野太郎
【被　　　告】　乙川花子
【第１回期日】　平成○年○月○日
【送付書類】　答弁書（全２頁）
　　　　　　　証拠説明書（全１枚）
　　　　　　　乙第１号証（全１枚）
※　書証のクリーンコピーは，期日当日持参いたします。

受　領　書

東京地方裁判所民事第27部○係　御中
被告訴訟代理人弁護士　　B　宛て

　上記書面を，本日，受領いたしました。

平成○年○月○日
　原告訴訟代理人　弁護士　　　A　㊞

書式 15　経過報告書

経　過　報　告　書

平成○年○月○日

甲　野　太　郎　様

〒△△△−△△△△　東京都千代田区△△△丁目△番△号
○○ビル○階　○○法律事務所
TEL　03（○○○○）○○○○
FAX　03（○○○○）××××
弁護士　　A　㊞

拝啓　時下ますますご清栄のこととお慶び申し上げます。
　さて，ご依頼の下記事件につき，下記のとおり経過をご報告申し上げます。
（事件の表示）
　　当事者　原告　甲　野　太　郎　様
　　　　　　被告　乙　川　花　子
　　裁判所　○○地方裁判所
　　事件名　平成○年(ワ)第○○○○号　損害賠償請求事件

敬具

記

1　期日の経過
　(1)　期　日　平成○年○月○日午前 10 時　第 1 回口頭弁論期日
　　　　場　所　○○地方裁判所○○号法廷
　　　　出頭者　（当方）　A
　　　　　　　　（先方）　B
　(2)　提出物
　　　　原　告　訴状，証拠説明書，甲 1 号証ないし甲 10 号証
　　　　被　告　答弁書，証拠説明書，乙 1 号証

(3) 主な経過
　　原　告　訴状陳述
　　被　告　答弁書陳述
　裁判官より，答弁書における被告の主張につき，次回までに原告から反論するよう求められました。
2　次回期日，課題
(1) 次回期日
　　平成〇年〇月〇日午前 10 時　第 2 回口頭弁論期日
(2) 次回までの課題
　　原　告　準備書面提出
　　被　告　特になし
3　ご連絡
　お電話でご説明した資料の準備をお願いいたします。その後，打ち合わせをしたいと思いますので，資料の準備が整いましたら，当職宛てにご連絡願います。

以　上

書式 16　文書送付嘱託申立書

平成○年(ワ)第○○○○号　損害賠償請求事件
原告　甲　野　太　郎
被告　乙　川　花　子

文書送付嘱託申立書

平成○年○月○日

東京地方裁判所民事第 27 部○係　御中

被告訴訟代理人弁護士　　　B

　頭書事件につき，下記のとおり文書送付嘱託を申し立ていたします。

記

1　送付嘱託先
　　〒▽▽▽▽－▽▽▽▽　東京都▽▽区▽▽▽▽丁目▽番▽号
　　　医療法人社団　□□会　□□整形外科

2　送付を求める文書の表示
　　下記患者に係る診療記録，看護記録，レントゲン写真，諸検査結果記録，診療報酬明細書，その他同人の診療に関して作成された一切の資料（下記初診日から平成○年○月○日までのもの）。
　(1)　患者名　　　　　甲　野　太　郎
　(2)　患者住所　　　　東京都○○区○○○丁目○番○号
　(3)　患者生年月日　　昭和○年○月○日生
　(4)　初診日　　　　　平成○年○月○日
　(5)　傷病名　　　　　頸椎捻挫，左肩打撲等

3　証すべき事実
　　原告の後遺障害の有無・程度，逸失利益の有無及び本件事故との因果関係等

以　上

書式17　調査嘱託申立書

平成○年(ワ)第○○○○号　損害賠償請求事件
原告　甲野太郎
被告　乙川花子

調査嘱託申立書

平成○年○月○日

東京地方裁判所民事第27部○係　御中

原告訴訟代理人弁護士　　A

　上記当事者間の頭書事件について，原告は，その主張事実立証のため，次の調査嘱託の申立てをする。

記

第1　証すべき事実
　　本件交通事故における事故態様

第2　嘱託先
　　〒100－8903　東京都千代田区霞が関一丁目1番1号
　　東京地方検察庁

第3　調査事項
　　別紙調査事項記載のとおり

第4　調査の必要性
　　本件訴訟の争点の一つは事故態様であるところ，現時点では客観的な証拠に乏しく……目撃者からの供述は重要な証拠となる。

以　上

(別紙)

調査事項

　下記交通事故における目撃者の有無，目撃者がいる場合はその特定のための情報（住所・氏名・電話番号）につき，ご回答ください。

記

　　事故照会番号　　　○○署第○○○号
　　事故発生日時　　　平成○年○月○日午後○時○分頃
　　事故発生場所　　　東京都渋谷区○○町１－２先路上
　　当事者　　　　　　甲欄　（車両番号　　　　）
　　　　　　　　　　　乙欄　（車両番号　　　　）

以　上

書式 18　陳述書

陳 述 書

1　私は，平成○年○月○日午後○時○分頃，東京都渋谷区○○町１－２先路上を自動二輪車で走行中に，本件の被告である乙川花子氏が運転する自動車が，合図も出さずに突然車線変更して接触してきた交通事故（以下「本件事故」といいます。）により，多大な被害を受けましたので，本件事故当日の状況や，その後の治療等の経緯，事故直前までの収入の状況等についてお話しします。

2　私の運転歴
　　私は，平成○年に自動二輪車の運転免許を取得し，以降，日常の移動にはだいたい本件で事故にあった自動二輪車を利用してきました。これまで，本件以外に交通事故を起こしたことはありません。

3　本件事故に至る経緯
　(1)　平成○年○月○日，当日，私は仕事が休みだったため，○○に住む友人と出掛ける予定でした。友人とは，午後○時に○○で待ち合わせていました。私の家から，待ち合わせ場所の○○までは，オートバイに乗って約1時間かかるため，私は，少し余裕をもって午後○時ころ，家を出て，オートバイで○○に向かいました。このとおり，時間的な余裕がありましたし，そもそも急ぐような用事でもなかったため，私は，通常どおり，法定最高速度以内の速度で走行していました。
　(2)　私の家を出てから30分ほど経った頃，東京都渋谷区○○の交差点から，○○通りに入りました。そこから，目的地の○○までは，しばらく直進しなければならないため，私は，三車線あるうちの第二車線（真ん中の車線）を走行し，本件事故現場である渋谷区○○町１－２付近にさしかかりました。本件事故が起こる少し前から，私のオートバイの前を救急車が走行していました。

4　本件事故当時の状況
　(1)　渋谷区○○町１－２にさしかかったときは，午後○時頃ということもあり，若干交通量がありましたが，見通しが悪いということはなく，私のオートバイとその前を走る救急車は時速約○kmで走行していました。その際，救急車は……。この時，第二車線には……。第三車線は……。
　(2)　すると，突然，本件被告の運転する車両が，第三車線（右側の車線）から何の合図もなく，私が走行していた第二車線（真ん中の車線）に割り込んできました。
　　　私はびっくりして，急ブレーキを掛けましたが回避できず，私のオートバイと被告車両が衝突し，私は左側に転倒し，地面に左肩を強く打ってしまいました。

5　本件事故後の状況及び治療の経緯等

(1) 私は，事故後とりあえず，待ち合わせをしていた友人に，持っていた携帯電話で連絡して事情を説明すると，友人はすぐに警察を呼んだ方がいいと教えてくれたため，警察に連絡しました。

しばらくして，警察官が○名ほど来て，事情を聴いたり，事故現場や私と被告の車両等を写真撮影したりしていました。その後，私と被告は警察署に行き，警察署で詳しい事情を聴かれました。私は警察に対して，……。

警察から，被告の連絡先を聴いておいた方がいいと言われたため，私は，被告と会って名刺を受け取りました。この時，被告は，……などと言っていました。

(2) 本件事故で，私は左肩を強く打ち，また首も痛く頭痛もするため，その日のうちに○○病院に診察を受けに行きました。○○病院で，私は頚椎捻挫，左肩打撲等と診断されました。

(3) 私は，○月○日まで，○日間通院し，治療を受けました。本件事故により，私は，度々ひどいめまいや立ちくらみをすることもあり，駅までも歩くことができなかったため，その際はタクシーを利用して○○病院まで通院しました。

(4) その後，平成○年○月○日に低髄液圧症候群という診断を受け，今でも，度々，めまいや立ちくらみが生じ，頭痛がしたりします。

6 事故前までの収入状況等

(1) 私は，平成○年ころから，○○さんの下で露天商をやらせてもらい，現在は自営で露天商を営んでいます。露天商の仕事は，……というものです。これまで，確定申告等はやったことはありませんが，売上については売上帳に記録していますし，銀行の預金通帳を見れば，収入はわかります。売上帳と通帳を見ると，平成○年○月の収入は，……。平成○年○月の収入は，……。平成○年○月の収入は，……。経費としては，……。ここ数年は，毎年だいたい同じくらいの収支だと記憶しています。

(2) 本件事故のせいで，私は，今でもめまいや立ちくらみが生じ，頭痛がしたりしますので，未だ仕事に復帰できていません。例年であれば，今頃は，……。

7 このように，本件事故により，私は未だに後遺症を患い，仕事にも復帰できない状態です。本件事故は，被告が，突然何の合図もなく，まわりの確認もせずに車線変更したために生じたものです。被告には，しっかりと責任を果たしてもらいたいと思います。

以上のとおり，事実に間違いありません。

平成○年○月○日

　　住　　所　　東京都○○区○○○丁目○番○号
　　氏　　名　　甲　野　太　郎　㊞

書式 19　証拠申出書

平成○年㈦第○○○○号　損害賠償請求事件
原告　甲　野　太　郎
被告　乙　川　花　子

証　拠　申　出　書

平成○年○月○日

東京地方裁判所民事第 27 部○係　御中

原告訴訟代理人弁護士　　A　㊞

　原告は，頭書事件につき，下記のとおり証拠の申出をする。

記

第1　証人尋問
1　人証の表示
　　〒×××－××××　東京都××区×××丁目×番×号
　　　証　　人　丙　野　次　郎（同行：主尋問 20 分）
2　立証の趣旨
　　被告車両が原告車両の直前の位置に合図もなく突如として進路変更をしてきたこと
3　尋問事項
　　別紙のとおり
第2　当事者尋問
1　人証の表示
　　〒○○○－○○○○　東京都○○区○○○丁目○番○号
　　　原告本人　甲　野　太　郎（同行：主尋問 40 分）
2　立証の趣旨
　　原告がこれまで大きな交通違反をしていないこと，本件事故の前後の状況，本件事故の際の状況，原告の実際の収入・経費，事故後の仕事と生活の状況等
3　尋問事項
　　別紙のとおり

以　上

(別紙1)

尋 問 事 項

証人　丙　野　次　郎

1　証人の職業，仕事内容等
2　本件事故を目撃した直前の状況
3　目撃した内容
4　目撃した当時の視認状況
5　その他本件に関連する一切の事項について

(別紙2)

尋 問 事 項

原告　甲　野　太　郎

1　本件事故の際の状況
2　原告の交通事故違反歴
3　原告の実際の収入・経費
4　事故後の仕事や生活の状況
5　その他本件に関連する一切の事項について

書式20 尋問事項メモ（主尋問）

尋問事項メモ[注2]（証人　丙野次郎・主尋問）

テーマ	質　問	想定回答	備　考
陳述書	陳述書を示す。成立の確認。		
仕事	陳述書によれば，あなたは本件事故現場近くのガソリンスタンドで働いているということですね。	はい。	時間短縮のため誘導。
本件事故を目撃する経緯	あなたは，本件事故が発生した○月○日の○時頃は何をしていましたか。	ガソリンスタンドで働いていた。	
	具体的には，どのような業務をしていたのですか。	来店する車を誘導したり，給油したり，給油が終わった車が道路に出やすいように誘導。	
	それで，あなたは何をしていましたか。	来店する車を誘導できるように，道路側で立っていた。	
	そのとき何か起きましたか。	店の少し先で車が衝突事故を起こした。	
目撃した本件事故の内容	もう少し具体的に教えてください。	・来店する車がないか歩道に立っていた。 ・店の前を走っている道路の第二車線を走っていた車の直前の位置に，別の車がウィンカーを出さずに車線変更をして割り込んだ。 ・危ないと思ったときには，割り込まれた車と，割り込んだ車が衝突していた。	
事故車両の確認	あなたが目撃した割り込みをした自動車の特徴は何ですか。	車種は○○自動車の○○で色は白。	
	（※甲○号証を示す。）あなたが目撃した割り込んだ自動車は，この自動車ですか。	はい。	

（注2）上記書式は，あくまでも尋問時の弁護士の手控え用メモであり，人証調べ予定者に対しては，基本的に，想定回答を記載したものを交付しない。

書式21　尋問事項メモ（反対尋問）

尋問事項メモ^(注3)（証人　丙野次郎・反対尋問）

テーマ	質　問	想定回答	備　考
「観察」の正確性【①】	甲2（実況見分調書）を示す。		
【②】	あなたは，甲2の○ページ目の図面でどの位置に立っていましたか。	ガソリンスタンドの西側にあるガソリンスタンドの出入り口部分です。	場所を言葉で正確に表現させる。
【③】	本件事故現場発生当時，本件事故の発生した道路では，何台くらいの自動車が走っていましたか。		
【③-①】	（「記憶にない」と回答した場合）では，質問を変えます。どの程度自動車が走っていましたか。	午後○時頃なので，常に自動車が走っている状況でした。	
【③-②】	（「○台」くらいと回答した場合若しくは「常に自動車が走っていると回答した場合」）第二車線も第三車線もですか。	はい。	
	……	……	
「記憶」の正確性【①】	本件事故が発生したのは，平成○年○月○日午後○時○分頃ですよね。	はい。	
【②】	あなたは，本件事故が発生してから，本日までの間，誰かに本件事故の内容を話したことはありますか。	はい。	
【③】	……	……	

（注3）上記書式は，あくまでも尋問時の弁護士の手控え用メモであり，人証調べ予定者に対しては，基本的に，想定回答を記載したものを交付しない。

書式 22　和解条項案

和　解　条　項　案

1　被告は，原告に対し，本件交通事故による損害賠償債務として○○円の支払義務があることを認める。
2　被告は，原告に対し，前項の金員を，平成○年○月○日限り，○○銀行○○支店の原告代理人「弁護士Ａ預かり口」名義の普通預金口座（口座番号○○○○）に振り込んで支払う。ただし，振込手数料は，被告の負担とする。
3　被告が，前項の金員の支払を怠ったときは，被告は，原告に対し，第1項の金員から既払金を控除した残金及びこれに対する平成○年○月○日から支払済みまで年5パーセントの割合による遅延損害金を直ちに支払う。
4　原告は，その余の請求を放棄する。
5　原告及び被告は，原告と被告との間には，本件交通事故に関し，本和解条項に定めるもののほか，何らの債権債務がないことを相互に確認する。
6　訴訟費用は各自の負担とする。

書式 23 原告最終準備書面(一部抜粋)

平成○年㈦第○○○○号　損害賠償請求事件
原告　甲　野　太　郎
被告　乙　川　花　子

　　　　　　　　準　備　書　面（　　）

　　　　　　　　　　　　　　　　　　　　　平成○年○月○日
東京地方裁判所民事第 27 部○係　御中

　　　　　　　　　　　　　　原告訴訟代理人弁護士　　　A　㊞

第 1　本事案の概要
　　　本件は,片側三車線の路上において,被告が車両を運転中,第三車線から第二車線に進路変更する際,何らの合図もせず,かつ,変更先の第二車線の安全確認を怠って同車線に進入し,第二車線を走行していた原告の運転する自動二輪車(原告車両)に衝突した交通事故の事案である。
第 2　被告の加害行為(被告車両の走行態様)及び過失について
　1　被告の加害行為(被告車両の走行態様)について
　　⑴　事故当時の状況
　　　　本件事故は,東京都渋谷区○○町の片側三車線の路上で発生した(甲 1,甲 2)。
　　　　本件事故当時,原告車両が第二車線を走行し,その原告車両の前に救急車が走行していたことについては,被告も自身の主張の前提としており,強く争っていない(被告第○準備書面○頁)。
　　⑵　被告車両の走行態様
　　　　被告は,事故発生直前には第三車線を走行していたが,原告車両の前の救急車が第二車線を走行し被告車両の横を通過した直後に,何らの合図も出さずに突如第三車線から第二車線に割り入ってきたものである(甲 18,丙野証言○頁,甲 19○頁,原告供述○頁)。
　　　　上記被告車両の走行態様については,本件事故当時,現場近くの○×ガソリンスタンドで勤務していた丙野次郎(以下「丙野」という。)が間近で目撃している。丙野は,事故当時の状況について「○○○○」

と供述しており（甲18，丙野証言○頁），被告車両が何らの合図も出さずに突如第三車線から第二車線に割り入ってきたことは明らかである。なお，事故当時，○×ガソリンスタンドでは，顧客の給油には他の店員が当たっており，丙野は来客する車を誘導していたのであって，事故を目撃する時間は十分にあり，丙野が，自らの供述について推測が入ってないかとの質問に対して「推測なんてありません。すべて私が見たことです」旨述べているとおり，丙野の供述は自らの確かな認識に基づくものである。また，丙野の供述は，実況見分調書（甲2）○頁図面の被告車両の進路等，客観的証拠にも合致しており，同供述は正に真実を示すものである。

(3) 走行態様に関する被告の主張が事実と異なること

　これに対して，被告は「被告車両は，第二車線を走行しており，救急車を通過させるべくやや第三車線寄りに避けたにすぎず，車線変更などしていない」などと主張する（被告第○準備書面○頁）。

　しかしながら，原告車両の前には救急車が走行していたのであり，第二車線の幅と救急車の車幅，被告車両の車幅を比較してみれば明らかなとおり（甲1，甲2，甲17），第二車線に上記2台の車両が併走することはあり得ず，被告の主張する状況は，客観的に不可能なのである。

　また，救急車を通過させる際は，○○させるのが通常であり，被告の主張する走行態様自体，通常あり得ない。すなわち，……。

　被告は，原告代理人からの「第三車線に完全に入ったわけではないという供述に何か根拠があるのか」との問いに対し，「根拠とかじゃなく，入っていないものは，入っていません」旨供述しており（被告供述○頁），被告の主張が何らの根拠もないことを自認している。

2　被告の過失について

(1) 被告の注意義務

　ア　車線変更の際に合図を出さなければならないこと
　　　……。
　イ　車線変更の際に前後の安全を確認しなければならないこと
　　　……。

(2) 被告の注意義務違反

　被告は，上記注意義務をいずれも怠って，あえて前述のとおり，何

らの合図も出さずに突如第三車線から第二車線に割り入るという，一歩間違えば原告が死亡してもおかしくない危険な態様で車両を走行させており，被告の注意義務違反は明らかである。
第3 原告には過失が全くないこと
　　被告は，原告が前方注視義務を怠り追突したとして，過失相殺の主張を行っているが，上記のとおり被告車両が何らの合図も出さずに車線変更したことは明らかであって，原告には避けようのない状況であった。上記の状況において，別冊判例タイムズ38【225】図（基本20：80）を参考に，進路変更車（被告車）が合図なく進路変更したこと（－20）を考慮すると，原告に一切の過失がないことは明らかである。
第4 被告の加害行為と因果関係ある損害について
 1 物損
　　……（甲6）。
 2 治療関係費
　　……（甲4，甲5）。
 3 通院交通費
　　原告は，上記治療のため，○○病院に，平成○年○月○日から同年○月○日までの間，○日間通院した（甲3，甲4）。なお，原告は，後述のとおり低髄液圧症候群に罹患しており（甲16），同症候群がめまい・立ちくらみを起こす病気であることから，ひどいめまい，立ちくらみで自宅から駅までとても歩くことなどできなかったこともあり（甲19，原告○頁），その際，タクシーを利用して通院せざるを得ない状況であった。
　　その交通費は合計金○○円（電車代片道○円×2（往復）×○日＝○円（甲7），タクシー代○円（甲8））である。
 4 休業損害
　　原告は，自営で露天商を営んでいるところ，本件事故後，現在まで事故による後遺症のため仕事に復帰できず，休業期間は○か月に及んでいる（甲19○頁，原告供述○頁）。
　　原告の本件事故前の収入は，平成○年○月から平成○年○月までの3か月の平均が○円であることに鑑みると（甲9，甲11～12），年収としては，少なくとも○円は下らず，休業期間○か月間の休業損害は○円を下らない。
　　なお，平成○年賃金センサスによれば，○歳の男性の平均収入額は，

○円であり（甲13），上記額は平均賃金から見ても正当な額である。
5　後遺障害逸失利益
　(1)　後遺障害等級について
　　　原告は，本件事故により，低髄液圧症候群の後遺障害を負った（甲14）。原告の症状について，○○病院の○○医師は，意見書（甲16）において，……及び……を根拠として，原告が低髄液圧症候群の後遺障害を負った旨断定し，同意見書に記載された原告の症状もガイドライン（甲15）の……及び……を明らかに満たしている。具体的には，……。なお，○○医師の意見書（甲16）は，……であって，○○医師の意見書は，医学学説による十分な裏付けもある。
　　　以上によれば，原告の後遺障害は，局部に頑固な神経症状を残すものであり，「後遺障害別等級別表第2」の第12級相当と評価するのが最も適切である。
　(2)　後遺障害逸失利益
　　　……。
6　慰謝料
　(1)　通院慰謝料
　　　……。
　(2)　後遺障害慰謝料
　　　前述（本準備書面5項(1)）のとおり，原告は，本件事故により，低髄液圧症候群の後遺障害を負い，後遺障害等級別表第2第12級に相当する。したがって，原告の後遺障害慰謝料としては○円を下らない。
7　弁護士費用
　　弁護士費用としては，……から○割が相当である。
第4　結語
　　以上のとおり，被告が何らの合図も出さずに突如第三車線から第二車線に割り入ってきたことは明らかであり，かかる走行態様からすれば本件事故が被告の過失のみによって生じたことは明らかである。また，これによって原告が被った損害は，少なくとも○円を下らないものである。
　　裁判所におかれては，本件事故による原告の被害を回復するため，速やかに，本件請求を認容する判決を下されたい。
　　　　　　　　　　　　　　　　　　　　　　　　　　　　以　上

書式24 被告最終準備書面（一部抜粋）

平成○年(ワ)第○○○○号　損害賠償請求事件
原告　甲野太郎
被告　乙川花子

第　○　準　備　書　面

平成○年○月○日

東京地方裁判所民事第27部○係　御中

被告訴訟代理人弁護士　　　B　㊞

第1　本件の概要
 1　本件は，原告が車両走行中の前方不注視により，その前方を走行する被告運転車両に追突した，交通事故の事案である。
　　原告は，被告車両が合図もなく車線変更したために本件事故が発生した旨主張するが，以下に述べるとおり，被告車両は車線変更などしておらず，本件事故の原因が被告にはなく，専ら原告の過失によるものであることは明らかである。
第2　事故当時の状況及び被告の走行態様について
 1　本件事故当時，被告は片側三車線道路の第二車線を走行していたが，その後方から同じく第二車線を救急車が走行してきた。そこで，被告は救急車を通過させるべく，減速しつつやや第三車線寄りに避けた。この際，被告車両は第二車線からは出ていない。
　　救急車が通過した後，被告はもとの第二車線中央に車を走行させた。その折，被告車両は，救急車の後ろを走行していた原告車両に追突されたのである（乙6，被告○頁）。
 2　原告は，被告車両が第三車線から第二車線へ車線変更した旨主張する。しかしながら，当時の被告の目的地は○○市の自宅であり，本件事故現場から2.5km直進してから右折する予定だったのであり（乙2，乙6，被告○頁），本件事故現場で車線変更する必要など全くない。原告の主張は，前提が全く誤っているといわざるを得ない。
　　すなわち，被告は，本件事故当日，……。
 3　なお，○×ガソリンスタンドに勤務していた丙野次郎（以下「丙野」

という。）が「○○」旨供述しているが（甲18，丙野証言○頁），本件事故当時，同ガソリンスタンドには給油中の自動車があり，ガソリンスタンド勤務の従業員としては当然業務に集中していたのであり，事故発生前の状況を注視しているはずがない。丙野が本件事故現場を見たとしたら，事故後でしかあり得ない。丙野の証人尋問においても，丙野は被告車両を「数秒」見たと述べているが（丙野証言○頁），事故も何も発生していないにもかかわらず，被告車両を数秒眺めているという状況自体，不自然である。

　　　丙野の証言は，事故後の状況や原告との打ち合わせによって，見てもいない事実を推測により埋め合わせたものにすぎず，客観的事実とは全く異なるものである。
 4　以上のとおり，被告は本件事故当時第二車線を走行していたのであって，車線変更などしていない。本件事故は，原告が前方不注視により，法定速度で直進していた被告車両に追突した事故であり，被告には過失が一切ない。
 5　被告に過失がないことは，本件に関する刑事事件において，被告が不起訴となっている事実からも明らかである（乙5）。なお，本件において被告が捜査対象となっているのは，本件事故を最初に通報したのが原告であり，原告車両の破損の方が大きいことから捜査機関が誤認したにすぎず（その意味で初動捜査のミスであるといえる。），被告に過失が認められたからではない。このため，被告は早期に不起訴になっているのである。

　　　このことは，本件に関する刑事事件において，被告が……。
 6　なお，仮に万が一，被告に何らかの過失が認められる場合であっても，追突事故において後方車両に責任があるのは自明である。追突事故については，『損害賠償額算定基準　2018 上巻』305頁〔80〕の図を参考に（なお，同図は被追突車に道路交通法24条違反があるときの図であり，当然，被告に同条違反はないが，追突時のものとして便宜上参照する。），原告の著しい過失（前方不注視）を考慮すれば，原告の過失割合は，少なくとも90％を下らない。

第3　損害について
 1　上記のとおり，本件事故の発生が，被告の走行態様とは無関係であることは明らかであるが，原告の主張する損害についても不合理な点が顕著であるため，以下，念のため指摘する。

2 低髄液圧症候群について
(1) 原告は，本件事故により，低髄液圧症候群を患った旨主張する。
   しかしながら，そもそも原告の症状は，低髄液圧症候群に典型的な症状である「○○」の症状を有しておらず（甲3，乙4），低髄液圧症候群が発症しているとはいえない。すなわち，低髄液圧症候群とは，……。この点，原告の症状は，……。実際，原告の主張によれば現在も低髄液圧症候群を患っているとのことであるが，当事者尋問期日では，1時間以上にわたる尋問の間，全く症状の素振りも見せていない。
(2) また，仮に原告が低髄液圧症候群を発症しているとしても，本件事故との相当因果関係は認められない。交通事故と低髄液圧症候群との発生について争点となった判決例は多数存在するが，そのほとんどが相当因果関係を否定するものである。特に，○○地裁○月○日判決（乙3）が「○○」と判示しているとおり，交通事故と低髄液圧症候群の発生を医学的に立証することは極めて困難である。本件においても，その立証が全くなされていない。すなわち，○○地裁○月○日判決（乙3）は，……。
   なお，医学的には，……。
(3) 以上のとおり，原告はそもそも低髄液圧症候群を発症していないか，あるいは発症していたとしても，その発症と本件事故との相当因果関係は認められないものである。
(4) また，原告は低髄液圧症候群を理由に自営業を休業している旨主張するが，上記のとおり低髄液圧症候群が本件事故と相当因果関係がない以上，原告が自営業を休業していることも，本件と相当因果関係のない事象である。

第4 結語
以上のとおり，本件事故の発生は，被告の走行態様と無関係であり，被告が，原告の損害について損害賠償請求されなければならない謂われはない。
　裁判所におかれては，本件のような不当な請求について，速やかに棄却する判決を下されたい。

以　上

（参考）
　A，B両弁護士が最終準備書面作成にあたって詳細に検討した証拠（口頭

弁論終結時までに提出されたもの）は次のとおりである。

【甲号証】
　甲1　　　　　交通事故証明書
　甲2　　　　　実況見分調書
　甲3　　　　　診断書
　甲4の1～○　　診療報酬明細書（○○病院）
　甲5の1～○　　領収書（○○病院）
　甲6　　　　　領収証（車両修理）
　甲7　　　　　通院交通費に関する報告書
　甲8の1～○　　領収証（タクシー）
　甲9　　　　　売上帳
　甲10の1　　　内容証明郵便
　　　　2　　　配達証明書
（提訴後に提出した証拠）
　甲11　　　　普通預金通帳（原告名義のもの）
　甲12　　　　領収書（水道光熱費）
　甲13　　　　賃金構造基本統計調査（平成○年）
　甲14　　　　自動車損害賠償責任保険後遺障害診断書
　甲15　　　　『脳脊髄液減少症ガイドライン2007』
　甲16　　　　意見書（○○医師）
　甲17　　　　写真撮影報告書
　甲18　　　　陳述書（丙野）
　甲19　　　　陳述書（原告）

【乙号証】
　乙1　　　　　写真撮影報告書（被告車両後部）
　乙2　　　　　地図（本件事故現場周辺～被告住所地周辺）
　乙3　　　　　○○地方裁判所平成○年○月○日判決
　　　　　　　　（自保ジャーナル第○号）
　乙4　　　　　『低髄液圧症候群』（○○著）
　乙5　　　　　不起訴処分告知書
　乙6　　　　　陳述書（被告）

書式 25　控訴状

控　訴　状

平成○年○月○日

東京高等裁判所　御中

控訴人訴訟代理人弁護士　　A　㊞

　　　　　　　　〒○○○-○○○○　東京都○○区○○○丁目○番○号
　　　　　　　　　　　　　　　　　控訴人（原告）　甲　野　太　郎

　　　（送達場所）〒△△△-△△△△　東京都千代田区△△△丁目△番△号
　　　　　　　　　　　　　　　　　○○ビル○階　○○法律事務所
　　　　　　　　　　　　　　　　　TEL　03（○○○○）○○○○
　　　　　　　　　　　　　　　　　FAX　03（○○○○）××××
　　　　　　　　　　　　　　　　上記控訴人訴訟代理人弁護士　　A

　　　　　　　　〒□□□-□□□□　東京都□□区□□□丁目□番□号
　　　　　　　　　　　　　　　　　被控訴人（被告）　乙　川　花　子

損害賠償請求控訴事件
訴訟物の価額　金　　　　　円
貼用印紙額　　金　　　　　円

　上記当事者間の東京地方裁判所平成○年(ワ)第○○○○号損害賠償請求事件について，平成○年○月○日に言い渡された下記判決は，不服であるから控訴をする。

原判決の表示

　1　被告は，原告に対し，金○○，○○○円及びこれに対する平成○年○月○日から支払済みまで年5分の割合による金員を支払え。

2 　原告のその余の請求を棄却する。
3 　訴訟費用は，これを○分し，その○を原告の負担とし，その余を被告の負担とする。
4 　この判決は，第1項に限り，仮に執行することができる。

控訴の趣旨

1 　原判決中，控訴人敗訴部分を取り消す。
2 　被控訴人は，控訴人に対し，金○，○○○，○○○円及びこれに対する平成○年○月○日から支払済みまで年5分の割合による金員を支払え
3 　訴訟費用は，第1，2審とも被控訴人の負担とする
4 　仮執行宣言

控訴の理由

追って控訴理由書を提出する。

書式26　控訴理由書

平成○年（○）第○○○○号　○○○○事件
控　訴　人　甲　野　太　郎
被控訴人　乙　野　花　子

控　訴　理　由　書

平成○年○月○日

東京高等裁判所第○民事部　御中

控訴人訴訟代理人弁護士　　A　㊞

第1　原告の過失について
　1　原審判決では，本件事故における原告の過失について，その理由中の判断において下記のように認定している。すなわち，……。
　2　しかしながら，同事実認定については，証拠上下記のとおりの事実誤認が存在する。すなわち，……。
第2　被告の加害行為と因果関係ある損害について
　1　休業損害について
　　(1)　原審判決では，原告の本件事故前の収入について，その理由中の判断において，下記のように認定している。すなわち，……。
　　(2)　しかし，原審の事実認定については，以下のとおり事実誤認が存在する。すなわち，……。
　2　後遺障害について
　　(1)　原審判決では，原告が主張する低髄液圧症候群の後遺障害について，その理由中の判断において，下記のように認定している。すなわち，……。
　　(2)　しかしながら，原審の事実認定については，以下のとおり事実誤認が存在する。すなわち，……。
　3　後遺障害逸失利益について
　　(1)　原審判決では，原告の後遺障害逸失利益に関する基礎収入について，その理由中の判断において，下記のように認定している。すなわち，……。
　　(2)　しかしながら，原審の事実認定については，以下のとおり事実誤認が存在する。すなわち，……。
第3　まとめ
　　以上の理由により，原審判決には事実誤認があり，判決への影響は明らかであるから，原判決を取り消したうえ，控訴状記載の控訴の趣旨のとおりの判決を求める。

以　上

書式27　控訴答弁書

平成○年（○）第○○○○号　損害賠償請求控訴事件
控訴人　甲野太郎
被控訴人　乙野花子

　　　　　　　　　控　訴　答　弁　書

　　　　　　　　　　　　　　　　　　　　　　　平成○年○月○日
東京高等裁判所第○民事部　御中
　　　　　　　　　　　　　被控訴人訴訟代理人弁護士　　　B　㊞

第1　原告の過失について
　1　控訴人は，本件事故における原告の過失（評価根拠事実）についての原審判決の認定につき，次のとおり述べ，事実誤認である旨主張する。すなわち，……。
　2　しかしながら，同事実認定は，以下の理由により，正当であって維持されるべきである。すなわち，……。
第2　被告の加害行為と因果関係ある損害について
　1　休業損害について
　⑴　控訴人は，原告の本件事故前の収入についての原審判決の認定につき，次のとおり述べ，事実誤認である旨主張する。すなわち，……。
　⑵　しかしながら，控訴人が原審で提出した売上帳（甲9）は，控訴人の収入・支出状況の実態を忠実に反映していないばかりか，控訴人は確定申告書も提出せず，その他控訴人の正確な収入・支出を裏付ける客観的な資料も存在しない。
　　　かかる場合には，賃金センサスをベースとして休業損害を算定するほかない。
　⑶　したがって，この点に関する控訴人の主張は失当である。
　2　後遺障害について
　⑴　控訴人は，後遺障害についての原審判決の認定につき，次のとおり述べ，事実誤認である旨主張する。すなわち，……。
　⑵　しかしながら，控訴人の症状は，低髄液圧症候群に典型的な「○○」

の症状を有しておらず（甲3，甲16，乙4の〇頁），低髄液圧症候群が発症しているとはいえない。医学文献やガイドライン（甲15）においても，……。

　また，仮に万が一控訴人が低髄液圧症候群を発症しているとしても，本件事故との相当因果関係は認められない。〇〇地裁〇月〇日判決（乙3）が「〇〇」と判示するとおり，交通事故と低髄液圧症候群の発生との因果関係を医学的に立証することは極めて困難であり，本件においてもその立証は全くなされていない。

3　後遺障害逸失利益について
(1)　控訴人は，後遺障害逸失利益についての原審判決の判断につき，次のとおり述べ，法判断に重大な誤りがある旨主張する。すなわち，……。
(2)　しかしながら，……。

第3　まとめ
　以上の理由により，原審判決は，原告の過失，休業損害，後遺障害，後遺障害逸失利益のいずれの点においても，極めて的確な事実認定及び法判断を行っているから，妥当であって維持されるべきである。

以　上

書式28　財産開示手続申立書

財産開示手続申立書

平成○年○月○日

東京地方裁判所民事第21部　御中

申立人　甲　野　太　郎
上記申立人代理人弁護士　　A　㊞
TEL　03（○○○○）○○○○
FAX　03（○○○○）××××

当 事 者　　別紙当事者目録記載のとおり
請求債権　　別紙請求債権目録記載のとおり

　申立人は，債務者に対し，別紙請求債権目録記載の執行力のある債務名義の正本に記載された請求債権を有しているが，債務者がその支払をせず，下記の要件に該当するので，債務者について財産開示手続の実施を求める。

記

1　民事執行法第197条第2項の要件
　　□　強制執行又は担保権の実行における配当等の手続（本件申立ての日より6月以上前に終了したものを除く。）において，被担保債権の完全な弁済を得ることができなかった（1号）。
　　□　知れている財産に対する担保権の実行を実施しても，被担保債権の完全な弁済を得られない（2号）。
2　民事執行法第197条第3項の要件
　　債務者が，本件申立ての日前3年以内に財産開示期日においてその財産について陳述したことを
　　□　知らない。
　　□　知っている。
　　（「知っている。」にチェックした場合は，次のいずれかにチェックする。）
　　　　□　債務者が当該財産開示期日において，一部の財産を開示しなかった（1号）。

□ 債務者が当該財産開示期日の後に新たに財産を取得した（2号）。
(取得した財産　　　　　　　　　　　　　　　　　　　　)
□ 当該財産開示期日の後に債務者と使用者との雇用関係が終了した（3号）。

添　付　書　類

□ 執行力のある債務名義の正本　　○通
□ 同送達証明書　　　　　　　　　○通
□ 判決確定証明書　　　　　　　　○通
□ 資格証明書　　　　　　　　　　○通
□ 住民票　　　　　　　　　　　　○通
□
□

証　拠　書　類

1　民事執行法第197条第1項第1号の要件立証資料
　　□　甲第○号証　　配当表謄本
　　□　甲第○号証　　弁済金交付計算書謄本
　　□　甲第○号証　　不動産競売開始決定正本
　　□　甲第○号証　　債権差押命令正本
　　□　甲第○号証　　配当期日呼出状
　　□　甲第○号証
　　□　甲第○号証
2　民事執行法第197条第1項第2号の要件立証資料
　　□　甲第○号証　　財産調査結果報告書
　　□　甲第○号証　　不動産登記簿謄本
　　□　甲第○号証
　　□　甲第○号証
3　民事執行法第197条第3項の要件立証資料
　　□　甲第○号証　　財産開示期日調査謄本
　　□　甲第○号証　　財産調査結果報告書
　　□　甲第○号証　　退職証明書
　　□　甲第○号証
　　□　甲第○号証

書式29　債権差押命令申立書

収入印紙

債権差押命令申立書

○○地方裁判所　御中

平成○年○月○日

債権者代理人　弁護士　Ａ　㊞

　　当　事　者　　別紙当事者目録記載のとおり
　　請求債権　　　別紙目録のとおり
　　差押債権　　　別紙目録のとおり

　債権者は，債務者に対し，別紙請求債権目録記載の執行力のある判決の正本に表示された上記債権を有するが，債務者がその支払をしないので，債務者が第三債務者に対して有する別紙差押債権目録記載の債権の差押命令を求める。

添　付　書　類

1　執行力のある判決の正本　　1通
2　判決正本送達証明書　　　　1通
3　資格証明書　　　　　　　　3通
4　委任状　　　　　　　　　　1通

　　　　　　　当 事 者 目 録

〒○○○-○○○○　東京都○○区○○○丁目○番○号
　　　　　　　　　　　債　権　者　　甲　野　太　郎
（送達場所）
〒△△△-△△△△　東京都千代田区△△△丁目△番△号
　　　　　　　　　　　　○○ビル○階　○○法律事務所
　　　　　　　　　　　　TEL　03（○○○○）○○○○
　　　　　　　　　　　　FAX　03（○○○○）××××
　　　　　　　　　　上記債権者代理人　　弁護士　A

〒□□□-□□□□　東京都□□区□□□丁目□番□号
　　　　　　　　　　　債　務　者　　乙　川　花　子
〒▽▽▽-▽▽▽▽　東京都▽▽区▽▽▽丁目▽番▽号
　　　　　　　　　　　第　三　債　務　者　　株　式　会　社　○　○
　　　　　　　　　　　代表者代表取締役　　○　○　○　○

請 求 債 権 目 録

東京地方裁判所平成○年(ワ)第○○○○号　損害賠償請求事件の執行力のある判決の正本に表示の下記金員

(1) 元　金　　○○万円
(2) 損害金　　上記元金に対する平成○年○月○日から支払済みまで，民事法定利率年5％の割合による損害金

差 押 債 権 目 録

金○○○,○○○円

債務者（○○勤務）が本決定送達後第三債務者から支給される
1　給料（基本給と諸手当，ただし通勤手当を除く。）から給与所得税，住民税，社会保険料を控除した残額の4分の1（ただし，その残額が月額44万円を超えるときは，その残額から33万円を控除した金額）
2　賞与から1と同じ税金等を控除した残額の4分の1（ただし，その残額が44万円を超えるときは，その残額から33万円を控除した金額）
3　1，2により弁済しないうちに退職したときは，退職金から所得税，住民税を控除した残額の4分の1
にして，頭書金額に満つるまで。

書式 30　強制執行停止決定の申立書

```
┌──────┐
│ 収入 │
│ 印紙 │
└──────┘
（500円）
```

強制執行停止決定の申立書

平成○年○月○日

東京地方裁判所民事第○部　御中

　　　　　　　　　　　　　　　　申立人代理人弁護士　　B　　㊞
　　　　　〒□□□—□□□□　東京都□□区□□□丁目□番□号
　　　　　　　　　　　　　　　　申立人　乙　川　花　子
　　　　　〒◇◇◇—◇◇◇◇　東京都中央区◇◇◇丁目◇番◇号
　　　　　　　　　　　　　　　□□ビル□階　□□法律事務所
　　　　　　　　　　　　　　　TEL　03（△△△△）△△△△
　　　　　　　　　　　　　　　FAX　03（△△△△）▽▽▽▽
　　　　　　　　　　　　　　上記申立人代理人代理人　弁護士　　B
　　　　　〒○○○—○○○○　東京都○○区○○○丁目○番○号
　　　　　　　　　　　　　　　　被申立人　甲　野　太　郎

申立ての趣旨

　上記当事者間の○○地方裁判所平成○年(ワ)第○号損害賠償請求事件の執行力ある判決の正本に基づく別紙目録記載の物件に対する強制執行は、御庁平成○年(ワ)第○号請求異議事件の判決において強制執行停止決定に対する裁判があるまで、これを停止する。
との判決を求める。

申立ての理由

1　被申立人は、上記当事者間の東京地方裁判所平成○年(ワ)第○号損害賠償請求事件の執行力ある判決の正本に基づき、平成○年○月○日東京地方裁判所執行官に申立てをして、申立人所有の別紙目録記載の物件に対し差押執行をした。
2　しかしながら、申立人は、平成○年○月○日、被申立人に対し代理人を通じて前記債務名義たる判決に表示された債権全額を弁済した。
3　よって、申立人は御庁に対し請求異議の訴えを提起したが、上記裁判の結果を待っていては執行が完了するおそれがあるので、申立人に担保を立てることを条件として本件強制執行の停止をされるよう申立てに及ぶ次第である。

疎　明　書　類

1　判決正本　　　　　1通
2　領　収　書　　　　1通

資料1　依頼者の本人特定事項の確認等に関するチェックリスト（簡易版）（2018年8月）

Check1　本人特定事項の確認が必要な場合

1　法律事務に関連して200万円以上の資産を預かる場合（「資産管理行為等」という。）

【具体例】
①裁判外での交渉により依頼者が負担する弁済金の預託を受ける。
②裁判外で過払金の支払いを請求し、金融業者からの預り金口座へ支払いを受ける。
③裁判外で交通事故による損害賠償請求をし、保険会社などから預り金口座へ支払いを受ける。
④裁判外で遺産分割協議を行い、依頼者又は相手方の支払う代償金を預かる。

【例外】
①供託金、保釈保証金など金員を納付する場合
②裁判による弁済金等又は裁判所などによる被害弁償、示談金など
③刑事事件の弁護士費用の前受け
④報酬又は費用の弁済
⑤その他規程第2条第1項各号に定める場合

2　次に挙げる取引等の準備又は実行をする場合（「取引等」という。）

①不動産の売買
②会社その他の団体等のM&A取引、設立・出資取引、合併、組合・匿名組合、投資事業有限責任組合、有限責任事業組合その他に限らず、会社以外の法人、組合・匿名組合、投資事業有限責任組合、有限責任事業組合その他の団体の設立・出資、及びこれに関する契約の締結・変更を含む。
※契約に規定された目的の変更を含む。
③団体等の業務執行の代表者又は代表権のある業務執行者の選任
④信託契約の締結、信託の併合若しくは分割又は受託者の変更
⑤資産が犯罪収益の隠匿の疑いがある場合もしくは犯罪収益の隠匿を目的とした受託者
⑥同種の取引、行為の態様と著しく異なる態様である場合

3　法律事務に関連することなく資産の預託を受ける場合

その目的が犯罪収益の移転に関わるものでないかどうか慎重な検討を要する。

Check2　厳格な本人特定事項の確認が必要な場合

資産管理行為等又は取引等であり、かつ依頼者が以下の1～4のいずれかに該当する場合に、厳格な本人特定事項の確認が必要になる。

【注意】
1　なりすましの疑いを伴っていた事実を伴っていた疑いがある場合
2　取引時確認に係る事項を偽っていた疑いがある場合
3　外国PEPsとその家族で外国PEPsとは、外国の政府等の機関において重要な地位を占める者やその親族などをいう。
4　イラン、北朝鮮に住所又は居所を有する者が関与する場合

Check3　依頼者と依頼行為を行っている自然人が異なる場合

【具体例】
①依頼者が法人その他の団体
②依頼者が子供等で依頼行為を行うのが法定代理人

一依頼者自然人の確認が必要（ただし、当該自然人が依頼者又は取引等の本人特定事項を偽っていることが明らかな場合を除く。）
なお、依頼者がベールカンパニーである疑いがある場合には、依頼行為を行っている自然人の他に、依頼者本人の本人特定事項に疑いのある者が関与する場合

上記1又は2に該当する場合であっても、次の場合には本人特定事項の確認は不要である。
①5年以内に本人確認をしていた場合
②官公署の表明による場合（硬度管理、成年後見人等）
③依頼者が国、地方公共団体・上場企業等・上場企業等を確実に表すことが確実なものの場合

本人特定事項（簡易版）に記載されていない例外事項がありますので、詳細は規程・規則又はチェックリスト詳細版を御覧ください。

→ **本人特定事項の確認方法は裏面へ**

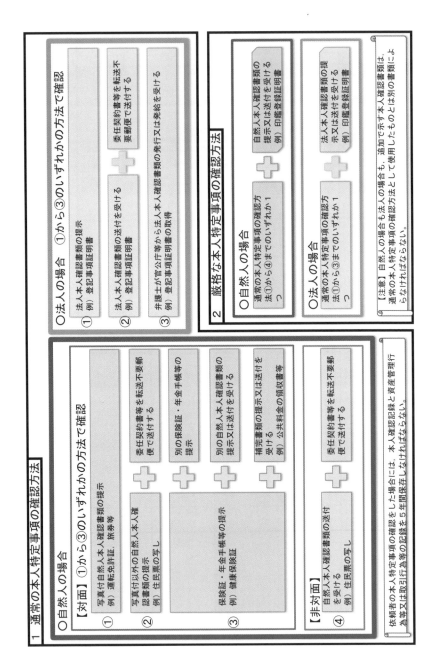

資料2　依頼者の本人特定事項の確認等に関するチェックリスト（詳細版）

● 1　本人特定事項の確認の要否に関するチェックリスト

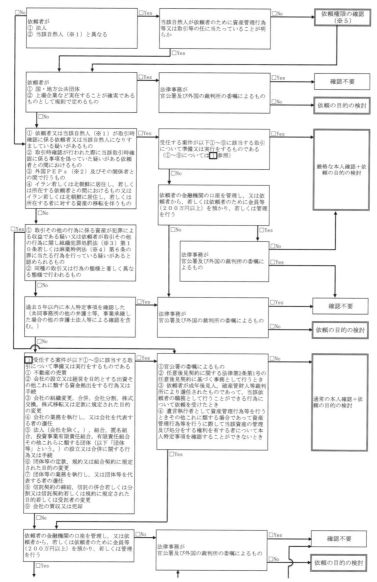

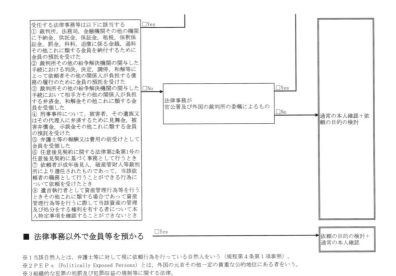

■ 法律事務以外で金員等を預かる　　　□Yes　→　依頼の目的の検討＋通常の本人確認

※1 当該自然人とは、弁護士等に対して現に依頼行為を行っている自然人をいう（規程第4条第1項参照）。
※2 ＰＥＰｓ（Politically Exposed Persons）とは、外国の元首その他一定の重要な公的地位にある者をいう。
※3 組織的な犯罪の処罰及び犯罪収益の規制等に関する法律。
※4 国際的な協力の下に規制薬物に係る不正行為を助長する行為等の防止を図るための麻薬及び向精神薬取締法等の特例等に関する法律。
※5 依頼者の本人特定事項の確認及び記録保存等に関する規程第4条第2項、第4項については、盛り込んでいない。

● 2　通常の本人特定事項の確認方法等

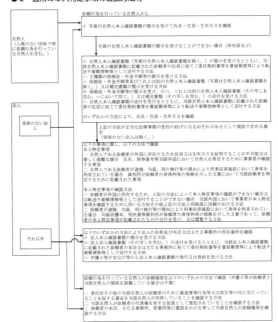

参考文献一覧

相澤眞木, 塚原聡編著	『民事執行の実務　不動産執行編上・下／債権執行編上・下〔第4版〕』	きんざい	2018年
赤井勝治著	『すご腕弁護士が教える論理的交渉術』	ぱる出版	2009年
荒井裕樹著	『プロの論理力！：トップ弁護士に学ぶ、相手を納得させる技術』	祥伝社	2005年
飯島澄雄, 飯島純子著	『弁護士倫理』	レクシスネクシス・ジャパン	2005年
伊藤眞著	『民事訴訟法〔第5版〕』	有斐閣	2016年
井上繁規著	『民事控訴審の判決と審理〔第3版〕』	第一法規	2017年
上田徹一郎著	『民事訴訟法〔第7版〕』	法学書院	2011年
上谷清, 加藤新太郎編	『新民事訴訟法施行三年の総括と将来の展望』	西神田編集室	2002年
大島明著	『書式民事訴訟の実務：訴え提起から訴訟終了までの書式と理論〔全訂10版〕』	民事法研究会	2017年
岡口基一著	『民事訴訟マニュアル：書式のポイントと実務　上・下〔第2版〕』	ぎょうせい	2015年
岡口基一著	『要件事実マニュアル1～5〔第5版〕』	ぎょうせい	2016～2017年
岡口基一, 中村真著	『裁判官！当職そこが知りたかったのです。：民事訴訟がはかどる本』	学陽書房	2017年
岡山弁護士会民事委員会編著	『Q&A 証拠説明書・陳述書の実務』	ぎょうせい	2014年
梶村太市, 深沢利一著	『和解・調停の実務〔補訂版〕』	新日本法規出版	2007年
加藤新太郎著	『弁護士役割論〔新版〕』	弘文堂	2000年
加藤新太郎編	『リーガル・コミュニケーション』	弘文堂	2002年
加藤新太郎編	『民事事実認定と立証活動　第Ⅰ巻』	判例タイムズ社	2009年
加藤新太郎編	『民事訴訟実務の基礎　解説篇〔第3版〕』	弘文堂	2011年

加藤新太郎編著	『民事尋問技術〔第4版〕』	ぎょうせい	2016年
加藤新太郎，細野敦著	『要件事実の考え方と実務〔第3版〕』	民事法研究会	2014年
兼子一著	『民事訴訟法体系〔新修版〕』	酒井書店	1958年
河上正二ほか編	『要件事実・事実認定論と基礎法学の新たな展開』	青林書院	2009年
河村浩，中島克己著	『要件事実・事実認定ハンドブック〔第2版〕』	日本評論社	2017年
岸盛一，横川敏雄著	『事実審理〔新版〕』	有斐閣	1983年
北周士ほか編著	『弁護士独立・経営の不安解消Q&A』	第一法規	2016年
京野哲也著	『クロスレファレンス民事実務講義〔第2版〕』	ぎょうせい	2015年
京野哲也編著	『民事反対尋問のスキル』	ぎょうせい	2018年
群馬弁護士会編	『立証の実務：証拠収集とその活用の手引〔改訂版〕』	ぎょうせい	2016年
現代民事法研究会著	『民事訴訟のスキルとマインド』	判例タイムズ社	2010年
小島武司監修	『実践民事弁護の基礎：訴え提起までにすべきこと』	レクシスネクシス・ジャパン	2008年
小林秀之，群馬弁護士会編	『証拠収集の現状と民事訴訟の未来』	悠々社	2017年
近藤基著	『金銭請求事件の和解条項作成マニュアル』	民事法研究会	2009年
最高裁判所事務総局民事局監修	『条解民事訴訟規則』	司法協会	1997年
最高裁判所事務総局民事局監修	『民事訴訟費用等に関する執務資料〔全訂版〕』	司法協会	2004年
裁判所書記官研修所監修	『新民事訴訟法における書記官事務の研究Ⅰ』	裁判所書記官研修所	1998年
裁判所書記官研修所監修	『和解への関与の在り方を中心とした書記官事務の研究』	司法協会	2003年
裁判所職員総合研修所監修	『書記官事務を中心とした和解条項に関する実証的研究：補訂版・和解条項記載例集』	法曹会	2010年

裁判所職員総合研修所監修	『民事実務講義案Ⅰ〔5訂版〕』	司法協会	2016年
裁判所職員総合研修所監修	『民事実務講義案Ⅱ〔5訂版〕』	司法協会	2017年
裁判所職員総合研修所監修	『民事訴訟法講義案〔三訂版〕』	司法協会	2016年
佐久間邦夫,八木一洋編	『交通損害関係訴訟(リーガル・プログレッシブ・シリーズ5)』	青林書院	2009年
佐々木茂美編著	『最新民事訴訟運営の実務』	新日本法規出版	2003年
佐々木宗啓ほか編著	『類型別労働関係訴訟の実務』	青林書院	2017年
佐藤三郎,加藤文人,京野垂日編著	『弁護士会照会ハンドブック』	きんざい	2018年
佐藤裕義編著	『裁判上の各種目録記載例集:当事者目録,物件目録,請求債権目録,差押・仮差押債権目録等』	新日本法規出版	2010年
佐野総合編	『主文例からみた請求の趣旨記載例集』	日本加除出版	2017年
柴崎哲夫,牧田謙太郎著	『裁判官はこう考える弁護士はこう実践する民事裁判手続』	学陽書房	2017年
司法研修所編	『民事訴訟のプラクティスに関する研究』	法曹会	1989年
司法研修所編	『〔改訂〕紛争類型別の要件事実』	法曹会	2006年
司法研修所編	『民事訴訟における事実認定』	法曹会	2007年
司法研修所編	『新問題研究要件事実』	法曹会	2011年
司法研修所編	『民事弁護教材 改訂 民事執行〔補正版〕』	日本弁護士連合会	2013年
司法研修所編	『民事弁護教材 改訂 民事保全〔補正版〕』	日本弁護士連合会	2013年
司法研修所編	『〔8訂〕民事弁護の手引』	日本弁護士連合会	2017年
清水陽平,神田知宏,中澤佑一共著	『ケース・スタディ ネット権利侵害対応の実務:発信者情報開示請求と削除請求』	新日本法規出版	2017年

荘司雅彦著	『人を動かす交渉術』	平凡社	2007年
荘司雅彦著	『3時間で手に入れる最強の交渉力』	ビジネス社	2009年
新堂幸司著	『新民事訴訟法〔第5版〕』	弘文堂	2011年
鈴木忠一，三ヶ月章監修	『実務民事訴訟講座3　交通事故訴訟』	日本評論社	1969年
須田清編	『トラブルとクレームに勝つプロの交渉術』	ソーテック社	2008年
瀬木比呂志著	『民事訴訟実務と制度の焦点』	判例タイムズ社	2006年
瀬木比呂志著	『民事訴訟実務入門』	判例タイムズ社	2010年
瀬木比呂志著	『民事保全法〔新訂版〕』	日本評論社	2014年
瀬木比呂志著	『民事訴訟実務・制度要論』	日本評論社	2015年
園部厚著	『和解手続・条項論点整理ノート〔改訂版〕』	新日本法規出版	2015年
第一東京弁護士会新進会編集	『証拠・資料収集マニュアル：立証計画と法律事務の手引』	新日本法規出版	2012年
第二東京弁護士会編	『法律事務職員ハンドブック〔5訂版〕』	ぎょうせい	2009年
第二東京弁護士会民事訴訟改善研究委員会編	『新民事訴訟法実務マニュアル〔改訂版〕』	判例タイムズ社	2000年
髙中正彦ほか著	『弁護士の経験学：事件処理・事務所運営・人生設計の実践知』	ぎょうせい	2016年
田中宏著	『弁護士のマインド』	弘文堂	2009年
谷原誠著	『思いどおりに他人を動かす交渉・説得の技術』	同文舘出版	2005年
田路至弘編著	『法務担当者のための民事訴訟対応マニュアル〔第2版〕』	商事法務	2014年
田村次朗，一色正彦，隅田浩司著	『交渉学入門：ビジュアル解説』	日本経済新聞社	2010年
田村洋三，加藤幸雄著	『裁判手続における期間・期日・期限の実務：民事訴訟・倒産・調停・家事審判等』	新日本法規出版	2003年
塚原朋一編著	『事例と解説民事裁判の主文』	新日本法規出版	2006年
土屋文昭，林道晴編	『ステップアップ民事事実認定』	有斐閣	2010年

東京地裁保全研究会編	『書式民事保全の実務〔全訂5版〕』	民事法研究会	2010年
東京弁護士会調査室編	『弁護士会照会制度〔第5版〕』	商事法務	2016年
東京弁護士会弁護士業務改革委員会自治体債権管理問題検討チーム編	『自治体のための債権管理マニュアル』	ぎょうせい	2008年
東京弁護士会法友会新民事訴訟法実務研究部会編	『実践新民事訴訟法：民事弁護の在り方とその対応』	ぎょうせい	1998年
東京弁護士会法友全期会民事訴訟実務研究会編	『証拠収集実務マニュアル〔第3版〕』	ぎょうせい	2017年
東京弁護士会民事訴訟問題等特別委員会編著	『当事者照会の理論と実務』	青林書院	2000年
東京弁護士会民事訴訟問題等特別委員会編	『民事訴訟代理人の実務Ⅲ　証拠収集と立証』	青林書院	2012年
中村真著	『若手法律家のための法律相談入門』	学陽書房	2016年
中野貞一郎，松浦馨，鈴木正裕編	『新民事訴訟法講義〔第3版〕』	有斐閣	2018年
日本弁護士連合会編	『法廷弁護技術〔第2版〕』	日本評論社	2009年
日本弁護士連合会編	『現代法律実務の諸問題（平成21年度研修版）』	第一法規	2010年
日本弁護士連合会ADRセンター編	『紛争解決手段としてのADR』	弘文堂	2010年
日本弁護士連合会調査室編	『弁護士会懲戒事例集 上巻』	日本弁護士連合会	1998年
日本弁護士連合会法科大学院センターローヤリング研究会編	『法的交渉の技法と実践』	民事法研究会	2016年
原和良著	『弁護士研修ノート』	レクシスネクシス・ジャパン	2013年
深沢利一著，園部厚補訂	『民事執行の実務　上（不動産執行）〔補訂版〕』	新日本法規出版	2007年

深沢利一著, 園部厚補訂	『民事執行の実務 下(総則・強制執行における救済・非金銭執行)〔補訂版〕』	新日本法規出版	2007年
藤井篤著	『弁護士の仕事術Ⅰ(法律相談マニュアル)』	日本加除出版	2013年
藤井篤著	『弁護士の仕事術Ⅱ(事件の受任と処理の基本)』	日本加除出版	2013年
藤井篤著	『弁護士の仕事術Ⅳ(交渉事件の進め方・和解)』	日本加除出版	2013年
藤井勲,泉薫共著	『新示談交渉の技術:交通事故の想定問答110番〔2012年改訂版〕』	企業開発センター	2012年
藤田広美著	『解析民事訴訟〔第2版〕』	東京大学出版会	2013年
藤田広美著	『講義民事訴訟〔第3版〕』	東京大学出版会	2013年
弁護士報酬基準書式研究会編	『弁護士報酬基準等書式集〔改訂2版〕』	東京都弁護士協同組合	2015年
星野雅紀編	『和解・調停モデル文例集〔改訂増補3版〕』	新日本法規出版	2011年
升田純著	『実戦民事訴訟の実務〔第5版〕』	民事法研究会	2015年
圓道至剛著	『若手弁護士のための民事裁判実務の留意点』	新日本法規出版	2013年
圓道至剛著	『企業法務のための民事訴訟の実務解説』	第一法規	2018年
民事訴訟手続研究会編	『最新 民事訴状・答弁書モデル文例集(改訂版)』	新日本法規出版	加除式
民事訴訟・非訟手続研究会編	『事例式民事訴訟・非訟添付書類』	新日本法規出版	加除式
民事法律扶助研究会著	『民事法律扶助活用マニュアル〔第2版〕』	現代人文社	2017年
村田渉編	『事実認定体系』シリーズ	第一法規	2015年～
森冨義明,東海林保編著	『証拠保全の実務〔新版〕』	きんざい	2015年
門口正人編集代表	『民事証拠法大系 第1巻(総論Ⅰ)』	青林書院	2007年

門口正人編集代表	『民事証拠法大系　第4巻（各論Ⅱ）』	青林書院	2003年
八木一洋，関述之編	『民事保全の実務〔第3版増補版〕』	きんざい	2015年
山浦善樹編	『企業活動と要件事実（民事要件事実講座第5巻)』	青林書院	2008年
山本和彦，山田文著	『ADR仲裁法〔第2版〕』	日本評論社	2015年
吉原省三，片岡義広編著	『ガイドブック弁護士報酬〔新版〕』	商事法務	2015年
ロジャー・フィッシャー，ウィリアム・ユーリー，ブルース・パットン著	『ハーバード流交渉術〔新版〕』	ティビーエス・ブリタニカ	1998年
我妻榮，有泉亨，清水誠，田山輝明著	『我妻・有泉コンメンタール民法：総則・物権・債権〔第5版〕』	日本評論社	2018年

事項別索引

〈あ〉

相手方からの直接交渉 …………… 111
相手方からの利益供与 …………… 110
相手方代理人弁護士との面談 …… 107
相手方当事者との面談 …………… 106
相手方との交渉 …………………… 83
相手方本人との面談 ……………… 107
明渡しの催告 ……………………… 319
預かり金，立替金等の精算 ……… 325

〈い〉

一部請求の注意点 ………………… 140
一般財団法人自賠責保険・共済紛
 争処理機構 …………………… 118
移動媒体の紛失 …………………… 26
委任契約 …………………………… 37
委任契約書の作成 ………………… 44
委任事務処理に関する実費 ……… 47
委任事務の範囲 …………………… 44
違法収集証拠の証拠能力 ………… 56
依頼者意思の確認 ………………… 186
依頼者との信頼関係の維持・構
 築 ……………………………… 186
インターネットの活用 …………… 64

〈う〉

訴え提起 …………………………… 133

〈え〉

ADR …………………………… 5, 115
 ──の一般的特徴 ……………… 117

〈か〉

介入通知 …………………………… 93
価格減少行為 ……………………… 303
確認条項 …………………………… 245
仮差押え …………………………… 72
仮処分 ……………………………… 72
仮の地位を定める仮処分 ………… 72
換価手続 …………………………… 317
間接事実 …………………………… 183
鑑定 ………………………………… 195
関連事件処理条項 ………………… 249

〈き〉

給付債権の差押え ………………… 311
給付条項 …………………………… 246
強制管理 …………………………… 312
強制競売 …………………………… 312
強制執行 …………………………… 293
 ──の開始の要件 ……………… 300
 ──の執行停止 ………………… 288
 ──の種類 ……………………… 293
 ──の準備 ……………………… 295
 ──の申立て …………………… 298
強制執行予納金 …………………… 321
行政書士 …………………………… 109
記録の保管 ………………………… 326
銀行預金の差押え ………………… 308
金銭債権に対する強制執行 ……… 305
金銭債権の強制執行 ……………… 293

〈け〉

形成条項……………………………… 245
係争物に関する仮処分 …………… 72
契約締結時の説明 ………………… 43
現況調査・評価 ………………… 314
検証 ……………………………… 195
現場確認 ………………………… 52
原本確認 ………………………… 53

〈こ〉

公益財団法人交通事故紛争処理セ
 ンター ………………………… 122
公益財団法人日弁連交通事故相談
 センター ……………………… 120
公開主義 ………………………… 161
効果的な書証の提出方法 ……… 150
公官庁等からの収集 …………… 57
交互面接方式 …………………… 235
公示送達 ………………………… 146
交渉 ……………………………… 42
交渉技術 ………………………… 237
交渉手続 ………………………… 83
控訴期間 ………………………… 275
控訴状の提出 …………………… 284
控訴審 …………………………… 281
控訴審代理人としての心構え … 281
控訴に向けた準備 ……………… 281
控訴理由書の書き方 …………… 286
控訴理由書の提出 ……………… 285
口頭主義 ………………………… 161
口頭弁論 ………………………… 159
口頭弁論終結 …………………… 267
 ──から判決言渡し …… 253, 266
抗弁に関する主張 ……………… 139
戸籍謄本等の請求 ……………… 57

コミュニケーション能力 ……… 16

〈さ〉

財産調査の方法 ………………… 296
最終準備書面 …………………… 253
 ──における事実認定 ……… 256
 ──の構成例 ………………… 258
 ──の作成 …………………… 255
 ──の提出時期 ……………… 254
 ──の目的 …………………… 253
再送達 …………………………… 145
裁判外の和解 …………………… 226
裁判外紛争解決手続 …………… 115
裁判所との期日の調整 ………… 144
裁判所による釈明 ……………… 184
債務名義 ………………………… 298
差押禁止債権 …………………… 311
差押禁止動産 …………………… 318

〈し〉

時機に後れた攻撃防御方法 …… 149
事件終了後の弁護士業務 ……… 323
事件の中止 ……………………… 48
事件の見通し …………………… 41
事実関係の把握と法律問題の抽
 出 ……………………………… 31
示談屋 …………………………… 108
執行文 …………………………… 299
 ──の付与 …………………… 299
執行文付与についての添付書類 … 299
執行妨害 ………………………… 303
執行要件 ………………………… 300
私的鑑定 ………………………… 64
自転車ADRセンター …………… 127
司法書士 ………………………… 109
釈明権の行使 …………………… 184

405

就業先送達	145
集中証拠調べ	204
収入印紙	142
主尋問における尋問技術	220
受任通知	93
──の内容	94
守秘義務	20
主要事実	183
準文書	194
消極的釈明	184
上告	289
──の提起	290
上告受理の申立て	290
上告状	290
──の記載事項	290
上告審	289
──の裁判	291
上告理由	289
──の記載	290
証拠・資料の収集方法	55
証拠説明書	151, 191
──の書き方	153
──の提出	153
証拠の使用方法	56
証拠の整理	183
証拠の弾劾	184
証拠の申出	215
証拠方法	167
証拠保全	62
上訴審	281
勝訴判決の場合の対応	275
証人テスト	216
情報管理	22
情報公開	58
所在調査報告書	146
書証	188

──の引用	147
──の写し	141
──の提出	148
──の提出時期	149, 189
処理結果の説明	324
処理方針の決定	41
書類等の返還	324
資料・証拠収集の基本	50
資料・証拠の具体的な収集方法	57
資料・証拠の収集	50
資料・証拠の保管	52
尋問事項書	215
尋問調書の謄写	223
尋問における一般的注意事項	218
尋問の基本	221
尋問の事前準備	213
尋問を踏まえた最終準備書面	257

〈せ〉

請求が確定期限の到来に係る債務名義	301
請求の原因	137
──に対する認否	165
請求の趣旨	136
──に対する答弁	164
清算条項	248
積極的釈明	184
専門家の助力	64
占有認定	320

〈そ〉

相談者と相談内容の把握	30
相談者との信頼関係	35
争点・証拠の整理手続	172
争点整理	181
争点整理段階における一般的な訴	

訟代理人の活動……………178
双方審尋主義………………161
訴訟………………………43
訴訟記録の閲覧・謄写………58
訴訟上の和解………………226
　　──の特徴………………233
　　──の有用性………………227
訴訟進行に関する照会書………144
訴状の記載事項………………134
訴状の作成……………………133
訴状の送達……………………145
訴状の提出……………………141
訴状の提出時の審査…………142
訴訟費用の負担の裁判………273
訴状副本………………………141
訴訟物…………………………136
疎明……………………………74

〈た〉

第1回口頭弁論期日………159, 162
第一審訴訟手続………………133
第三者による調査……………65
代償請求の場合の債務名義…303
タイムチャージ………………46
代理人交渉における注意点…84
代理人交渉の目的……………83
建物明渡しの強制執行………319
弾劾証拠………………………222
　　──の提出…………………222
担保……………………………76
担保提供を条件とする債務名義…302

〈ち〉

地代等の代払の許可…………304
着手金…………………………45
懲戒制度………………………19

調査嘱託………………………196
調査・資料収集………………42
調停……………………………42
直接交渉の禁止………………110
直接主義………………………161
陳述擬制………………………162
陳述書…………………………206
　　──の供述事前開示機能……207
　　──の主尋問代替機能………207
　　──の争点整理機能…………208
　　──を作成する時期…………212

〈つ〉

通知の内容と方式……………93
通知の方式……………………96

〈て〉

提出すべき書証………………189
電子内容証明郵便……………100
添付書類………………………141
電話会議………………………176

〈と〉

道義条項………………………249
動産執行の立会い……………318
動産に対する強制執行………316
当事者が所持する文書の提出…191
当事者からの聴取……………54
当事者照会……………………63
当事者の記載…………………135
同席面接方式…………………235
答弁書…………………………163
　　──の作成…………………163
　　──の提出…………………167
答弁の準備……………………163

〈な〉

内容証明郵便 …………………… 96
　　——が不到達の場合 ………… 101
　　——に関する基礎知識 ……… 98
　　——の送付方法 ……………… 99

〈に〉

人証 ……………………………… 205
　　——の順序 …………………… 215
　　——の選択 …………………… 214
認否の態様 ……………………… 165

〈は〉

売却のための保全処分 ………… 303
売却の方法 ……………………… 315
敗訴判決の場合の対応 ………… 275
配当 ……………………… 315, 318
パソコンウィルス感染 ………… 25
判決言渡し ……………………… 271
判決言渡し期日の延期 ………… 270
判決言渡し期日の対応 ………… 271
判決言渡し前の依頼者との協議 … 270
判決結果に応じた対応 ………… 274
判決後の依頼者との協議 ……… 274
判決書の受領 …………………… 272
判決書の送達の効果 …………… 272
判決書の点検 …………………… 273
反社会的勢力 …………………… 108
反対給付と引き換えにすべき債務
　名義 …………………………… 302
反対尋問 ………………………… 222
　　——における尋問技術 ……… 222

〈ひ〉

非金銭債権の強制執行 ………… 294

被告の主張 ……………………… 166
非弁行為 ………………………… 21
非弁提携 ………………………… 22

〈ふ〉

FAX誤送信 ……………………… 25
付款条項 ………………………… 247
付随的申立て …………………… 164
附属書類 ………………………… 167
物件明細書の作成 ……………… 314
不動産に対する強制執行 ……… 312
不動産の現況調査 ……………… 314
不当な事件の受任 ……………… 37
付郵便送達 ……………………… 146
プロフェッション ……………… 13
文書送付嘱託 …………………… 193
文書提出命令 …………………… 194
文書の提出方法 ………………… 191

〈へ〉

弁護士以外の者と面談する際の注
　意 ……………………………… 108
弁護士会ADR …………………… 129
弁護士会照会 …………………… 59
弁護士業務 ……………………… 13
弁護士自治 ……………………… 17
弁護士情報セキュリティーガイド
　ライン ………………………… 23
弁護士職務基本規程 …………… 18
弁護士ではない代理人との面談 … 108
弁護士としての心構え ………… 13
弁護士に求められる基本的な能
　力 ……………………………… 15
弁護士の使命 …………………… 13
弁護士の職責 …………………… 14
弁護士報酬 ……………………… 45, 332

弁護士保険制度……………………49
弁護士倫理…………………………17
弁論終結後の参考書面の提出……269
弁論終結後の対応…………………269
弁論準備手続………………………173
　　──における争点及び証拠の整
　　理………………………………181
　　──の開始時期…………………175
　　──の終了………………………174
　　──の内容………………………173
弁論の再開…………………………269

〈ほ〉

報酬金………………………………46
報酬の請求…………………………325
法的義務………………………………1
法律相談……………………………27
　　──における説明及び対応……33
　　──の事前準備…………………28
保管費用の節約……………………320
補助事実……………………………183
保全処分の種類……………………304
保全の対象…………………………78
保全の申立て………………………74
保全命令に関する審理……………75
本案の答弁…………………………164
本案前の答弁………………………164

〈ま〉

マネー・ロンダリング……………38

〈み〉

身元確認の実施……………………40
民事調停……………………………124
　　──の選択基準…………………126
　　──の特徴………………………125

民事弁護で必要とされる技術……15
民事法律扶助制度…………………48
民事保全……………………………71
　　──の効果………………………73
　　──の種類………………………72
　　──の申立て……………………74

〈め〉

メーリングリスト…………………23
メール送信…………………………25

〈も〉

目録の作成…………………………135

〈ゆ〉

郵券…………………………………142

〈よ〉

要件事実……………………………183
預貯金………………………………308

〈り〉

利益相反……………………………19
利益相反事件の受任………………38

〈わ〉

和解…………………………………226
　　──の運用………………………185, 197
　　──の種類………………………226
和解条項……………………………238
　　──に関する注意点……………240
　　──の分類………………………243
和解条項案作成上のポイント……241
和解調書……………………………238
　　──の確認………………………239
和解調書全般に関する注意点……239

あとがき

　東京弁護士会法友全期会は，これまでも業務委員会が中心となって，特に若手弁護士の業務の道標となるべく，各種実務研究会編で『新破産実務マニュアル』『遺産分割実務マニュアル』等の書籍を積極的に発刊してきた。本書は，その中でも最も弁護士にとって基本かつ中心となるべき民事事件の弁護活動に関する書籍である。

　民事事件は，種々の事件が想起され，日々新たな（裁）判例，実務の集積が行われている。このすべてを予め網羅した本を出版することは困難である。弁護士は，在野法曹として，日々新たな問題に直面した際に，これまでの（裁）判例，学説等の知識，経験を生かしつつも，新たな知識の習得等を通じて果敢に解決に向けて活動していく存在であって，そのような姿勢と解決への意欲を日々培うことが重要である。

　そのような弁護士としての能力を養成するための一助となるべく，本書は初版に大幅に加筆修正を加えることにより再び世に出ることとなった。本書が多くの若手弁護士に利用され，若手弁護士の成長の契機となり，それにより新たな問題を乗り越えた若手弁護士が，さらに若手の弁護士のために，培った知識経験をもとに本書をブラッシュアップしていくとしたら，いずれ法友全期会を卒業していく執筆者，編集委員としては望外の喜びである。

　また，この本は，読者は若手弁護士であることを念頭に作成されているが，本当は若手弁護士に限られるわけではない。ベテラン弁護士にとってもすべての事件に関してベテランであるとは限らず，何十年の経験があっても，初めて扱う分野もあろう。その場合に，初心に戻ってどのように困難に立ち向かうか，という観点からすれば，弁護士全体にとっての光明にもなりうるのである。

　最後に，本書はそのボリュームの多さから各執筆者の負担は大きかったと考えられるが，日々多忙な中で執筆活動をしていただいた執筆者の皆様，及び各執筆者の相談を受けたり原稿を細かく確認し修正等の作業を続けた編集

委員の皆様に謝意を伝えたい。また，株式会社ぎょうせいのご担当者には初版の際からご尽力をいただいたが，第2版についても多大なご尽力をいただいた。改めて深く感謝する次第である。

平成31年1月
　　　　東京弁護士会法友全期会　業務委員会　委員長　　岩田　修一

書式ダウンロードサービスのご案内

本書「書式集」掲載の書式について，Wordのファイルをダウンロードし，ご自由に加工してお使いになれます。
① ご使用のPC等から，下記のURL（又はQRコード）へアクセスします。
② 「購読者専用Webサイト」の案内に従って会員登録をしてください。
③ 会員登録したアドレスにお送りしたパスワードで，購読者専用ログインページから書式がダウンロードできます。

https://shop.gyosei.jp/contents/LGP/data.php?c=minben2_login

※書式ダウンロードについては，一定期間経過後サービスを終了することがございます。

事件処理のプロになるための
民事弁護ガイドブック 第2版

平成23年2月4日　初　版第1刷発行
平成31年2月28日　第2版第1刷発行

編　集　東京弁護士会法友全期会　民事弁護研究会
発　行　株式会社 ぎょうせい
〒136-8575　東京都江東区新木場1-18-11
電話番号　編集 03-6892-6508
　　　　　営業 03-6892-6666
フリーコール　0120-953-431
URL　https://gyosei.jp

〈検印省略〉

印刷／ぎょうせいデジタル㈱　©2019 Printed in Japan.　禁無断転載・複製
※乱丁・落丁本はお取り替えいたします。
ISBN978-4-324-10601-3
(5108495-00-000)
〔略号：民事弁護ガイド2版〕